贺马大正先生八十华诞

中国边疆学构筑文集

云南师范大学中国史博士点建设成果

邹建达　许建英　主编

社会科学文献出版社
SOCIAL SCIENCES ACADEMIC PRESS (CHINA)

目 录

下篇　马大正先生学思与学涯评忆

附　录

序　言

蒋永文[*]

　　但凡重要学术会议，在其召开之后，会挑选部分参会论文结集出版，以作为会议的一项重要学术成果，彰显会议的价值和影响，当是学界之通例。

　　中国历史悠久，边疆辽阔，民族众多。在数千年的历史发展中，中国边疆在国家经济发展、社会进步、政治稳定中占有十分重要的地位，对统一多民族的中华人民共和国和多元一体的中华民族形成发展做出了重要贡献，形成内涵丰富、独具特色、可供人们展开研究的一个独立完整客体。中国边疆研究历经千年积累、百年探索，因其所具有的重大学术价值和现实意义，至今已渐成为社会科学诸多学科中的一门显学。20世纪末，马大正先生首倡"中国边疆学"，并指出：构筑一门具有中国特色的边疆学学科，是边疆研究者的历史责任。中国边疆学构筑历经近20年的探索实践，业已取得重要成果。但时至今日，中国边疆学离真正进入国务院学位委员会的学科名录还有很长的路。马大正先生虽年届八旬，仍笔耕不辍，并为此奔走呼吁，充分体现出其作为中国当代边疆研究学界旗帜性人物的学术品格和责任担当，令人敬佩！

　　为助力中国边疆学学科建设，推进中国边疆治理研究的深入开展，促进云南师范大学中国边疆研究的进一步发展，在边疆学界同人的支持下，由云南师范大学主办，云南师范大学历史与行政学院、云南师范大学中国边疆学研究所承办的"中国边疆治理与中国边疆学构筑高层论坛"，于2017年9月19～21日在云南师范大学联大校区举行。本次论坛召开之际，正值马大正先生八十华诞，因此，论坛的议题设置为：中国边疆学构筑的理论

---

　　*　蒋永文，云南师范大学校长、教授。

及实践、"大一统"思想与中国边疆治理研究、马大正先生的学术思想。因马大正先生在边疆研究学界所具有的巨大学术影响力和号召力，本次论坛邀请到活跃于边疆研究领域的全国各高校和科研院所 50 余名知名学者参会。学者们通过对马大正先生边疆研究学术思想的讨论，梳理了近 20 年来中国边疆学构筑的探索和实践，对加快构筑中国边疆学形成诸多共识，成为本次论坛取得的重要学术成果。从参加论坛学者的层次、规模以及议题的设置和所提交的参会论文质量看，本次论坛无疑是近年来边疆研究学界举办的一次高层次、高级别的学术盛会。

云南师范大学坐落于西南边陲，办学八十载，弦歌不辍，是一所具有悠久历史的省属重点师范大学，继承了西南联大重视边疆研究的传统。长期以来，我们致力于打造教育部"中国边疆学"名栏——《云南师范大学学报》"中国边疆学研究"专栏，以及"西南边疆稳定与发展""中国边疆学研究"等研究机构和科研平台，构建"'一带一路'与中国西南周边地缘环境研究""云南沿边地区非传统安全研究""边疆治理研究"等创新研究团队，边疆研究成果丰硕、特色鲜明，学术影响力日益增强，已成为云南师范大学中国史一级学科博士点的优势和特色学科方向。本次论坛在云南师范大学召开，对我校中国史一级学科博士点的特色凝练、学术研究水平的提升、学术交流的加强等，都将起到积极的、重要的促进作用。

论坛结束后不到一年，即欣闻论坛成果收录论文 35 篇，即将以《中国边疆学构筑文集——贺马大正先生八十华诞》为书名，由社会科学文献出版社梓行，可喜可贺！中国边疆学的构筑还将经历长期的探索实践并面临较为艰巨的任务，但我们有理由相信，在马大正先生等老一辈学人引领下，通过中国边疆研究学界的持续努力，中国边疆学的构筑必将取得更大突破。云南师范大学也将继续努力，为边疆研究的学术发展、繁荣和中国边疆学的构筑做出更多贡献。

祝愿马大正先生健康长寿，学术常新！

蒋永文
于 2018 年暑假

上　篇
中国边疆学构筑

中国边疆学四题

马大正[*]

我在《当代中国边疆研究（1949—2014）》一书中对中国边疆学构筑的演进历程已做了阐论，[①] 而《中国边疆学构筑札记》[②] 则将我写于1991～2016年的21篇有关中国边疆治理和中国边疆学构筑的论文汇辑成集，当然关于中国边疆学的思考仍在继续，本文就是上述思考的片断。

一　关于边界、边境、边疆、中国边疆、中国边疆学

在思考构筑中国边疆学时，离不开如下几个名词，即边界、边境、边疆、中国边疆、中国边疆学。

边界。是指国与国之间的交界线，世界上任何一个国家都存有国与国交界的边界。

边境。边境是指与边界线内侧一定范围的地区，一定范围没有统一规定，一般定在30～50公里，也就是边界线内侧30～50公里范围的地区是指这个国家的边境地区，世界上任何一个国家都存有上述的边境地区。

边疆。可从两个视角来说，从国家的中心区域视角看，边疆即是远离中心区域且有边界线的边远地区；从边界线视角看，其地域范围要大于边境地区，从这一意义上说，世界上一些国土面积小的国家就难以划出与中心地区相对而言的边疆地区，即使一些国土面积辽阔的国家诸如美国、加拿大、巴西等国，若依界定边疆地区两个条件，即有边界线，且具有自身历史、文化特点衡量，也难界定哪些可划为边疆地区。

---

[*]　马大正，中国社会科学院中国边疆研究所研究员，博士生导师，国家清史编纂委员会副主任。

[①]　马大正：《当代中国边疆研究（1949—2014）》，中国社会科学出版社，2016。

[②]　马大正：《中国边疆学构筑札记》，中央广播电视大学出版社，2016。

中国边疆。我们将有边界线，且又具有自身历史、文化、民族诸方面特点的省区界定为中国的陆疆省区，或称之为中国陆地边疆地区，包括了黑龙江、吉林、辽宁、甘肃、云南五省和内蒙古、新疆、西藏、广西四个自治区，而将有边界线，且又具有自身历史、文化、民族诸方面特点的边境县、市总和称之为中国的小边疆地区。再加上海疆，包括台湾和海南，这就是中国边疆的空间全部。中国边疆具有特殊重要的战略地位，它既是传统意义的国防前哨，又是改革开放的前沿，还是中国可持续发展的基础之地。2013 年 3 月 9 日，习近平同志在参加全国人大十二届一次会议西藏代表团审议时提出"治国必治边、治边先稳藏"重要战略思想，将治边放在治国的首要地位，对国人认识治理边疆的重要性具有重要指导意义。

中国边疆学。中国边疆学就是研究中国边疆从历史到现实所有问题的综合性学科。我们在借鉴西方国家相关理论时，一定不要忘记中国特色的实际。

我认为，除中国边疆学，从世界各国实际状况看，可以有边界理论研究、边界变迁史研究、边境管理研究，或可提升为边境管理学，但很难言有什么"一般意义边疆学"的存在。至于是否要建构俄罗斯边疆学，还是让俄罗斯学者们操心吧！

二 中国边疆学构筑进程中值得重视的四个节点

中国边疆学构筑从提出到思考的不断深化，是一个渐进、持续的进程。在这个颇显漫长的进程中，我深感如下四个节点不容忽视。

一是，对中国边疆研究千年积累、百年探索的继承，以及 30 年创新的实践，是中国边疆学构筑的准备；

二是，对中国疆域理论的不断探究，是中国边疆学构筑的学科基础；

三是，对中国古今边疆治理理论与实践的全方位、多层面研究，是中国边疆学构筑的有效切入口；

四是，当代鲜活的现实生活的迫切要求，是推动中国边疆学构筑的重要推动力。

上述四个节点的研究亟待深化，为此我认为应策划三套丛书的出版，丛书将为中国边疆学构筑研究提供坚实、持续的学术平台。

三套学术丛书是：

一是，"中国边疆研究史理论与实践研究丛书"，丛书将从中国边疆史的视野，对中国边疆研究的千年积累、百年探索、30 年创新进行面和点相结合的回溯和总结，特别应将重点放在 30 年创新的经验与教训的总结上；

二是，"中国边疆治理的理论与实践研究丛书"，丛书将从中国边疆治理的思想、理论、政策，以及经营实践出发，依托历史学、政治学、社会学、民族学诸学科的理论和方法，对从历史到现实中国边疆治理进行全方位的宏观与微观相结合的研究；

三是，"中国边疆学构筑研究丛书"。

应创造条件、积累资料、广泛调研、组织力量、集思广益，启动《中国边疆学通论》（暂用名）的研究与撰写，该项目具有理论的创新性、研究的开拓性、学科建设的基础性，其内容应包括中国边疆学的学科定位，学科的内涵与外延、研究特点和方法、研究功能和价值等问题。通过努力，向社会奉献多册能体现极具中国特色的中国边疆时代特色的学术专著。吁请能有专职于边疆研究的机构关注与组织，有更多的同人关心并参与，早日让业界和读者读到从不同角度、体现作者不同特色的中国边疆学"通论""概论""引论"……之作。

三套丛书共同特点可归之为：

其一，古今贯通，以今为主；

其二，宏观研究与微观研究相结合；

其三，学术性、原创性应是丛书追求的学术定位。

为推动中国边疆学构筑的学术研讨，《华西边疆评论》率先开辟"边疆学学科研究""边疆学学科建设研究"等学术专栏，在第三辑（2016 年 10 月出版）上刊发了杨明洪《困惑与解困：边疆经济学还是经济边疆学？》，朱金春《学科"殖民"与构建中国边疆学的困境》；第四辑（2017 年 6 月出版）上刊发了杨明洪《反"边疆建构论"：一个关于"边疆实在论"的理论解说》，王春焕《关于边疆学研究对象和主要内容的思考》。在第四辑的"笔谈"专栏上还刊发了孙勇《建构边疆学需要打破窠臼》、袁剑《边疆的概念与边疆学建构》、朱金春《从国内两部〈中国边疆政治学〉看边疆学学科建构的困境》，为业界同行开辟了一个讨论中国边疆学的学术平台，于研究的深入开展是大有裨益的，我只是寄希望有三：

其一，寄望于《华西边疆评论》有关中国边疆学的学术专栏能持之以恒，愈办愈精彩，且不断扩大作者队伍的覆盖面，并在积累的基础上，不断推出专题论集，以应读者之需；

其二，寄望于《云南师范大学学报》将"中国边疆学研究"学术专栏办得更精彩，能刊发更多直接探研中国边疆学构筑的学术论文；

其三，期待有更多的专业研究杂志和论集，能开辟冠名"中国边疆学研究"学术专栏，吸引更多的学人参与中国边疆学构筑的讨论和争论。其中，我认为中国社会科学院中国边疆研究所主办的《中国边疆史地研究》和《中国边疆学》应有更大作为。

三　关于中国边疆学的学术思考

近些年我认真拜读了各位专家有关中国边疆学构筑的真知灼见，结合《当代中国边疆研究（1949—2014）》一书的撰写和《中国边疆学构筑札记》的编选，进一步梳理了近 20 年来自己有关中国边疆学构筑的种种断想，综合成八点学术思考，以就教所有参与、关注中国边疆学构筑的专家和读者。

（一）中国边疆学的学科定位

中国边疆学既是一门探究中国疆域形成和发展规律、中国边疆治理理论和实践的综合性专门学科；又是一门考察中国边疆历史发展轨迹，探求当代中国边疆可持续发展与长治久安现实和未来极具中国特色的战略性专门学科。中国边疆学是社会科学一个分支，应定位于社会科学学科分类的一级学科。

（二）中国边疆学的学科特点

中国边疆学的学科特点可概括为如下三个方面。

其一是综合性。中国边疆学是一门综合性学科，中国边疆社会既是统一多民族中国的有机组成部分，本身又是一个有机整体，研究中国边疆，涉及边疆形成和发展的历史及规律，涉及边疆地区政治、经济、民族、宗教、文化等诸多方面。这些具体研究领域各有相应学科，也有相应学科没有涵盖的研究范围，但结合历史与现实，从中国边疆整体出发进行综合研究，只能是中国边疆学。同时这种综合性的特点，还体现在中国边疆学研究视角、研究方法的综合性上。

其二是现实性。中国边疆学研究的范围虽然包括边疆的历史与现实，但它主要面对的是中国边疆地区的今天和未来，这是中国边疆学研究的最终目的。当前，中国边疆地区正处于急剧的社会变迁与转型时期，实现边疆地区现代化是时代的主流，因此，中国边疆学以中国边疆地区现代化为中心，以改革、发展与稳定为基础，以维护国家利益为最高原则，展开研究，正是由其现实性的特点所决定的。

其三是实践性。中国边疆学除注重研究文化积累、开展相关"绝学"研究外，研究更应面向现实。实践性是中国边疆学研究一贯和典型的特征，实践性着重于研究的应用性，强调它的指导和改造社会实践的可能性。探索边疆历史上的难点问题、现实中的热点问题，正是中国边疆学实践性特点的体现。需要指出，为现实服务，不能混同研究与宣传的界别，应以科学和理性的精神来观察现实、分析现实、指导现实的走向。作为学科研究，既要适应社会，又要引导社会，否则，学科将丧失生机与活力。

（三）中国边疆学学科的分类设置

我曾在《关于构筑中国边疆学的断想》一文中提出"根据中国边疆学的学科特点，中国边疆学的内涵可包括两大领域，暂以'中国边疆学·基础研究领域'和'中国边疆学·应用研究领域'来命名"。[①] 并在此后文章多次重申了这一认识。但经过多年科研实践的思考，我的上述认识并非符合学科发展的最佳选择。

中国边疆学学科的二级学科设置试做如下思考。

依据中国边疆学研究对象中国边疆的历史与现实的特点和复杂内涵，中国边疆历史学和中国边疆政治学应该是中国边疆学学科下的两门最重要的分支学科门类。

中国边疆历史学，研究重点是统一多民族中国疆域形成、发展、奠定的历史进程和规律性特点，以及与此密切相关的治边观、历代治边政策，

[①] 马大正：《关于构筑中国边疆学的断想》，《中国边疆史地研究》2003 年第 3 期。

等等。在作为二级学科中国边疆历史学下可考虑设置若干三级学科，如中国边疆考古学、中国边疆文献学、中国边疆研究史学等。

中国边疆政治学，将围绕从古至今的边疆治理展开研究，其内容重要者有边疆的政治制度、边疆的社会管控、边疆的民族与宗教、边疆的稳定与发展、边疆的安全与防御、边境管理、边疆的地缘政治，等等。在作为二级学科中国边疆政治学下可考虑设置若干三级学科，如中国边疆安全学、中国边疆法制学、中国边疆军事学、中国边疆管理学等。

与中国边疆历史学和中国边疆政治学并列，还可考虑设置：中国边疆经济学（生态环境保护、旅游资源开发可纳入其中）、中国边疆人口学、中国边疆文化学（宗教研究应纳入其中）、中国边疆教育学、中国边疆地理学、中国边疆人类学、中国边疆民族问题研究，等等。

需要说明的有三点。一是，上述各门类研究均应是古今贯通；二是，以边疆理论研究为先导；三是，基础研究与应用研究相结合。

若依我上述所思考，试制成分支图如图 1 所示。

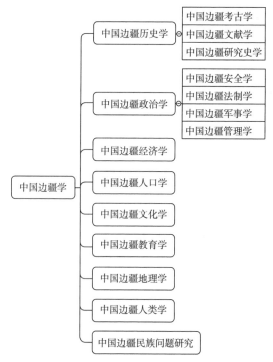

图 1　中国边疆学学科分类设置

中国边疆学学科分类设置既涉及学科内涵的认识，也离不开学科管理层面的诸多方面，学术因素与非学术因素均有所涉及，十分复杂，上述构思肯定是不完整的，也可能有谬误，只是作为一种思路、一个靶子，供思考和讨论。相信随着中国边疆学学科体系构筑的推进，学科设置的认识将日趋完善。

（四）中国边疆学的基本功能

中国边疆学的基本功能可概言为文化积累功能和咨政育民功能两大方面，具体以下四点。

其一是描述功能。描述是指客观地搜集、记录和整理边疆社会事实及其过程，着重解决"是什么"的问题。这是任何一门学科研究的基础和出发点。

其二是解释功能。中国边疆是一个不断变化的复杂有机体，现实社会的各种现象和众多问题相互矛盾、相互依存、相互交错，中国边疆学的解释功能就是要在说明"是什么"的基础上，解决"为什么"的问题，探寻中国边疆形成和发展的规律。

其三是预测功能。中国边疆学研究的最终目的是边疆地区的巩固，促进边疆地区社会的正常运行和发展，因此在厘清因果关系、明了事实的基础上，还必须对边疆社会的现象与问题，及其发展趋势做出科学预测，制定战略规划，提出可操作性的对策，使学科发展与社会实践更加紧密地结合。也就是说，在解决了"是什么""为什么"后，应进而探求"怎么办"的问题。前瞻性、预测性与对策性研究是中国边疆学实用价值的集中反映，也是学科服务于实践的直接体现。

其四是教育功能。中国边疆学作为综合研究中国边疆历史与现状的学科，在对边疆社会的认识与分析中，本身即影响着广大民众的世界观、价值观、国家观、民族观、历史观等方面，事实上发挥着直接教育和间接教育的功能。

（五）中国边疆学的学科依托与学科交叉

中国边疆学是一门研究中国边疆历史与现状的专门学科，从研究时段看，中国边疆研究离不开古代、近代、现代历史演进历程，当代中国边疆又何尝不是历史。因此，历史学的理论和历史学的研究方法是中国边疆学赖以生存的基础。但由于中国边疆这一特定研究对象的多维性、复杂性，中国边疆研究体系中包括了基础研究与应用研究的二元性结构，仅仅历史学科的理论和方法已不能完全适应新形势下边疆问题研究的全部。因此，中国边疆学研究需要集纳多学科的理论和方法，诸学科间互通、交融和集约成为必要，中国边疆跨学科研究的大量实践，为中国边疆学的构筑提供了有益经验。如在中国边疆治理理论和实践研究中，历史学的理论与研究固然必不可少，但若主要采用政治学、管理学的理论和方法，辅以历史学、民族学、社会学等学科的理论和方法，实践已证明，此举将大大推动研究的深化。

（六）中国边疆治理理论与实践研究是中国边疆学研究的重中之重

中国边疆是统一多民族中国的重要组成部分。中国的稳定离不开中国边疆的稳定，中国的发展离不开中国边疆的发展。西部大开发战略的实施，其重点地区也在中国的边疆地区，将中国边疆作为统一多民族国家的有机组成部分，作为一个完整的研究客体，我们才能更好地认识中国的边疆、研究中国的边疆，才能更好认识中国边疆面临的一系列历史上的难点问题和现实中的热点问题，并做出科学的回答。而所有这一切只有在中国边疆学学科建立后才可望得到更合理的开展。

试以中国边疆治理研究为例略做说明。中国是一个有着悠久历史的文明古国，自秦汉以来，历朝历代都十分重视边疆的经营与治理，维护着国家的统一与边疆的发展。中国边疆治理的基本任务是如何守住一条线（边界线），管好一片地（边疆地区）。边疆治理的成败得失，是综合国力强弱的标志之一。中国历代政府在边疆治理方面积累了丰富的经验，而中华人民共和国在治理边疆上既有继承，更多的是创新。边疆治理的内容十分丰富，主要者至少有：边疆行政体制、中央和地方的管理机构、边境管理、边防（国防）、周边外交、民族政策、宗教事务管理、经济开发、文化政策、治边思想，等等。为了面对 21 世纪新形势的需要，研究应努力尝试通过维护统一多民族国家整体国家利益，来总结历史上治边的经验和考察当代中国边疆稳定和发展面临的机遇与挑战，制定相关的边疆稳定与发展战略，这样宏伟的任务，显然不是仅仅依靠一门或几门学科的理论和方法能完成的，唯有从中国边疆学的学科高度才可望达到目的。

（七） 中国边疆学的研究方法

中国边疆学特定的研究对象决定了研究方法中的三个有机结合，即从研究对象而言，中国边疆是历史与现实的结合；从研究类型的分类而言，是基础研究与应用研究的结合；从研究方法而言，是多种学科研究方法的整合。

（八） 中国边疆学是一门具有强大生命力的新兴交叉学科

中国边疆学具有强大生命力的原动力，可以如下三个方面来观察与认识。

一是，从中国边疆学研究的对象中国边疆来看。中国边疆学是统一多民族中国不可分割的组成，中国边疆又是当代中国人继承先辈留存两大历史遗产——统一多民族中国和多元一体中华民族的连接平台，中国边疆战略地位决定了对它研究将被赋予特殊的重要性、紧迫性；

二是，中国边疆学研究的基础研究部分，包含了丰富的以史为鉴的功能，在这里历史不是不食人间烟火的阳春白雪，而是与火热的现实生活紧密相连；

三是，中国边疆学研究的应用研究部分，具有强烈的为现实服务的功能，为维护国家统一、边疆稳定、民族团结、社会和谐，为决策部门提供科学决策的政策咨询。

上述三点是中国边疆学这门学科具有强大生命力的原动力，而强大生命力的客观存在又将为中国边疆学的构筑和可持续发展提供精神和物质基础。

四　学人要走出象牙塔，中国边疆学构筑要直面现实、走向社会

学人要着力在推动边疆教育上多做工作。推动边疆教育，这里的教育是指广义的教育，即包括学校教育和社会教育。

关于学校教育，我认为应借鉴 20 世纪三四十年代边政学建设的有益经验，在高等院校和有条件的研究机构设立边疆系或开设边疆学专门课程，培养受过专门训练的中国边疆学的硕士和博士，以应边疆研究深化、中国边疆学构筑的需要。

在社会教育方面，应加大宣传边疆和普及边疆知识的力度，让国人关心边疆、认识边疆、了解边疆、热爱边疆，让学术走向大众，让大众了解学术，必须说明，这里的大众不光是指千百万普通百姓，还应包括涉边事务的管理者和决策者。

这方面边疆研究者是大有可为的。

历史、现实和未来总是相互联系在一起的：历史是现实的昨天，未来则是现实的明天。中国边疆学研究的对象中国边疆，其本身即具有历史与现实紧密结合的特点，因此，中国边疆学研究必须依托历史、面对现实、着眼未来，这既是中国边疆现实向我们提出的要求，也是中国边疆学学科建设的需要。中国边疆研究者要完成上述任务，更应继承和坚持求真求善的优良学风。1993 年拙文中写道："中国古代传统史学研究，有着求真求善的传统。从汉代杰出史学家司马迁起，求真求善即成为每一位有成就的史学家追求的目标。司马迁的求真，即要使其史书成为'其文直、其事核、不虚美、不隐恶'的'实录'（《汉史·司马迁传》）；而求善则是希望通过修史而成一家之言，即通过再现历史的精神来展现自己的精神。与此紧密相关的就是经世致用的传统。求真求善才能得到的经世的理论体系，致用则是使理论研究达到实用的目的。"[①] 上述这段话当时主要是指边疆史地研究，我想对中国边疆学构筑也应该是适用的。

中国边疆学构筑，需要学人扎实的研究，持之以恒的决心，锲而不舍的信心，一步一个脚印，即古语所云：九层之台，起于累土；千里之行，始于足下。已经有了一个好的开头，理想之结局会成为现实！

马大正

2017 年 9 月 17 日修改

于北京自乐斋

---

① 马大正：《当代中国边疆研究工作者的历史使命》，《边疆与民族—历史断面研考》，黑龙江教育出版社，1993，第 5 页。

中国边疆学构建正当其时

李国强[*]

中国边疆学既是一门具有优良学术传统的学科，也是一门渐趋兴盛的新兴学科。之所以说它有优良传统，是因为在我国两千多年的历史进程中，诸多学人持续观察和研究不同历史时期边疆社会的发展和演进，在不断探索中国边疆历史发展规律的同时，形成了"为天地立心、为生民立命、为往圣继绝学、为万世开太平"，"先天下之忧而忧，后天下之乐而乐"，以及"经世致用"等一系列学术品格。前人对真理求真务实、不懈追求的精神以及历经千锤百炼后所积淀的经验、方法和手段，构筑了我们后人继往开来的基础，夯实了我们后人开拓创新的根基。

之所以说中国边疆学是新兴学科，是因为作为一个学科发展目标，这一命题从20世纪90年代提出至今不过10余年的时间。在10多年的时间中，边疆研究日新月异的理论深化，助推着中国边疆学学科目标日渐明确；边疆形势深刻变化的现实挑战，呼唤着中国边疆学学科体系早日成形。在学者们的辛勤耕耘和孜孜以求中，中国边疆学学科建设迎来了大发展和大繁荣的时期，其理论深度和广度，其学术内涵与外延，不断延伸、不断拓展，从而成为当代哲学社会科学领域富有朝气、充满活力的新兴学科。以边疆史地为主体的传统中国边疆学，更加注重与边疆现实的相互衔接、有机结合，更加彰显寓于边疆历史研究中的边疆现实关怀。

边疆治理无疑是中国边疆学研究的核心要素，以边疆治理为研究对象的学术指向，不仅贯通了中国边疆学理论解析的时空主线，而且使中国边疆学的学科建设方向更加清晰可见。透过对边疆历史和边疆现实多层次、宽领域的学术考察、理论研究，探寻我国边疆形成、发展、演变的历史规

---

* 李国强，中国社会科学院历史研究院副院长，研究员，博士生导师。

律，探寻我国边疆治理的历史逻辑和实践逻辑，从而为科学阐释中国统一多民族国家的必然性、合理性和合法性提供理论依据，为实现边疆现代化治理提供理论支撑。

本次会议以中国边疆治理和中国边疆学构筑为主题，可以说顺应了中国边疆学学科建设这一大势。与会专家学者会集了中国边疆学研究领域的专家学者，我相信，在各位的共同努力下，本次会议一定会取得丰硕的学术成果。

在此，我想占用大家一点时间，就中国边疆学学科建设问题再谈一点个人看法。目前中国边疆学学科建设问题引起学术界同人广泛关注和积极参与，令人欣喜的是，近几年关于中国边疆学的互动交流、学术讨论十分热烈，有关中国边疆学学科建设的学术成果超过了以往任何一个时期。在取得显著成绩的同时，也应该看到，关于中国边疆学性质、体系、结构、功能的研究还不深入，关于中国边疆学理论、方法、手段、工具的研究还不透，在很多问题上存在较大或较多分歧，看法还不尽一致。甚至在最基础也是最重要的问题上，比如关于中国边疆学的概念界定上还没有形成共识。尽管认识上的差异性，是学科建设中十分正常的、必然经历的过程，但也深刻反映出中国边疆学具有突出的特殊性和学科建构的复杂性。

在我看来，建构中国边疆学，首先要界定一个概念，即什么是中国边疆学？我的定义是：中国边疆学是哲学社会科学中一门以中国边疆为研究对象的独立知识体系。它把中国陆地边疆和海洋边疆作为整体进行全面考察，研究边疆起源、演进的规律以及国家治理边疆的全过程。

其次要辨析两个属性，即学科的整体性和独立性。在关于中国边疆学构筑的讨论中，学术界提出了边疆政治学、边疆经济学、边疆安全学等这样一些概念。在我看来这些概念，是对中国边疆学学科建设的有益思考，但遗憾的是，这些概念只强调和突出了单一专业方向的边疆研究，而忽略了中国边疆学的整体属性和它自身具有的独立特性。

一个学科可能源于某一个知识领域，但即使这个知识领域已经是一个成熟的学科，也不能替代另一个全新建构的独立的知识体系。中国边疆学既不是包罗万象的"大箩筐"，也不是"中国边疆＋某个学科"的简单公式，作为独立的知识体系，中国边疆学具有与其他学科不同的本质差异和原始属性。依据科学性、实用性、简明性、兼容性、扩延性、唯一性六大原则，从边疆研究对象、研究特征、研究方法、研究目的、研究目标、学科派生来源等予以全面审视、系统梳理、客观归纳、科学总结，恐怕是我们建构中国边疆学的必由之路。如果中国边疆学仅仅停留在简单化的、"中国边疆＋某个学科"的层次，就失去构筑中国边疆学的意义了。中国边疆学是我们全力打造的唯一学科目标，我们很难想象在国家一级学科或者二级学科的分类中，会同时出现边疆什么学，究其原因在于，它们至多是中国边疆学的分支或下一级学科的分类，而不是中国边疆学的主干。

最后把握三个要素：学术缘起、学术性质、学术范畴。厘清中国边疆学学术缘起，有助于把握中国边疆学的学术规律；廓清中国边疆学学术性质，有助于明确中国边疆学的理论方向；厘清中国边疆学研究范畴，有助于建构中国边疆学的学科体系、学术体系、话语体系。俗话说，基础不牢，地动山摇。可以说，这三个要素是建构中国边疆学大厦的理论基础，是中国边疆学学科建设的理论起点，而要科学、准确地把握边疆研究学术规律、理论方向和完整体系，并非易事，它有赖于学术界的共同努力，我想这正是我们需要着力的方向和亟待开展的工作。

谈到中国边疆学的学科构筑，我们不能忘怀前辈们的贡献，而在诸多前辈中，成就卓著、贡献良多、最具引领作用的学者就是马大正先生。作为晚辈学人，我有幸在过去 30 年中，直接受教于马先生，在辅助马先生工作的岁月里，我无数次聆听了马先生关于中国边疆学的精到阐释，见证了马先生为中国边疆学构筑筚路蓝缕的学术历程。马先生是当代中国边疆史地学术研究领域的领军者，也是中国边疆学学科建设的拓荒者，他之所以能够率先提出中国边疆学这一重大学科发展命题，正是基于他对边疆史地学术发展规律的精准把握；他之所以能够始终站在中国边疆学建设的学术前沿，正是源于他对边疆理论问题的深度思考；他之所以不忘初心为中国边疆学的构筑倾注满腔热情，正是因为他对祖国边疆有着深沉的眷恋。"千年积累、百年探索"，是马先生对中国边疆研究历程的高度概括；"国家利益高于一切"，是马先生数十年坚守边疆理论探索的核心价值；"悠悠边疆情，默默耕耘路"，是马先生致力于推进中国边疆学建设的精神写照。马先生关于中国边疆学构筑的诸多充满睿智的思想，始终是我们的一笔宝贵财富。2018 年恰逢马先生八十华诞，在此祝愿马先生健康长寿，祝愿马先生学术生命长青！

　　构建中国边疆学，必须弘扬前辈们的优良作风，必须继承前辈们的先进理念，而最好的代际传承就是不断创新。中国社科院从今年开始实施学科建设的"登峰计划"，中国边疆研究所申报的"中国边疆学"成功纳入这一计划，根据工作安排，在本所由我负责该项工作的推进，边疆研究所的同事们正在全力投入到中国边疆学学科建设的各项工作中，我们将努力拿出中国边疆所对中国边疆学系统阐述的理论成果。中国边疆所希望继续得到各位前辈的支持和帮助，愿与全国各学术机构和各位学术界同人继续加强合作和交流，为开创中国边疆学研究的新局面而携手奋进。

　　最后，预祝论坛圆满成功！

建构中国边疆学的几点思考

郑　汕*

一　边疆形态与多学科视域的理论支撑

边疆学是一门新兴的综合性学科。晚清民国时期，张穆、何秋涛、冯家升、顾颉刚、杨成志、张维华等学者已在中国边疆学概念的提出、中国边疆学学科建设、中国边疆学研究等方面做出了有益的尝试，但未能使边疆学真正建构起来。中国这样的东方大国，边疆学科建构的缺失是不应该的，这就需要建构具有中国特色的边疆学体系。

（一）不同时代有不同的边疆形态

在不同的历史条件下，由于朝代的更迭，国家军政大势不断发生变化，不同时代就有不同的边疆形态，反映了当时的治边方针和边疆政策，边疆研究也有不同的目标要求。

在古代，"王朝政治"主导下的中国边疆是一个皇权主义的边疆形态。这种边疆形态以"尊王攘夷"为核心，形成了"内诸夏而外夷狄"①的统治格局，少数民族居于边疆地区，华夏民族居于中心区域。由于历代统治者"重内地而轻边疆"的统治思想，边疆的发展往往落后于中心区域。历朝对边疆多以"羁縻""怀柔""和亲""屯垦""土流兼治"等"因俗而治"的政策治理边疆，因而古代边疆是一种"天下共主""王霸互用"的专制主义边疆形态。这种边疆形态形成了"居中驭边"的统治格局。

＊　郑汕，中国人民解放军陆军边海防学院教授。

①　刘尚慈译注《春秋公羊传译注》"成公十五年"，中华书局，2010，第417页。

近代中国是一种民族主义的边疆形态。民族国家的建立，引进了国际法中的"主权"概念。马克思指出："主权就是在全国范围内集中的土地所有权。"① 近代中国的民族国家发展并不成熟，中国长期处于西方列强的侵略压迫之下，底定边疆和经略边疆都具有"救亡图存"和捍卫国家主权的意义。"重边主义"思潮的兴起，改变了近代的筹边观念，国家对边疆的经略，具有了治边的国务性、涉外的国际性和受制于人的屈辱性。由于帝国主义的侵略，改变了过去游牧民族与农耕民族矛盾冲突的"内防"形态，边疆危机和频繁的"海警"开启了"中外之防"。反帝反封建成为中国革命的主要任务，"共赴国难"体现了中国各族人民的英雄气概和爱国情怀，直到全民族的抗日战争取得完全的胜利，中国人民才基本摆脱"被动挨打"的屈辱局面。

现代边疆形态是以新中国的成立为分水岭，建立了具有中国特色的社会主义边疆形态。由 56 个民族构成的中国人民站起来了，自己当家做主。党和政府在边疆实行有别于中心区域的"慎重稳进"政策，由新民主主义逐步过渡到社会主义初级阶段。有些少数民族是由前资本主义不同历史形态跳跃式发展，进入社会主义初级阶段，成为直接过渡的"直过区"②。由于社会经济发展极不平衡，因而在边疆实行特殊政策，如跳跃式发展政策、财政倾斜政策、各省支援政策、民族团结政策、民族区域自治政策、宗教信仰自由政策等。新中国成立初期，我们在极其艰苦的条件下，取得了抗美援朝战争的胜利，打败了美国和 15 个仆从国，成为中华民族在世界民族之林复兴的"奠基礼"。随后，发生了中印边界自卫反击战、中苏边界珍宝岛自卫反击战、中越边境自卫还击作战，捍卫了国家主权和领土完整。

可以说中国边疆形态的演变，反映了不同时代经略和底定边疆的基本内涵，包括了政治的、经济的、军事的、文化的、民族的、宗教的、社会的文化要素，因此，需要历史学、地理学、政治学、社会学、军事学、民族学等多学科的配合才能建构内容丰富、有规律可循的边疆学体系。

---

① 《资本论》第 3 卷，人民出版社，1972，第 1041 页。
② 直过区是指少数民族经过民主改革，由母系氏族社会后期、农奴制社会、封建军府制社会、半封建半殖民地社会直接过渡到社会主义初级阶段的区域。

（二）边疆学研究离不开多学科理论支撑

毛泽东同志指出："科学研究的区分，就是根据科学对象所具有的特殊的矛盾性。因此，对于某一现象的领域所特有的某一种矛盾的研究，就构成了某一门科学的对象。"[①] 边疆学是以"边疆"为研究对象的综合性新兴学科，在国外很热门。美国的"高边疆理论"，强调国家安全要以人类生存的"平面边疆"推向"空间边疆"，提出了"空海一体战""星球大战"计划，以维护美国的空间霸权，打击所谓"无赖国家"和"失败国家"。欧洲国家"联盟理论"和"申根法则"，强调了民族主义与领土的扩张，一方面需要解决欧盟内部的"国家壁垒"和"民族隔绝机制"；另一方面是要通过北约"东扩"挤压俄罗斯的战略空间；再一方面是要通过欧洲一体化进程抵制美国的渗透与控制。俄罗斯的"大边疆"观念，把整个西伯利亚都视作边疆区，其防范美国政治打压的重点不变，仍然具有较强的"泛政治化"和"泛军事化"的色彩。日本的"岛国边疆理论"和印度"保陆制海"的边疆观念，都追求本国利益的最大化。日本和中国存在着钓鱼岛争端和海洋权益的争端，印度和中国的边界尚未划定，美日右翼势力企图联络某些国家结成反华的"钻石联盟"。复杂而又严峻的国际斗争，需要我们建构较为深刻的、系统的边疆学体系，以应对严峻而复杂的国际斗争。

二　疆域与边界的研究视域

以多学科的视域研究边疆，疆域和边界就成为重要的研究内容。古语云"思不出乎门阈"[②]，多学科的视角才能打破研究的"门户之见"。疆域是国家立国最基本的条件。在地理学上，边界也指区域间、国家间的界线。所以，并非只有国界才具有边界的性质。从打破"思不出乎门阈"的视野来看，疆域和边界的研究视域应该重视：一是疆域理念的变化和疆域规模的因素；二是边界的划分与领土的完整性。这是边疆学体系中的题中应有之义。

---

① 毛泽东：《毛泽东选集》第 1 卷，人民出版社，1991，第 309 页。
② （汉）班固：《汉书》卷 99 上《王莽传》，中华书局，1962，第 4050 页。

(一) 疆域理念和疆域规模

边疆是指"国家相对于统治中心区域的领土边缘部分"[①]。马大正先生认为"历史上的中国边疆形式上是由国家政权的统治中心区到域外的过渡区域，即由'治'向'不治'过渡的特定区域"[②]。这两种界定无本质的区别，都是从"文化本体论"上来界定的，是从有人类居住的陆地和海岛的人文因素来界定的。事实上空疆和底土也是疆域的边缘部分。有的学者认为"小国无边疆"，其实并不是这样，西欧很小的城邦国家都有边缘和中心区域的划分，因为空疆和底土是覆盖全域性的边疆组成部分，其刑法规定，到边疆服劳役就是到城墙根下罚站或惩罚性劳动。

从缘起论上看，国家起源需要疆域、人民、政府、权利四个基本要素。疆域的取得有"先占""添附""割让""征服""时效"等方式。中国的疆域是与国家起源同时存在的。从"大道之行，天下为公"向"大道既隐，天下为家"[③]的转变，标志着国家的形成。公元前21世纪，第一个奴隶制国家夏朝建立。夏朝从大禹之子启开始实行"家国一体"的王朝国家的世袭制度，其活动范围主要在今陕西、山西、河南、山东之间的河洛、河济地区，面积大约在50万平方公里，人口在240万~270万[④]。随着清朝灭亡，"王朝政治"也相应结束。清代前期，中国已有1300万平方公里领土，人口突破了4亿。王朝国家时期，朝鲜、日本、菲律宾、越南、老挝、柬埔寨、泰国、缅甸、阿富汗等国，都曾经是中国的藩属国，日本在东汉时期就接受了中国颁发的汉"倭奴国王"印，此印早已在日本出土，说明日本很早就与中国有藩属关系。近代以来，中国民族主义国家政治逐渐形成，但民族主义并没有能够维护国家的主权和领土完整，晚清以来中国先后丢掉了340万平方公里的领土，约占清朝国土总面积的1/4，人口的发展也十分缓慢，至全国解放时，我国仅有6亿人口。发展到今天，我国有960万平方公里的领土[⑤]、300万平方公里的海洋国土，人口有13亿多。全国有23

[①] 郑汕:《中国边疆学概论》，云南人民出版社，2012，第6页。

[②] 马大正:《中国边疆通史丛书》总序，《中国边疆经略史》，中州古籍出版社，2001，第3页。

[③] 杨天宇:《礼记译注》"礼运第九"，上海古籍出版社，1997，第362页。

[④] 宋镇豪:《夏商人口初探》，《历史研究》1991年第4期。

[⑤] 1968年实测中国领陆包括岛屿和内水湖泊面积共1045万平方公里，此数字来源于程裕祯《中国文化要略》，外语教学与研究出版社，2003，第14页。

个省、5 个民族自治区、2 个特别行政区、4 个直辖市，共计 34 个省级行政单位。

从中华民族的发展进程看，边疆学的研究探索范围必须抓住两条主线：一条是边疆与中心区域的关系主线；另一条是边疆与周边国家的关系主线。离开了这两条主线很多问题都说不清。领土完整是国家主权最基本的象征，"一个中国"原则有着重要的国际法地位，它体现了疆域不可分割的庄严特征和不可侵犯的神圣特征，也体现了中国人民追求大一统的政治信念和政治智慧。

（二）边界划分与领土完整

边界是指相邻国家之间标定疆域范围的界线，一般都立有界标。最早最原始的界标是"华表"，"华表"既是民族的图腾柱，也是宣示统治范围的标记物。由于古代疆界的模糊性，没有确切的边界线，作为界标的华表并不立于边界线上，而是作为纪念性的标志物，竖立在京师的国门之前。久而久之，华表就失去了界标的功能，而成为一种国家的装饰物了。

中国的疆域范围，最初起源于黄河流域的河洛、河济地区，先民的开疆拓土，先后使长江流域、珠江流域、辽河流域成为统治中心区域；西域、岭南地区、漠北地区、关东地区都先后成为国家的边疆地区。由于"王朝国家"统治的"保守性"和"内治性"，中国古代疆域具有模糊性和不确定性，英国著名社会学家安东尼·吉登斯认为中国古代疆域"有边陲而无边界"。[1] 但由于中国历代统治范围都有相对稳定的统治区域界限，开疆拓土不是以战争向外扩张，而是以农业文明的内聚式吸附发展，古代王朝边界又形成了明确的传统习惯性边界。至明末万历二十八年（1600），全国人口已达 1.97 亿。[2] 明朝版图"东起朝鲜，西据吐蕃，南包安南，北距大碛，东西 11750 里，南北 10940 里"。[3] 至清前期（1840 年鸦片战争前），中国的疆域范围北起萨彦岭、额尔古纳河、外兴安岭，南至南海诸岛，西起巴尔

---

① 〔英〕安东尼·吉登斯：《民族—国家与暴力》，胡宗泽、赵力涛译，三联书店，1998，第 98 页。

② 葛剑雄：《中国人口发展史》，福建人民出版社，1991，第 241 页。

③ （清）张廷玉：《明史》卷 40《地理志一》，中华书局，1974，第 882 页。

喀什湖、帕米尔高原，东至库页岛、台湾岛。这条传统习惯线非常重要，它是维护领土完整的重要依据，其历史依据主要表现在：一是古代疆界具有连贯性，历代疆界都在同一地理单元内摆动；二是具有统一性，历代政权都追求统一的政治目标，疆域的盈缩都在传统的统治范围内进行；三是具有继承性，每一朝代都在继承前代疆域基础上，为现代边界的划分提供了历史依据。

中国近代疆域的边界是建立在西方主导的国际法的基础上，并经两个相邻国家议会批准的边界议定书而划分的。由于帝国主义的侵略，制定了一系列瓜分中国的侵略计划：有沙皇俄国的"黄俄罗斯计划"、法国的"东方法兰西帝国计划"等，中国先后丢失了 340 万平方公里的领土。由于"海随陆走"的原则，也丢失了北太平洋沿岸的大片海域。

新中国成立以后，本着"平等友好、互谅互让"的原则，已和 14 个相邻国家中的 12 个国家解决了陆地边界问题。20 世纪 60 年代和 90 年代是划界的两个高峰期，分别和朝鲜、俄罗斯、蒙古、哈萨克斯坦、吉尔吉斯斯坦、塔吉克斯坦、阿富汗、巴基斯坦、尼泊尔、缅甸、老挝、越南签订了陆地边界条约，总长度为 20222 公里，占陆地边界线 22000 公里的 92%，只有印度、不丹两个国家还未与中国划定边界。

目前复杂而严峻的问题是中国与 8 个海洋毗邻国家存在着海洋划界的争端。中国与海洋邻国的海洋划界争端，主要表现在两个方面：一是岛屿主权争议；二是毗连区、专属经济区及大陆架划界问题。为此，我们要坚持既定方针，加强海上的维稳维权，为把中国建成"海洋强国"奠定基础，积累力量，做出贡献。

三　边政与边防的研究视域

边政和边防是边疆学研究的重点，无论是古代王朝国家、近代民族国家还是现代全球化时代，边政和边防都有不同的体制和战略举措。中国涉边的政治历来有"内务性"和"外务性"的双重内容，体现了主权和治权的统一。边防是国防在边疆防务上的体现，是国家安全的盾牌。历代对边疆的统治都离不开边政和边防"两个轮子"，抓住了这"两个轮子"就抓住了边疆学的核心和根本内容，并体现当时统治阶级治边的意志和国家"郅治"的目标任务，也反映了历代统治者在边疆活动中"攘外安内"的盾牌作用。

（一）边政视域中的"郅治"内涵

在历代经略边疆的过程中，统治者都企求通过"居中驭外"的手段，使边政达到"郅治"的目标。然而"郅治"的政治取向并不是那么容易实现的，它需要内部中心区域的推动和外部周边环境提供的机遇。不过，从边政的视域中，"郅治"的目标包括了经济发展、民族团结、人民安居乐业的基本内涵。

经济发展的口号并非当代的语言，历代史书都有"食货志"论述经济问题。古代边政实行"土流兼治"，优崇民族宗教上层，鼓励中心区域的经济向边疆区域流通，实行"盐铁专卖"和"茶马互市"，通过"均苦乐，平徭役，充边境"的实边政策，达到经济上"虚者补之，实者泻之"的目标。[①] 历代边政发展经济的措施可归纳为三个方面：一是政策上给予指导，中国是小农经济立国，平均主义的经济政策对边疆的开发有很大的指导意义；二是财政上给予倾斜和补贴，唐代对羁縻州府免税，元代还对边疆苦寒地区给予财政补贴，元代中央政府曾对西藏三次进行补贴；三是改善交通，如秦代开"五尺道"通往云南，汉代在全国建立驿站，唐代在汉蕃交界的地方设立"榷场"[②]，调节资源配置和促进经济开发。由于边疆的发展，"九州殷富，四夷自服"。[③] 边疆的稳定对周边属国产生了强大的吸引力和感召力，形成了"中华文化圈"。周边各国和中原王朝都通过朝贡体系，建立了经贸往来。

民族团结是边疆"郅治"的重要表现。"天下共主"是原始的"共祖"意识转化成的最初的国家认同观念。边疆各族人民都有自己的"创世说"，崇拜自己的祖先。但通过"华夷之辨"的磨合，"天下观"的张扬，由"尊祖"转化为"尊王"，逐步形成了"天下归一"的"大中华"观念和"祖国"观念。国家行政制度的皇权、相权，基层郡县的行政权，都是由政权

---

① （东汉）王符撰，张以宪、张广保注释《潜夫论》卷5《实边》，华夏出版社，2002，第258页。

② "榷场"相当于集市贸易。

③ （唐）吴兢：《贞观政要》卷9《安边》，上海古籍出版社，1978，第276页。

的等级制度和区域制度相结合的执行力所达成的。因而，历代民族既有相互认同融合的一面，也有相互矛盾冲突的一面，形成了主体民族和边疆少数民族手足相依的"蕃汉双轨"制局面。在长期的发展中，一些民族兴盛了，一些民族灭亡了，一些民族迁徙了，但始终保持了"天子抚有四夷""中华一体"的局面。

人民安居乐业是边疆"郅治"的最基本要求。历代治边都强调"齐边制度"，齐边的实质就是要稳定疆域，整肃吏治。春秋以来，历代朝廷都强调"正法以齐官"。① 杨倞注："齐，整也"，"齐"通"整治、整齐、齐全"之意。历代对疆臣边吏的整肃都有"封疆"和转变作风之意。疆臣边吏的贪鄙，必将破坏人民安居乐业和疆域的稳定。由于大多数朝代贯彻了"以内安边，以边稳内"的方针，边疆文化史上出现了匈奴文化、契丹文化、突厥文化、蒙古文化、西域文化、岭南文化、关东文化等，体现了各族人民的政治智慧和文化多样性，形成了"治安中国，而四夷自服"② 的统治格局。

"郅治"出自儒家的大同思想，是一种礼治社会"王道乐土"的理想观念。无论是古代"王朝政治"社会还是近代"民族国家"的政治局面，都很难实现这一目标。特别是近代以来，中国遭受帝国主义的侵略，人民处于水深火热之中，边政废弛，根本谈不上"郅治"的统治局面。只有在新中国成立后，通过改革开放，"郅治"才能成为中华民族伟大复兴的理想境界。政治清明是"郅治"的政治基础，社会稳定是"郅治"的社会基础，经济发展是"郅治"的物质基础，文化繁荣是"郅治"的精神基础，边防巩固是"郅治"的军事后盾。基础稳定了，"郅治"才能实现。

（二）边防视域中的军事盾牌

从边防的视域中看待边疆学体系的研究，要十分重视边防的国家主体性、设防目的之明确性、空间的广阔性和战略的确定性。中国有"崇文尚武""止戈为武""以正守国"③ 的民族美德，也有"大而不霸""以武慑

---

① 北京大学《荀子》注释组：《荀子》卷10《富国》，中华书局，1979，第159页。
② （宋）司马光：《资治通鉴》卷193《唐纪九·太宗贞观三年》，中华书局，1956，第6067页。
③ （汉）班固：《汉书》卷30《艺文志》，中华书局，1962，第1758页。

战""协和万邦"的慎战思想与贵和精神，积累了丰富的边防经验。应该从现实的国家利益出发，正视边疆面对的威胁，运用好边防这张军事盾牌。

1. 边防的国家主体性

边防自古至今都是国防的组成部分，是根据国家利益和安全需要建立的戍边军事制度。国家始终是边防的主体，在军事布局上，古代边防依据"制内御外"的封疆要求，在不同的战略方向上部署相应的兵力，实施"因险置塞"的部署，贯彻"保藩固圉"的边防方针，形成了"以琉球守东南，以高丽守东北，以蒙古守西北，以越南守西南"[①]的防御体系。边防的国家主体性主要表现在边防的"封疆"作用上。边防方针由国家制定，边防的区域性造成的局部危机，都反映了国家全局性的安全利益，具有周边性和全域性的特征。古代边防是一种"夷夏之防"，以1840年鸦片战争为分水岭，中国边防进入了"中外大防"。晚清"保藩固圉"的边防政策在实践中变成了"代藩守土""代藩受敌"的错误决策，导致了这一政策的破产。民国时期日寇全面侵华，引起了全民族的抗战，中华人民共和国成立后几次大的边防战争，也都是国家主导下的军事行动。虽然边疆戍守具有区域性，但边防"表提类而分区宇，判山河而考疆域"[②]的封疆意义，却体现了国家主导下边防"安内制外"的整体安全作用。当代正在进行的军事改革，也是要把"区域防卫转化成全域防卫"。

2. 边疆设防目的之明确性

中国边疆设防的目的性是很明确的，它是和边防的国防性紧密联系在一起。古代中国是一个宗法性很强的国家，政统和宗统结合在一起，皇帝有至高无上的权力，"普天之下莫非王土"，边疆设防的目的就是保卫"由家及国"的皇权和"江山社稷"。进入近代以来，国防形势发生了变化，"海噬之波涛未息，山陬之游徼纷来"[③]，帝国主义从海洋边疆和陆地边疆汹涌而来，设防目的改变了"防夷变夏"的"内防"性，变成了反对侵略、维护国家主权和领土完整的"外防"目的。据统计，晚清政府进行的战争

---

① 《清光绪中法交涉史料》，中国史学会编《中法战争》（五），上海人民出版社，1957，第89页。

② （唐）房玄龄：《晋书》卷14《地理志上》，中华书局，1974，第405页。

③ （清）宝鋆：《筹办夷务始末》（同治朝）卷50，沈云龙主编《近代中国史料丛刊·正编》第62辑，台北：文海出版社，1971年影印本。

行动有 183 次①，有一半以上属于反侵略战争，只有 28% 的战争行动属于镇压内部百姓造反的"安内战争"。北洋政府统治时期的主要战争行动虽属军阀混战，但也不乏维护边疆主权和领土完整的作战行动，如反对外蒙古独立、抗击沙俄侵略新疆的战争，以及反对西藏"独立"的川边战争等，都具有反侵略和反分裂的目的性。长达 14 年的抗日战争是世界反法西斯战争中延续时间最长、波及范围最广、影响最深远、胜利最辉煌的世界性反法西斯正义战争。新中国成立后，我军在朝鲜和越南两次与美军交手，挫败了美国霸权主义的侵略锋芒，克拉克在回忆录中说"世界上唯一不能与其交手的军队就是中国陆军"②。

3. 边防空间的广阔性

由于中国领土辽阔，按照国际法规定，疆域包括了陆疆、海疆、空疆、底土四个部分。从边防空间广阔性视域看，在边疆学体系研究中，陆疆和海疆研究得较多较深入，而对空疆和底土的研究较薄弱，尤其是对底土的研究还是一个空白。从陆防的态势看，中国的陆地边防积累了丰富的历史经验，现代陆防态势处于一种综合化、体系化、制度化的结构和状态中。各族人民群众都是边防的主体，军队和武警是边防的骨干，在党和政府领导下实行军民联防制度。一般来说，领陆是指国家疆界内的全部陆地，领陆是确定领水、领空、底土的根据；领陆面积的大小和领水的面积加在一起，决定领空和底土的面积。底土是从地球表面直至地心来计算的。领陆的整体防卫要求做到国家不受侵犯，领土完整不被分割，国家尊严不受贬损，核心利益不遭伤害。整体性防卫具有国防性，实质上是边疆与内地的一体化防卫。

中国的海疆有 1.8 万公里的大陆海岸线，拥有 300 万平方公里的管辖海域，是一个"邦畿千里，维民所止，肇域彼四海"③ 的国家。日本污蔑中国是一个"陆疆大国"而无"海域海疆"④，是不符合历史事实的。公元前 485 年，"吴国派舟师自海入齐"⑤，是中国史书第一次记录的海战。秦始皇

---

① 《中国军事史》编写组编《中国军事史附卷：历代战争年表（下）》"年表索引"之清朝战争统计，解放军出版社，1986。

② 〔美〕马克·韦恩·克拉克：《克拉克将军回忆录》摘登，美联社 1953 年 7 月 29 日电。

③ 周振甫译注《诗经》卷 8《商颂·玄鸟》，中华书局，2002，第 548 页。

④ 日本《读卖新闻》2013 年 3 月 14 日。

⑤ 杨伯峻编著《春秋左传注》"哀公十年"，中华书局，1990，第 1656 页。

统一中国后曾四次巡海。中国人民很早就有自己的海权意识，舜帝管辖的九夷部落①就是东部沿海地区的"耕海"部落，他们靠渔猎和制盐维持生活。中国人民很早就有经略海疆的经验，秦汉时期开始在海南岛派官设治，唐代开辟了海上"丝绸之路"，北宋时期开始武装巡海，并把马六甲海峡的南巫里（亚齐）作为划分"东洋"和"西洋"的界线，这一地理概念影响久远。明代在东北滨海地区设置奴儿干都司，管辖范围北起外兴安岭，南临日本海的广大地区，还在库页岛（苦夷）驻防水军，设立了烽、堠、堡、墩。郑和七次下西洋，通过东海、南海遍历东南亚、南亚、红海沿岸、东非 30 多个国家。清朝确立了岛屿沙洲"各有专属"的"疆址森然"②的边防方针。清政府把海防重点放在东南沿海，在广东驻军 7 万，在福建、江苏驻军各 5 万，在浙江驻军 4 万，形成了中国古代规模最大的海防体系。新中国成立后，组建了新型海军，在新中国成立初期，解放军海军与国民党蒋介石集团的舰队在海上作战 241 次，击沉国民党海军舰艇 18 艘，其他舟船53 艘，击伤海军舰艇 49 艘，其他舟船 21 艘，缴获各种舰船 207 艘。改革开放以来，"中国的安全利益正从国土安全向海洋、太空和电磁空间延伸，从国内安全向海外利益延伸，从传统安全向非传统安全延伸"。③ 目前，海防面临着严峻复杂的形势，美国在韩国配备"萨德"反导系统；台湾地区还孤悬海外，祖国统一大业尚未完成；东海和南海存在岛屿之争。这些情况，都有可能使海防斗争复杂化、尖锐化。

中国现代空防是一种全域性、单独管理、攻防兼备的防卫态势。空防是边防的重要环节。其全域性是由领空覆盖全部领土包括领水的特征所决定的，它是在国土（包括海洋国土）上空展开的军事防卫和航空管制的活动。它既要靠空中力量掌握"制空权"，又要为国家在太空进行的航天活动提供便利和安全保障，要在地面设立雷达站、导航系统和预警系统，还在东海划定了"航空识别区"。

底土防御也证明了边疆防卫的空间广阔性。"底土"是一个国家底层的领土，它的范围与领陆领海的范围比齐，原则上可直达地心。广阔的地幔层有着丰富的地下资源。随着科技的进步，利用科技手段窃取他国地下资

---

① 九夷是指畎夷、于夷、方夷、黄夷、白夷、赤夷、玄夷、风夷、阳夷。

② 《清高宗实录》卷 1435，乾隆五十八年己卯。

③ 国务院新闻办公室：《2008 年中国的国防白皮书》，"国防政策"，2008。

源，可能引发国际性资源争端和战争。我国对底土防御仍是个空白，基本上是以地面防御代替了底土防御。从边疆学的视域看，忽视底土研究，说明边疆学的研究仍然缺乏前瞻性。

4. 边防战略的确定性

从边疆学的视域看，战略的确定性是指国家边防的战略定力。边防自古至今经历了三次大的转变，即古代王朝国家的"夷夏之防"、近代民族国家的"中外之防"、现代全球化条件下的"信息化边防"。边防体制是指一个国家关于边防领导制度和边防实施力量构成的制度，包括任务分工、职责范围、功能作用等以及与之相配套的完整体系，是具有权威性、系统性、差异性、稳定性的基本制度。在全球化历史条件下，中国向世界承诺走和平发展道路，不称霸、不当头、不吃苦果、不做附庸。但是和平是有底线的，对触犯中国主权和领土完整的侵略行为，也可能采取断然措施。台湾地区是我国领土不可分割的一部分，《反分裂国家法》规定，"'台独'分裂势力以任何名义、任何方式造成台湾从中国分裂出去的事实，或者发生将会导致台湾从中国分裂出去的重大事变，或者和平统一的可能性完全丧失，国家将采取非和平方式及其他必要措施，捍卫国家主权和领土完整"。这是中国"底定边疆"的底线，也是我国国防战略的基本点。

四　边民社会与边疆治理的政治导向

边疆学的视域告诉我们，边民社会与边疆治理的政治导向关系到边疆的长治久安，也关系到边疆发展的政策组型的科学性。这就要求我们，要把治世、治国、治边联系起来，找出边民社会的发展规律，从规律中进行治边的政策组型，才能体现边疆治理的科学性和政治导向的正确性。

（一）边民社会的发展规律

"边疆"是一个动态性概念，不同时代有不同的边疆规模和范围。边疆的发展有着自身的演化规律。所谓"规律"，是指事物发展各种要素联系的必然趋势和"质"的规定性，是事物发展本身所固有的"法则"。由于边疆地区民族分布、人口繁衍、人文要素和自然条件的限制，中国关东、塞北、西域、岭南和海岛居民聚居区在内的边疆地区，自古至今都存在着发展不平衡的规律、与国家军政大势相一致的规律、与国际环境相联系的规律。这些规律植根于中华文明基础上，是与国家的起源、生存、发展和演化过程"一体化"进行的，也是和周边国家的关系联动进行的。它既是人类"命运共同体"演化的共同趋势，也是具有中国特色的边疆发展"法则"。

1. 边疆发展不平衡的规律

中华大地是中国各民族发展的共同家园，孔子曰："中国有礼仪之大故称夏，有服章之美谓之华。"① 疆域是立国之本，秦汉是中国疆域的奠基期，隋唐至宋元时期是中国疆域发展的高峰期，明清时期是中国疆域的成熟期。中国疆域辽阔，由于自然、地理、民族、宗教、历史、现实、政策等各方面的原因，中国边疆社会发展是不平衡的，这种不平衡不仅表现在发展方式、发展类型、发展水平上存在着差异，而且表现在不同民族的发展也不平衡，边疆和中心区域发展的差距更大。从不同战略方向看，东北边疆是亚寒带的原始森林，北部边疆是浩瀚的戈壁大漠，西北边疆是盐碱荒漠高原地带，西南边疆是高寒山地和亚热带丘陵山地，发展的条件各不相同。从人文因素看，宗教对各民族的民族性格、价值观念、思维方式和行为方式都有密切的影响，宗教文化对人的发展、生育繁衍、认知系统都有直接的影响。社会形态对人口素质的全面发展也有影响。古代社会是一种臣民社会，近代社会是一种国民社会。从边疆的动态演化规律来看，不同时期的边疆政策和发展战略，都直接影响着边疆的规模、边界的划分、边政的管理、边务的施行、边防的巩固等。发展不平衡是一条重要的社会规律，在边疆政策组型过程中，就应当认真考虑这一条规律的影响。

2. 边疆发展与军政大势相一致的规律

无论在哪个历史时代，边疆的发展演化都和国家的军政大势相一致。凡是国家政治清明、经济繁荣、军事强大之时，边疆就稳定，就发展；反之，则相反。这是一条重要的历史规律。中国每个政权建立初期，都要花很长的时间和很大的力气"底定边疆"，《禹贡》曰："震泽底定"，是指

---

① （唐）孔颖达：《春秋左传正义》"定公十年"，宋庆元六年绍兴府刻本。

"山河平定"之意，"底定"是指边疆和施政效率的"稳定"，司马迁把"底定边疆"解释为"郅治"①之意，政治上追求"大一统"，是古代"底定边疆"最高的政治目标，古代军政制度是以宗法制为基础的专制主义制度，虽经历次改朝换代，但仍使中国保持了统一的政治态势。至近代，改变了"夷卑夏荣"的筹边观念，国家的威胁主要来自帝国主义的侵略及其代理人的分裂活动。民国的军政制度是建立在个人独裁基础上的资产阶级民族国家的制度，因而民国边疆是一种"弱国边疆"形态。新中国成立后，中国现代边疆形态发展为社会主义的新型边疆形态，共和共治和民族区域自治成为"经略边疆"基本的政治举措，特别是改革开放以来，全球化条件下的沿边沿海开放，国家强盛起来了，国际威望提高，军政之势强大，边疆的长治久安有了更充分的保障。

3. 边疆发展与国际环境密切联系的规律

国际环境是每个国家发展的外部条件，各国与相邻国家的关系都受制于国际关系的大气候，周边关系对边疆的影响更为密切。中国有 20 余个周边国家，其中有 14 个陆地边界相连的国家，8 个海上毗邻的国家，朝鲜和越南是两个与中国既有陆地边界相交也有海域相连的国家。在农业文明时代，中国就有"协和万邦"的筹边思想，因而形成了"万方来朝"的中外交往局面。近代，帝国主义的侵略，在民族、宗教、边界、领土、海洋、边民来往等方面制造了许多纠纷和历史悬案。在现代信息文明时代，中国贯彻"亲诚惠容"的周边方针，坚持"与邻为善，以邻为伴"的周边原则，努力构建"相互尊重、合作共赢"的新型大国关系，坚持和平共处五项原则，为"两个一百年"的发展目标提供了战略机遇和外部环境。边疆的大事小情都和内外环境有着密切的关系，特别是周边关系，应该列为边疆学研究的重要内容，同时，也应成为治边实践中政策组型的科学依据。

（二）治边政策组型的科学性

治边的政策组型应以国家利益为基本出发点，既要考虑历史的连续性，也要看到现实的威胁。中国历史上治边经验的有益性，体现了中国人民治

---

① （汉）司马迁：《史记》卷 29《河渠书》，中华书局，1959，第 1405 页。

国理政的政治智慧，不能忘记和忽视。弄清现实的威胁，就是要搞清世界秩序的治理对中国边政边防的影响，也是治边模式以"问题导向"的科学依据。

从历代治边的经验看，创造了"以内聚建边为模式的拓边经验""以地缘管控为基础的靖边经验""以民本行政为特征的安边经验""以和平发展为道路的强边经验"。这四条经验强调了民族融合、文化浸润、政治统一、和平发展的基本原则。从靖边经验看，靖边活动是历代治边的重要内容，主要是指廓清边疆，稳定疆域，形成"建、守、防一体化"的边防经验。美国学者迈克尔认为"中国在其历史上的大部分时间里，基本上是一个自给自足的、内向型、容易陷于不稳定的国家，它在筹划外部安全时更关心如何控制或制约广阔的周边地区对确立已久的中心地区的直接威胁，而不是获取领土或疆域"[1]。也就是说，中国边防始终是以靖边为模式的积极防御体系。从安边的经验来看，主要是指维护边疆的稳定。早在春秋战国时期，就提出了"民为邦本""民贵君轻"的民本思想。孟子曰"诸侯之宝有三：土地、人民、政事"[2]。历代都强调民本行政，治边要发展经济，培养国家"元气"。吏治时代的民本政治，是以承认百姓生存价值为要害；转入法治时代后，则强调"道之以政、齐之以刑"[3]，依法治边是以承认各族人民平等的法律权利为最高原则，通过共和共治和民族区域自治实现各民族的平等权利，也就是说，以法治实现"安邦定国"。从强边经验看，古代统治者强调"以藩为屏"与"强干弱枝"，但更重视"经济元气"和"四海归心"，这就肯定了军事和经济发展的强边作用。实际上中国是一个爱好和平的国家，历来主张走和平发展的道路，历代统治者更重视中央集权和国家统一。这是和平的盾牌，也是强边的经验。

历代治边经验只是政策组型的历史依据，现实的边疆问题才是治边政策组型的科学性和针对性的政治考量。目前，中国边疆面对的威胁主要有：（1）美国霸权主义和强权政治的搅局行为，特别是重返亚太以来，实施再平衡战略，其搅局行为使中国海疆不得安宁；（2）日本右翼势力企图复活军国主义，不遗余力破坏二战后世界秩序，在东海和南海对中国

---

① 〔美〕迈克尔·斯温、阿什利·特利斯：《中国大战略》，新华出版社，2001，第16页。
② 杨伯峻译注《孟子》卷14《尽心章句下》，中华书局，1960，第335页。
③ 杨伯峻译注《论语》卷2《为政》，中华书局，1980，第12页。

进行挑衅，有擦枪走火的可能；（3）恐怖主义已成为世界公害，在中国，主要是防止边疆的恐怖主义向内地蔓延；（4）中国是世界上唯一没有实现完全统一的大国，台湾地区现状需要两手准备，即和平统一和武力解决问题的双重准备；（5）"藏独"和"疆独"制造的政治麻烦，经常被西方反华势力利用；（6）周边国家挑起的"小国无常"政策和个别国家挑起的边界争端，如菲律宾、越南在南海挑起的争端，印度在边界争端中的利己主义行为，都对中国有伤害；（7）国内贪官污吏的腐败行为对边疆的稳定构成威胁。

针对以上情况，边疆政策要在经济发展、民族团结、边防巩固、财政扶持等方面，做到相互配套，统筹兼顾。党的十八大指出"完善国家安全战略和工作机制，高度警惕和坚决防范敌对势力的分裂、渗透、颠覆活动，确保国家安全"①。建设富强、民主、文明、和谐的社会主义新边疆，是边疆工作的总目标总要求，根据这一目标要求，就需要边疆学研究从多角度、多领域、多学科对我国边疆政策的科学组型加强研究，做到古今结合，内外兼顾，有所作为。最终达到为国分忧、为民担责、守土济民的研究目的。

余　论

人与人之间"有缘才能结谊"。马先生曾为中国边疆史地研究中心（现更名为中国边疆研究所）的主任，我在职时，曾担任全军教材编审委员会委员。知识分子的友谊往往强调"以文会友"，马先生著作颇丰，是我学习的榜样。我大半辈子著有 20 部学术著作，发表了 200 多篇学术文章，有 8 个项目获国家、军队和国际的高层次奖励。其中《西藏发展史》由吕一燃先生写评审意见；《中国边防史》《中国边疆学概论》三部著作由马大正先生亲自指点，给予了很大的帮助；我还参与了马大正先生主编的《中国边疆经略史》的部分撰写工作，获益很大；我与赵利峰主编的《边防民族宗教概论》由郝时远先生撰写序言；这些著作都得到了高层奖励。我和马先生交往较久，较早向他提出将"中国边疆史地研究中心"的"史地"两字

---

① 《中国共产党第十八次全国代表大会文件汇编》，人民出版社，2012，第 35 页。

删去，目的是使边疆研究更贴近现实问题。2014年中国边疆史地研究中心改为"中国边疆研究所"，这不仅是机构的调整，也是学术的"扩容"和进步。马先生学风严谨，给人留下了"忠厚长者"的印象，并有很强的理论勇气，在其遇到挫折时都能正面处置，确实是一位有担当的高层学者。在其年届八十华诞之时，谨以此文祝他健康长寿，并颂笔耕金安。

论中国边疆学研究的多学科合作

方　铁[*]

一　中国边疆学的特点与多学科合作

中国边疆学是研究中国边疆有关的历史与现状问题的学科。进入 21 世纪后，中国边疆学得到长足发展，目前已成为受我国学术界瞩目的新兴学科。

中国边疆学发展迅速，与中国面临的国内外形势有关。就国内来说，1978 年实行改革开放后我国进入持续发展的时期。边疆地区的形势出现变化，在边疆地区持续发展、资源合理开发利用、民族关系和谐进步等方面，面临一些新的问题，原有的认识与经验已不能满足需要。在国际上诸多关系发生改变，一些涉及边疆的权益存在争议。尤其是作为单极世界大国的美国，强制推行单边主义，对现行国际秩序构成严重的挑战。在这样的情况下，我国边疆及与边疆有关的问题十分突出，亟待加强研究，从理论探讨与实践总结方面予以回应。

中国历来有重视边疆治理的传统。近代由于列强环伺中国边疆，导致边疆地区出现严重危机，催生并促进有识之士对中国边疆的历史与现实问题做深入研究。中国边疆学大致经历了古代治边研究，近代以来的边疆舆地学、边政学、边疆史地以及边疆综合研究等几个发展阶段。[①] 中国边疆学的萌芽与诞生，与中国边疆地区的治理以及边疆出现的危机和挑战有关，并伴随中国边疆问题的日益深化与复杂化而相应发展。

---

　*　方铁，云南大学西南边疆少数民族研究中心教授，博士生导师。
　①　方铁：《试论中国边疆学的研究方法》，《云南师范大学学报》2008 年第 5 期。

当前迅速发展的中国边疆学学科，大致具有以下六方面特点：一是基础性研究与应用性研究并重；二是边疆理论与治边实践并重；三是边疆历史与边疆现实问题并重；四是研究视角与研究方法体现出多样性；五是边疆史地和人文社会科学的其他学科、边疆史地与自然科学的相关学科相结合；六是研究成果不仅有学术意义，而且具有重要的应用价值。可以预期，中国边疆学具有的上述特点，随着时代的进步将更趋明显，并成为不可逆转的发展趋势。

中国边疆学源起于近代以来的边疆舆地学、边政学以及边疆史地研究，这几个领域均属于历史学的范畴。因此，历史学的研究方法，仍然是中国边疆学的主要研究方法之一。历史学研究的主要特点，是重视史料的收集与整理，注意把握历史发展过程以及相关因素间的复杂联系；在对史料做全面收集、正确诠释的基础上，通过分析、演绎与归纳等方法，尽可能准确地复原历史的原貌，进而总结历史演变的特点与规律。

我们也要看到，一方面，鉴于中国边疆学研究的对象十分丰富而且复杂，所涉及的诸多问题不仅与历史问题有关，在现实中依然存在，而且发展演变的过程仍在继续。另一方面，中国边疆学方面的不少问题，属于政治学、法学、国际关系学甚至自然科学探讨的范畴，仅依靠历史学不可能完成研究的任务。中国边疆学涉及的学科，包括历史学、民族学、政治学、社会学、法学、经济学、国际关系学、考古学、语言学、地理学、宗教学、哲学、文化人类学、人口学、宗教学、军事学、心理学、环境学、生态学、信息学，等等。因此，重视历史学与相关学科的合作，学习、借鉴其他学科研究的成果与方法，是中国边疆学获得健康发展的重要前提。

习近平同志指出："当代中国正经历着我国历史上最为广泛而深刻的社会变革，也正在进行着人类历史上最为宏大而独特的实践创新。这种前无古人的伟大实践，必将给理论创造、学术繁荣提供强大动力和广阔空间。这是一个需要理论而且一定能够产生理论的时代，这是一个需要思想而且一定能够产生思想的时代。"他还说："哲学社会科学研究范畴很广，不同学科有自己的知识体系和研究方法。对一切有益的知识体系和研究方法，我们都要研究借鉴，不能采取不加分析、一概排斥的态度。"①

① 习近平：《在哲学社会科学工作座谈会上的讲话》，新华网，2016 年 5 月 17 日。

中国是世界上历史持续演变、文化传统未曾断裂的唯一大国。中国在边疆治理、处理民族关系方面形成了一套较完整的理论，在边疆建设、边疆民族和谐相处、妥善处理邻国关系等方面，也积累了宝贵的经验。从这个意义上来说，中国边疆学是中国经验的组成部分，其构成内容、研究的对象与方法，与西方的边疆问题研究有所不同。目前，加强我国边疆治理理论体系的建设，增强文化软实力，争取我国在国际上的话语权，已成为一项刻不容缓的任务。总体上来看，我国关于边疆治理问题的研究，落后于迅速发展的形势。这对我国处理边疆问题产生极为不利的影响，同中国国力的迅速增长与中国崛起的远大抱负也不匹配。因此，发展具有中国特色的中国边疆学，不断提高研究水平，不仅是形势和时代的需要，也是用中国话语讲述中国故事的具体体现，是形成中国特色研究学科的必然要求。

参与中国边疆学合作研究的学科甚多，现择其要者予以简要叙述。

二　历史学二级学科的合作

历史学中与中国边疆学关系较密切的二级学科，主要是中国史中的专门史、断代史，以及外国史中的中国周边国家史。较为常见的研究领域，主要是史料的收集与整理、具体史实与历史问题的研究，以及相关理论与规律的探讨。这些工作十分重要，仍应得到重视并继续发展。

同时应看到，中国边疆学毕竟不同于一般的历史学，所具有的两个特点值得注意。

一是中国边疆学探讨的某些问题，具有内容结构复杂、运动时段甚长、位处深层不易发见等特点。这些问题有：历代政治实体治边的思想与治策，治边思想与治策与中国传统文化的关系；历代政治实体治边战略的内容及其应用，治边战略的形成发展及其与统一多民族国家形成巩固的关系；中国边疆形成演变的过程，中国边疆形成演变的机制与内在规律；传统文明、地缘政治、民族宗教问题与治边的关系；中国传统治边的思想、策略蕴含的积极内容，在新形势下如何继承发展等问题。

二是中国边疆学涉及的一些问题，仅靠历史学不可能进行充分的研究。这些问题有如：边疆地区人类活动与自然环境变迁的关系；中国边疆地区的形成发展过程、中央政府对边疆的管理与经营、边疆民族融入中华民族整体等中国经验，如何与外国交流并形成共识的问题；边疆地区资源、权益的合理分配，边疆毗连地区资源的共同开发问题；边疆地区的法治管理与邻国的对接，实现睦邻相安、睦邻合作并与邻国构建命运共同体等问题。

若固守以考证、推理为主要手段的历史学传统方法，以及排斥其他学科的参与合作，探讨上述问题可说是举步维艰。历史学的一些学者，近年来采用历史时段、系统分析、比较研究等较新的研究方法，取得令人欣喜的成果。

"历史时段方法"源自法国年鉴派第二代领军人物布罗代尔提出来的"长时段理论"。该理论流行五六十年仍不少衰。[①] 布罗代尔认为历史时间可划分为结构（Structure）、局势（conjoncture）、事件（event）三种不同的时段，这三种时段在历史研究中的重要性不同，可按照结构、局势、事件的顺序递减排列。所谓"结构"，主要指地理环境、气候变化、社会结构、文化心态等在数百年、上千年间起作用的较稳定因素。"局势"指人口增长、流通分析、国民产值等数十年、百余年间存在的重要因素。"事件"则指事件、现象、人物等短期内出现的因素。布罗代尔认为长时段历史最重要，而短时段历史不过是枝末细节，这种看法有失偏颇。布罗代尔将历史时间分为不同的时段，注重区分不同时段的研究内容，尤其重视探讨长时段下蕴藏的事物内部结构与发展演变的规律，具有十分重要的意义。

系统分析方法源自自然科学，应用于人文社会科学后做了改造与补充。[②] 该方法视研究对象为由诸多要素组成的一个大系统，包括诸多子系统，各系统相互影响，推动事物不断发展。系统分析方法具有如下三方面特点：一是认为事物处于不断的运动和变化之中，如前人所说"人无法第二次踏进同一条河流"；二是承认事物内部存在复杂结构，结构内部的联系与矛盾，构成事物发展的动力；三是认为研究对象包含不同的子系统，但系统的整体功能大于各部分功能之和，或者说研究者对事物整体的把握，重要性超过对子系统分散的研究。系统分析方法与历史唯物主义有相通之处，是我们认识与分析事物的利器。

比较研究方法在历史学中应用较广。应用此法通常是选取两个或多个

---

① 方铁：《中长时段方法与边疆史研究》，《中国古代社会高层论坛文集》，中华书局，2011，第172页。

② 方铁：《方略与施治：历朝对西南边疆的经营》，社会科学文献出版社，2015，第13页。

具有可比性的对象，勾勒其发展轨迹做不同时段的比较，或在某一时段做横向各类情形的比较。比较研究重视研究对象的相同点与不同点。取得成功的关键，在于选取的对象是否具有可比性，以及比较是否符合逻辑及遵循正确的程序。比较方法有助于发现研究对象的异同，进而寻找其成因及内在的规律。若应用得法，比较研究能使人获得重要启示。

建设中国边疆学，应扩大研究的领域，发展深层次的研究；尤应提倡综合性的研究与大视角的研究。中国边疆学研究的对象具有时间跨度长、地域范围大、内涵丰富与情况复杂等特点，内容涉及众多学科与研究领域。进行多学科、综合性研究能增大视野、扩展材料范围，从不同角度、不同层次来认识研究对象的本质规律。综合研究强调的是各学科之间的横向联系，大视角研究则是指在研究中扩大视野，把研究对象放在更为广阔的背景下考察。由于特殊的自然环境与社会发展方面的原因，边疆地区演进的过程极为复杂。若采取静止和孤立的方法研究边疆学方面的问题，难以摆脱只见树木、不见树林的局限。进行综合性、大视角的研究，不仅要采用历史时段、系统分析、比较研究等较新的方法，还需要历史学各二级学科、社会科学以及自然科学有关学科进行通力合作。

专门史中的民族史与历史地理学，较早介入中国边疆学的研究。新中国成立60余年来，我国学术界关于边疆问题的研究成果，有相当一部分来自民族史学界。近年研究的视角和重点发生了改变。究其缘由，既因民族问题、边疆问题搅在一起难以区分，也因边疆问题日渐突出，人们对边疆与民族的关系等获得新的认识。此外，相关研究进入较深的层次，研究复杂问题逐渐受到重视，也是一个重要的原因。宗教与宗教问题影响历朝治边的问题，近年也受到学术界的重视。梳理清朝对边疆各地的治理，可知清朝不仅重视宗教与宗教问题，而且将宗教问题应对作为治边制度与政策的一部分来建设，详情尚待进一步研究。

历史地理学与中国边疆学的关系十分密切。历史地理学有研究地理学中与历史有关部分、探讨历史学中与地理有关部分等两种学科定位。受其影响，历史地理学兼采历史学、地理学的研究方法。历史地理学界研究的一些问题，如中国历史疆域的形成与变迁，边疆的行政管理及其变迁，边疆人口的分布与迁徙，边疆的经济开发与地域差异，边疆城市与交通线的历史变迁，边疆的历史文化景观及其变迁，边疆人类活动与自然资源、环境的关系及其变迁，都体现出跨学科研究的特点。历史地理学、中国边疆学还有一共同之处，即均擅长从整体观、发展观、运动观与比较观的角度来进行考察。

近年有学者提出地缘政治观及其应用的问题，① 即属于历史地理学视角的较新探讨。所谓"地缘政治"，指与地理因素紧密相关的政治及其有关问题。地缘政治是客观存在，人们关于地缘政治的理论，是对这一客观现实及其应对的认识与总结。中原王朝有经过长期的实践与积累形成的地缘政治观，其表述话语与内容构架，与西方的地缘政治理论颇有差异；其内容之丰富，较之西方的地缘政治理论毫不逊色。中原王朝的地缘政治观具有以下四个特点。一是形成发展的时间很长。从先秦时期诸子百家热衷于探讨诸侯国的地缘政治、形成地缘政治研究的首次高潮算起，到晚清王夫之等思想家潜心总结历代经营得失，就有关的地缘政治问题做专门探讨，中原王朝的地缘政治观经历了二三千年演变的过程。二是历代王朝处理与地理因素有关的政治问题，常自觉或不自觉地应用地缘政治方面的知识，经过反复的实践与总结形成一些相应的原则与策略。三是中原王朝的地缘政治观内容十分丰富，既关注自身政治利益与相关地域的关系，也包括对本集团与天下地缘政治关系的认识。四是中原王朝的地缘政治观，与近代西方的地缘政治理论明显不同，集中反映了观念持有者在价值观、天下观、人地关系观等方面的哲学思想与政治智慧。中原王朝的地缘政治观强调不同地区之间主次、先后的关系，形象地喻之为树木与枝叶或身体与四肢的关系；同时持有宝贵的全局观、长远观与内在联系观，注意到不同地区之间存在联系及互动的关系。中原王朝不仅关注地域板块之间的关系，还重视地缘政治视角之下的区域经营与治理的问题。

历史地理学界探讨中国边疆学，近年还较重视区域史的研究。目前我国的区域史研究，大致有向内收缩、向外扩张两种视角，即从区域外看区域内，或从区域内看区域外。② 开展区域史研究，采用历史时段方法较为优越，应重点揭示区域内部的运行机制，区域演变过程中人的作用，以及区域中自然、地理环境的变迁等问题，这样才能呈现鲜活的历史。另外，还

---

① 方铁：《论中原王朝的地缘政治观》，《中国边疆学》第 7 辑，社会科学文献出版社，2018，第 3 页。

② 黄道炫：《区域史研究正不断拓展史学研究的视角》，《人民日报》2018 年 5 月 3 日。

应妥善处理区域的同质性与异质性的问题，既注意总结所研究区域的特点与自身规律，也不能将所研究区域与地区全局分离开来。

三　历史学与人类学的合作

人类学是全面研究人及其文化的学科。[①] 在英美等西方国家，人类学包括文化人类学与体质人类学两个部分，文化人类学亦称社会人类学。人类学主要研究现实生活中的人及其文化，这一点将其与历史学区别开来。

人类学的研究方法具有如下特点[②]：一是以普同论、全貌论、整合论、适应论、文化相对论作为理论基础，强调研究对象的全貌观、整体观与适应性变化观，认为文化的价值是相对和平等的，任何文化均有其独特价值，值得尊重和研究。二是重视直接观察方法，通过深入的观察与访谈，全面、系统地把握研究对象各方面的情况。三是注意发掘研究对象的诸多表象所具有的文化含义，探索深藏其内部的文化要素及其变化的过程，以及相关的运行机制与内在规律。

真实的历史与历史学是有区别的。历史是已凝结的过去，已形成的史实只能被后人认识，铸就的史实不可能被修改。受研究者的视角与方法、所掌握史料的丰富完备与否、研究者的时代和水平等因素的影响，不同研究者对同一研究对象的看法必然有差别，甚至研究结果大相径庭。研究历史是历史学的任务。历史学可以不断探索，一些研究或许能较大程度地接近史实，但无人能准确、全部地复原真实的历史。

复原历史若能做到精彩、真实，并探索其内在机制与发展规律，必须具备足够的史料根据以及符合逻辑的严格推理等条件。法国年鉴学派认为，历史学不能依靠简单地罗列史料。只有历史学家赋予揭示其真相的思想，才能使史料鲜活起来，进而构成真正的历史学。中国历史学家何兆武说："所谓历史的本来面貌，实际上乃是史家所企图传达给读者的那副面貌。这里面已经经过了历史学家的理解、诠释和他的表达以及读者的理解三重炮制。数据只是死数字，是经过了以上的重重炮制才赋给他们有血有肉的生

---

① 庄孔韶主编《人类学通论》，山西教育出版社，2004，第1、12页。
② 方铁：《论古代边疆演变的内在机制——基于人类学视角的考察》，《天府新论》2015年第2期。

命，使之转化为活生生的人的历史活动。"[1]

引入人类学的知识与研究方法，对探讨中国边疆的形成演变等问题十分有利。采用系统分析方法与历史时段方法，也为历史学与人类学结合研究提供了必要前提。人类学定位于研究当代的人与人的文化。历史学则探讨已发生及凝固的以往事实，两者在定位方面截然不同。根据研究对象的差异，人类学可细分为探讨历史、经济、宗教、体质、生态等学问的不同分支。现代人类学认识论的基础，主要是普同论、全貌论、整合论、适应论与文化相对论。现场直接观察法是人类学的重要方法，认为研究者唯有亲临现场亲睹并收集事实，获取的材料才真实可信。同时，研究者对获取的材料做全面深入的研究，发掘深藏其内的文化内涵，梳理相互因素的关系进而揭示问题的本质。人类学与历史学探讨的对象虽有现实及过往的区别，但不妨碍我们汲取其理论与方法的有用之处，借以探讨历史研究的内在机制、演变规律一类问题。

历史学家从事的研究，主要是收集史料进行考释，争取最大限度地复原史实。一些旨趣较佳的历史学家，在复原史实的基础上，还努力探讨深藏其内的演变机制与发展规律等问题。如前所述，无人能毫发无损地复原历史，何况保留至今的史料本身多有欠缺。进一步来说，中国历朝的记录虽有相对客观、准确的优点，但史料残缺不全甚至被恶意篡改也不可避免。兼之中国史学界根深蒂固的传统是划分朝代分类研究，对历史过程的认识不免造成割裂。受其影响，一些人淹留于局部乃至细碎问题的探讨，热衷于平面及静止意境的研究。诸多不利因素的存在，使探究演变机制与发展规律等深层且复杂的问题，有可能成为难以企及的奢望。

人类学提倡的全貌论、整合论、适应论与文化相对论，与整体史研究法有相通之处，相关的思维以及探讨，亦可在采用历史时段方法的前提下顺利进行。历史学家不可能身返过去的历史。但人类学倡导的"现场亲睹"，却提醒历史学家应模仿古人的思维方式，置身所研究时代的意境，才有可能领会史载的真实含义。另外，人类学讲究破解资料所蕴含的信息，释读隐藏其中的文化密码，以获得对事实的准确把握。人类学家还关注事物内部的关系及其变化过程，这些都值得我们学习。

---

[1]　何兆武：《思想文化随笔》，科学出版社，2012，第129页。

近年一些学者研究土司制度，便初步借鉴了人类学的研究方法。① 元朝最早在云南行省实行土官制度。施行后效果显著，乃在湖广行省等地推广。明朝对土官制度进一步完善，所形成的土司制度在更大的地域范围推行。清雍正朝实行改土归流，保留土司制度的合理内核，在边疆地区则继续实行土司制度。

土司制度有特定的社会基础，仅适用于南方类型的蛮夷地区。土官土司制度重在控制蛮夷首领。其主要特点有四，一是强调各级土司与所辖子民、自然资源之间的紧密关系，注重土司社会由上而下的复杂结构，设法使之相互牵制；二是朝廷极为重视土司职位的承袭，视其为控制土司的要害。朝廷为此积极发展儒学教育，培养合格的土司接班人；三是允许一些土司统率土军，负责维持治安并可由国家调用；四是朝廷在土司地区征收赋税，并以此为土司的重要职责。土官土司制度开创了中原王朝统治边疆分类施治的时期，即根据边疆各地自然环境的特点与资源开发利用的不同方式，当地的社会结构以及衍生的文化传统，蛮夷之间以及蛮夷内部复杂的关系，制定不同的统治方略以及相关的制度。

盟旗制度与土司制度迥然不同。清朝的盟旗制度源自前代的万户制度，吸收了八旗制度的一些内容，主要于北部草原实行。游牧社会盛行强者为王，相互兼并、势力消长是常事。游牧势力膨胀过甚，可能导致无法控制的局面。盟旗制度的核心是防止游牧部落相互间的掠夺与兼并，乃至形成有威胁性的政治势力，即史籍所说的"众建而分其势"。因此，盟旗制度的关键是维持所设盟旗的稳定与盟旗的规模，控制游牧势力的消长，朝廷不甚重视盟旗长官的世袭。基于上述认识，清廷通过世代联姻控制游牧势力的上层，又通过分置盟旗管控游牧势力内部的关系，为此禁止盟旗之间相互往来，不许越界放牧。至于在盟旗地区发展儒学教育、征收赋税等则属次要问题。通过实行盟旗制度，清朝有效控制了北部草原，同时解决了北方游牧势力南下骚扰的问题。

清朝在其他边疆地区施行的统治制度，也是根据当地的具体情况制定的。清朝在维吾尔族地区实行伯克制度。伯克原是维吾尔族地区的传统官

---

① 方铁：《土司制度与元明清三朝治夷》，《贵州民族研究》2014 年第 10 期；《土司制度研究方法述论》，《云南师范大学学报》2017 年第 2 期。

制。15 世纪后伊斯兰教在其地得到迅速发展，宗教领袖阿訇逐渐掌控政权。清廷认识到听任阿訇势力膨胀，将危及在维吾尔族地区的统治。统一新疆后清朝实行政教分离的政策，废除伯克世袭的传统，并就伯克的任免、品级、回避、养廉、入觐等做出规定，令伯克署理维吾尔地区的民政事务，有效抑制了宗教势力的发展。清朝在西藏实行政教合一的制度。清初利用蒙古和硕特部的首领顾实汗，对西藏进行间接统治。18 世纪初清朝派官员直接管辖西藏，派遣驻藏大臣代表朝廷处理西藏事务，并借重驻前藏的达赖喇嘛、驻后藏的班禅额尔德尼两个宗教领袖，规定其地位和职权与驻藏大臣平等，共同协商处理政务。以后又创立遴选达赖喇嘛、班禅额尔德尼继承人的金瓶掣签转世制度。

研究边疆地区形成的机制与演变规律、历朝制定边疆的统治制度等问题，采用人类学方法大有可为。人类学与历史学结合研究，可以涉足的问题还很多。

四　历史学与政治学的合作

政治学是研究社会公共权力的活动、形式和关系及其发展规律的科学。[①] 政治学研究的核心问题是国家问题。中国政治学界近十余年来探讨的热点，主要是国家理论、政治发展、政治文化、政治参与、政治稳定等方面的问题，这些问题也为中国边疆学界关注。包括政治制度史与当代政治制度在内的中国政治制度研究，近年来方兴未艾，而对中国政治制度史的研究，大致有政治学与历史学两种不同的视角，表明是一个学科边缘的领域。

中国政治制度史研究的封建集权制度，中央与地方的行政体制及其运行机制，包括法律、监察、军事、财经、教育、职官等在内的国家管理制度，以及中国传统的政治哲学，对探讨中国历史疆域以及统一多民族国家的形成与管理，均具有重要的参考价值。政治学的一些研究方法，如重视结合国家理论进行探讨，具有全球范围、历史对比以及比较研究的视野，积极捕捉并追踪重大理论与现实方面的问题，善于根据研究对象的差异选

---

① 中国社科院科研局编《新中国社会科学五十年》，中国社会科学出版社，2000，第 256 页。

择适当的研究方法，这些都值得我们借鉴。

边疆统治制度是历朝治边的理念、方略的制度化体现，也是历朝治边的理论付诸实践的中介环节。史学界研究历朝的制度，重点是阐述制度的内容与特点，至于制度形成演变的过程，以及制度施行后的效果及相应的修正，通常注意不多。政治学提出"制度安排"的概念。包括了两层含义，一是强调制度设计、定型的演变过程；二是重视制度实行后的情况反馈，以及制度制定者根据反馈的情形，对制度做相应的修改使其臻于完善的过程。明确"制度安排"的含义，一方面，有助于我们了解历朝治边的理念、方略与制度设计的辩证关系，大致是治边的理念、方略为制定边疆统治制度的基础，边疆统治制度付诸实践及其情况反馈，则为治边的理念、方略的修正与完善创造了条件。另一方面，也有助于我们认识历朝治边的理念、方略与边疆统治制度，所经历的不断发展及趋于完善的过程；进而探索发展过程的阶段性差异，以及造成这些差异的原因。

基于"制度安排"的视角，我们可认为中原王朝治理边疆的地方行政体制及其运行机制，大致可分为秦汉至宋代施用于整体边陲的羁縻治策，以及元明清时期以土官土司制度为代表的分类施治型统治制度两个发展阶段。自元代起中原王朝明确区分边疆与邻邦，在边疆地区施行以因地制宜为特点的统治制度，对邻邦则实行藩属国制度。① 羁縻治策实行于秦汉至宋代，主要内容是中原王朝借重边陲夷狄的首领，对边陲夷狄施行羁縻或控制，但并未形成严密的制度。元朝在云南行省首创土官制度，明代将其进一步发展为土司制度。

土官土司制度有以下特点。一是仅推行于边疆地区，不再兼用为应对邻邦的政策。二是仅施用于西南边疆及情形类似的其他蛮夷地区，并不用于北部草原等差异明显的地区。三是土官土司获得占有资源和拥有权势的合法性，朝廷掌握收回资源与权势的权力，迫使土官土司奔走效忠。四是初步解决治边中长期存在的高成本、低收益的问题，提高了朝廷治边、营边的积极性。五是为解决边陲吏治、驻军等方面的问题，提供了行之有效的途径。六是使中原王朝"以夷制夷"的策略获得成功，治边的效率提高，对边疆的统治也相应深入。土官土司制度也存在明显的软肋。一是易造成

---

① 方铁：《论中原王朝治边的理念、方略与制度安排》，《烟台大学学报》2018 年第 1 期。

土官土司坐大并割据自守。二是土司地区可能脱离国家的法治管控。三是土官土司地区的发展长期滞后，随着时间推移日趋严重。明清两朝为此进行改土归流，尤以清雍正朝改土归流的影响最大。

土官土司制度获得成功的原因，在于朝廷掌握了南方蛮夷社会的症结，即蛮夷及其首领与土地等资源存在密不可分的联系。为继承王位与占有土地等资源，蛮夷内部经常进行争斗，以此为调整权益分配的有效途径。实行土司制度后，朝廷插手蛮夷社会的争斗与社会关系调整，同时创造了分类施治的成功经验。受土司制度启发，中原王朝在其他边疆地区制定符合当地特点的统治制度。

关于元明清三朝的藩属国制度。藩属国制度源自中原王朝前期的藩篱制度。藩篱制度的基本特点，是中原王朝视归附的边陲夷狄为华夏腹地之藩篱，后者受命护卫华夏边陲的安全。中原王朝与边陲夷狄建立藩篱关系的基本原则，是"附则受而不逆，叛则弃而不追"。[①] 大部分中原王朝，并无认真经营与深入开发边陲的打算，亦无进一步控制或积极改造边陲夷狄的计划。在边陲地区，中原王朝的边疆与周边势力的界线经常变动，汉唐等中原王朝乃以藩篱制度为武器，以此笼统地应对边陲地区的夷狄。

元明清三朝的藩属国制度有别于前代的藩篱制度。元朝始明确区分边疆地区与邻邦，在边疆实行任命土官等统治的制度，对邻邦则施用新创的藩属国制度。元朝视安南、缅国等为邻邦，制定派遣达鲁花赤（掌印官）、藩属国君王定期入觐、按期纳质朝贡等规定。[②] 在明清两代的基础上，清朝的藩属国制度进一步发展。19世纪法国、日本等列强控制安南、朝鲜等国，标志着清朝与安南、朝鲜等国的藩属关系走向终结。

藩属国制度具有以下特点：确立宗主国与藩属国的等级隶属关系，宗主国对藩属国有至尊与统领的关系，并通过后者君王的定期入觐与纳质朝贡等得以体现；宗主国对藩属国有保护及监督的义务，须对藩属国纾困解难；宗主国允许藩属国自治，王位世袭；宗主国对藩属国事务较少干预，

---

① （南朝宋）范晔撰《后汉书》卷86《南蛮西南夷列传》，尚书令虞诩言，中华书局点校本，1965，第2833页。

② （明）宋濂等撰《元史》卷4~8《世祖本纪》，中华书局，1976，第56~146页；卷125《赛典赤赡思丁传》，第3063页；卷166《信苴日传》，第3910页；卷209《安南传》，第4633页；卷210《缅传》，第4655页；卷210《占城传》，第3660页。

允许藩属国有自己的法律；藩属国不纳或少纳赋税，须定期缴纳一定数量的土产；藩属国须维护宗主国疆土的安全，避免在边境生事。藩属国违反上述规定必被惩罚，甚至遭到宗主国的讨伐。

中国的政治学理论是从西方引进的，因此存在用中国话语讲述中国故事的问题。周平教授指出："概念短缺已经成为中国政治学构建的掣肘因素。今天中国要构建完备的政治学知识体系，须以概念构建为突破点。"①不仅是中国政治学，中国历史学同样存在"概念短缺"的问题。进行必要的概念构建，是历史学研究提高水平的一个突破点。

以"治边文化软实力"为例。"文化软实力"是现今流行的概念。一个国家的综合实力，包括硬实力与软实力两个部分。硬实力是指该国的社会生产总值和基础设施等硬件拥有的程度，软实力则是指文化与制度方面的影响力，包括文化影响力、意识形态影响力、制度安排的影响力。古代有无文化软实力？至少古代并无"文化软实力"的说法。笔者认为，古人对现代意义上的文化软实力不可能作出科学归纳，但历朝对华夏文化具有的重要价值、所产生的重大影响等有深切认识，并采取相应的政策争取其影响实现最大化。在特定的历史条件下，中原王朝的统治者对文化软实力的重要作用有深切感受，对自己具有的文化软实力有充分自信，并以此作为巩固王朝统治及向外扩展势力的利器。②出自对自己的文化、实力与制度的高度自信，中原王朝以封贡制度为载体，通过交通往来、厚往薄来、文化浸润等方式，将文化软实力传播至周边地区，企望实现"守在四夷"、和谐安邦的目标。进一步来说，中原王朝治边施用文化软实力，主要通过实践封贡往来的方略、重视交通的方略、德治教化的方略、软硬实力搭配的方略来体现。③

由此可见，古代虽无"文化软实力"的说法，古人却有与"文化软实力"类似的理念，并将"文化软实力"理念付诸实践。由此存在一个问题，即受历史条件所限，古代的某些现象与古人的相应认识，表述的话语与现今不同，古人对这些现象的认识达不到现今的水平或另有相异的理解，我们便需要创造新的概念，以适当的话语来表达。

---

① 周平：《概念供给中国政治学构建的关键》，《江汉论坛》2018 年第 5 期。
② 方铁：《论中原王朝治边的文化软实力》，《中国边疆史地研究》2013 年第 2 期。
③ 方铁：《论中原王朝治边的理念、方略与制度安排》，《烟台大学学报》2018 年第 1 期。

另外，对现存的史料也要做具体分析。中国史籍汗牛充栋，其文字记载大致有以下五个特点。一是内容详细，几乎涵盖了古代社会生活的各个方面，但仍有漏记或故意不记的情形。二是据实记录，可靠的程度很高。虽然一些记载或见有意曲笔、见闻失当、理解有误等方面的情形，但总体上仍属可信，这也是中国历史学具有的一个优势。三是史籍对某些问题的记载延续不断，笔者对前代的记载亦有考证或纠偏，这与中国的传统文化未曾断绝，以及执笔者有总结前代得失、弥补疏漏的传统有关。四是受捉笔者之喜好与偏见的影响，对认为重要之事记载翔实少有遗漏。如古人认为奇异自然现象是上天对掌权者的警示，"二十四史"中的"灾异志"内容极为丰富具体。对认为不甚重要或经常变动、难以把握之事，则仅略述或干脆舍弃。遍观"二十四史"、"十通"、《资治通鉴》等史籍，并无关于羁縻治策、与蛮夷和亲、土司制度等较为集中的记载。五是史籍对某些现象的文字表述，受时代、认识水平、语言习惯、作者理解等因素的影响，常有含混、抵牾乃至难以理喻之处，这些都给后人的研究造成不小的困难。

有鉴于此，我们研究历史应使用科学的方法。即在全面占有、深入分析、正确诠释史料的基础上，注意辨别史料的真伪谬误，弥补因记载不足所造成的缺环，寻找有助于解开历史谜团的关键话语。同时，应体会史籍撰写的时代、古人的认识水平与当时的话语体系，对古人的表述与用语，做细致的揣摩并力求体会准确。此外，还要注意不同时期古人用语含义方面的变化，以及所述对象事实上已发生的改变。还有一种情形，即对已形成事实或蕴藏较深的规律，古人尚无相关的理念，或对内在规律并无明确的认识及相应的表述，对此我们应用易于理解的话语，进行相应的归纳与提升。因此，对学术上一些常用的概念或问题，我们有必要重新审视，补充可能被忽略的内容，或重新界定概念，乃至构建新的概念。要完成上述研究任务，其他学科的方法不可或缺。

五　历史学与法学的合作

中国现代法学是学习西方法学后的成果。古代中国的法学又称"传统法制"，包括历史上中国法制的思想与理论、法制的典籍与相关制度、民间流行的习惯法等诸多内容。传统法制以中原王朝的法制为主，还包括边疆王朝、少数民族地区的法制。传统法制与中国现代法学虽有交集，但毕竟不能等同。

经历数千年的发展，中国传统法制形成完整的体系，并具有自己的特点。春秋战国流行成文法，秦代乃有健全的司法机构。隋朝始有全国统一的开皇律。唐朝的法律包括武德律、贞观律、永徽律、开元律与大中刑律。元朝的法制大致是蒙古习惯法与汉法的混合物。颁行全国的法治典籍《大元通制》，仅为法律案例的集成，算不上一部正式的法典。《元典章》也是元朝官吏所编的法律汇编。明朝洪武七年颁布《洪武七年律》，三十年颁布《洪武三十年律》，又称《大明律》，沿用至明亡。清初使用满族的习惯法。清朝建立后，推崇明律并将之译为满文，略做修订后颁行全国，称《大清律集解附例》。乾隆五年清朝颁布第三部法典《大清律例》，使用至清亡。

清朝的一项创造是制定大量的则例，包括条例、则例、事例、成例等名目，作为不同部门工作的规范。清朝在中央设理藩院管理少数民族事务，也制定适用于蛮夷地区的法律法规。如西北地区的《回律》，北方草原的《蒙古律》，西南多民族地区的《苗律》，甘肃、青海等地的《西宁番子治罪条例》，西藏的《钦定西藏章程》。清朝还编制汇编法规与制度的《大清会典》，至光绪年间进行过五次修改。清朝立法之详密、制度之完备与程序之健全，均登上中国法制史上的高峰。晚清制定的《大清新刑律》，是中国首部独立的资产阶级性质的刑法典。颁布后未正式实施，清朝宣告灭亡。

关于边疆王朝的法制及形成的过程。迄今学术界对辽、西夏、金、南诏的法制研究较多。辽初期因俗而治，对被统治的汉人实行唐律，对本民族实行习惯法。西夏的《天盛改旧新定律令》，是中国第一部用少数民族文字刊行的法典。金建国之初采用女真习惯法，灭北宋后使用唐宋汉人的法律，皇统年间制定《皇统制》，为金朝首部成文法典。以后又颁布多部法典。金朝的《秦和律义》大致沿袭唐律，法制有全面汉化的倾向，对元朝产生很大的影响。南诏法制受到唐朝法制的深刻影响，同时保留了自己的特色。

中国边疆地区的形成、管理与传统法制，都经历数千年发展演变的过程，具有明显的中国特色，形成完整的知识体系。两者是彼此结合、学科属性有异的关系。传统法制结合中国边疆史进行研究，将形成双赢的局面。

近年中国边疆史的研究，较多采用历史时段、整体史、比较研究等较新的方法，可开拓传统法制研究的视野。传统法制研究有严格的概念，全球的视野，注重理论与实践的关系，为治理实践服务，注意学习其他国家的成果，强调古为今用，对中国边疆史研究有启迪的意义。中国边疆史、传统法制有共同感兴趣的选题，可合作进行研究，或借鉴对方的成果、方法开展研究。中国边疆形成稳定的过程，与传统法制的发展大致同步。历朝经营边疆的思想与方略，相关的实践与经验，均有法制方面的内容。从法学视域审视中国边疆史，可开拓新的领域，提高研究的水平。中国边疆地区的形成与管理，是传统法制涉及较多、较有特色的一个领域。传统法制结合边疆史进行研究，可产生边疆法政等新的学科。

在现代法学中，与中国边疆史关系密切者首推国际法。古代东亚地区有无国际法？当代国际法如何吸收中国经验？这是不应回避的问题。现行国际法是近代以来形成的，宗旨是维护二战以来的国际秩序，有其合理性。现行国际法参照欧洲的情形制定，未考虑包括中国在内发展中国家的情况，因此也是不完备的。现行国际法具有以下特点：强调所有国家一律平等，尊重各国的主权与领土完整，通过平等协商解决问题。

古代并不具备现行国际法形成的条件。古代形成的中华法系，在东亚地区产生深刻的影响。19世纪末20世纪初，法系的概念逐渐被各国法学界认可。历史上形成的法律可分为五大法系，即印度法系，以《摩奴法典》等为基础，体现婆罗门教文明；中华法系，以中国古代法律为基础，体现中华法律精神并传播至周边国家；伊斯兰法系，以《古兰经》为基础，体现中世纪亚欧非地区伊斯兰教文明；大陆法系，以罗马法为基础，体现西欧大陆成文法文明；英美法系，以英国法为基础，体现判例法文明。

中华法系起源甚早，内容完整，相对合理，其中《唐律》起到母法的作用。[①] 中国法制为周边国家所信服，并产生深远的影响。以隋《开皇律》、唐《永徽律》等为基础的中国法律，依托隋唐盛世，成为朝鲜、日本、琉球和越南等周边国家仰慕及学习的对象。以中国法律为主体，以相关国家法律为支撑，逐渐形成适用于东亚各国的法律体系——中华法系。

中国传统的法制体系包括行政法、礼仪法、刑事法三个部分。以官制

① 张晋藩主编《中国法制史》，高等教育出版社，2003，第3页。

为核心的行政法最为庞大完整，在法律体系中居于国家大法的地位，发达程度为其他国家所不能及。① 礼仪文化是中国法律文化的显著特征，隋唐以后实现法典化。行政法、礼仪法所涉及的大量社会关系，靠有效的刑法制裁得以推行。

中华法系具有以下四大特点：一是法律以君主的意志为转移。法律的任务是维持"家天下"。君主凌驾于法律之上。根据君主意志制定法律。二是法律以礼教为指导原则与理论基础。西周法制思想的核心是宗法制度，对后世产生深远的影响。早期法律制度兼有国法、宗法的双重性质，既适用于宗族内部，又适用于国家。汉朝法制思想的核心是"德主刑辅"，即先用德礼进行教化，德礼无效再辅之以刑法。唐朝提出："德礼为政教之本，刑罚为政教之用。"三是法律以刑法为主，诸法合体。中国法律的初始内容主要体现在刑法。中国古代法律为诸法合体，与西方法律体系不同。四是司法从属于行政。中国有行政立法的传统，并形成一套行政法规。历代颁布各种形式，带有编制立法性质的典、令、格与律，尤其以《唐六典》《明会典》《清会典》最为完备。②

现行国际法与中华法系是有差别的。国际法秩序以维护主权、领土完整为基本宗旨。国际法的国家标准具有不确定性。国际法下的国家标准有三要素、四要素之争，国际、国内学者一般支持四要素说。四要素说的国家标准，包括定居的人民、确定的领土、政权组织、主权。③ 现代国家具备独立主权、完整领土的特点，是与古代国家最大的区别。在国际法秩序之下，国家领土是稳定的，非经法定事由与程序不得变更。东亚文化圈则是一种以中原王朝为中心与最高点，通过伦理、文化、权力、利益等方式，与周边国家形成的一个等级严密、尊卑有序的秩序网络。国际法秩序是一种主权国家平等、林立的秩序，东亚文化圈则像一个围绕唯一中心旋转的圆圈，或一个具有唯一最高点的金字塔结构。④ 另外，古代东亚地区并无国家主权的科学概念，国家领土的意识形成的时间亦晚，这些情形与现行国际法也不相同。

---

① 吕丽等：《中国传统法律制度与文化专论》，华中科技大学出版社，2013，第6页。
② 白钢主编《中国政治制度通史》第1卷《总论》，人民出版社，1996，第48页。
③ 赵建文主编《国际法新论》，法律出版社，2000，第69页。
④ 范宏云：《国际法视野下的国家统一研究》，广东人民出版社，2008，第77页。

另外，作为古代东亚地区国际法的中华法系，有其合理的内容。在处理与邻邦关系方面，中原王朝积累了妥善处理相互关系、合理分配相关权益等成功经验，体现了进步的法制精神。主要表现在中原王朝通过施行封贡制度，向边疆与徼外地区彰显自己的文化、制度与和实力，构建以华夏为中心的文化圈；并通过厚往薄来、传播德化等方式羁縻四夷，达到睦邻息兵、相安共存的目的。另外，中原王朝的一些进步的法制思想仍有重要的时代意义，例如"以霸王道杂之"，"德主刑辅"，宽猛相济，约法省禁，慎刑轻罚，依法治吏，法因时而变，邻国相亲，和而不同，亲诚惠容，互补共生，守境相安，等等。

历史学与法学合作研究的空间很大。因篇幅所限，不再赘述。

中国边疆学理论创新与发展探析

吴楚克[*]

一 对以往关于中国边疆学代表性成果的简析

马大正研究员著《当代中国边疆研究（1949—2014）》（中国社会科学出版社，2016）是目前对中国边疆学学术脉络梳理得最为详尽的研究成果，全书 67 万字，分绪论、综论、分论、展论四个部分，基本上描绘出新中国成立后中国边疆史地研究过渡到中国边疆学的发展轨迹，为构筑中国边疆学创造了学说史基础。正所谓千年积累，百年探索，最近 30 年实践才有发展。千年积累喻中国历史悠久，疆域辽阔，边疆纪实及研究的历史遗产既是前人对边疆实况的记录，也往往反映了著者的世界观和方法论。百年探索，实际上是涵盖了 19～20 世纪两个百年的时段。两个世纪以来，共出现了三次中国边疆研究的高潮，分别是：19 世纪中叶至 19 世纪末，西北边疆史地学的兴起，是中国边疆研究第一次高潮的标志；20 世纪 30 年代至 40 年代，边政学的提出与展开，是第二次中国边疆研究高潮的突出成就；20 世纪 80 年代以来，中国边疆研究第三次高潮出现的标志是突破了边疆史地限制，提出中国边疆学。马大正在《二十世纪的中国边疆研究——一门发展中的边缘学科的演进历程》一书中提出："创立一门以探求中国边疆历史和现实发展规律为目的的新兴边缘学科——中国边疆学，这就是肩负继承和开拓重任的中国边疆研究工作者的历史使命！"马大正是中国边疆学的首倡者，他竭尽全力呼吁构筑中国边疆学：《关于构筑中国边疆学的断想》[①]《深化边疆理论研究

　＊　吴楚克，中央民族大学教授，博士生导师。
　①　马大正：《关于构筑中国边疆学的断想》，《中国边疆史地研究》2002 年第 4 期。

与推动中国边疆学的构筑》①《边疆研究者的历史责任：构筑中国边疆学》②
《关于中国边疆学构筑的几个问题》③《略论中国边疆学的构筑》④ 等文章，
都苦心孤诣地指出构筑中国边疆学的意义、任务、目的，并描绘了中国边
疆学的理论框架和学术史。马大正研究员的最新著作《中国边疆学构筑札
记》，2016 年 12 月由中央广播电视大学出版社出版，是马大正教授对中国
边疆学研究著述总汇。

关于中国边疆学的学术成果及介绍，马大正教授在他的著述里已经反
复梳理，提出第三次高潮即"三十年实践"。单纯从成果方面分析，主要表
现为四个特征。第一，开始从边疆历史研究中探讨建设中国边疆学。改革
开放后，随着中国边疆历史研究的持续发展、开拓深化进程，对中国边疆
学构筑的思考与研究，日益为研究者关注，开始出现以中国边疆学为研究
主题或者边疆学理论建设为目的的学术成果问世。1999 年马大正的《从中
国边疆研究的发展到中国边疆学的构筑》（《光明日报》1999 年 1 月 8 日）
到 2002 年《关于构筑中国边疆学的》（《中国边疆史地研究》2002 年第 3
期），马大正教授逐步完善了他在 1987 年就提出的关于建设中国边疆学的
思想。第二，开始从边疆治理研究转向如何构筑中国边疆学。以前的研究
成果理论建构不足，呼吁性质强烈。学界开始注意到当下中国边疆历史研
究只能置于历史学范畴，如果要突出中国边疆理论研究，就需要建构自己
的学科体系。核心研究成果主要有：邢玉林研究员的《中国边疆学及其研
究的若干问题》⑤ 和《关于中国边疆的若干问题》⑥ 对中国边疆学的构筑进
行了专论，产生了很大影响。第三，全面深入直接探讨中国边疆学建设问
题，并以机构、会议和栏目的方式在学术史上留下清晰的记忆。从 2008 年
第 5 期开始，《云南师范大学学报》推出"中国边疆学研究"学术专栏，截
至目前，大约刊发相关论文 150 篇，直接相关的文章如：马大正《边疆研

---

① 马大正：《深化边疆理论研究与推动中国边疆学的构筑》，《中国边疆史地研究》2007 年第
1 期。
② 马大正：《边疆研究者的历史责任：构筑中国边疆学》，《云南师范大学党报》2008 年第 5 期。
③ 马大正：《关于中国边疆学构筑的几个问题》，《东北边地》2011 年第 6 期。
④ 马大正：《略论中国边疆学的构筑》，《新疆师范大学学报》2013 年第 5 期。
⑤ 邢玉林：《中国边疆学及其研究的若干问题》，《中国边疆史地研究》1992 年第 1 期。
⑥ 邢玉林：《关于中国边疆的若干问题》，《中国边疆研究通报》第 1 辑，新疆人民出版社，
1995。

究者的历史责任：构筑中国边疆学》、李国强《中国边疆学学科构筑透视》、方铁《试论中国边疆学的研究方法》、孙勇等《边疆学学科构建的困境及其指向》、赵泽琳《论中国边疆学的构建与民族学的关系》，今天，这个栏目依然在发挥着学术引领的作用。云南大学周平教授在这个栏目上先后发表《中国边疆观的挑战与创新》（2014 年第 2 期）、《中国的崛起与边疆架构创新》（2013 年第 2 期）、《论我国边疆治理的转型与重构》（2012 年第 2 期）、《边疆治理视野中的认同问题》（2009 年第 1 期），这些学术成果与周平教授 2015 年主编出版的《中国边疆政治学》一起，成为中国边疆学建设优秀成果。此外，张健《国家视域中边疆观念的演变：内涵、形态与界限》（2012 年第 1 期），夏维勇《中国周边关系与边疆治理的互动：历史、主影响》（2010 年第 2 期），何明《边疆观念的转变与多元边疆的构建》（2013 年第 5 期），徐黎丽《国家利益的延伸与软边疆概念的发展》（2011 年第 5 期）。第四，直接相关的学术专著出版，推动中国边疆学研究的深入化。郑汕《中国边疆学概论》，罗崇敏《中国边政学新论》，吴楚克《中国边疆政治学》，[1] 周平《中国边疆治理研究》，主编《中国边疆政治学》[2]，余潇枫、徐黎丽、李正元《边疆安全学引论》是国内第一本边疆安全学理论专著，强调探索一条有中国特色的边疆安全与各民族和谐发展之路。

二　对中国边疆学理论建设代表性成果的解析

目前，以中国边疆学为研究主题或者边疆学理论建设为目的的学术著作主要有：马大正、刘逖《二十世纪的中国边疆研究——一门发展中的边缘学科的演进历程》，郑汕《中国边疆学概论》，罗崇敏《中国边政学新论》，吴楚克《中国边疆政治学》，余潇枫、徐黎丽、李正元《边疆安全学引论》，梁双陆《边疆经济学：国际区域经济一体化与中国边疆经济发展》，袁庆寿、牛德林周平主编《中国边疆经济发展概论》，李星主编《边防学》，还有周平《中国边疆治理研究》，主编《中国边疆政治学》，陈霖《中国边

---

[1]　马大正：《中国边疆学构筑札记》，中央广播电视大学出版社，2016，第 216 页。

[2]　周平主编《中国边疆政治学》，中央编译出版社，2015。

疆治理研究》等。

首先，通过分析郑汕先生的《中国边疆学概论》^①，以期回答如何进一步探索中国边疆学发展的问题。^② 郑汕先生在 1995 年主编并出版《中国边防史》^③。这本《中国边疆学概论》在边政和边防两方面有一定的侧重，全面细致地对中国历代的边疆发展状况和国家边疆政策、边防措施进行了梳理与概括。本书的内容共分为九章，即绪论、筹边观、疆域、边界、边政、周边关系、边防、边务、边民社会九章主题不同的内容。

郑汕先生认为中国边疆学的两个主要目标是"底定边疆和经略边疆"^④，中国边疆学最大价值体现在对中国现代边疆政策、边防措施的借鉴和领土纠纷问题这三方面的应用上。当今中国，同时存在这三方面的问题，这也就需要中国边疆学不但能够为稳定边疆社会的措施提供智力支持，而且也要能够为应对边疆出现的各类突发事件、合理解决领土纠纷问题提供充足的历史资料与证据，最终促进国家的总体稳定和民族团结。在中国边疆学的学科体系中，对于历代边疆问题的治理和政策制定的研究是一个重要的组成部分，因为对于边疆地区的稳定而言，政策的实施是一个重要的影响因素。边疆政策实施情况的好坏，往往决定着边疆地区社会是否动荡。在中国漫长的历史进程中，历代的统治者或是施政者都意识到了边疆政策的重要性，并结合当时的历史状况制定了大量的政策来治理边疆社会，而边疆政策涉及的通常是边疆地区内部的稳定和发展以及与周边国家的关系问题。《中国边疆学概论》一书中，对于中国历朝历代的边防措施有着详尽的叙述与归纳。总体来看，可以概括为以下三个方面。

一是作者沿用了《中国边防史》的基本思路，增加了一些边疆内容。虽然作者阐述了他对中国边疆学研究目标、方法、内容以及边疆学价值的看法，但学界没有沿着这个思路继续构筑中国边疆学，根本原因是人们认为把边疆历史和边疆现实"概论式"的构筑，不是中国边疆学的出路。

二是边疆历史不能代替边疆学，正如民族史不能代替民族学一样。本

---

① 郑汕：《中国边疆学概论》，云南人民出版社，2012。

② 《中国边疆史地》2013 年第 3 期刊登陈明富的文章《首部探索建构中国边疆学学科体系的专著——评郑汕教授〈中国边疆学概论〉》。

③ 郑汕：《中国边防史》，社会科学文献出版社，1995。

④ 郑汕：《中国边疆学概论》，云南人民出版社，2012，第 1 页。

书最大的优点就是详细地介绍了中国疆域史和边疆条约史，配合民族宗教历史，概括地展现了中国边疆经略史，然而中国边疆学的主要内容不应该是这部分。这也为中国边疆学研究的现实提出了"原理研究"的紧迫要求。

三是作者对中国边疆学学科定位是总结底定边疆历史经验的实践学科，无疑，这是边疆学研究的重要内容，但不是中国边疆学原理理论框架的主要内容，也不是中国边疆学原理解决的基本问题。中国边疆学原理不是总结历史经验，而是学科建设的理论范畴和逻辑概念。

总结《中国边疆学概论》的经验，可以进一步探讨、突破、发展的主要有以下三个方面。

首先，构建中国边疆学的范畴体系。在确立中国边疆学主要范畴体系的前提下，围绕这些范畴完成中国边疆学本身具有的理论系统性。这是最难也是最具有挑战性和突破性的工作。

其次，构建中国边疆学的历史逻辑。不再是依照时间顺序阐述历代疆域变迁，而是依据提出的范畴总结中国疆域变迁的历史逻辑，这是对中国边疆学的重大发展。

最后，构建中国边疆学的地缘政治知识系统。事实上，中国边疆学一个重要的内容就是建设中国自己的地缘政治知识结构，或者说，中国边疆学的核心内容之一就是建设中国地缘政治学，这对历史出身的研究家们是具有挑战性的，也是我们探讨中国边疆学的新空间。

研究中国边疆学最有代表性的两篇论文：一是马大正先生的《关于中国边疆学构筑的几个问题》。[①] 文章的核心观点认为："中国边疆学是一门研究中国边疆形成和发展规律的多学科交叉的边缘学科，是一门中国特色的新兴学科。"这个定义对初创时期的中国边疆学具有引领作用，把"形成和发展规律"作为学科研究的重点，准确指出了中国边疆学的社会科学性质。对中国边疆学的功能，文章认为："文化积累功能和资政育民功能两大方面：具体说，又可分解为描述功能、解释功能、预测功能、教育功能。"这个阐述是针对人文学科，如果把中国边疆学定义对"形成和发展

---

① 马大正：《关于中国边疆学构筑的几个问题》，收入吴楚克主编《中国当代边疆理论创新与发展研究》，学苑出版社，2013。

规律"的研究，那么，有些功能就不属于中国边疆学。对中国边疆学学科内容分类，文章认为暂且分为中国边疆学基础研究领域和应用研究领域，"前者包括中国边疆理论、中国历代疆域、历代治边政策、边疆军事、边疆经济、边疆人口、边疆民族、边疆文化、边疆地缘政治、边界变迁、边疆考古、边疆重大事件与人物等诸多研究方面"。不过，"中国边疆"+"学"和"中国边疆学"是有区别的，中国边疆学是一个拥有内在逻辑的学科体系，这些内容会以材料的方式为中国边疆学学科体系服务，而不能单独构成学科内容。如果是中国边疆 + 名词，就依然是概念问题，而不是范畴问题。

二是周伟洲先生的论文《关于构建中国边疆学的几点思考》。[①] 文章认为："中国边疆学是研究中国历史及现实中国边疆的一门综合、交叉的学科。它既是基础学科，也是实用的学科。"显然，这个定义与马大正先生的不同，这是从人文学科角度进行的宽泛定义，如果从社会科学角度定义，那么把研究中国历史作为中国边疆学的主要方面就超越中国边疆学存在的意义。文章认为："从纵的方面看，边疆是一个历史概念，它有自己形成、发展变化的历史。……从横的方面看，边疆又首先是一个地域概念。……它又是一个政治的概念、地域经济概念、社会民族概念、文化概念。"如果从范畴角度看，边疆就是一个客观存在对象，正是边疆的客观存在为中国边疆学的建构提供了对象性关系，当我们把边疆作为一个概念与边疆存在的各类客观事实相联系时，就得出以上结论，这与马大正先生的观点基本一致。文章认为："在研究中国边疆时，视其研究内容有时偏重某一学科的方法，而兼采用其他学科的方法。"周先生的文章重在前后逻辑一致，观点鲜明。难能可贵的是，文章指出"边疆学"概念最早出现在 1933 年《殖边月刊》上，但没有如"边政学"流行起来，半个世纪后，中国边疆学开始萌动发展起来。

事实上，马大正研究员和周伟洲教授关于构筑中国边疆学的观点也在不断深化和完善，所有其他文章的作者也都在不断进步，以寻求最接近科学的理论研究结果。

---

① 周伟洲：《关于构建中国边疆学的几点思考》，收入周平、李大龙主编《中国的边疆治理：挑战与创新》，中央编译出版社，2014。

三　中国边疆学面临的问题和创新思路

通过研究代表性著作和文章，就中国边疆学理论发展问题有以下思路。首先，需要一个全新的思路，突破边疆历史的局限，面对客观的边疆存在，尽管不同历史空间范围内边疆的形态是不一样的，但边疆的客观存在证明有一个实体边疆。其次，需要把边疆作为一个整体探讨，不能把边疆分割为历史、经济、文化、社会等方面分别研究，而是一个有机系统，从普遍的统一的边疆实体入手，才能提出边疆本体范畴。最后，需要构筑一个全新的研究体系，把研究思路上升为"原理"高度，创造新的边疆理论的范畴、概念和研究体系。

中国边疆学的范畴是在中国边疆学发展到必须有一个学科来指导未来方向的关键时刻提出来的，是中国边疆学学术思潮的客观需求和理性回应，正是敏锐地意识到中国边疆学的学术思潮具备了这种条件，构建中国边疆学就是最重要的学术价值。同时，作为一门发展中的新兴交叉学科，仅仅围绕边疆历史研究而展开理论研究的传统格局已经被打破，学术界在深入研究中国边疆历史的同时，更加关注中国边疆的现实问题，呈现多学科相互交叉、相互渗透、相互交融，研究者根据研究侧重分别利用历史学、政治学、民族学、考古学、宗教学、法学、社会学、国际关系等学科的理论和方法，多样化的视角来审视中国边疆的历史和现状。事实上，这样广泛的领域开展中国边疆学的研究，从某种意义上看已经超出简单的学术繁荣，相关研究课题和研究范围的随意性引起的广泛的争论表明，亟待从中国边疆学本原研究的高度进行规范化和理论化。

当代中国正在进入一个历史转折期，正在实现伟大的中国梦，近代以来的丧权辱国带给国人的自卑感正在一扫而光，中国边疆地区与周边关系正在进入一个全新时代，边疆被边缘化的时代已经远去，边疆已经成为现代中国政治、军事、外交、经济、文化、宗教、民族、社会、语言等诸多关系的聚焦区域，如何提炼更有价值的历史认知，综合的全方位的研究解决"边疆问题"成为极为紧迫的国家治理课题，所以可以说是时代需要中国边疆学，而中国边疆学的确立就需要一个原理的规范要求，这是中国边疆学能够进行宏观分析与理论概括的学理支持和前提条件，也是中国边疆理论发展和现实需求的反映。

任何学科的发展都存在一个由零散到整合、由附属到主导、由边缘到中心的过程，中国边疆学到了一个需要对其理论和实践进行学科本体研究的阶段，也是其理论日趋成熟，实践意义日趋重大，理论内容日趋深化的关键期。因此，以中国边疆学为方向开展研究的社会意义重大。一方面指导边疆实践，如打击"三股势力"，维护边疆稳定；另一方面提高全民边疆意识，提高理论研究水平，提供可靠的智力成果，为实现强国梦服务。特别是"一带一路"倡议日益成为中国"走出去"、发展与世界各国互利相助"双赢"关系的路线图，其中居于枢纽地位的"边疆"无疑将发挥极其重要的作用，这为尽快构建新的边疆研究理论和强化边疆学科建设提出了更高的目标和任务。

四 建设中国边疆学原理的意义和思想方法

尽管中国边疆学的研究成果丰富，但尚没有一本书讲述中国边疆学原理，主要原因就是围绕中国边疆学展开的都依赖边疆历史和边疆治理，少数区域研究也主要集中在现实问题上。几乎所有当代中国边疆学的理论初创者们、研究家们都是历史学科出身，而且依然认为边疆历史研究就是中国边疆学最重要的基础。而中国边疆学范畴体系，需要研究对象被新的知识体系所认知、归纳、提高、抽象，而新的知识体系就是通过跨学科交叉认识以往的理论与实践过程中抽象出来的。这是一个哲学化思维的过程，总体思路上是通过国家与政权、国家与领土、国家与社会、国家制度与地方政权、民族国家与国际秩序等方面建构中国边疆学原理的，而研究视角主要从中国地缘政治和地缘战略需求展开。研究路径有三：一是从学科建设的逻辑思路出发，阐明边疆学原理的范畴体系；二是从内在对象出发即中国边疆区域和人口构成；三是从外在对象出发即周边地缘安全与跨界民族。

其一，从理论基础和学科属性上，中国边疆学的理论基础是马克思主义哲学和中国特色社会主义理论，在中国特色的边疆历史和边疆治理实践基础上，对中国边疆学进行性质、目的、方法、体系、范畴和特点的"原问题"研究，这些原问题本质上是当代中国特色社会主义在中国边疆政治制度上的体现。因此，从这样的理论高度构建中国边疆学是科学且可行的。这也决定了中国边疆学属于社会科学。

其二，从理论特点上，中国边疆学突出表现在"架构范畴体系"方面，也就是说，目前对中国边疆学的研究没有"原理性"成果，而且主要是"归纳式"史学学科的特点，这就决定了原理研究要在理论体系和研究方法上实现突破创新。实现这两方面的突破创新具备科学的学理依据：一是从中国边疆学"原理"角度研究本身就是初创，而支撑中国边疆学原理构建的理论基础是科学的。二是长期研究成果的积累和对中国边疆学规律性的认识确证了构建中国边疆学原理的学术可行性，就是马大正先生讲的"千年积累，百年探索，三十年实践"，直到今天，的确需要学术界给予一个规律性研究和总结。

其三，从指导思想上，树立正确的认识和思维方法是任何学科建立的前提。然而，一些情况下对什么是学科和学科的诞生缺少哲学意义上的认知，这既妨碍了人们在创建新兴学科和丰富传统学科时的思路和准备，也妨碍了人们在现时代人类认知改变的情况下对学科建构特征的认识，因而，出现一些背离认识规律和思维规律的学科建设的政策和建议。理论研究出现这种状况，根本原因是不从实践对象出发认识事物，而从个人意志和利益为出发点。所以，学习和掌握马克思主义方法，必须学习和掌握唯物辩证的思想方法。客观地而不是主观地、发展地而不是静止地、全面地而不是片面地、系统地而不是零散地、普遍联系地而不是孤立地观察事物、分析问题、解决问题，在矛盾双方对立统一的过程中把握事物发展规律。

其四，从理论创立实践上，通常人们把认识过程描述为从具体到抽象，因为，一般人们理解的思想产生的途径是通过对实践过程的归纳总结而得出的，然而，学科原理的产生，特别是在当代社会科学学科产生的学理依据已经超越了这种实践论的模型，因为，信息处理技术和思维方法的可验证性已经取代了漫长烦琐的检验实践过程。因此，从以往相似学科原理的构架体系中抽象出一般原理的要素，然后通过逻辑思维把中国边疆学原理的框架结构抽象出来。从抽象到具体的思维方法经过大量的理论实践后被证明是科学可行的，经典的例证就是从马克思《1844 年经济学哲学手稿》到《资本论》的诞生，标志着马克思从实践的唯物主义到辩证的唯物主义转变，证明了他对资本主义社会本质的预言。量子哲学思维的产生确证了人类思维的创造性功能，证明从抽象到具体是研究事物本质的正确方法。

其五，从当代学科发展的特点上，即学科整合方面，大量实践对象在生产实践中的相互作用、相互融合，要求相关学科也相互作用渗透，如分子生物学、电子物理学、地缘政治学、经济法学、国际战略学，很多学科在原来的基础上进一步细化，比如法学细化出商法、国际法、民法、刑法、知识产权法、商标法、海洋法等二级学科。在当代，一个新兴学科的出现往往是新兴产业和探索领域的快速成长而提出的客观要求，引领新兴学科的研究者就是要从新的实践对象中找出规律性的东西，给予理性的分析判断，不断积累和扩大新兴学科的研究成果并最终获得学界的承认。

其六，中国边疆学理论研究的三大方法。一是行为地理学的方法。中国边疆学原理研究的内容很大部分是进行空间行为的判定分析，诞生于1969年的行为地理学及其方法是构建中国边疆学原理的重要方法之一。它的主要特点是：与常规区位理论中的人类空间活动不同，它把人类活动的空间环境看作人的决策和行动的场所，这与边疆区域的特殊性质十分吻合。此外，行为地理学的方法在于展示心理、社会以及其他方面的人类决策与行为的空间特征，把对聚居人口的兴趣转变为侧重研究分散的个人和小族群，这也十分适合分析边疆区域的少数民族特征。同时，行为地理学侧重探讨新的研究方法，处理一些不像传统表示区间性和比率性那样强有力的资料，促进地理学与跨学科间的结合。二是历史哲学的方法。传统的史学方法在边疆历史和边疆治理史的研究中得到充分广泛的利用，成果丰富。现在需要对这些研究成果进行归纳分析，就需要在方法上提升，而历史哲学的方法。要了解前人，最重要的是了解前人的想法，只有了解了历史事实背后的思想，才算是真正了解了历史。这样的历史研究，"论证的每一步就都取决于提问题"的能力。因此，正如柯林伍德在《历史的观念》中所言："在它那显现于历史中的功能或特殊行动的背后的则是决定着这些功能的一种结构；它必须不是由历史学而是由另外一种思想来进行研究。"① 历史哲学的方法提供了适用和可操作性。三是中国边疆政治学的方法。中国当代边疆政治学是研究中国边疆政治制度和现象的科学，传统的中国边政学不是它的缩写，但有一定渊源关系。中国边疆政治学是中国边疆学的理

---

① 柯林伍德：《历史的观念》，何兆武译，中国社会科学出版社，1986，第251页。

论支柱，如果中国边疆学原理是中国边疆学的理论基础，那么，中国边疆政治学的内容和方法必然是中国边疆学原理借鉴利用的重要内容和方法。具体体现在：传统边疆政治制度和民族区域自治制度、国防与边防、跨界民族与地缘安全等方面，需要边疆政治学的研究方法和手段。

目前中国边疆学的历史"瓶颈"是有目共睹的，突破目前的状况，就需要提出更科学的中国边疆学理论范畴，而提出这些范畴的逻辑可行性就需要实现研究方法上的创新。然而，学科理论的创新不是一个"群策群力"的问题，也不是一个"领导能力"问题，而是一心为国、甘愿奉献、全心学术、奋勇创新的问题。

通常认为，学术思潮是时代特征在意识形态上的反映，形成一个学术潮流，结果就是丰富一个传统学科、创造一个新兴学科、完善一个复合交叉学科。目前，中国边疆学具备了学术思潮的基本特征，但是对中国边疆学学科定位是总结底定边疆历史经验的实践学科，无疑，这是中国边疆学研究的重要内容，但不是中国边疆学理论框架的主要内容，也不是中国边疆学原理解决的关键问题。30 年的实践证明，从中国边疆历史研究中培植不出中国边疆学原理，因为，中国边疆学的理论基础和研究范围远远超出了边疆史学范围，需要通过"原理性"研究，才能突破历史学研究范式的"瓶颈"，构建中国边疆学原理框架；才能提出中国边疆学原理范畴；才能在实践取得中国边疆学原理研究方法上的创新。

中国边疆百年研究与中国边疆学的构建

李尚英*

中国边疆研究具有十分悠久、厚重的历史和无比丰硕的成果。正如中国当代著名历史学家马大正先生所说："综观中国边疆研究的演进历程，可以用千年积累、百年探索两句话来概括"，中国边疆研究"至今已成为社会科学领域诸学科中的一门显学"。[①] 本文依据马先生的著作《中国当代边疆研究（1949—2014）》提供的丰富资料，并参以其他史料，浅谈中国边疆百年研究成果与中国边疆学的构建。

一 清代以来中国边疆研究的三次高潮及其成就

从中国上古时代的典籍中，人们就能看到有关边疆的历史记载。这正说明先民们研究边疆的悠久历史。进入阶级社会以来，中国历朝各代无不存在边疆问题，这在各种史籍中的记载（如正史、史书、文集、笔记、档案、调查报告、考古资料等）屡见不鲜，同时也说明国人研究边疆的历史始终未断。这也可理解为马先生所说的中国边疆研究的"千年积累"。所谓"百年探索"，实际上涵盖了 19 世纪至 20 世纪前半叶约 150 年的研究"拓荒"时期所探索出来的成果。

自 19 世纪至今，中国边疆研究出现了三次高潮。中国边疆研究的第一次高潮，肇始于嘉道时期。嘉庆后期，中国边疆危机已有显现；道光即位后边疆危机日趋严重和发展，道光后期边疆危机更是与国家危机和中华民族兴衰存亡紧密相连。正是在这种背景下，嘉庆、道光、咸丰三朝边疆研

---

* 李尚英，中国社会科学院研究生院，编审。

① 马大正：《当代中国边疆研究（1949—2014）》，中国社会科学出版社，2016，第 556 页、前言第 1 页。以下引用本书时，只在正文中注页数。

究出现了一个兴盛时期，即西北边疆史地学的兴起。此时，出现了一批杰出的研究边疆政治、历史、地理、民族、文化、军事、域外的专家，如祁韵士、徐松、洪亮吉、龚自珍、魏源、何秋涛、姚莹、沈垚、俞正燮等人，编著了许多边疆研究与边疆考察、探索相结合的不朽著作，如《圣武记》《西陲要略》《皇朝藩部要略》《蒙古游牧记》《新疆识略》，等等。但这些人虽在学术界乃至政坛极有影响，但只可称为"边疆史地学研究者的趣缘集合体"①，他们的著作也主要反映了西北地区（主要是新疆地区）边疆少数民族的社会环境和社会状况，且后来均作为史书留存于世，成为后人研究取之不尽、用之不竭的资源。功虽不可灭，但充其量也只是清代西北史地一门学科的源流。

中国边疆研究的第二次高潮出现于 20 世纪前半叶，主要是三四十年代。抗日战争以来，随着民族危机的不断加重，学人亲涉边区做科学探究者愈众，他们自觉地融入现实社会，承担起社会和历史的责任。这一时期的边疆研究逐步演变为一门发展中的现代"边缘学科"。这一时期，中国学者在不同范围、不同层面上，以不同视角、不同方法从事边疆史地、边界沿革及边患、边疆社会、边疆经济、边疆民族等方面的研究，出现了众多的研究群体（如中国边政学会、中国地理学会）、研究刊物（如《禹贡》），撰写了大量的研究著作、论文、考察报告、游记等。一些大学还适时地成立了边政学系，使边疆研究向纵深发展。特别是著名学者吴文藻先生提出的"边政学"，成为本次高潮的一个标志性成果。平心而论，尽管本次高潮成果繁复，影响深远，但正如民国时期学者所言"抗战以来，政府（对边疆事务）注意尤亟，学人亲涉边区作科学之探究者更众"，然"吾人对于我国本身之边疆状况，其认识程度且不逮甚"。《边政公论》"发刊词"也说："边疆工作这一部门，现在还如入座新宾，真正面目，犹未为大家所认识。"② 研究的范围自然还是摆脱不了"拓荒"的范畴。

新中国成立后，马克思主义史学在学术界占据了主导地位，直至 20 世纪 70 年代，中国历史学研究取得了许多前人无法企及的重大成就。中国边

---

① 张世明：《嘉道咸时期边疆史地学的繁荣与经世致用思潮的复兴》，《中国边疆史地研究》1992 年第 1 期。

② 柯象峰：《中国边疆研究计划与方法之商榷》；《边政公论发刊词》，马大正主编《民国边政史料汇编》第 1 册，国家图书馆出版社，2009，第 3 页。

疆史地研究中，由于特定的社会历史条件，帝国主义侵华史和中国民族史研究得到了相当大的发展，取得了许多重要成果，对于反对帝国主义和霸权主义做出了重要贡献，同时也为第三次研究高潮的到来做了一定程度的准备工作。但总体而言，中国边疆史地研究，却由于各种原因而遭到冷落。①

1983 年，中国社会科学院成立了中国边疆史地研究中心，这是中国边疆研究的一个新起点，标志着中国边疆第三次研究高潮的到来。此后，中国边疆研究中心为了冲破当时实际上存在着的禁锢学者的研究禁区，确立通过开展以中国古代疆域史、中国近代边界沿革史和中国边疆研究史为主要内容的三大研究系列，推动中国边疆史地研究的战略构想，以及主编一套学术丛书、创办一份学术期刊作为实施该战略构想的重要举措。随之，又采取了两项有力措施：一是在国家社科基金办公室的扶持下，设立了国家社会科学基金边疆史地学评审小组，极大鼓舞了边疆史地研究人员的科研积极性，加速了一些边疆史地研究课题的立项，从而使边疆史地研究得以深化。二是创建刊发边疆史地研究成果的学术平台：在兰州大学历史系主办的《西北史地》上开辟了"中国边疆史地研究"学术专栏；创办了全国首家中国边疆史地研究的杂志《中国边疆史地研究》；组织出版了"中国边疆史地研究丛书""中国边疆史地文库""中国边疆史地研究资料丛书""中国边疆史地资料丛刊""边疆史地丛书"；在 1988～2006 年先后召开了三次中国边疆研究学术讨论会，出版了论文专集。

截至目前已流行于世的边疆研究著作和论文，从选题上看多有创新，涉及中国历代边疆理论与政策、边疆史地、边疆治理与开发、边疆经济与

---

① 概言之，前两次中国边疆研究高潮时期，多侧重中国边疆史地的个案研究，我们只要看看中国人民大学清史研究所和中国社科院中国边疆史地研究中心编《清代边疆史地论著索引》就可一目了然。如，在该书"总论"中，大多就边疆论边疆，研究边疆的定义、边疆纠纷、边疆危机与失地；在该书"对外关系"中，大多叙述欧美、日本各列强对中国边疆的侵略活动、每个不平等条约的签订过程，斥责清廷卖国行为，赞扬中国人民反抗斗争史实等。颇负盛名的《禹贡学会》除编《中国地理沿革史》外，只有几种地理沿革图、中国地名辞典，辑录地理书籍中各种文化史料，整理历代的地理志（第 558 页）。外国学者中，如 1934 年去世的日本著名学者内藤湖南教授出于"日人经营我东三省政策一面"，而为"满蒙丛书所收东北史地诸书"作解题，如考证明代女真的疆域、清朝姓氏，以及"自来史家所未留意"之"自奉天出辽西的路线"等（参见周一良《日本内藤湖南先生在中国史学上之贡献》，《史学年报》第 2 卷第 1 期，1932）。

文化、边疆民族与民族关系、边疆的稳定与发展、边疆地区与周边关系、藩属与朝贡体系、边臣疆吏、边界研究、边疆和边界研究概况与评述等各个方面，并在 1999 年的"第二届中国边疆史地学术讨论会"上提出了中国边疆学的构想，引起了人们的广泛关注。此后 2006 年的学术研讨会，更进一步深入探讨了有关构建中国边疆学的一些问题。

从学者研究和出版内容上看，这些论著可分为综论类、专论类、专题性论集类、资料和译著类，它们多提前人所未提，发前人所未发，具有填补学术研究空白的作用。其中，综论性专著中，马大正、刘逖的《二十世纪的中国边疆研究——一门发展中的边缘学科的演进历程》，正如著名历史学家戴逸先生所说，作者将 20 世纪的中国边疆研究及其作为一门边缘学科的演进历程这两个主题有机地结合起来，完美地将中国边疆研究史研究和中国边疆的理论研究结合起来，"体现出此书的广度和深度"，成为"国内外第一部比较系统地研究中国边疆研究发展历程的著作"，"是适应中国边疆研究发展趋势的拓荒之作"（第 105 页）。林荣贵主编的《中国古代疆域史》，对起自先秦迄止清朝灭亡整个历史时期中国疆域的形成、发展、奠定、变迁的全过程做了科学、系统的描述和阐论，内容极为丰富。专论类和专题性学术论著中，著者们经过潜心研究，甚至"十年磨一剑"，厚积薄发，因而所论多具填补该项研究薄弱环节的作用，具有较高的学术价值。如，吕一燃主编的《中国边疆史地论集》、马大正主编的《中国边疆史地论集续编》，在中国边疆史地研究发展上起了非常重要的促进作用；赵云田的《清末新政研究——20 世纪初的中国边疆》，是中国边疆研究中同类主题学术专著的第一部，填补了清末边疆新政这一课题研究中的薄弱环节；李国强《南中国海研究：历史与现状》，以确凿的铁的事实，论证了南中国海历来是中国无可非议的领土，有力维护了国家主权。专题性学术论集中，吕一燃《中国北部边疆史研究》、马大正《边疆与民族——历史断面研考》《中国边疆研究论稿》、周伟洲《边疆民族历史与文物考论》、纪大椿《新疆近世史论稿》、孟广耀《北部边疆民族史研究》等论著，都以很高的学术含量为业内同行所看重。日本学者若松宽编选的论文专集《清代蒙古的历史与宗教》，被马先生誉为选题新颖、资料丰富、研考严谨，在日本、中国乃至国际蒙古学界都有较为广泛的影响。丛书选题中资料和译著也具有重要学术价值。如吕一燃编的《马克思恩格斯论国家、领土与边界》一书所提供的资料，在中国边疆研究中极具指导性和唯一性，实为中国边疆研究的灵魂。

从研究方法上看，已逐步开始了将边疆史地研究与法学、民族学、宗教学、外交学、社会学、考古学、社会调查等学科相联系，彻底从"拓荒"中走了出来，展现了一个新的研究时代的到来。众所周知，马先生非常重视社会调查，是新疆调查的组织者、领导者和参与者。他在繁忙的工作之余，总是积极参与社会调查。例如，土尔扈特部在乾隆三十六年回归祖国后，得到了清廷的妥善安置，并获得了一块水草丰美的优良牧场。然而，一位西方学者却引用一则不知来源的土尔扈特谚语，讥讽清廷拨给的都是不毛之地。马先生1982年经过亲临上述地区实际考察，证明清代史书记载是真实的，"果然名不虚传"，而那则不知来源的土尔扈特谚语是靠不住的。[1] 这就证实了史书记载的正确，纠正了流传中的讹误，还原了历史的本来面目。

在中国边疆研究领域，除了上述具有划时代意义的研究成果外，还涌现了一大批学术专家、学术新人。他们的论文颇具高质量，在学界有较大的影响，受到老一辈专家的高度评价。马先生在评述李国强的著作时说："我看到了一位年轻学子成长的历程，于我也可谓是学人生涯中的一乐。"（第106页）这些既显现了学者们为国所做的突出贡献，也体现了一个老学者对年轻学人的护持、提携之心，成为年轻学子成长的引路人和助推力。

二　中国边疆学的构筑

在中国边疆研究出现的前两次研究高潮中，特别是20世纪三四十年代，随着民族危亡的加剧，不断涌现出众多研究团体、研究刊物、研究者和研究成果；学术上引入新的学派和研究方法，对中国边疆进行全方位、多视角的观察和研究，从而使中国边疆研究逐渐突破传统史学的窠臼。

中国边疆研究第三次研究高潮所取得的研究成果，迅速使中国边疆区域研究实现了"两个突破"："一是突破了以往仅仅研究近代边疆问题的狭

---

[1]　马大正：《马大正文集》，世纪出版集团等，2005，第167页。

窄范围，开始形成了以中国古代疆域史、中国近代边界沿革史和中国边疆研究史三大研究系列为重点的研究格局，促成了中国边疆史地研究的大发展；二是突破了史地研究的范围，将中国边疆历史与现状相结合，形成了成果众多、选题深入、贴近现实的特点。"① 不仅使边疆研究完全从"拓荒"中走了出来，有力促成了中国边疆史地研究第三次研究高潮的到来；同时研究领域宽阔且不断向纵深发展，成果厚实且坚挺，研究方法上历史与现实的有机结合以及多种学科的介入，使中国边疆领域的研究出现了一道亮丽的风景线。种种迹象显示，马大正等先生拓荒后开创的中国边疆学，必将在中国学术界生根、开花、结果。

再从当前中国边疆所处的形势来看，中国边疆学的构建也是刻不容缓的。众所周知，中国政府提出"一带一路"的倡议，不仅将造福域内各族人民，也必将给沿线的域外国家、地区的人民带来巨大利益和发展前景。实现这一战略，以及时下中国人民为实现中国梦、建设有中国特色的社会主义国家，都迫切需要一个和平、稳定的国内外环境。但是，树欲静而风不止，给中国边疆学术领域提出了新的研究课题。以往马先生等学者在这方面的研究做了表率，但仅靠几个人的力量显然是不够的，需要动员全体中国边疆研究学者参与进来。构筑中国边疆学由此也成为学界急需的一件大事。

这一切都预示着中国学术界必将有一个新的学科——中国边疆学的出现。

从学术发展的历程看，吴文藻先生提出的边政学，应该视为开了中国边疆学的先河。

1941 年，创刊的《边政公论》在其《发刊词》中说，中国边疆研究的范畴，就是边疆政治。具体而言，第一，"政治的实施必须凭借着政策和机构"，所以边疆政策与边疆机构是研究边疆政治的重点。第二，要推动边疆政治研究，"则必对其所寄托的社会有彻底的认识"。② 为此，就要认真研究边疆民族、边疆的自然环境与边疆文化。次年，著名学者吴文藻先生在《边政公论》第一卷第五、六两期发表的《边政学发凡》，发挥了《边政公

---

① 马大正：《马大正文集》，第 588 页。
② 马大正主编《民国边政史料汇编》第 1 册，第 4、5 页。

论》的思想，明确提出了构建边政学的设想，并给边政学画出了一个轮廓。他认为，边政学就是"研究边疆政治的专门学问"，研究的内容是边疆政治、边疆行政和边疆政策，研究方法则应运用人类学、社会学、政治学、经济学、法学、教育学、史学、地理学以及有关国防的科学。由此而言，"边政学"的提法，较之以往人们所使用的"边事""边务"名称，"来得显明确定"，也较为适用。

但是，边政学绝不等于边疆学。第一，无论是《边政公论》期刊，还是吴文藻先生的边政学，两者都没有提出边政学的指导思想、概念、理论，例如，吴先生认为，边政学"是从政治学与人类学同时着眼"，"人类学社会学实在是二而一的东西"，"政治学对于边政学之重要，不过次于人类学"。显然，在吴先生看来，边政学实质上就是人类学。这就为此后出现的边政学的研究以民族学的观点为指导思想倾向埋下了种子。马先生则指出，边疆学以马克思主义、毛泽东思想和邓小平理论为中国边疆史地研究的基本指导思想；维护国家统一、民族团结和社会稳定是中国边疆史地研究遵循的最高政治原则。实质上是说，中国边疆学要以唯物史观为指导思想，以维护国家统一、民族团结和社会稳定为最终目的。两者相比，边疆学要比边政学站得高、看得远，更符合学科发展的规律和趋势。

第二，边政学提出的有关边疆研究的内容范围相对狭小。边政学"就是研究边疆政治的专门学问"①，其内容涵盖边疆政治、边疆政策、边疆民族、边疆宗教、边疆文化及边疆自然环境。马先生则指出，中国边疆学是一门研究中国边疆形成和发展规律的多学科交叉的边缘学科，它不但要追寻边疆历史发展的轨迹，还应探求边疆发展的现实和未来，应是一门极具中国特色的新兴学科。可见，边政学与边疆学不可同日而语。

第三，从研究方法上看，边政学与边疆学有相似之处，但后者结合现时学术发展趋势有了进一步的发展。

第四，边政学也提出了要重视实际，要有"实际知识"，但比较笼统。马先生则明确地提出边疆学要将历史与现实紧密结合起来（第三、四两点内容下面再谈）。

第五，台湾学者承袭了吴文藻等先生边疆研究传统后，取得了很多令

---

① 吴文藻：《边政学发凡》，马大正主编《民国边政史料汇编》第 1 册，第 489 页。

人瞩目的研究成果，但可能受到其"研究边疆政治，必先考察边疆民族，这是边政学的特质"① 的影响，把边政学嬗变为边疆民族研究，"实是进入一个误区"，令人"不无遗憾"（第 144～145 页）。

边政学出世后，许多高等院校纷纷设立了边政学系，如 20 世纪三四十年代，私立朝阳大学、东北大学、国立中央大学等都设立了边政学系，有的边疆研究社团成立了中国边政学会；举办学术刊物，如顾颉刚先生编撰的《禹贡》；出版了不少有影响的学术论著，如中国边政学会在 40 年代组织出版了边疆政教丛书。正如马大正先生所说：高校边政学系的成立，是"中国近代意义上的高等教育机构第一次专门以边疆研究对象设置的科系"，它们和边疆研究社团的有效工作"对于培养熟悉边疆的人才"，"凝聚专门研究人才、推动边疆研究的发展起到了重要作用"；吴文藻先生"有关边政学学科的设想，仍不失其学术生命力"（第 65、71 页）。再从当时的内外局势来看，边政学的提出，对于凝聚全体国人的民族之心，抵抗日本军国主义的野蛮侵略，维护民族独立、争取民族解放做出了一定的贡献。

如果说，吴文藻先生边政学的提出，是中国边疆研究第二次研究高潮的标志性成果，那么，中国边疆学的提出就是中国边疆研究第三次研究高潮的标志性成果。20 世纪末 21 世纪以来，马大正先生和中国边疆研究中心的学者们，逐渐明确地提出了构建中国边疆学的设想。2006 年，马先生在"第二届中国边疆史地学术讨论会"上提出，中国社会科学院中国边疆史地研究中心近年来所取得的学术成果和正在进行的重大课题为构建中国边疆学做了重要铺垫，疆域理论研究可作为中国边疆学构建的一个重要突破口，受到学术界的关注。

为使中国边疆学的构筑能建立在更为扎实、牢固的基础上，中国边疆研究中心在 21 世纪初做出了加强边疆理论研究的决定，并召开一系列的学术会议，出版了《中国边疆学》的刊物，《云南师范大学学报》开辟了"中国边疆学研究"的学术专栏，对有关边疆理论进行了认真探讨。这就促进了边疆理论研究的全面持续升温，成果和人才迭出，云南大学适时编辑、出版了"中国边疆研究丛书"，该丛书反映了中国边疆研究学者们对中国边疆学的一些重要问题，诸如中国边疆学的指导思想、任务、性质、对象、

---

① 吴文藻：《边政学发凡》，《边政公论》第 1 卷，第 5、6 期。

基本功能、作用、内涵、研究类型、研究方法、研究文献，以及中国边疆学的框架等研究成果。学者们的见解与观点虽然仁者见仁，智者见智，不乏歧义，却说明中国边疆学的构建已成为一种必然的发展趋势。

三 马大正先生是中国边疆学的拓荒者

"我的愿望是构筑中国边疆学。"这是马先生 2007 年回答《北京日报》记者提问时说的一句肺腑之言。实际上，马先生早在 20 余年前就已萌发此想法，并为实现这一愿望进行了许多艰苦的探索。可以说，建立"中国边疆学"，是一个蕴育于马先生心中 20 余年的情结。

创建中国边疆学，这是自 20 世纪后期一直萦绕在马大正先生头脑中的一个重要问题。近十余年来，他殚精竭虑地为创建中国边疆学而笔耕不辍，先后写了《从中国边疆研究的发展到中国边疆学的构筑》《思考与行动——以边疆研究深化与边疆中心发展为中心》《关于边疆研究若干问题的思考》《组织跨学科力量对中国边疆重大问题进行联合攻关》《关于构筑中国边疆学的断想》《深化边疆理论研究与推动中国边疆学的构筑》《边疆研究应该有一个大发展》等论文，多次提出和大力呼吁尽早创建中国边疆学，并从边疆学的理论、政策、研究范围、研究内容（包括研究中的热点和难点）、资料建设等方面进行了认真而深入的探讨，从而使自己成为中国边疆学的重要倡导人、奠基人和躬行实践的探索者。马先生在构筑中国边疆学上做的主要工作如下。

第一，阐述了构筑中国边疆学的可能性与必要性。

马先生多次说过："边疆研究要有一个大发展，这是学科发展的需要，也是建设有中国特色社会主义的需要"，"是时代赋予我们的职责"。他又指出："中国边疆研究具有悠久的历史、优良的传统、丰硕的成果，可用'千年积累、百年探索'来概括中国边疆研究的发展历程。"[1] 可以说，中国边疆学是中国几代学者（其中，有的甚至用毕生精力）努力神往的一门学科。改革开放以后，马先生一来到"中国边疆史地研究中心"工作，即领导该

---

[1] 马大正：《深化边疆理论研究与推动中国边疆学的构筑》，《中国边疆史地研究》2007 年第 1 期。

中心制定了"十一五"事业发展规划，明确将"一个核心、二个服务、三个坚持"作为总体目标。一个核心是，将学科建设总目标确定为在"十一五"期间完成中国边疆学学科的初步理论构筑；二个服务是，为边疆研究学科建设服务，为中国边疆稳定和发展服务；三个坚持是，坚持将基础研究与应用研究并重，坚持精品战略、出成果、出人才，坚持面向社会、继续实施开放性科研工作的思想和方针。此后，在马先生和"中国边疆史地研究中心"的带领和推动下，学界出现了自清中叶以来中国边疆史地研究的第三次研究高潮，对边疆问题的研究迅速取得了长足进展，特别是实现了两大突破（前已述及）。其间，马先生和许多学者在基础研究领域和应用研究领域中发表并出版了的大量具有战略性、宏观性的，以史为鉴的论著，使中国边疆研究呈现出蓬勃向上的大发展态势，正如著名中国边疆史地研究专家方铁先生所说："作为一个全新学科的中国边疆学已现雏形，并展现了广阔的发展前景。"① 进一步言，中国边疆学一旦建立，"它的理论意义和现实意义都能得到更充分的发展……实现其为现实服务的功能"。②

正是在这一大好形势下，2001 年初，马先生为《中国边疆史地研究》的笔谈专栏"面向 21 世纪的中国边疆研究"写了《思考与行动——以边疆研究深化与边疆中心发展为中心》一文，文章正式向学界发出呼吁："为创建一门新兴边缘学科——中国边疆学而努力！"③ 从此，他把构筑中国边疆学作为自己和当代从事边疆研究学人的共同职责和紧迫任务。

第二，提出并多方论述中国边疆学的构想。

马先生指出："中国边疆学的构筑确实是一个宏大的命题，也是长久以来我的一个愿望和努力方向。"④ 为尽快创建中国边疆学，马先生在他的文集和其他场合多次谈及中国边疆学的构想。归纳起来大致有以下 11 点。

（1）命名。这门即将建立的新学科可称为"中国边疆学"。

（2）指导思想和最高政治原则。以马克思主义、毛泽东思想和邓小平理论为中国边疆史地研究的基本指导思想；维护国家统一、民族团结和社

---

① 方铁：《论中国边疆学学科建设的若干问题》，《中国边疆史地研究》2007 年第 2 期。
② 《骥行万里志弥坚平生抱负在边疆——中国边疆史地研究中心马大正研究员访谈》，《东北史地》2009 年第 4 期。
③ 马大正：《马大正文集》，第 587 页。
④ 马大正：《深化边疆理论研究与推动中国边疆学的构筑》，《中国边疆史地研究》2007 年第 1 期。

会稳定是中国边疆史地研究遵循的最高政治原则。

（3）任务。通过研究中国的历史和现状，进而全面揭示中国统一多民族国家形成、发展的规律和探求维护国家统一、边疆稳定、民族团结的治国安邦之策。

（4）性质。中国边疆学是一门研究中国边疆形成和发展规律的多学科交叉的边缘学科，它不但要追寻边疆历史发展的轨迹，还应探求边疆发展的现实和未来，应是一门极具中国特色的新兴学科。这门综合性学科，既属于社会科学的一个分支，但同时也包括自然科学的部分内容。

（5）对象。研究中国边疆，要做到历史（以史为鉴）与现实（资政育人）相结合。

（6）基本功能。可概言为文化积累功能和咨政育民功能两大方面。具体言之，一是描述功能，着重解决所研究的是"是什么"的问题。二是解释功能，即在说明"是什么"的基础上，解决"为什么"的问题，以探寻中国边疆形成和发展的规律。三是预测功能，即在解决了前两点后，进而探求"怎么办"的问题。其中，前瞻性、预测性与对策性研究是中国边疆学实用价值的集中反映，也是学科服务于实践的直接体现。四是教育功能，中国边疆学本身在世界观、价值观、国家观、民族观、历史观等方面给广大民众以直接影响，事实上发挥着直接教育和间接教育的两大功能。

（7）作用。有助于培养人们以史为鉴的爱国主义和自觉维护祖国一统大业和多民族统一国家的大无畏精神，并化为实际行动。

（8）内涵。不仅包括中国边疆的历史、政治、经济、民族、军事、社会、文化等人文科学和社会科学领域的研究，还应包括中国边疆的自然环境、生态环境等自然科学领域的研究。

（9）研究类型。"中国边疆学"分为基础研究领域与应用研究领域，基础研究与应用研究相结合。其中，"中国边疆学·基础研究领域"，包括中国边疆理论、中国历代疆域、历代治边政策、边疆经济、边疆人口、边疆地理、边疆国际关系、边疆军事、边界变迁、边疆人物等诸多研究方面。"中国边疆学·应用研究领域"，则是在基础研究的基础上对当今及未来中国边疆的发展和稳定的战略性、预测性的宏观与微观相结合的研究，其与基础研究领域的不同点主要表现为有更强的现实性。

（10）研究方法。不仅包括传统的历史学、地理学，还因为考古学、政治学、人类学、民族学、社会学、经济学、宗教学、语言学、心理学以及某些技术学科的介入，使中国边疆学成为一门交叉学科、边缘学科。所以中国边疆学的研究方法，应是多学科研究方法的整合。

（11）研究文献。国内外现存的正史、文集、方志、档案（尤其是少数民族语言文字的档案）、野史、笔记、碑刻、近代中外报刊、实地调查材料，以及外国人写的著作、亲历记，等等。

第三，提出有关中国边疆学未来发展的思考与建议。

马先生于 2009 年 5 月在云南召开的"全球化视野下的中国边疆学理论探讨"高层论坛系列讲座上，就中国边疆学未来发展提出了进一步的思考与建议。他认为中国边疆史地研究应深化对中国边疆史的研究，对传统项目研究的开拓与深化、历史上的疑点问题的拓荒性研究、边疆研究理论上难点的探索、现实中的热点问题研究等四大类问题应展开持续研究。马先生还指出，为推动中国边疆学的构筑，中国边疆史地研究者需要对中国边疆学的理论框架、内涵与外延、功能与特点、与相邻学科的关系等问题有一个明确而又完整的说法；要让管理部门认同构筑中国边疆学既是学科发展的需要，又能对当前中国发展问题有用；边疆学应进入高等院校，设置相关的硕士、博士边疆研究专业非常重要，这方面要向云南大学学习。

马先生还多次提出边疆学应进入高等学校，表明他非常重视推动边疆教育，认为这是构筑中国边疆学不可或缺的一个重要环节。所谓边疆教育，一是社会教育，马先生撰文或在各种场合大力宣传边疆与普及边疆知识；二是学校教育，马先生身体力行，自 1999 年以来，亲自培养了 6 名博士研究生，并促进了山东大学和云南大学边疆学方向博士点的设置。

以上马先生阐述的中国边疆学的主要内容，为中国边疆学的创建奠定了扎实基础。

我认为，在自然科学和社会科学两大部类学科的研究中，将历史问题与现实问题结合最为紧密的，当数中国边疆领域的各门学科。现在，是将它们整合在一起的时候了。而在这门新学科的构筑中，中国边疆学的框架是极为重要，甚至是首位的工作。许多学者为此提出了一些很好的、有价值的意见。其中，我个人认为，马先生按照学科门类研究古今贯穿、边疆理论研究先导、基础研究与现实的应用研究相结合三原则而制定的框架最值得关注、思考。

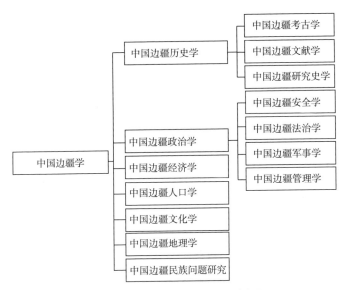

图1　马先生关于中国边疆学的框架

在图1中，个人认为应在"中国边疆民族问题研究"下平行加个"中国边疆与域内外交往学（史）"，"中国边疆管理学"改为"中国边疆行政管理学"，"中国边疆管理学"下平行加个"中国边疆教育学"。这样，似乎更符合马先生提出的中国边疆学的功能和加强边疆教育的意见。

2018年是马大正先生八旬大寿之年。他的同事、朋友、学生自发地编辑出版一本论文集，以示志贺。这是一件非常有意义的事，不仅是为一位德高望重的当代著名历史学家庆贺生辰，更重要的是借此机会进一步总结百年边疆研究的成果与经验，以促进边疆研究的纵深发展与中国边疆学的加速创立。

我与马先生相交较晚，但很早就知道他的大名，对他孜孜以求地研究边疆的精神及成果深感敬佩，尤其是他的"拓荒"（马先生为构建中国边疆学费了极大心血，他的一系列工作和成就使我感到，称他为"中国边疆学的奠基人"一点也不为过。但马先生十分谦逊谨慎，几次带着近乎央求的口吻，要我不要用此称呼。恭敬不如从命）精神更是深深地感动和激励着我；马先生大约对我也有所了解，故在我退休以后，他与朱诚如先生一起建议，并聘我参加清史编纂工作。2004年，我出任国家清史编委会主办的"中华文史网"主编后，与马先生来往较多。当时，他虽然不主管网站，但对我们非常关心与爱护、扶植，有两件事给我印象最深：一是马先生看了

《史苑》（中华文史网电子刊物，最初一月一期，每期约 10 万字）后说："咱们都搞过刊物，一个月一期，不要说组稿（《史苑》规定，作者必须提供原创稿件）、审稿、改稿，就是校对也需要不少时间。"嘱咐我们工作要劳逸结合，使我很感动，后来我们适时做了调整，改为两月出一期。二是他在一次中华文史网召开的工作会议上，除了肯定网站工作未出政治和其他问题，对我们工作感到放心外，强调指出："你们上网的稿件，心中无数，逮住什么（稿件）上什么。"希望我们多了解各学科发展状况，做到心中有数，才能把网站工作搞得更好。这番话，使大家很受鼓舞和教育，工作方向更加明确了。几年后，因工作需要，我被调到通纪组任外聘专家，工作之余，有心跟马先生学习边疆史地知识，通读了《马大正文集》，并写了几篇读后感，刊发在几个报刊上。通过学习和马先生的面授，我对中国百年边疆研究和中国边疆学的创立过程有了一丝了解，遂写此文以表达我对百年边疆研究成果的祝贺，并预祝中国边疆学早日创立，为维护和发展中国的大一统事业和多民族国家巩固而不断地取得重要成就。同时，也预祝马先生身体康健，为中国边疆研究和中国边疆学的创立，继续做出彪炳史册的贡献。

中　篇
中国边疆治理

东汉至南北朝时期游牧行国与王朝藩属的对峙与重组[*]

——多民族国家建构视野下的游牧和农耕族群互动研究

李大龙[**]

草原地区匈奴游牧行国时代结束之后，游牧和农耕族群几乎同时进入了一个新的内部整合时期，二者之间的互动也有了进一步发展。一方面，草原地区鲜卑取代匈奴成为游牧族群整合的推动和核心力量，最终建立了北魏，实现了对草原游牧族群的整合，而中原地区先是魏、蜀、吴并立，在经过西晋的短暂统一之后，最终势力缩减到长江流域及其以南地区，最后是宋、齐、梁、陈次第出现；另一方面，游牧族群和农耕族群之间的互动有了进一步发展，呈现交融的现象，先是被称为"五胡"的匈奴、鲜卑、羯、氐、羌等游牧族群大量迁入农耕地区，在与农耕族群融合的同时，在中原农耕地区建立起混合政权，后是拓跋鲜卑建立的北魏承继了这一传统，建立起了包括部分农耕地区在内的游牧行国，将农耕族群的政治空间挤压出了黄河流域，形成了与王朝藩属体系的又一次对峙。

一 以鲜卑为核心的行国体制的形成和发展

拓跋鲜卑构建的北魏是匈奴之后第二个对草原游牧族群实现整合的政

---

[*] 本文系笔者"政权建构与族群凝聚"系列论文之一。

[**] 李大龙，中国社会科学院中国边疆研究所《中国边疆史地研究》主编，研究员，博士生导师。

治体，但鲜卑的崛起及实现对草原族群的整合则经过了相当长的时间，如果从东胡分裂为鲜卑、乌桓起，到北魏太和十七年（493）迁都洛阳止，大致有 7 个世纪之久。

（一）鲜卑的出现及以鲜卑为核心对草原游牧族群的初步整合

"鲜卑"一词最早出现于春秋战国时期，《国语·晋语》中即有"昔成王盟诸侯于岐阳，楚为荆蛮，与鲜卑守燎"，但其作为一个族群或政治体名称出现则始于东汉，因此《史记》《汉书》中均无有关鲜卑的记载，而范晔《后汉书》则列有《乌桓鲜卑列传》专记其事。该传载："乌桓者，本东胡也。汉初，匈奴冒顿灭其国，余类保乌桓山，因以为号焉。俗善骑射，弋猎禽兽为事。随水草放牧，居无常处。……鲜卑者，亦东胡之支也，别依鲜卑山，故因号焉。其言语习俗与乌桓同。"由此看，鲜卑与乌桓的出现是东胡政治体分裂的结果，二者同属游牧族群。

当今学者一般认为鲜卑的活动地域是在乌桓之北的大兴安岭一带，而鲜卑最初是作为匈奴游牧行国的组成部分与农耕王朝藩属体系发生关系的，时间是在东汉初期。《后汉书·鲜卑传》有："汉初，亦为冒顿所破，远窜辽东塞外，与乌桓相接，未常通中国焉。光武初，匈奴强盛，率鲜卑与乌桓寇抄北边，杀略吏人，无有宁岁。"也就是说，在匈奴游牧行国时代，鲜卑也被纳入其游牧行国体制之下，是匈奴游牧行国的外围属部，而按照《汉书·匈奴传》的记载则应该属于匈奴左贤王管辖。

鲜卑的崛起及构建起覆盖草原的游牧行国得益于三个主要因素。

一是东汉王朝的大力扶持。关于东汉王朝对鲜卑的扶持，《后汉书·鲜卑传》有概要的记载："及南单于附汉，北虏孤弱，（建武）二十五年，鲜卑始通驿使。其后都护偏何等诣祭肜求自效功，因令击北匈奴左伊育訾部，斩首二千余级。其后偏何连岁出兵击北虏，还辄持首级诣辽东受赏赐。三十年，鲜卑大人于仇贲、满头等率种人诣阙朝贺，慕义内属。帝封于仇贲为王，满头为侯。时渔阳赤山乌桓歆志贲等数寇上谷。永平元年，祭肜复赂偏何击歆志贲，破斩之，于是鲜卑大人皆来归附，并诣辽东受赏赐，青徐二州给钱岁二亿七千万为常。明章二世，保塞无事。"另据《后汉书·祭肜传》载："当是时，匈奴、鲜卑及赤山乌桓连和强盛，数入塞杀略吏人。朝廷以为忧，益增缘边兵，郡有数千人，又遣诸将分屯障塞。帝以肜为能，建武十七年，拜辽东太守。至则励兵马，广斥候……二十一年秋，鲜卑万余骑寇辽东，肜率数千人迎击之，自被甲陷陈，虏大奔，投水死者过半，遂穷追出塞，虏急，皆弃兵裸身散走，斩首三千余级，获马数千匹。自是后鲜卑震怖，畏肜不敢复窥塞。肜以三虏连和，卒为边害，二十五年，乃使招呼鲜卑，示以财利。其大都护偏何遣使奉献，愿得归化，肜慰纳赏赐，稍复亲附。其异种满离、高句骊之属，遂骆驿款塞。"据此，鲜卑降服于东汉王朝是辽东太守祭肜用"财利"招诱的结果，招诱鲜卑的目的有二，一是瓦解匈奴、乌桓、鲜卑联盟，以缓解其对北部边疆的压力；二是利用鲜卑进攻匈奴。为实现上述两个目的，东汉不仅对鲜卑首领实行了册封的政策，而且通过采取大量赏赐来鼓励鲜卑进攻匈奴。而鲜卑为得到赏赐，也乐于进行这种进攻或掠夺，由此虽然导致了"鲜卑大人皆来归附"的状况，但东汉王朝也付出了"青徐二州给钱岁二亿七千万"的代价，并促成了鲜卑的不断壮大。

二是匈奴的分裂及其南下与西迁，草原政治核心势力的缺失。东汉用大量赏赐的政策鼓励鲜卑进攻匈奴，对匈奴问题的最终解决起到了十分重要的作用，但大量赏赐也壮大了鲜卑，而在东汉和鲜卑等其他民族的不断打击下北匈奴西迁，又为鲜卑势力的急剧扩展提供了空间，由此也带来了鲜卑和东汉关系的改变。和帝永元元年至二年（89～90），东汉王朝对北匈奴进行了一次大规模的进攻。据《后汉书·窦宪传》载："会南单于请兵北伐，乃拜宪车骑将军，金印紫绶，官属依司空，以执金吾耿秉为副，发北军五校、黎阳、雍营、缘边十二郡骑士，及羌胡兵出塞。明年，宪与秉各将四千骑及南匈奴左谷蠡王师子万骑出朔方鸡鹿塞，南单于屯屠河，将万余骑出满夷谷，度辽将军邓鸿及缘边义从羌胡八千骑，与左贤王安国万骑出稒阳塞，皆会涿邪山。宪分遣副校尉阎盘、司马耿夔、耿谭将左谷蠡王师子、右呼衍王须訾等，精骑万余，与北单于战于稽落山，大破之，虏众崩溃，单于遁走，追击诸部，遂临私渠比鞮海。斩名王已下万三千级，获生口马牛羊橐驼百余万头。于是温犊须、日逐、温吾、夫渠王柳鞮等八十一部率众降者，前后二十余万人。宪、秉遂登燕然山，去塞三千余里，刻石勒功，纪汉威德。"当时窦宪因私杀人而获罪，南匈奴的请求为其提供了赎罪的机会。此战虽然为东汉王朝解决了北匈奴问题，但鲜卑由此开始称霸漠北却是东汉王朝始料未及的。按照南匈奴单于最初的设想，他是希望借助东汉王朝的力量消灭北匈奴，实现对匈奴的统一，但北匈奴被彻底打败之后，东汉王朝并没有让南匈奴单于北归，而是册立了一个新的单于，结果为鲜卑取代匈奴成为草原游牧族群创新凝聚的核心提供了有利条件。

三是匈奴游牧行国余众的加入。匈奴单于的遁走，使草原游牧族群不仅失去了权力核心，也失去了凝聚内核，而继起的鲜卑很自然地担负起这一重任，由此我们在史书中也看到了如下记载："鲜卑因此转徙据其地。匈奴余种留者尚有十余万落，皆自号鲜卑，鲜卑由此渐盛。"① 这一记载一方面说明了鲜卑成为草原游牧族群凝聚的核心力量，匈奴余众"自号鲜卑"即说明了这一点；另一方面则表明鲜卑继匈奴其后开始了又一轮对草原游牧族群的整合，而鲜卑则在这种整合中不断壮大，最终成为草原霸主。

《后汉书·鲜卑传》记载了鲜卑首领檀石槐构建以鲜卑为核心的游牧行国的概要历程："桓帝时，鲜卑檀石槐者，其父投鹿侯，初从匈奴军三年，其妻在家生子。……投鹿侯不听，遂弃之。妻私语家令收养焉，名檀石槐。年十四五，勇健有智略。异部大人抄取其外家牛羊，檀石槐单骑追击之，所向无前，悉还得所亡者，由是部落畏服。乃施法禁，平曲直，无敢犯者，遂推以为大人。檀石槐乃立庭于弹汗山歠仇水上，去高柳北三百余里，兵马甚盛，东西部大人皆归焉。因南抄缘边，北拒丁零，东却夫余，西击乌孙，尽据匈奴故地，东西万四千余里，南北七千余里，网罗山川水泽盐池。……（延熹）九年夏，遂分骑数万人入缘边九郡，并杀掠吏人，于是复遣张奂击之，鲜卑乃出塞去。朝廷积患之，而不能制，遂遣使持印绶封檀石槐为王，欲与和亲。檀石槐不肯受，而寇抄滋甚。乃自分其地为三部，从右北平以东至辽东，接夫余、濊貊二十余邑为东部，从右北平以西至上谷十余邑为中部，从上谷以西至敦煌、乌孙二十余邑为西部，各置大人主领之，皆属檀石槐。"议郎蔡邕称之为："自匈奴遁逃，鲜卑强盛，据其故地，称兵十万，才力劲健，意智益生。"据此可知，桓帝时檀石槐已经完成了对鲜卑各部的整合，在匈奴故地建立起南至东汉边郡，北与丁零为邻，东西界于夫余、乌孙之间的地域辽阔的游牧行国，而最迟在延熹九年（166）檀石槐已经完成了对草原族群的统一，仿照匈奴构建起了由东、中、西三部分构成的游牧行国管理体系，各部置大人，下辖数量的"邑"，而统

---

① 《后汉书》卷90《鲜卑传》。

归檀石槐节制。遗憾的是，檀石槐构建的鲜卑游牧行国维持的时间较短，在其死后即分裂了，因而可以算作鲜卑对草原族群的第一次整合。

（二）鲜卑分裂后重新凝聚的努力

檀石槐政权在光和四年（181）檀石槐死后不久就分裂为三个集团：一是檀石槐后裔步度根辖有部众万余落，分布在太原、雁门一带；一是轲比能集团，拥有十余万骑，占据着高柳以东的代郡、上谷等地；一是分布于辽西、右北平、渔阳等东部地区的鲜卑素利、弥加等部。分化之后的鲜卑各部在和其他游牧族群继续凝聚的同时，也依然没有放弃构建草原游牧行国的努力，其中轲比能一度接近了这一目标。

轲比能是鲜卑历史上继檀石槐之后的又一位著名人物，史书载其"勇健，断法平端，不贪财物"，利用降服的汉人"教作兵器铠楯，颇学文字"，"复制御群狄，尽收匈奴故地，自云中、五原以东抵辽水，皆为鲜卑庭"，"勒御部众，拟则中国，出入弋猎，建立旌麾，以鼓节为进退"，"数犯塞寇边，幽、并苦之"。[①] 不仅显示出轲比能具有非凡的智慧和能力，而且也昭示着其具有统一鲜卑各部的野心，这也是其由"小种鲜卑"而发展为鲜卑三大势力之一的重要原因。轲比能为实现自己统一鲜卑的梦想，一方面和曹魏政权保持着政治经济联系，另一方面则不断掀起兼并战争。《三国志·魏书·鲜卑传》又载："建安中，太祖（曹操）定幽州，步度根与轲比能等因乌丸校尉阎柔上贡献。后代郡乌丸能臣氏等叛，求属扶罗韩，扶罗韩将万余骑迎之。到桑乾，氏等议，以为扶罗韩部威禁宽缓，恐不见济，更遣人呼轲比能。比能即将万余骑到，当共盟誓。比能便于会上杀扶罗韩，扶罗韩子泄归泥及部众悉属比能。比能自以杀归泥父，特又善遇之。……至黄初五年，步度根诣阙贡献，厚加赏赐，是后一心守边，不为寇害，而轲比能众遂强盛。明帝即位，务欲绥和戎狄，以息征伐，羁縻两部而已。至青龙元年，比能诱步度根深结和亲，于是步度根将泄归泥及部众悉保比能，寇钞并州，杀略吏民。帝遣骁骑将军秦朗征之，归泥叛比能，将其部众降，拜归义王，赐幢麾、曲盖、鼓吹，居并州如故。步度根为比能所杀。"或许是认识到了轲比能兼并鲜卑各部的野心，曹魏护乌桓校尉田豫对轲比能采

---

① 《三国志》卷30《魏书·鲜卑传》。

取了种种限制政策，其中发兵帮助东部鲜卑大人素利抵抗轲比能即是这一政策的组成部分，但遗憾的是由于鲜于辅的干预不仅没有取得效果，文帝还诏令田豫"招纳安慰"轲比能，结果导致轲比能势力急剧壮大，拥有了"控弦十余万骑"，成为鲜卑各部势力强大的部落。

轲比能因为在兼并其他鲜卑各部的过程中需要曹魏的支持，因而还不敢贸然直接和曹魏政权对抗，就是面对护乌桓校尉田豫对其采取的抑制政策也只是"由是怀贰"，不敢公开直接对抗。太和二年（228），护乌桓校尉田豫派遣译夏舍到轲比能女婿郁筑鞬部，但夏舍为郁筑鞬所杀，轲比能和曹魏政权开始了公开对抗。该年秋，"豫将西部鲜卑蒲头、泄归泥出塞讨郁筑鞬，大破之。还至马城，比能自将三万骑围豫七日。上谷太守阎志，（阎）柔之弟也，素为鲜卑所信，志往解喻，即解围去"。① 应该说，轲比能此时之所以敢于和曹魏公开对抗，是因为蜀汉诸葛亮兴兵北伐，牵制了曹魏政权的主要力量，而且蜀汉和轲比能还有联合的迹象。据载："太和二年，护乌丸校尉田豫出塞，为轲比能所围于故马邑城，移招求救。招即整勒兵马，欲赴救豫……军到故平城，便皆溃走。比能复大合骑来，到故平州塞北。招潜行扑讨，大斩首级。招以蜀虏诸葛亮数出，而比能狡猾，能相交通，表为防备，议者以为县远，未之信也。会亮时在祁山，果遣使连结比能。比能至故北地石城，与相首尾。帝乃诏招，使从便宜讨之。"但牵招虽然认为"可使守新兴、雁门二牙门，出屯陉北，外以镇抚，内令兵田，储畜资粮，秋冬马肥，州郡兵合，乘衅征讨，计必全克"，② 但未及实施就死去了，因而我们在史书中也没有见到曹魏征讨轲比能的记载，而是采取了招降的政策。史载："后幽州刺史王雄并领校尉，抚以恩信。比能数款塞，诣州奉贡献。"③

轲比能虽然接受了王雄的招抚，但也清楚地看到了曹魏难以全力北顾，于是又开始策动为曹魏"一心守边，不为寇害"的步度根部叛曹魏，终于引发了王雄派遣韩龙刺杀轲比能的事件。据载："鲜卑轲比能诱保塞鲜卑步度根与深结和亲，自勒万骑迎其累重于陉北。并州刺史毕轨表辄出军，以外威比能，内镇步度根。帝省表曰：'步度根已为比能所诱，有自疑心。今轨出军，慎勿越塞过句注也。'比诏书到，轨已进军屯阴馆，遣将军苏尚、

---

① 《三国志》卷30《魏书·鲜卑传》。
② 《三国志》卷26《魏书·牵招传》。
③ 《三国志》卷30《魏书·鲜卑传》。

董弼追鲜卑。轲比能遣子将千余骑迎步度根部落，与尚、弼相遇，战于楼烦，二将没，步度根与泄归泥部落皆叛出塞与轲比能合寇边。帝遣骁骑将军秦朗将中军讨之，轲比能乃走幕北，泄归泥将其部众来降，步度根寻为轲比能所杀。"① 步度根的反叛是轲比能一手策划的结果，同时这也是轲比能实现统一鲜卑各部梦想的一个组成部分。面对轲比能的反叛，曹魏政权却表现出了许多无奈，如果明帝的诏令早一点到达，曹魏的军队就有可能不会与轲比能的军队接战，也不会损失苏尚、董弼两位将军，这在一定程度上也反映出轲比能对曹魏政权的情况已经有了充分的了解，知道其主要精力放在抵御蜀汉的进攻方面，无力全力讨伐鲜卑，因而加大了兼并其他鲜卑各部的步伐。轲比能在杀掉步度根后顺利地实现了对漠南鲜卑各部的统一，建立起了继檀石槐之后的又一个鲜卑联盟。

虽然曹魏政权没有能力大规模征讨轲比能，但幽州刺史兼护乌桓校尉王雄却采取了非军事的手段中断了轲比能的梦想，这就是史书有载的"韩龙刺杀轲比能"。据《资治通鉴》卷73明帝青龙三年条载："是岁，幽州刺史王雄使勇士韩龙刺杀鲜卑轲比能，自是种落离散，互相侵伐，强者远遁，弱者请服，边陲遂安。"王雄遣韩龙刺杀轲比能确实对鲜卑建立统一政权的努力是一个重大打击，但还不能说是鲜卑"种落离散""边陲遂安"，因为在其后东部鲜卑的宇文氏和慕容氏，尤其是慕容氏依然称雄于东北边疆。轲比能的被杀在一定程度上说推迟了鲜卑统一政权出现的时间，不过并没有中断鲜卑追求统一的梦想，至晋代鲜卑慕容氏先后建立的前燕、后燕、南燕等均是鲜卑人努力实现这一梦想的结果，而鲜卑拓跋氏在公元315年建立的代国，后改称魏则不仅实现了统一鲜卑的梦想，而且完成了对中国北部的统一，和南朝对峙，构成了我国历史上的南北朝，成为第一个被纳入中国传统王朝系列由边疆民族建立的政权。

二 南北朝时期行国体制向中原地区的扩展

南北朝时期，游牧族群在完成本身凝聚的同时，也将势力向农耕地区拓展，导致了其构建的游牧行国在涵盖范围上包括了部分农耕地区，体现

---

① 《资治通鉴》卷72，明帝青龙元年六月条。

了这一时期游牧族群对两大族群互动关系的主导。

(一) 鲜卑诸多政治体的出现

在北部草原地区构建游牧行国的同时，鲜卑族群也致力于在其他地区建立游牧行国或农牧族群结合的政治体。吐谷浑即是从鲜卑族群分离出来的游牧行国。吐谷浑原为人名，是慕容鲜卑首领慕容涉归的庶长子，晋王朝时期因与弟失和，率部众西迁至木包罕（今甘肃临夏西北），征服附近的氐羌后，建立辖有今甘肃南部、四川西部及青海等地区的政权，至其孙叶延时始以吐谷浑为族号和国号。吐谷浑树洛干于晋义熙元年（405）自称大单于、吐谷浑王，南北朝时期先后和宋、齐、北魏等王朝保持臣属关系。隋朝时期，吐谷浑臣属于隋，隋朝以女嫁吐谷浑。唐朝建立后，吐谷浑先是臣附于唐朝，后寇扰唐鄯州，又不服从唐朝诏令。贞观九年（635），唐遣兵击之，其王伏允自杀而死，国人立顺为王，称臣内附，唐朝封其为可汗，并遣将军李大亮领兵镇抚。后，因顺久质隋唐朝，国人不附，为其下所杀，唐朝又立其子诺曷钵为乌地也拔勒豆可汗，并以宗室女为弘化公主与之婚配。龙朔三年（663），因其臣素和贵降吐蕃，吐蕃灭其国，唐朝为诺曷钵置安乐州（治今宁夏吴忠南山水河上游地区）。而更多的鲜卑族群则选择在农牧结合甚至进入农耕地区建立政权，主要有：

前燕，鲜卑慕容皝337年建立，先后都龙城、蓟、邺，370年被前秦苻坚灭；

后燕，鲜卑慕容垂384年建立，先后都中山、龙城，409年为北燕冯跋灭；

西秦，鲜卑乞伏国仁385年建立，先后都苑川、金城，431年亡于夏赫连定；

南凉，鲜卑秃发乌孤397年建立，先后都西平、乐都，414年亡于西秦；

南燕，鲜卑慕容德398年建立，先后都滑台、广固，410年亡于东晋；

代，鲜卑拓跋猗卢315年建立，先后都盛乐、平城，376年亡于前秦苻坚；

西燕，鲜卑慕容冲385年建立，先后都阿房、长子，394年亡于后燕。①

---

① 参见翁独健主编《中国民族关系史纲要》，中国社会科学出版社，2001，第216页。

这些政权虽然是鲜卑族群所建立，但其辖境内居民并非全部是鲜卑族群，甚至也不全部是游牧族群，因而已经超出了游牧行国的范围，可以看作由游牧行国想农耕地区延伸发展而来的农牧族群结合的混合政权。从政治体演变的历史轨迹看，这些农牧结合政权的出现一定程度上为拓跋鲜卑构建地跨游牧与农耕地区的混合王朝提供了基础。

（二）拓跋鲜卑对游牧族群的整合及北魏农牧混合王朝的建立

拓跋鲜卑是鲜卑族群中地处东北的一部，学界一般认为分布于额尔古纳河和大兴安岭北段，位于今内蒙古自治区鄂伦春自治旗阿里河镇西北嘎仙洞发现的鲜卑石室中太平真君四年（443）石刻祝文[①]印证了这一认识。在今人眼中文化属于落后状态的族群往往会成为推动族群整合的主要动力，拓跋鲜卑对草原族群的整合乃至将游牧行国推向中原农耕地区，进而构建起地跨游牧与农耕地区的混合王朝北魏的发展历程即充分说明了这一点。

按照《魏书·序纪》的记载，拓跋鲜卑的发展是缓慢的，经过了六七世至西汉武帝时期才"统国三十六，大姓九十九"。后迁居小农户故地，势力不断壮大。正始九年（248）首领力微宾二子，"尽并其众，诸部大人，悉皆款服，控弦上马二十余万"。甘露三年（258）力微将都城迁居盛乐，"夏四月，祭天，诸部君长皆来助祭，唯白部大人观望不至，于是征而戮之，远近肃然，莫不震慑"，由此完成了北部鲜卑的凝聚，为游牧行国的形成提供了牢固基础。

元康五年（295），"昭皇帝讳禄官立，始祖之子也。分国为三部：帝自以一部居东，在上谷北，濡源之西，东接宇文部；以文帝之长子桓皇帝讳猗㐌统一部，居代郡之参合陂北；以桓帝之弟穆皇帝讳猗卢统一部，居定襄之盛乐故城。自始祖以来，与晋和好，百姓乂安，财畜富实，控弦骑士四十余万。是岁，穆帝始出并州，迁杂胡北徙云中、五原、朔方。又西渡河击匈奴、乌桓诸部。自杏城以北八十里，迄长城原，夹道立碣，与晋分界"。拓跋鲜卑终于构建起了涵盖北方草原众多族群的游牧行国，有意思的是其内部结构依然是三部，只不过作为游牧行国的权力核心由中部移到了东部。

---

① 参见米文平《鲜卑石室的发现与初步研究》，《文物》1981 年第 2 期。

值得关注的是，与匈奴所建立的游牧行国不同，拓跋鲜卑建立的游牧行国不仅包含了草原的游牧族群，也更多吸纳了农耕族群的成分，且其发展重心逐渐向农耕地区迁移，最终演变为农牧族群结合的混合王朝。

永嘉四年（310），晋怀帝授予猗卢大单于、代公，并将句注、陉北之地赐予猗卢，"东接代郡，西连西河、朔方，方数百里"为拓跋鲜卑所有。建兴元年（313），"城盛乐以为北都，修故平城以为南都。帝登平城西山，观望地势，乃更南百里，于灅水之阳黄瓜堆筑新平城，晋人谓之小平城，使长子六修镇之，统领南部"。三年（315），晋愍帝进猗卢为"代王，置官属，食代、常山二郡"。拓跋郁律即位后（317～321），击败占据朔方的刘虎，"西兼乌孙故地，东吞勿吉以西，控弦上马将有百万"，不仅农牧族群混合的政权特征逐渐明显，而且闻愍帝被杀，发出了"今中原无主，天其资我乎"的感叹，"治兵讲武，有平南夏之意"。①

咸康四年（338），拓跋什翼犍在繁畤之北即代王位，立年号建国，在后赵为质10年的经历让拓跋鲜卑政权"始置百官，分掌众职。东自濊貊，西及破洛那，莫不款附"，更多地具有了农耕政权的一些特征，实际控制的范围大体在今天内蒙古中部和山西北部一带。建国三十九年（376），"苻坚遣其大司马苻洛率众二十万及朱彤、张蚝、邓羌等诸道来寇，侵逼南境。冬十一月，白部、独孤部御之，败绩。南部大人刘库仁走云中。帝复遣库仁率骑十万逆战于石子岭，王师不利。帝时不豫，群臣莫可任者，乃率国人避于阴山之北。高车杂种尽叛，四面寇抄，不得刍牧。复度漠南。坚军稍退，乃还。十二月，至云中，旬有二日，帝崩，时年五十七"。②拓跋鲜卑建立的农牧族群混合的代被前秦苻坚统一。

晋太元十一年（386），拓跋珪"即代王位，郊天，建元，大会于牛川。复以长孙嵩为南部大人，以叔孙普洛为北部大人。班爵叙勋，各有差。二月，幸定襄之盛乐。息众课农。三月，刘显自善无南走马邑，其族奴真率所部来降。夏四月，改称魏王"。③拓跋珪建立的政权，史称北魏。北魏建立后，虽然东破库莫奚，西讨高车、柔然，将草原众多游牧族群纳入管辖，但却在始皇二年（397）兴兵40余万进军中原农耕地区，先后占据了晋阳、

---

① 《魏书》卷1《序纪》。
② 《魏书》卷1《序纪》。
③ 《魏书》卷2《太祖纪》。

中山、邺等重镇，拥有了黄河以北的广大农耕地区，与东晋王朝隔河对峙。至太平真君三年（442），北魏先后灭亡了夏国、北燕、北凉、西凉等，结束了东晋以后十六国割据的状态。十一年（450），北魏兴兵十万进攻刘宋，将辖区南推至淮河以南，由此构建起了东起辽东，西至西域，南起秦岭、淮南，北包括蒙古草原众多游牧族群在内的农牧族群混合王朝。

三　行国体制和王朝藩属体系的对峙和重组

由鲜卑挑起的游牧行国体制与王朝藩属体系之间的对峙和重组虽然早在东汉初期东汉王朝利用鲜卑进攻北匈奴即已经开始，但真正形成对峙则应该是以檀石槐实现对鲜卑各部的统一为标志。尽管在对峙和重组的过程中，王朝藩属体系呈现南缩的态势，而游牧行国向中原农耕地区大肆拓展，但重组的结果却是游牧行国体制内部的动力推动其演变为了农牧族群混合王朝，由此也具有了王朝藩属体系的某些特征。

（一）　由"敌国"到"臣属"

鲜卑取代匈奴构建起凝聚草原游牧族群的行国，进而与东汉王朝藩属体系形成对峙，如上述，很大程度上是得益于东汉王朝抵御北匈奴游牧行国威胁的需要而对鲜卑采取的大力扶持的政策。

公元25年，刘秀虽然在农耕族群的起义中异军突起，称帝立国，确立了对农耕族群的统治地区，但其面对边疆尤其是北部游牧族群的侵扰并没有主动出击的想法和能力，建武二十二年（46）在西域各国屡求派遣都护的情况下给了西域各国如下的一个答复："今使者大兵未能得出，如诸国力不从心，东西南北自在也。"[①] 这种"无为"的状况一直持续至建武二十四年（48）。《后汉书·匈奴传》对此有如下记述："光武初，方平诸夏，未遑外事。至六年，始令归德侯刘飒使匈奴，匈奴亦遣使来献，汉复令中郎将韩统报命，赂遗金币，以通旧好。而单于骄踞，自比冒顿，对使者辞语悖慢，帝待之如初。初，使命常通，而匈奴数与卢芳共侵北边。九年，遣大

---

① 《资治通鉴》卷43，汉建武二十二年条。

司马吴汉等击之，经岁无功，而匈奴转盛，钞暴日增。十三年，遂寇河东，州郡不能禁。于是渐徙幽、并边人于常山关、居庸关以东，匈奴左部遂复转居塞内。朝廷患之，增缘边兵郡数千人，大筑亭候，修烽火。匈奴闻汉购求卢芳，贪得财帛，乃遣芳还降，望得其赏。而芳以自归为功，不称匈奴所遣，单于复耻言其计，故赏遂不行。由是大恨，入寇尤深。二十年，遂至上党、扶风、天水。二十一年冬，复寇上谷、中山，杀略钞掠甚众，北边无复宁岁。"

在增加缘边郡兵的同时，利用其他游牧族群的力量防御乃至解决匈奴问题也是东汉王朝经常使用的一个计策，如前述鲜卑族群即是去利用的力量之一。《后汉书·祭肜传》有载："当是时，匈奴、鲜卑及赤山乌桓连和强盛，数入塞杀略吏人。朝廷以为忧，益增缘边兵，郡有数千人，又遣诸将分屯障塞。帝以肜为能，建武十七年，拜辽东太守。至则励兵马，广斥候……二十一年秋，鲜卑万余骑寇辽东，肜率数千人迎击之，自被甲陷陈，虏大奔，投水死者过半，遂穷追出塞，虏急，皆弃兵裸身散走，斩首三千余级，获马数千匹。自是后鲜卑震怖，畏肜不敢复窥塞。肜以三虏连和，卒为边害，二十五年，乃使招呼鲜卑，示以财利。其大都护偏何遣使奉献，愿得归化，肜慰纳赏赐，稍复亲附。其异种满离、高句骊之属，遂骆驿款塞。"据此，鲜卑降服于东汉王朝是辽东太守祭肜用"财利"招诱的结果，招诱鲜卑的目的有二，一是瓦解匈奴、乌桓、鲜卑联盟，以缓解其对北部边疆的压力；二是利用鲜卑进攻匈奴。为实现上述两个目的，东汉不仅对鲜卑首领实行了册封的政策，而且通过采取大量赏赐来鼓励鲜卑进攻匈奴。而鲜卑为得到赏赐，也乐于进行这种进攻或掠夺，由此虽然导致了"鲜卑大人皆来归附"的状况，但东汉王朝也付出了"青徐二州给钱岁二亿七千万"的代价，并促成了鲜卑的不断壮大。

强大起来的鲜卑，尤其是取代匈奴整合了草原众多游牧族群之后，不再甘愿是东汉王朝藩属体系的一部分，檀石槐拒绝东汉王朝的册封和和亲的要求即突出体现了这一愿望，由此鲜卑族群与东汉王朝的关系也由具有隶属关系的称臣演变为互不所属的"敌国"，实现了游牧行国与农耕王朝藩属的再次对峙，标志性时间是桓帝延熹九年（166）檀石槐拒绝了东汉王朝的册封。《后汉书·鲜卑传》载："朝廷积患之，而不能制，遂遣使持印绶封檀石槐为王，欲与和亲。檀石槐不肯受，而寇抄滋甚。乃自分其地为三部，从右北平以东至辽东，接夫余、濊貊二十余邑为东部，从右北平以西至上谷十余邑为中部，从上谷以西至敦煌、乌孙二十余邑为西部，各置大人主领之，皆属檀石槐。"檀石槐政权的出现，是鲜卑第一次以统一政权的形式出现在东汉王朝面前。面对鲜卑檀石槐势力的强大，熹平六年（177），东汉王朝"遣夏育出高柳，田晏出云中，匈奴中郎将臧旻率南单于出雁门，各将万骑，三道出塞二千余里。檀石槐命三部大人各率众逆战，育等大败，丧其节传辎重，各将数千骑奔还，死者十七八"。① 征讨战争的失败一方面表明东汉王朝对鲜卑已经失去了控御能力，另一方面也标志着双方成为互不统属的"敌国"，这种状况大体持续到曹魏时期。

曹魏对北部游牧族群的整合始于建安十二年（207）北征乌桓，其后即和鲜卑各部确立了隶属关系，史书对此有如下记载："初，太祖既克蹋顿，而乌桓浸衰，鲜卑大人步度根、轲比能、素利、弥加、厥机等因阎柔上贡献，求通市，太祖皆表宠以为王。"② 鲜卑由此结束了与王朝藩属的对峙，多数被纳入了曹魏王朝的藩属体系。册封既是曹魏政权对这些鲜卑政权采取的政策，也是双方建立藩属关系的重要标志。如上引史书所载，曹操征讨乌桓胜利之后，鲜卑各部首领步度根、轲比能、素利、弥加、厥机等纷纷纳贡称臣，"太祖皆表宠以为王"，由此也奠定了曹魏政权对鲜卑各部首领实行册封政策的基础。仅从《三国志·魏书·鲜卑传》的记载看，曹魏政权先后册封步度根为王；轲比能为附义王；厥机子沙末汗为亲汉王；素利、弥加为归义王。曹魏政权对这些鲜卑势力首领进行册封，不仅表明双方确立了政治上的所属关系，而且也为双方关系的进一步发展确立了一个前提，即这些鲜卑势力是作为北疆民族政权和曹魏政权发生关系，因而涉及一个管理的问题。设置机构进行管理是曹魏政权维持和这些鲜卑政权藩属关系的重要保证。由史书记载看，曹魏政权对鲜卑各部的管理是积极有效的，主要通过护乌桓校尉和其他边郡机构分别进行管理。从总体而言，降服于曹魏政权鲜卑可以分为两类，一是如轲比能、步度根等相对"独立"的各部，曹魏政权对他们的管理主要是由护乌桓校尉具体负责。《三国志·魏书·鲜卑传》载："文帝践祚，田豫为乌丸校尉，持节并护鲜卑，屯昌

---

① 《后汉书》卷 90《鲜卑传》。
② 《资治通鉴》卷 69，文帝黄初二年十二月条。

平"，已经清楚地表明了护乌桓校尉和鲜卑各部的关系。① 另据《三国志·魏书·鲜卑传》载：护乌桓校尉田豫曾经主持处理轲比能和素利两个集团之间的冲突，说明曹魏的护乌桓校尉对鲜卑的管理是直接有效的。另一类是脱离上述极大势力控制而内附的鲜卑部众，曹魏政权对这些内附的鲜卑部众有时则采取在边郡或属国内安置，由郡县官员进行管理的政策。《三国志·魏书·二少帝纪》载：正始五年（244），"九月，鲜卑内附，置辽东属国，立昌黎县以居之。"

保持鲜卑各部的"独立"是曹魏政权为控御鲜卑而采取的重要手段。从史书的记载看，尽管曹魏政权设置了护乌桓校尉主管鲜卑事务，但曹魏政权对鲜卑各大势力的控御能力是相对较弱的，因而保持鲜卑各部的"独立"状态是曹魏政权得以控御鲜卑的基础，也构成了曹魏政权初期鲜卑政策的主要内容。曹魏政权在接受鲜卑各部称臣之后分别册封各部大人为王即是这一政策的最初表现，而田豫在任职护乌桓校尉期间采取的扶持素利、压制轲比能势力发展的做法更是这一政策的具体表现。按照《三国志·魏书·鲜卑传》的记载，轲比能虽然是"小种鲜卑"，但其本人"勇健，断法平端，不贪财物"，势力发展很快，同时其居地也靠近长城，因而成为田豫重点防御的对象。轲比能、素利、步度根三部之间经常发生争斗，为了避免轲比能吞并素利和步度根势力，田豫采取了支持素利的政策，"（轲比能）与东部鲜卑大人素利及步度根三部争斗，更相攻击。田豫和合，使不得相侵。（黄初）五年，比能复击素利，豫帅轻骑径进掎其后。比能使别小帅琐奴拒豫。豫进讨。破走之"。但是田豫利用其他鲜卑抑制轲比能势力的企图被轲比能发觉了，轲比能为改变这种状况采取了收买辅国将军鲜于辅的政策，言："夷狄不识文字，故校尉阎柔保我于天子。我与素利为仇，往年攻击之，而田校尉助素利。我临阵使琐奴往，闻使君来，即便引军退。步度根数数钞盗，又杀我弟，而诬我以钞盗。我夷狄虽不知礼义，兄弟子孙受天子印绶，牛马尚知美水草，况我有人心邪！将军当保明我于天子。"鲜于

---

① 另据《三国志·牵招传》载："文帝践祚，拜招使持节，护鲜卑校尉，屯昌平"；《资治通鉴》卷69文帝黄初二年条则载："帝以平虏校尉牵招为护鲜卑校尉，南阳太守田豫为护乌桓校尉，使镇抚之。"如此，曹魏则有可能是设置了乌桓校尉和鲜卑校尉两个机构来分管鲜卑，但《三国志·鲜卑传》没有记载牵招具体参与鲜卑事务的管理，疑两记载尤其是《资治通鉴》有误。

辅遂将轲比能此语转奏给了文帝，进而促成了曹魏鲜卑政策的改变，其结果即是"帝复使豫招纳安慰。比能众遂强盛，控弦十余万骑"，为轲比能统一联盟的出现奠定了基础。

（二）"臣属"状态下对"正统"的追求

两晋时期，游牧族群与农耕族群之间的关系以永嘉之乱为界，可以分为前、后两个时期。前期，由曹魏王朝发展而来的西晋王朝对农耕和游牧族群有过短暂的整合，不仅确立了对农耕族群的统治，鲜卑各部也多数被纳入到了西晋王朝的藩属体系之中。后期，东晋王朝苟安东南一隅，游牧和农耕族群都缺失了强有力的凝聚的权力核心，但在游牧和农耕两大族群关系发展的过程中有两个现象是值得关注的：一是东晋王朝的"正统"地位还依然有着重要影响，众多割据一方的族群首领乐于接受其册封即说明了这一点；二是实现较大范围"一统"的族群，尤其是被称为"五胡"的匈奴、鲜卑、羯、氐、羌等游牧族群的首领开始染指乃至醉心于对"正统"的争夺。

匈奴人刘元海是第一个向"正统"展开冲击的游牧族群首领。刘元海（252～310），新兴匈奴人，号为匈奴冒顿单于之后，因西汉曾经以公主和亲冒顿，故冒姓刘氏。刘元海之父豹[①]在曹魏时期任职匈奴左部帅，元海"幼好学，师事上党崔游，习《毛诗》、《京氏易》、《马氏尚书》，尤好《春秋左氏传》、《孙吴兵法》，略皆诵之。史、汉诸子，无不综览"，后"遂学武事，妙绝于众，猿臂善射，膂力过人"，[②] 咸熙中（264～265）刘元海作为任子进入洛阳，颇得魏元帝赏识。司马炎废魏立晋之后，也很赏识刘元海，本欲委以重任，但朝臣孔恂等以"非我族类，其心必异"加以谏止，会其父死，刘元海继任为匈奴左部帅。太康（280～289）末年，刘元海官至北部都尉，"明刑法，禁奸邪，轻财好施，推诚接物，五部俊杰无不至者"，后迁为建威将军、五部大都督，封汉光乡侯。元康（291～299）末年，因部人有叛逃出塞者，刘元海被免职，时成都王颖镇守邺城，荐其威行宁朔将军、监五部军事。永康元年（300），掌握宿卫禁军的赵王司马伦

---

① 林干先生认为刘元海是冒充豹之子，参见《匈奴通史》，人民出版社，1986，第190～191页。
② 《晋书》卷101《刘元海载记》。下未注明出处之引文均引于此。

起兵杀把持朝政的贾后、张华等人，翌年正月又废惠帝，自立为皇帝，由此引发了汝南王亮、楚王玮、赵王伦、齐王冏、长沙王乂、成都王颖、河间王颙、东海王越之间的长期战乱，史称"八王之乱"。面对晋朝出现的混乱局面，匈奴五部以原左贤王刘宣为首的"复国"势力认为："自汉亡以来，魏晋代兴，我单于虽有虚号，无复尺土之业，自诸王侯，降同编户。今司马氏骨肉相残，四海鼎沸，兴邦复业，此其时矣。左贤王元海姿器绝人，干宇超世，天若不恢崇单于，终不虚生此人也。"密谋推举刘元海为匈奴大单于，起兵"复国"。刘宣等人的计划得到了刘元海的积极响应，但刘元海以"会葬"为借口想回到匈奴五部的要求被成都王颖拒绝了，刘元海乃让前来联络的呼延攸告刘宣以增援成都王颖为名召集五部兵马。后成都王颖遭到惠帝的讨伐，在刘元海的鼓动下，成都王颖拜刘元海为北单于、参丞相军事，征调匈奴军队。"渊至左国城，刘宣等上大单于之号，二旬之间，有众五万，都于离石"，[①] 完成了"复国"的准备活动。刘元海回到匈奴之后不久，成都王颖即兵败逃亡洛阳，刘宣等谏言元海："晋人奴隶御我，今其骨肉相残，是天弃彼而使我复呼韩邪之业也"，希望得以恢复呼韩邪单于时期匈奴的雄威，但此时刘元海的野心已经不是恢复匈奴汗国那么简单了，西晋王朝的内乱使他萌生了入主中原的想法。"大丈夫当为汉高、魏武，呼韩邪何足效哉！"[②] 刘元海的这一回答，显示出汉高祖刘邦统一中国、魏武帝曹操称霸中原统一中国北部地区成为其效仿的对象。永兴元年（304），刘元海迁都左国城，胡、汉之人降服者日多，刘元海会群臣，曰："昔汉有天下久长，恩结于民，吾汉氏之甥，约为兄弟，兄亡弟绍，不亦可乎！"于是立国号魏汉，即汉王位，"大赦，改曰元熙。追尊安乐公禅为孝怀皇帝，作汉三祖、五宗神主而祭之。立其妻呼延氏为王后，以右贤王宣为丞相，崔游为御史大夫，左于陆王宏为太尉，范隆为大鸿胪，朱纪为太常，上党崔懿之、后部人陈元达皆为黄门郎"。[③] 一个仿照西晋而构建的小朝廷初具规模。刘元海建立的汉是以汉王朝的后继者的身份出现的，关于这一点，我们在刘元海的即位"诏书"中可以明确地看出来："昔我太祖高皇帝以神武应期，廓开大业。太宗孝文皇帝重以明德，升平汉道。世宗

---

① 《资治通鉴》卷85，惠帝永兴元年八月条。
② 《资治通鉴》卷85，惠帝永兴元年八月条。
③ 《资治通鉴》卷85，惠帝永兴元年十月条。

孝武皇帝拓土攘夷，地过唐日……是我祖宗道迈三王，功高五帝，故卜年倍于夏商，卜世过于姬氏……贼臣王莽，滔天篡逆。我世祖光武皇帝诞资圣武，恢复鸿基，祀汉配天，不失旧物，俾三光晦而复明，神器幽而复显……黄巾海沸于九州，群阉毒流于四海，董卓因之肆其猖勃，曹操父子凶逆相寻……自社稷沦丧，宗庙之不血食四十年于兹矣。今天诱其衷，悔祸皇汉，使司马氏父子兄弟迭相残灭。黎庶涂炭，靡所控告。孤今猥为群公所推，绍修三祖之业。"刘元海称王之后的第二年开始对外扩张，进据河东，攻占蒲坂、平阳，入都蒲子，上郡四部鲜卑陆逐延、氐酋大单于征、东莱王弥及石勒先后降之，势力不断壮大。永嘉二年（308）十月，刘元海即皇帝位，改元永凤，开始将进攻的目标指向了洛阳，先后两次令其子刘聪领军进攻，但都是失败而告终。四年（310），刘元海死，子和即位，旋被刘聪所杀，刘聪乃成为汉皇帝。刘聪即位后，继承了其父刘元海的遗志，继续用兵洛阳，以灭亡西晋、取而代之为目标。永嘉五年（311）五月，"汉主聪使前军大将军呼延晏将兵二万七千寇洛阳，比及河南，晋兵前后十二败，死者三万余人。始安王曜、王弥、石勒皆引兵会之，未至，晏留辎重于张方故垒，癸未，先至洛阳，甲申，攻平昌门，丙戌，克之，遂焚东阳门及诸府寺。六月，丁未朔，晏以外继不至，俘掠而去。帝具舟于洛水，将东走，晏尽焚之。庚寅，荀藩及弟光禄大夫组奔轩辕……丁酉，王弥、呼延晏克宣阳门，入南宫，升太极前殿，纵兵大掠，悉收宫人、珍宝。帝出华林园门，欲奔长安，汉兵追执之，幽于端门……丁未，汉主聪大赦，改元嘉平，以帝为特进左光禄大夫，封平阿公"。[1] 刘聪终于完成了对西晋的灭亡性打击，之后遣刘曜领兵进掠长安。公元 316 年，刘聪再遣刘曜领兵进攻长安，虏晋愍帝，西晋终于在刘汉的打击下灭亡了。对于爆发于永嘉年间的匈奴人刘元海、刘聪父子灭亡西晋的事件，史书称之为"永嘉之乱"。

作为匈奴人的刘元海、刘聪父子何以最先入主中原和西晋争夺"华夏正统"，而且由此掀起了边疆民族进入中原建立政权的"浪潮"，这是一个值得深入思考的问题。

匈奴是较早和中原汉族发生密切联系的边疆民族，大规模的内迁和相互间的不断融合，是匈奴人挑战"华夏正统"的基础和前提。匈奴人的南

---

[1] 《资治通鉴》卷85，怀帝永嘉五年五至六月条。

迁从西汉武帝时期就开始了，据《汉书·武帝本纪》载：元狩二年（前121）"秋，匈奴昆邪王杀休屠王，并将其众合四万余人来降，置五属国以处之。以其地为武威、酒泉郡"。其下引师古注曰："凡言属国者，存其国号而属汉朝，故曰属国。"也就是说，属国最初用于边疆民族是指那些中原王朝为安置内迁边疆民族而设置的行政建制——属国，其辖境内的边疆民族脱离了本民族主体，而内迁到了中原王朝正式的行政建制区域内。这些匈奴属国从史书的记载看，已经不是独立的政权，尽管其内部保留了原有的管理体制，但中央王朝也直接委派称为"属国都尉"的官员参与其内部的管理，从而使其成为中央王朝政权建制中的一个组成部分。进入东汉时期以后，匈奴的大规模迁徙更是有增无减，尤其是建武二十五年（49）匈奴分为南、北两部之后，"南单于既居西河，亦列置诸部王，助为捍戍。使韩氏骨都侯屯北地，右贤王屯朔方，当于骨都侯屯五原，呼衍骨都侯屯云中，郎氏骨都侯屯定襄，左南将军屯雁门，栗籍骨都侯屯代郡，皆领部众为郡县侦罗耳目"。① 东汉后期，随着北匈奴的西迁，鲜卑占据了大漠南北地区，内迁的匈奴自此走上了和汉族不断杂居、融合的历程。建安十一年（206），曹操以梁习为并州刺史，"时荒乱之余，胡、狄雄张，吏民亡叛入其（匈奴）部落，兵家拥众，各为寇害。习到官，诱喻招纳，皆礼召其豪右，稍稍荐举，使诣幕府；豪右已尽，次发诸丁强以为义从；又因大军出征，令诸将分请以为勇力。吏兵已去之后，稍移其家，前后送邺，凡数万口；其不从命者，兴兵致讨，斩首千数，降附者万计。单于恭顺，名王稽颡，服事供职，同于编户"。② 所谓"同于编户"不仅仅是表现在曹魏政权对匈奴的管理方面，在其他许多方面匈奴也和汉族在日益接近，诸如在生产方式上弃牧从农，在文化方面则学习汉文化。前述刘元海师从上党崔游，习《毛诗》《京氏易》《马氏尚书》，尤好《春秋左氏传》《孙吴兵法》，"略皆诵之"，即是一例。其子刘聪"年十四，究通经史，兼综百家之言，《孙吴兵法》，靡不诵之。工草隶，善属文，著述怀诗百余篇、赋颂五十余篇"，③ 其汉化程度已经非常高了。西晋后期的"八王之乱"虽然给匈奴"复国"提供了大好时机，而以刘宣为首的匈奴上层也心存"复国"梦想，

---

① 《后汉书》卷89《南匈奴列传》。
② 《资治通鉴》卷65，献帝建安十一年正月条。
③ 《晋书》卷102《刘聪载记》。

但汉匈之间杂居状况的加剧，及大漠南北草原地区已经为鲜卑占据，无疑使匈奴的"复国"变得无望了。也正是看到了这一点，加之深受儒家文化的影响，刘元海萌生了争夺"华夏正统"的想法，建立汉，并自立为皇帝即是表现之一。

匈奴人很早就有冲击"华夏正统"地位的愿望，时间是在两汉之际。据《汉书·匈奴传》载：更始二年（24）冬，更始帝代莽而立，试图和匈奴恢复西汉以来的臣属关系，"遣中郎将归德侯飒、大司马护军陈遵使匈奴，授单于汉旧制玺绶，王侯以下印绶，因送云、当余亲属贵人从者。单于舆骄，谓遵、飒曰：'匈奴本与汉为兄弟，匈奴中乱，孝宣皇帝辅立呼韩邪单于，故称臣以尊汉。今汉亦大乱，为王莽所篡，匈奴亦出兵击莽，空其边境，令天下骚动思汉，莽卒以败而汉复兴，亦我力也，当复尊我！'遵与相掌距，单于终持此言"。应该说，匈奴单于舆对汉王朝和匈奴关系发生转变原因的认识是符合史实的。汉王朝在武帝时期对匈奴的多次大规模征讨并没有实现臣服匈奴的目的，匈奴称臣于汉的直接原因是匈奴的内乱。汉宣帝时期，匈奴内部对单于位的争夺持续不断，一度形成了五个单于并立的局面，而呼韩邪单于在权力之争中处于劣势，不得已谋求汉王朝的支持，双方于是在甘露二年（前52）建立起"藩臣"关系。匈奴单于舆此时提出所谓"当复尊我"自然也是想让更始政权"称臣"于匈奴，尽管由此我们还难以断定当时匈奴已经有了统一中原的愿望，但试图否定更始帝作为"天下之主"的含义却是明确存在其中的。匈奴单于舆的做法自然是受到了汉朝的影响，而这种影响随着汉匈之间交流的日益密切，终于演化为刘元海对"华夏正统"地位的冲击。

值得注意的是，刘元海对"华夏正统"地位的冲击不是以匈奴人的名义进行的，而是假冒汉朝继承者的身份，对此上引刘元海自立为汉王的"诏书"中已经明确表现了这一点。刘元海假冒汉氏后裔，并将国号称之为"汉"，是想以恢复汉氏江山为号召。刘元海之所以这么做，其目的大致有二：一是刘元海如果以匈奴人的身份起兵难以得到广大汉人的认同，故在称汉王时不仅有"夫帝王岂有常哉，大禹出于西戎，文王生于东夷，顾惟德所授耳"的辩解，而且以"汉氏之甥，约为兄弟，兄亡弟绍"求得更多人的承认；二是刘氏建立的汉朝统治中国四百余年，国富民强，而且和匈奴存在和亲关系，以"汉氏之甥"的身份出现可以得到更多人，尤其是汉人的响应。刘元海、刘聪父子之所以能够灭亡西晋，上述这些做法应该是起到了一定作用，但西晋"八王之乱"导致统治阶级内部四分五裂，一方面消耗了西晋的实力，另一方面也难以组织有效的抵抗，这才是刘元海、刘聪父子能够建立汉政权并灭亡西晋的重要原因。

刘元海、刘聪父子能够建立汉政权并灭亡西晋，还与其个人修为及实施的政策有很大关系。和前代帝王一样，刘元海为显示自己非同一般人物也杜撰了一个出生的异象："豹妻呼延氏，魏嘉平中祈子于龙门，俄而有一大鱼，顶有二角，轩鬐跃鳞而至祭所，久之乃去。巫觋皆异之，曰：'此嘉祥也！'其夜梦旦所见鱼变为人，左手把一物，大如半鸡子，光景非常，授呼延氏，曰：'此是日精，服之生贵子。'寤而告豹，豹曰：'吉征也。吾昔从邯郸张冏母司徒氏相，云吾当有贵子孙，三世必大昌，仿像相符矣。'自是十三月而生元海，左手文有其名，遂以名焉。"但是刘元海得到匈奴部众及汉族儒士的拥戴并不完全是因为这一异象，更多则是因为刘元海、刘聪父子超常的个人素质。刘元海文武兼备，是一个不可多得的人才，在为任子时即得到元帝的赏识，司马炎废魏立晋后又将其比作西汉时期降于西汉的名臣匈奴人金日磾，但太原王浑则认为刘元海的文武才干要过于金日磾。刘元海任职北部都尉后"明刑法，禁奸邪，轻财好施，推诚接物，五部俊杰无不至者，幽、冀名儒，后门秀士，不远千里亦皆游焉"，也印证了王浑的看法。也正是因为这一点，刘元海成为被防范的对象，朝廷每欲委其重任时都会有大臣提出反对意见。如秦、凉发生动乱，上党李憙建议委任刘元海为将军，率匈奴五部进剿，但遭到了孔恂的反对，他认为："元海若能平凉州，斩树机能，恐凉州方有难耳。蛟龙得云雨，非复池中物也。"担心刘元海利用匈奴势力称霸一方。和其父一样，刘聪也是文武全才的人物，不仅受到地方官员的重用，而且也受到匈奴五部的拥戴，"弱冠游于京师，名士莫不交结，乐广、张华尤异之也。新兴太守郭熙辟为主簿，举良将，入为骁骑别部司马，累迁右部都尉，善于抚接五部，豪右无不归之"。[1] 也正是刘元海父子超常的个人素质，以刘宣为首的匈奴上层贵族将"复国"的希望寄托在了刘元海父子身上，而刘元海父子依靠匈奴五部的支持不仅建立了汉政权，而且实现了灭亡西晋、称霸北部地区的愿望。

---

[1] 《晋书》卷102《刘聪载记》。

　　汉政权虽然是在匈奴五部基础上建立的，但由于胡汉杂居，其政权构成实际上是以匈奴为主，汉、羯、氐等其他民族为辅的胡汉联合政权。在历史上，匈奴汗国曾经辖有北部争夺的游牧民族，诸如乌桓、鲜卑、西域诸国等，也辖有不少的汉人，但这些汉人是匈奴在寇扰边郡的时候掳掠而来，匈奴汗国并没有占据大片汉地，因而不存在一个管理的问题。汉政权尽管是在匈奴五部基础上形成的，但此时的匈奴已经迁入汉地，不仅与汉人杂居，而且随着汉政权管辖范围的不断扩大，辖境内的汉人聚居区也越来越多，因而对汉人及其他民族的管理问题是汉政权面临的一个大问题。关于汉政权如何构筑自己的管理体制，从史书的记载看，基本上是采用的西晋的官制，最高统治者称为皇帝，下设丞相（后改为相国）、太师、太辅、太保、大司马、大司徒、大司空、太尉、御史大夫、州牧、郡守等，但这只是表面现象，实际上是采取的是"胡汉分治"的两套体制。据《晋书·地理上》载："永兴元年，刘元海僭号于平阳，称汉，于是并州之地皆为元海所有。元海乃以雍州刺史镇平阳，幽州刺史镇离石。及刘聪攻陷洛阳，置左右司隶，各领户二十余万，万户置一内史，凡内史四十三人，单于左右辅各主六夷。又置殷、卫、东、梁、西河阳、北兖五州，以怀安新附。"由此可知，汉政权采取的是两套不同的管理方式，即以左右司隶、内史等以及州刺史管理汉人，以单于左右辅主管六夷，所谓六夷，是指匈奴、羯、鲜卑、氐、羌、乌丸。根据不同的民族采取不同的管理方式，符合汉政权构成的实际，也有助于缓和日益紧张的民族关系，便于巩固统治。

　　对胡汉采取不同的方式进行统治是北疆民族政权的一次创新性尝试，这种尝试是刘元海父子深受汉文化影响，吸收我国传统的"因俗而治"即羁縻统治的经验而采取的符合汉政权实际的统治方式。尽管从史书记载看汉政权的管理方式还很粗糙，尚未形成完善的体制，但这种尝试为辽王朝采取的南北面官制，"官分南北，以国制治契丹，以汉制待汉人"[1] 提供了经验。不过这种统治方式也存在严重缺陷，地方权力过重和民族关系的紧张是最大的不足。作为在乱世中出现的政权，汉尽管从中央到地方有着颇具特点的管理体制，但它的军事集团的特色也很明显，一方面中央对地方的控制相对较松，另一方面地方也往往拥有军队，具有一定的独立性。与

---

① 《辽史》卷45《百官志一》。

此同时，胡汉分治人为地扩大了民族之间的隔阂，不利于社会的稳定，激化了民族矛盾。刘曜在318年即位为皇帝之后，为巩固统治采取了强制徙民和加强对其他民族统治的政策，结果导致了境内争夺民族的反抗，史书载"氐羌叛者十余万落"。① 大兴三年（320），长水校尉尹车联合巴人反，刘曜杀尹车等50余人，结果引起关中巴氐更大规模的反抗，"推巴归善王句渠知为主，四山羌、氐、巴、羯应之者三十余万，关中大乱，城门昼闭"。② 各民族的反抗极大动摇了汉政权的基础，咸和三年（328），汉最终为石勒灭亡。

汉政权的出现是我国历史上的一个重要事件，尽管自永兴元年（304）刘元海称汉王至咸和三年（328）刘曜为石勒所杀，汉政权仅仅存在了二十余年，但其影响是深远。首先是，汉政权的建立开创了秦汉以来边疆民族入主中原建立政权，参与"华夏正统"争夺的局面。西晋灭亡之后，我国北部地区陷入了各种政权分立的时期，既有汉人张轨建立的前凉（301～376）、冉闵建立的冉魏（350～352）、李暠建立的西凉（400～421）、冯跋建立的北燕（409～436）等政权，也有氐族李雄建立的成汉（304～347）、苻健建立的前秦（351～394）、吕光建立的后凉（386～403），羯人石勒建立的后赵（319～351），鲜卑人慕容皝建立的前燕（337～370）、慕容垂建立的后燕（384～409）、乞伏国仁建立的西秦（385～431）、秃发乌孤建立的南凉（397～414）、慕容德建立的南燕（398～410），羌族姚苌建立的后秦（384～417），匈奴人赫连勃勃建立的夏（407～431），卢水胡沮渠蒙逊建立的北凉（401～439）等由众多边疆民族进入中原建立的政权。这些边疆民族进入中原建立政权是自秦汉以来各民族不断迁徙、融合的结果。如前所述，匈奴的内徙早在西汉时期究已经存在，但实际上不仅仅限于匈奴，乌桓、鲜卑、羯、氐、羌等族也先后不断向内迁徙，《晋书·江统传》载，江统建议将"徙冯翊、北地、新平、安定界内诸羌，著先零、罕开、析支之地；徙扶风、始平、京兆之氐，出还陇右，著阴平、武都之地"，及内徙之匈奴、高句丽等"皆可申谕发遣，还其本域，慰彼羁旅怀土之思，释我华夏纤介之忧。惠此中国，以绥四方，德施永世，于计为长"，即是这种民

---

① 《晋书》卷103《刘曜载记》。
② 《晋书》卷103《刘曜载记》。

族杂居状况的反映。多民族的杂居，一方面，决定了上述这些由边疆民族为主建立的政权多是多民族共同构成的；另一方面，也促进了这些边疆民族的汉化。汉政权的建立对中国传统夷夏观形成了冲击，促进了传统治边思想的发展。在中国传统的民族观中，夷狄一直被看成落后的，是汉族王朝统治的对象，但汉政权的建立改变了人们的这种认识，如果说刘元海自称"汉王"时追尊蜀汉刘禅为孝怀皇帝，并祭祀汉高祖等历代皇帝，遮遮掩掩，显得并不理直气壮，那么到了前秦苻生、苻坚时，他们不仅径自称"朕"，视自己为"华夏正统"，更视统一中国为己任。苻生曾言："朕受皇天之命，承祖宗之业，君临万邦，子育百姓"，[①] 已经俨然是"受命于天"的"天子"了。苻坚在大臣建议其防范鲜卑时言："朕方混六合为一家，视夷狄为赤子，汝宜息虑，勿怀耿介。夫惟修德可以禳灾，苟能内求诸己，何惧外患乎。"[②] 不仅自诩"正统"地位得到了各族的拥戴，而且认为出于华夏的东晋也应该"宾服"于他："吾统承大业，垂二十载，芟夷逋秽，四方略定，惟东南一隅未宾王化。吾每思天下不一，未尝不临食辍铺，今欲起天下兵以讨之。"[③] 较之刘元海，苻坚对"华夏正统"的冲击则更为直接和露骨。可惜的是，虽然刘元海、苻生、苻坚等皆以"华夏正统"自居，并谋求统一中国，但其愿望并没有实现，不过他们的所为却为其后边疆民族进一步争夺"华夏正统"打下了基础，其后建立的北魏鲜卑人终于实现了对中国北部的统一。

（三）游牧行国演变为王朝藩属

从北魏439年灭亡北凉实现北方一统，到589年隋王朝灭亡，北魏与南朝对峙的时间有150年之久。以往，对于北魏和南朝形成的对峙，人们习惯于从南北分治或民族融合的视角去分析，但如果从游牧与农耕族群互动关系的角度来认识这种对峙，那么北魏带来的巨大变化应该是游牧行国体制向王朝藩属体系的转化，即对峙的一方北魏已经由游牧行国变为了农牧混合的王朝藩属，北魏和南朝的对峙实际上由开始时游牧行国与王朝藩属的对峙发展成为两个王朝藩属之间的对峙，而且更值得关注的是北魏的这种

---

① 《晋书》卷112《苻生载记》。
② 《资治通鉴》卷103，晋宁康元年十一月条。
③ 《晋书》卷114《苻坚载记下》。

由游牧行国到王朝藩属的转化，其动力并不是来自农耕族群的压力，而是游牧族群主动改变的结果，且这种改变也得到了农耕族群的接受。如前述，游牧行国向王朝藩属的转化，并不是始于鲜卑，匈奴人刘渊是第一个实践者，匈奴人刘渊建立的汉政权尽管假托是汉室后裔，也奉刘禅为祖，但政权的基础是匈奴人，其后出现的"五胡十六国"也多是这种情况。也就是说，构建农牧族群混合王朝藩属体系鲜卑是继匈奴之后的又一个实践者，而且是成功的实践者。

继匈奴、氐人之后，鲜卑人不仅构建起了农牧族群混合的王朝藩属体系，而且对"正统"地位的挑战是赤裸裸的，尤其是建立北魏的拓跋鲜卑，不仅将众多草原游牧族群纳入其统治之下，而且也将触角深入农耕地区，其构建农牧族群混合王朝以争夺"正统"地位的野心没有一丝的遮掩。在鲜卑政权统治者拓跋珪将国号由代改为魏的诏书中，我们可以见到如下内容："昔朕远祖，总御幽都，控制遐国，虽践王位，未定九州。逮于朕躬，处百代之季，天下分裂，诸华乏主，民俗虽殊，抚之在德，故躬率六军，扫平中土，凶逆荡除，遐迩率服，宜仍先号，以为魏焉。"① 诏书中出现的"朕""未定九州""天下分裂""诸华乏主""民俗虽殊，抚之在德""扫平中土"等，已经明确地向世人表明了拓跋珪给自己的定位，即他是"天子"，而且是以"华夏正统"的身份出现的，并将统一中国作为最终的目的。拓跋珪的这一表态，一方面表明鲜卑人已经全盘继承了中原传统天下观和民族观的内容，另一方面也是鲜卑人争夺"正统"的公开宣言。

对"正统"的争夺，推动着鲜卑族群不仅实现对草原地区的"一统"，而且也将"一统"带向了中原农耕地区，最终的结果是农耕族群有着很深情结的被视为天下中心的"中国"（中原）也成为北魏的直接管辖区域，北魏甚至定都在了洛阳这一农耕族群传统的核心地区。泰常八年（423），拓跋焘即位，号世祖太武皇帝，先败柔然，再败大夏，东并北燕，西灭北凉、西凉，完成了对我国北方的统一。太平真君十一年（450），北魏开始兴兵南下进攻南宋，虽然没有实现灭亡南宋的目的，却将疆域扩大到了淮河以北地区，将代表农耕族群的王朝势力压缩到了长江流域，形成了南北对峙（现在一般称之为南北朝），构成了中国历史的一个重要阶段。

---

① 《魏书》卷2《太祖纪》。

　　不过需要说明的是，对当时的中国而言，一个政权是否成为"华夏正统"并不是完成了对中原地区的统一以及自己认为是就是的，更重要的是还需要得到中原汉族（华夏）的承认才行，这也成为北魏全面推行中原传统制度、进一步接受汉文化的主要原因之一。可喜的是，经过孝文帝时期一系列汉化政策的实施，① 北魏"华夏正统"的地位得到了确认，其主要的标志就是北魏成为第一个被纳入中国"正统"王朝序列中的由边疆民族建立的王朝，专门记载北魏王朝历史的《魏书》被纳入正史序列就是表现之一。

　　面对边疆民族政权对"华夏正统"的冲击，汉族士大夫的抵触情绪最初是十分强烈的，江统的《徙戎论》是这方面的突出代表。据《晋书·江统传》载：江统之所以撰写《徙戎论》，是因为"时关陇屡为氐羌所扰，孟观西讨，自擒氐帅齐万年。统深惟四夷乱华，宜杜其萌，乃作《徙戎论》"。江统之所以有如此强烈的主张，最主要的原因是不满足于边疆民族对包括"华夏正统"在内的中原传统礼仪制度的破坏，并没有考虑到边疆民族，尤其是北部和西北地区的众多民族已经迁居到中原地区的现实，自然是难以实现的，不过这一认识却真实地反映着汉族对边疆民族政权争夺"华夏正统"的态度。不过，进入南北朝时期以后，我们在史书中却看到了不少汉族士大夫赞美北魏的记载。中大通元年（529），南梁重臣陈庆之出使北魏，"自魏还，特重北人。朱异怪而问之，庆之曰：'吾始以为大江以北皆戎狄之乡，比至洛阳，乃知衣冠人物尽在中原，非江东所及也，奈何轻之？'"② 这一事例说明以"华夏正统"自居的南朝统治者对北魏政权的态度也在发生着改变。实际上不仅如此，不但有大量的汉族士大夫主动投入了北魏的怀抱，而且就是南朝也不断有大臣出降北魏，北魏甚至专门在洛阳设置了金陵馆和归正里来安置这些南朝人士。③ 这些事例，无疑表明北魏的"华夏正统"地位已经开始得到汉族的承认。就这样，在边疆民族政权对"华夏

---

① 孝文帝改革措施的实施应该是北魏政权被汉族承认的标志，因为在华夏传统夷夏观中并不强调人种或民族的差异，而是以是否接受中原的礼仪制度为标志的，也即我们在上篇中所引述的《荀子·儒效》所言"居越而越，居楚而楚，居夏而夏"。所谓居住在越地就成为越人，居住在楚地就成为楚人，居住在夏地就成为夏人自然并不是简单地指居住地点的变迁，而是指迁徙到该地后对当地不同文化的认同。

② 《资治通鉴》卷 153，后梁中大通元年闰月条。

③ 参见王静《中国古代中央客馆制度研究》，黑龙江教育出版社，2002，第 55～57 页。

正统"的不断冲击下，无论是以汉族为主体建立的王朝，还是以边疆民族为主体建立的政权，依然以"夷狄"等来称呼其他民族，但传统的民族观已经发生了明显改变，其中边疆民族政权不仅可以继承"华夏正统"，而且也得到了越来越多汉族士人的承认是最主要的变化。这种变化，一方面是边疆民族积极认同"中国"，融入中华民族历史进程加快的反映，另一方面也表明边疆民族的这种认同得到了汉族士人的积极回应，民族之间，尤其是进入中原地区的边疆民族和汉族之间的文化差异在逐渐消失，进而对隋唐统治者的治边思想构成了重要影响。《资治通鉴》卷198贞观二十一年五月条载，唐太宗在总结自己的经验时说："朕所以能及此者，止由五事耳……自古皆贵中华，贱夷、狄，朕独爱之如一，故其种落皆依朕如父母。此五者。朕所以成今日之功也。"唐太宗的这一治边思想就是直接受到了前秦苻坚的影响。

北魏农牧族群混合政权的出现以及与南朝农耕王朝藩属的对峙，一方面，是游牧族群第一次实现了对游牧族群和农耕族群的整合，促成了游牧行国体制与王朝藩属体系的交融；另一方面，也推动了北部地区农牧族群之间血缘和文化上的融合。自汉政权开始的"十六国"时期，我国北部地区的民族矛盾是尖锐的，但这种民族间的对立是在民族特征趋于消失的情况下发生的，此与"华夏正统"受到威胁时汉族士大夫"严华夷之辨"的观念表现强烈是同样的道理。与此同时，各政权为了谋求发展也采取了许多汉化的政策和措施，主要包括以下方面。一是，重用汉族士大夫，采用中国传统的官制和礼仪制度，如刘元海利用汉族名士崔游"大定百官"，而后赵石勒"朝会常以天子礼乐飨其群下"，[1] 其他政权情况也大致相同。二是，崇尚儒学，兴办学校，推广汉文化。上述这些政权的统治者，不管是汉人还是边疆民族，多崇尚儒学，并有很深的造诣。如刘元海父子即自幼就接受儒学的培养，熟读儒家典籍，并由此得到了不少汉族士大夫的钦佩。后秦"立律学于长安，召郡县散吏以授之"；[2] 前赵刘曜"立太学于长安宫东，小学于未央宫西，简百姓年二十五已下十三已上神志可教者千五百人，择朝贤宿儒明经笃学以教之"；[3] 等等。三是，劝课农桑，改变一些游牧民

---

① 《晋书》卷104《石勒载记》。
② 《晋书》卷107《姚兴载记》。
③ 《十六国春秋》卷5《刘曜上》。

族的传统生产方式。在上述政权中有不少是从草原迁徙而来的游牧民族，如匈奴、鲜卑、羯、氐、羌等，这些民族在建立政权后多数都采取了劝课农桑的政策。如后赵石勒政权先是"遣使循行州郡，劝课农桑"，[1] 后又"使典农中郎将王典率众万余，屯田海滨"，"自幽州东至白狼，大兴屯田"；[2] 前燕慕容皝则"躬循郡县，劝课农桑"；[3] 等等。这些汉化政策和措施的实施，对于促进各民族之间的融合起到了十分重要的作用。

后　记

本应专门撰文置于祝贺马先生八十华诞的文集中，但又深感马先生的学术成就和为人不是我所能评价的，数月难以成文，最终还是决定将一篇新作奉上，并附上受教于马先生的简要经历，以示祝贺！

我认识马大正先生是在1986年7月来中国社会科学院民族研究所（现名"民族学与人类学研究所"）《民族研究》编辑部工作之后，距今已经30多年了。当时，只是知道马先生是民族研究所历史室的研究人员，并不清楚马先生还是《民族研究》编辑部的兼职编辑，多年后才知道我是马先生通过周伟洲先生推荐来接替他编辑工作的人选。孤身一人由校园走入社会，不仅要面对陌生的环境，而且还要面临专业的转型，从考古转到民族史，同时附加编辑，有很多东西需要学习、适应，其间对我帮助最大的两位先生，一是编辑部主任修世华先生，一是马大正先生。修世华先生是我的直接领导，在生活和具体的编辑工作上给予了很大帮助，可以说是我能够顺利适应编辑部工作的引路人，而马大正先生按照当时中国社会科学院的规定和我签订了《导师带培合同》，是我能够从事民族史研究和编辑的领路人，所以在《两汉时期的边政与边吏》"后记"中我曾经写下过如下一段话："1986年7月由西北大学历史系毕业来中国社会科学院民族研究所工作后，师从马大正研究员，系统学习中国民族史。经过几年的学习，逐渐确立了以两汉王朝边疆民族政策、边疆民族管理机构、边疆官吏为重点的研究计划，并先后发表了十余篇论文。这本小册子即是按照马先生的建议在

---

① 《晋书》卷105《石勒载记》。
② 《晋书》卷106《石季龙载记》。
③ 《晋书》卷109《慕容皝载记》。

此基础上完成的，因而可以说是近几年学习和研究的总结，也是奉予我的老师马先生的一份答卷。"① 2000 年，我由民族研究所调入中国社会科学院中国边疆史地研究中心（现名"中国边疆研究所"），出任《中国边疆史研究》杂志主编、编辑部主任，当时马先生是中国边疆史地研究中心主任，而我在编辑之余的研究方向也随着马先生主持的国家社科基金特别委托项目"东北边疆历史与现状系列研究工程"的开展，逐渐转为对汉唐藩属体制、高句丽历史以及多民族国家疆域理论的研究，至今先后出版了《唐朝和边疆民族使者往来研究》《都护制度研究》《汉唐藩属体制研究》《〈三国史记·高句丽本纪〉研究》《从"天下"到"中国"：多民族国家疆域理论解构》等，可以说无论是我的编辑还是研究都受到了马先生重要的影响。马先生一直努力倡导并积极实践中国边疆学的学科建设，期盼在有志于边疆研究的学者们共同努力下，中国边疆学早日成为一门独立的学科！

---

① 李大龙：《两汉时期的边政与边吏》，黑龙江教育出版社，1996，第 179 页。该书 1998 年入选"边疆史地丛书"精选集再版，2014 年补充修订后又纳入"中国边疆研究文库"再版。

中国边疆治理中的文化建设

——议题、体系及路径

刘永刚 [*]

国家崛起与民族复兴的双重历史任务更加凸显了边疆文化建设在边疆治理与国家文化安全中的地位。尤其在"非传统安全"成为全球化时代国家边疆安全主要形势的背景下，以国家文化为主要构建的文化"软边疆"是以"硬边疆"为基础的另一重国家安全屏障。边疆治理中的文化建设是一项系统性的认同政治工程，须在国家治理的宏观战略下有计划、有步骤，目标明确、持续系统地予以推进。

一 边疆治理中的文化建设议题

"文化为体制之母。"[①] 边疆治理中的文化建设，就是国家文化在边疆社会的传播与承继。除却国家疆域治理中的一般性特征外，边疆的文化建设因边疆区情与地缘政治而被赋予了国家文化安全与文化成边的特殊使命。

（一）文化建设是边疆治理的重要构件

近年来边疆社会结构的变革、社会利益的分化、社会意识的多元、边疆居民的文化适应等诸多问题向国家治理提出了更高的要求，加之对外交往与贸易的日益普遍，文化安全日益成为边疆治理的重要问题。尤其是境外敌对势力向我国边疆地区的文化渗透、宗教干预，以及分裂活动与极端暴力事件呈现的严峻的边疆安全问题表明，边疆地区日益成为中国与境内

---

[*] 刘永刚，云南师范大学历史与行政学院副教授。

① 劳伦斯·哈里森：《文化为什么重要》，塞缪尔·亨廷顿、劳伦斯·哈里森：《文化的重要作用》，新华出版社，2010，第37页。

外敌对势力博弈的主战场。敌对势力在对边疆社会进行影响、干预，甚至大肆破坏，直接表现为部分边疆基层社会在文化、教育等领域严重的思想意识混乱。在边疆部分地区事务上已存在着敌我立场的博弈；在边疆治理的方式上也存在着软与硬、巧与智的权衡与抉择。而无论是以边疆的安全与稳定为取向的主权性治理，还是以边疆社会发展为内容的社会性治理，其治理基础均是国家文化的存在与传播。文化建设既面临着前所未有的内外挑战，也肩负着构筑文化边疆的艰巨使命。

从国家建设来看，"国家—民族建构的重要标志是'认同'，但是实现认同的支持力量才是根本"①。国家认同结构中所包含的归属性认同②，主要来自文化的继承与发扬、心理感受与记忆，边疆地区的国家认同较之内地呈相对薄弱且易变的状况，而其根源则在于国家文化在边疆社会的存量不足。在边疆治理的实践中，对内表现为整合治理功能强化的要求，而对外则需应对御外能力下降的挑战。总之在全球化的背景下，国家文化的治理功能与国家文化安全问题日益成为边疆治理的重要议题。

（二）边疆地区是维护国家文化安全的重要区域

国家文化安全，是指"国家文化生存与发展免于威胁或危险的状态"③。由于边疆地区较之内地社会的异质特征以及国家文化存在与发展相对薄弱的状况，边疆治理中的文化建设肩负着对内与对外的双重责任与功能。对内，通过国家文化建设整合边疆社会以保持边疆的中国特征。以无形却深驻于边疆民众意识中的国家意象，夯实边疆安全、边疆发展、边疆稳定的社会心理基础。对外，通过国家文化向疆域之外辐射形构的文化边疆，则成为隐性的国家边疆形态，其是国家间文化体系相对抗实现国家文化安全的基本途径。

从现代中国的民族国家特征来看，中华民族的复兴是中国崛起的本质内涵。以边疆地区为范围的区域治理，除却国家一般治理的特征外，更在于其承担着更多的特有、特殊的边疆事务的治理使命。与之相应，以边疆为范围的国家文化安全实现与文化边疆的构筑，既具有一般意义上的国家

---

① 郝时远：《大国成长与民族问题：中国及其国际比较》，《国际经济评论》2014 年第 5 期。
② 肖滨：《两种公民身份与政治认同的双元结构》，《武汉大学学报》2010 年第 1 期。
③ 胡惠林：《国家文化安全研究导论》，上海人民出版社，2012，第 45 页。

文化建设意涵，更在于以国家文化为载体的对内整合与对外辐射。这既需要从国家整体战略与安全观着眼，也须从边疆特殊区情入手。简言之，从国家疆域治理的角度看，边疆的文化建设与文化安全是国家文化安全与文化主权的重要构成部分。同时，由于疆域之内、中心之外的区位特征，边疆地区也成为国家文化安全与文化主权维护的实体前沿阵地。

（三）边疆的文化建设是国家文化边疆构筑的基础性环节

文化安全的核心是意识形态与价值观的安全。[①] 随着全球化的深入、地缘政治关系的复杂以及国家间利益的博弈与意识形态的对抗，国家的文化安全已成为当下国家"非传统安全"的主要内容与形式。我国边疆的文化建设，除了对内的公共空间供给功能外，更在于抵御境外异端文化与意识形态渗透的"文化边疆"功能。21世纪以来伴随国际局势的变化以及境外"三股势力"与国内分裂势力的勾结，我国边疆地区面临着日益严峻的传统安全与非传统安全的双重挑战。治理问题的复杂性与敏感性、战略地位的前沿性与基础性、疆域形式的实体性与虚拟化等多重特征共同体现在边疆地区。与之相伴，边疆地缘安全场域、利益安全场域与社会心理安全场域[②]的构筑，直接体现为国家文化安全与构筑强大的文化边疆的现实需要。

在民族国家建设中，国家文化安全是内外因素作用的动态治理问题。边疆治理中的文化建设，当是通过文化建设的途径实现国家安全，是基于国家安全的文化建设，而非边疆地区多样文化的安全取向。其核心是国家文化建设，其价值取向则是通过国家文化在边疆社会的建设实现国家边疆的治理。以意识形态与价值观为核心的文化边疆构筑，实则是以隐性安全屏障的"文化戍边"对国家利益的维护与实现。而边疆的文化建设，则是文化戍边与文化边疆构筑的基础性环节。

二 边疆治理中文化建设的载体、目标及内容

边疆发展、边疆稳定与边疆安全是边疆治理的基本问题，而边疆治理

---

① 谢雪屏：《文化软实力竞争：关注中国国家文化安全》，《福建师范大学学报》（哲学社会科学版）2008年第5期。

② 余潇枫、徐黎丽、李正元：《边疆安全学引论》，中国社会科学出版社，2013。

的实现并非单纯的政治与行政，而是国家、边疆社会互动的系统过程。国家共同体与民族共同体形成、凝聚的基础性力量是国家文化，这种文化的基本特征是国民同创、全民共享。

（一）边疆治理中文化建设的载体

中国多民族国家的文化一体与民族多样深刻地体现在边疆地区。边疆治理中的文化建设则存在着普遍国民与特殊边民的双重视角，而边疆文化建设载体的边疆居民也呈现为国民与族属的双重特征。

1. 普遍的国民——国家治理的一般性视角

边疆治理的内外视角与对内整合、对外辐射的双重使命，决定了国家文化安全外部性获得的基础是内部性的巩固。从国家治理的角度来看，文化链接了个体和集体身份、界定了群体的边界并组织其内部的行动，成为政治组织与社会动员的基础性资源。同时，文化也为社会人行动和动机提供了必要的诠释框架与依据。所以，边疆的文化建设既是国家治理体系与能力发挥的基础，也是边疆治理的内容。当然，"全球化提升了以同质文化为基础的民族国家的国家认同，却很可能减少以多元文化为基础的民族国家的国家认同"。[1] 这种现象在边疆地区更为突出，这无疑向统一的国家文化建设提出了更高的要求。边疆的文化建设并非单纯的国家意志的体现，应是国家与社会互动的一体化过程。

边疆居民对于历史记忆和文化符号的追溯与加工，往往"透过重组历史来界定系统，确定自我与周边的认同关系"。[2] 边疆的文化建设是边疆居民与国家的共同行动，国家文化的治理功能也深刻地体现在边疆人民日常的社会意识与生活之中。边疆地区各族居民间的交往、交流与交融直接体现在对国家文化的认同与传承，培养边疆各族居民的法治意识与公民意识是国家文化认同与传承的基本途径。简言之，就是要在边疆"少数民族中营造有利于国家统一和民族团结的社会心理条件和相应的文化氛围"。[3]

---

① 郭忠华：《全球化进程中国家认同的三种走向》，《中国社会科学报》2013 年 7 月 26 日第 A05 版。
② 葛兆光：《中国思想史（导论）》，复旦大学出版社，2001。
③ 周平：《边疆多民族地区政治文明建设的重大问题分析》，《思想战线》2006 年第 5 期。

2. 特殊的边民——差异化的边疆治理

疆域辽阔下的多民族人口结构与区域差异是我国划定边疆并进行差异化治理的客观基础。我国陆地边境线长达2.28万公里，民族自治地方占了1.9万公里；全国135个边境县（旗）中民族自治地方占了107个；虽然50多个民族在边疆地区均有分布，但居民主体为少数民族。"大杂居、小聚居"的人口格局集中表现在边疆地区。这样的边疆状况，决定了国家的边疆治理不仅与内地社会相区别；即便是边疆地区，东北、内蒙古、新疆、西藏、西南地区也呈现较大的差异。同时，在边疆居民相对稳定的同时，跨区域与跨国界的人口流动日益频繁。尤其是日益普遍的跨国界人口流动与各种文化的碰撞交流在边疆地区更加日常。由地理环境、传统制度、宗教习俗等作用形成的独特的边疆民族文化，一方面丰富了国家文化的资源库，另一方面也增加了统一的国家文化在边疆生根并整合边疆民族文化的难度。

差异与多元的边疆文化态势，是由辽阔的疆域造成的。族源上的多源性、生存空间的多样性、生产方式的差异性、宗教信仰的多元性、民族语言的复合性、认同结构的多重性，决定了统一的国家文化在不同的边疆地区的生成、传播、整合与辐射均存在一定差异。如马大正先生指出的边疆治理"要因地制宜，一切从中国国情实际和边疆实际情况出发，绝不能搞一刀切"。[①]

总之，边疆地区的文化建设，因其地域的国家疆域边缘特征而决定了国家文化的相对薄弱、因其文化的多元异质而使得国家文化的建设较之内地异常困难。所以，统一的国家文化与差异的文化建设策略，应统一于边疆治理的目标之下。而边疆社会的和谐、团结的社会环境与文化空间是国家意志与边疆居民互动的结果，所以，国家文化安全的获得与边疆地区文化建设的效能应确认并确保边疆人民的主场地位。

（二）边疆地区文化建设的基本内涵、目标及特殊性要求

边疆地区的文化建设是国家文化建设的重要构成部分，也是疆域治理的短板。通过以文化为途径获得安全、形成秩序与实现整合，是国家文化

---

① 马大正：《中国边疆治理通论》，湖南人民出版社，2015，第301页。

建设的基本价值目标。以下梳理并归纳边疆治理中文化建设的基本内涵与核心内容。

1. 形构国家意象——抽象的内涵

"国家共同体"与"中华民族共同体"意识及建设战略，是我国边疆治理的基本立场与行动逻辑。国家象征的产生、维系与变革是国家治理的基本职能。通过系统的价值引领、观念形塑、符号供给、制度规范等国家文化建设，均是围绕着民族国家的领土、主权、人口的排斥性的外延合法属性而展开的。而由地缘格局、行政区划、制度规范、文化要素构建的边疆及边疆治理，在体现国家治理的一般性内涵外，也呈现特有的意涵与内容。一方面，国家疆域在边疆地区显得更加清晰且直观，以国界线区分的国家硬边疆是边疆社会认同意识的客观地理空间。另一方面，经由边疆人民意识呈现的国家知识与认同，属于国家意象的范畴。国家意象是客观的国家政治共同体呈现在国民知识、情感、形态上而形成的相对稳定的国民心理，其带有较大的建构性与想象性。而国家意象在边疆社会的形构则呈现为有领土疆域界定的地理空间，共同利益形构的利益空间、历史文化塑造的情感空间，以及制度结构形塑的规范空间。①

国家意象的边疆社会的存在状况虽然是由多种力量、多个主体相互作用构设而成，但基础性的力量则是代表国家的政治行政与边疆社会居民。因国家意象构设的主观性与客观性、稳定性与变异性、历史性与现实性等多重特征，决定了边疆治理效能获得的复杂性。通过文化建设，构设边疆社会居民稳定的国家知识与国家意识，则是较为便捷且持续有效的途径。边疆社会强烈的国家意识与国家规范所彰显的国家意象，是边疆治理的基石，也是边疆治理中文化建设的基础性内涵。通过边疆的文化建设形构较为抽象的国家意象，其价值目标则是国民一体，它既是边疆治理的目的，也是边疆治理的基础。

2. 构设公共空间——基础性目标

现代国家进行国家疆域治理的政治制度以及由之形成的制度体系与运行机制，本就是一种文化形态。边疆的文化建设，是维护国家主权、增强民族凝聚力、实现社会稳定、推动经济发展、展现综合国力的国家战略议

---

① 刘永刚：《边疆民族地区国家认同的多维空间与空间构设》，《思想战线》2016年第5期。

题，其目标就是构设为全体国民共享的主权性公共空间。这既是对边疆人民国民权益的确认与保障，更是文化边疆价值的体现。

当然，因为国家边疆的划定与边疆的治理，均是在中华民族的主权国家范畴之中确认的。所以，要让这个主权性公共空间有效搭建并发挥应有的治理效能，既需要在边疆的文化建设中确立边疆人民的主场地位，更在于这个主权性公共空间对于边疆人民权益的确认、表达与维护。边疆居民对于国家的政治认同与国家主导的认同政治，是这种主权性公共空间构设的双重力量。同时，这个为所有国民共享的主权性公共空间在提高治理效益的同时，也最大化地降低了边疆治理成本。当然，目前边疆居民"法律上的权利"（公民身份）与"事实上的权益"（公民权益）未能匹配的现状，急需发挥主权性公共空间的治理效能。以民主与法治为内涵的文化建设推动的国民一体化进程，正是这种主权性公共空间构设的现实力量。

3. 构筑文化边疆——特殊性要求

边疆发展与边疆稳定的双重考验、巩固国防与邻国治理的双重视角、经济建设与生态保护的双重责任、区域内外族际整合与国民一体的双重使命，均是当前边疆治理面临的客观境遇。虽然文化建设并非以上困境解决的直接钥匙，但统一的国家文化为以上困境的解决提供了公共空间与行动方案。同时，国家文化安全的实现，并非完全依托于边疆地区，但是疆域之内、中心之外的边疆地理属性一定程度上决定了其国家文化安全屏障的政治功能。而边疆的文化建设，就是培育边疆居民超越地方性文化，从精神、意识及日常生活融入现代国家体系的过程。由边疆社会共同形构的国家意象是国家文化的重要构成部分，并直接维护着国家安全。所以，边疆的文化建设，既是国家文化安全实现的重要构成部分，更是新形态国家文化边疆构筑的重要环节。

关于文化边疆的研究，目前学界的研究并不深入。王文光认为："中国的文化边疆就是中国文化的影响力所及的地方，是通过物质流动、民族民间人员的互访、民族之间官方的交往方式建构起来的，其特点是文化边疆不具有主权性质，不需要国家武装力量保护，其一旦形成具有很大的稳定性。"[1]

---

① 王文光：《二十五史中的海外民族史志与中国的文化边疆、政治边疆》，《中国边疆史地》2014 年第 4 期。

文化边疆虽是一种无形的边疆或虚拟边疆①，但其所形构的公共空间是边疆治理的最大社会资本。而通过国家文化的对内整合与对外辐射，则是这一资本运用的基本内涵。国家文化安全与文化边疆构筑的行动实践是国家文化的传承与延续。边疆的文化建设、文化边疆的构筑以及"文化戍边"的形成，多停留在概念与讨论阶段，进而在边疆治理的实践上表现为国家文化发展理念不够明晰造成的边疆地区社会资本投资与积累方向的模糊化。

（三）边疆治理中文化建设的基本内容

如上文所述，边疆地区文化建设所具有的国家意象的生成、公共空间的构设，以及文化边疆的构筑等内涵的体现与目标的实现，是需要具体的内容来充实。由于现代中国的中华民族特征与中华民族的中国国家属性，使得国家疆域治理及其边疆治理的基础就是中华民族，而作为国家文化核心的中华民族文化当是边疆治理中文化建设的基本内容。

中华民族"多元一体格局"理论既揭示了与国家政治体结合的中华民族的历史文化基因，也呈现了它的现代人为建构属性。基于内部多样性的国族共同体的中华民族，从自在到自觉凝聚有着深厚的历史文化根基。而中华民族文化则是历史时期中华大地上各文化熔融的现代表征。简言之，现代中国国家文化的核心应是承自历史的中华大地上诸文化融合的整体形态与现代政治价值高度融合的中华民族文化。

以国家形式出现的中华民族是现代中国的国家民族，"中华民族是当代中国的基础性政治资源"②，现代中国的国家文化的主轴应是中华民族文化。而这种共振风险在边疆社会显得尤为突出。所以，边疆治理作为国家疆域治理的重要构成部分，其基础性政策目标是巩固边疆居民的国家认同，而其核心是对以中华民族文化为核心的国家文化认同。边疆治理中文化建设对内的认同整合、对外"文化戍边"的双重功能能否发挥及其效果，均直接根源于中华民族及中华民族文化建设的效能。边疆治理中的文化建设，其中心任务就是让国家治理最大社会资本的中华民族文化从应然走向实然。

---

① 徐黎丽：《中国边疆安全研究（一）》，社会科学文献出版社，2015。
② 周平：《中华民族：中华现代国家的基石》，《政治学研究》2015 年第 4 期。

同时，加强边疆社会以中华民族文化为核心的国家文化建设，实则就是投资、积累边疆治理社会资本的过程。

三　边疆治理中文化建设的协同共治与关键性节点

在全球化的背景下，国家文化安全与文化边疆的构筑面临着各类认同边界的消融、社会认同主客体模糊带来的认同渠道与模式整合的新境遇。面对这种全新挑战，政府一元化边疆治理模式已经难以满足日益复杂的边疆治理事务的要求。整合国家边疆治理的多重力量与组织，形成良性互动、纵横合作的治理体系，既是边疆治理中系统性文化建设客观需要，也是国家文化安全与文化边疆构筑的有效途径。

（一）边疆地区文化建设的协同共治

目前，边疆的国家文化建设困境既体现在国家制度层面，也表现在日常生活之中。其一，国家疆域治理中的"族际主义"[①] 特征与制度体系，在推动边疆地区社会经济较快发展的同时，也因各族类群体的"制度化"使得作为国族的中华民族及其文化建设较为迟滞。其二，是国家经济社会领域利益格局中的"社会结构"与"族群分层"的重合状况，使得国民一体化的国家文化建设需要从国家战略着眼运用综合力量予以破解。其三，社会利益多元下"民族"身份的工具理性特征，使得中华民族为核心的国家文化建设面临着巨大的制度惰性与社会阻力。

同时，中华大地上各族文化、有效整合现代政治理性与传统文化的中华民族文化建设，既是"文化戍边"抵制境外宗教文化渗透与稳固我国边疆的内在要求，也是"文化辐射"增加国家间了解、形成和谐双边关系的外部需求。以上国家民族与国家文化建设面临的内外困境与建设需要，非某一地、某一部门可以解决。虽然，边疆治理是由国家主导的"自上而下"的政治工程，但边疆社会"自下而上"的合作支持则是这一伟大工程成功的基础。与之相应，要实现"国家共同体"与"中华民族共同体"的边疆治理目标，文化建设的行动主体不应只是国家与政府。而需在中国共产党

---

① 周平：《中国民族政策价值取向分析》，《当代世界与社会主义》2010 年第 2 期。.

的政治领导与组织保障下通过国家、政府、社会全方位参与的纵横联动、良性互惠的协同共治模式予以实现。尤其应通过鼓励内地与边疆、汉族居民与少数民族居民的交往、交流与交融，推动大众传播与国民教育体系的投入，以开放的边疆融入国家文化体系之中。

（二）边疆的文化建设须处理好部分与整体、传统与现代的双重关系

论及国家文化建设，必然面临着中华民族文化与各族类群体文化间关系的问题。关于这个问题的回答我们需从世界环境与中国国情的双重角度着眼。这是因为："中国是有自己漫长文明史的世界大国，其国家转型与现代国家建设，既是中国现象，也是世界现象。"① 从世界民族国家体系来看，打造一套为国民所共识的国家文化是国家建设的基本内容。从中国文化的历史演进来看，中华大地上各文化类型的交往、交流、交融是基本趋势，现代国家主导的国家文化建设目标是国民一体化而非文化的同质化。"中华文化是各民族文化的集大成"，"把汉文化等同于中华文化、忽略少数民族文化，把本民族文化自外于中华文化、对中华文化缺乏认同，都是不对的，都要坚决克服"。②

当然，边疆治理也要警惕以"文化多元性、独立性、独特性"为幌子的分裂与分离主义对于文化建设的威胁。已经有学者指出境外分裂势力不遗余力向我国边疆地区兜售"文化多样化"的"药方"，以及国内部分知识与政治精英对这种兜售的"良好"回应与褒扬。③ 中国国家文化、地方族类文化与域外文化的接触、碰撞与冲突已成为边疆治理的常态性问题。特别是边疆地区部分居民意识中的"族性张扬"与族群民族主义的兴起，更为中华民族文化为核心的国家文化建设增加了极大的困难。

总之，整体的国家文化与部分的地方文化的调适与融合、现代国家形态的中华民族文化与历史传统存续的各族文化的整合与扬弃，既是国家文

---

① 林尚立：《国家转型与现代政治：从中国把握中国政治》，《中国高校社会科学》2014 年第 6 期。

② 《中央民族工作会议暨国务院第六次全国民族团结进步表彰大会在北京举行》，《人民日报》2014 年 9 月 30 日第 1 版。

③ 孙勇、王春焕、朱金春：《中国边疆带治理重点指向》，《华西边疆评论》第 3 辑，民族出版社，2016。

化理论与体系建设的基础性问题，也是边疆治理中文化建设须处理的基本关系。紧迫的国家文化建设需要与建设的诸多困难、挑战，要求边疆治理体系与治理能力的现代化，这既需要理念的更易，也要求制度的创新。

（三）边疆地区文化建设的制度基础与内外机制

首先，国家文化对内整合与对外辐射机制发挥的保障性制度建设。在边疆治理中以中华民族文化为核心的国家文化建设，需要以根本法的形式确立中华民族的国族地位，以保障中华民族是边疆地区族际关系、边疆社会与内地社会的利益关系、中央政府与边疆地方政府的治权关系等建构、解释、处理上的根本法理准绳。① 同时，以国家根本法的形式，规范各类文化交流传播形式。任何不利于中华民族团结、进步的文化形态均应受到规制；任何干预、破坏中华民族文化建设的敌对势力均应予以严厉打击。当然，在边疆的文化建设过程中，无论是硬性规制还是软性治理，均应受到的"法"的规范与约束。

其次，形构强大的国家文化内部传播机制。目前我国边疆地区现代文教体系相对落后，是该区域易受到境外宗教文化势力渗透与干扰的主要根源。边疆的文化建设应以国家战略为依托，树立国家立场与边疆人民主场相结合的治理思路，制定边疆社会的文化教育发展方略。此外，边疆治理中的文化建设，也要重视国家符号的传播与社会化。"如国家象征物——国旗、国徽、国歌、国庆节、国家仪式、国语（官方、通用）、国教、国服、国家'名片'（护照）、纪念碑、教科书、历史博物馆等"的使用上均需要制度规范。通过有效的现代教育与国家文化传播机制，培育边疆居民的国家意识、国民意识，提升边疆居民融入国家经济社会的自信心与能力，方能实现边疆的稳定与发展。

最后，边疆地区为基地的国家文化辐射机制。与国家文化内部传播机制相匹配，边疆的稳定与安全也应以国家文化辐射机制为工具，加强对外的吸引与影响。只有通过以文化对文化的渗透与反渗透，才能最大限度地抵制域外异质宗教文化向我国边疆的渗透。具体到我国不同边疆区域，策略当有所区别，但治理目标则是一致的。尤其是在国家"一带一路"的倡

---

① 刘永刚：《中国的族际政治整合与中华民族建设》，《广西民族研究》2017 年第 1 期。

议下，以边疆为基地对外合作的新领域与新空间的拓展，使得国家文化辐射机制治理价值愈加凸显。

结　语

国家崛起与民族复兴，是当前中国国家建设的两个面向，而其背景则是日益深刻的全球化进程。边疆治理中的文化建设一方面在于强化边疆的中国文化主权特征；另一方面则是运用国家文化软权力治理边疆。边疆地区的文化建设，既是国家文化安全战略的治理实践，也是民族国家建设的重要构成部分。边疆治理中文化建设的对内整合、对外辐射的双重功能，既是巩固边疆社会的国家意象，更是以文化为武器的戍守边疆。但目前国家文化建设中中华民族文化的主轴作用发挥得并不完全。边疆治理中的文化建设是一个系统性的国家工程，须在执政党的统领之下各级政府、社会组织、社会人广泛参加、协同共治。这既体现了边疆的国家属性，也彰显了边疆人民在国家边疆建设中的主场地位。要将中华民族文化国家治理的社会资本价值最大化，其投资主导只能是国家与政府，而行动逻辑则是法治社会建设。

军机处与 18 世纪清朝的国家构建

——以清朝收复新疆为核心

刘文鹏[*]

一 本文研究宗旨

本文是针对学界的两个问题做出的反思。一是关于军机处的研究，二是关于藩部管理体制的研究。

1. 关于军机处的研究

军机处作为中国最后一个王朝的政治中枢权力机构，是继明朝以内阁制度取代在中国延续 1500 年之久的丞相制度之后，对传统社会政治中枢机构的又一次和最后一次变革，也是满人入关后，对其原有中枢机构议政王大臣会议的自我超越，在中国传统政治制度变迁中具有"终结者"的重要地位。凡关乎清代政治制度的研究，必言及军机处。有一种结论在学界的共识性已经达到很高的地步，以至于被写入从大学到中学的历史教材，即"军机处是封建专制主义中央集权高度发展的产物"，"这标志着中国的封建专制主义从此到了高度发展的阶段"。[①] 这已成为在清代历史乃至整个中国历史的叙事中一种标志性话语。

显然，这样的研究是以中国历代皇权与相权、内朝与外廷关系为视角，把军机处放在中国古代皇权专制往复发展、不断走强的过程中进行审视，我们不妨称之为"专制思维"。在这种思维中，皇权是主体，军机处是"附庸"或"附属者"，专为论证"专制集权强化"这条主要历史线索而服务

---

* 刘文鹏，中国人民大学清史研究所教授，博士生导师。

① 戴逸主编《简明清史》，人民出版社，1980，第 272 页。郑天挺主编《清史》，天津人民出版社，2011，第 252 页。

的。它决定了以往史学界研究军机处停留在如下三个方面。

（1）为什么要设置军机处？政治意义何在？主要存在三类说法，一是强化皇权专制，抗衡满洲贵族，或消除其他制约皇权的因素。二是更好地行使皇权，保证皇权行使的有效性，而不是强化独裁。三是就事论事，只强调军机处为西北军需而设。①

（2）军机处的成立时间。关于这个问题的争论非常激烈，有雍正四年说、七年说、八年说等三种说法。②

（3）军机处的权力特点如何？从维护皇权专制一统的角度来看，研究者对军机处职能关注最多的是这个机构在上谕起草和廷寄方面的作用，"只供传述缮撰，而不能稍有赞画于其间"③，以此衬托出军机处对皇权的依附和维护的特殊关系。同时，军机大臣为兼职、无定员、无衙署、无属员，职权不固定等特点，也使得研究者得出结论：清朝借助军机处消除了以往历史上影响皇权顺畅运行的各种窒碍。

---

① 持第一种观点的学者主要包括：季士家（《浅论清军机处与极权政治》，《清史论丛》第 5 辑），刘子扬（《清代军机处的设立及其性质——兼与钱实甫同志商榷》，《历史教学》1963 年第 4 期），冯元魁（《军机处与清朝的封建专制制度》，《学术月刊》1981 年第 10 期），赵小平、胡永刚（《军机处与清朝的封建专制制度》，《阴山学刊》2004 年第 2 期），郭成康教授（《雍正密谕浅析——兼及军机处设立的时间》，《清史研究》1998 年第 1 期）。
持第二种观点的主要有：白彬菊 [《君与臣：清中期的军机处（1723—1820）》（*Monarchs and Ministers: The Grand Council in Mid - Ch'ing China*, 1723 - 1820, University of California Press, 1990）]，高翔（《也论军机处、内阁和专制皇权——对传统说法之质疑，兼析奏折制度之源起》，《清史研究》1996 年第 2 期）。持第三种观点的主要有庄吉发，在《清代奏折制度》一书中认为军机房的设立是适应办理西北军需的需要，不应过多强调独裁政治的背景及其发展。

② 持"四年说"的学者主要包括李宗侗《办理军机处略考》、俞炳坤：《军机处初设时间新证（上）——兼与七年说和八年说商榷》（《历史档案》1991 年第 3 期）。持"七年说"的最早可追溯到清人王昶所著《军机处题名记》和刘锦藻所著《清朝续文献通考》，后世学者则有钱实甫《清代的军机处》（《历史教学》1962 年第 9 期）、季士家《浅论清军机处与极权政治》（《清史论丛》第五辑）、南炳文《军机处设立时间考辨》（《清史研究集》第四辑）、冯元魁《军机处与清朝的封建专制制度》，（《学术月刊》1981 年 10 月）、张德泽《清代国家机关考略》、冯尔康所著《雍正传》、庄吉发在《清代奏折制度》一书中指出军机处从雍正七年初设至雍正八年、十年经历了一个逐渐完善的过程，认为雍正七年时军机处已具雏形。持"八年说"者有刘子扬的《清代的军机处》（《历史档案》1981 年第 2 期）和《清代军机处的设立及其性质——兼与钱实甫同志商榷》（《历史教学》1963 年第 4 期），李鹏年、朱先华等编著的《清代中央国家机关概述》（紫禁城出版社，1989）一书，赵志强撰写的《军机处成立时间考订》（《历史档案》1990 年第 4 期）等。

③ 《檐曝杂记》卷 1，中华书局，1997。

由此可以看出，在这种"专制思维"影响下，对军机处的研究存在两个方面的不足。

一是重最初起源、轻后期发展。学者们热衷争论这个机构何时设置、为何设置，这些问题决定了军机处研究的主要时段集中在清代的雍正、乾隆时期，而对乾隆以后从 18 世纪后半期到 19 世纪直至清末，军机处在国家政治生活中的地位和作用，学者们几乎没有涉足。这其中所包含的思维逻辑在于：既然已经完成了军机处产生根源的论证，证明了对皇权专制的辅助功能，而清代皇权一直强大，那对军机处的解释似乎也就全部完成了。

美国学者白彬菊在其对军机处专门研究的著作中指出，在雍乾时期已经发挥过巨大作用的军机处直到嘉庆时期才被列入会典，由一个内廷机构转变为一个外朝的政府机构。她探讨了嘉庆时期对军机处的改革，认为嘉庆帝曾试图对权势太大的军机处进行改革，但只是小的修修补补，无法根本动摇军机处作为中枢机构的霸权地位，"皇帝和国家都已离不开它"。[1] 然而，白彬菊并没有研究进入 19 世纪以后的军机处到底如何发挥巨大作用。

二是重视军机处与皇权的关系，缺少对其在国家层面作用的分析。在这种有皇权无国家"专制思维之下"，军机处被当作皇帝的心腹机构和皇权附庸机构看待，对于它在清代"国家"政治中作用缺少关注。虽然嘉庆、光绪《清会典》中有专章介绍军机处的各种职责，学界也时而引用，[2] 却很少有人分析军机处为什么会有这些职责、如何获得这些职责。进一步而言，我们看不到乾隆以降军机处在国家发展中的政治作用，也看不到它作为一个政府中枢机构的主体性，不知道 19 世纪的军机处如何运转，也无法理解《清史稿》"职官志"中为何将军机处视作清末责任内阁的前身，而原来的内阁则被合并到翰林院之中。[3]

2. 关于藩部管理体制研究

理藩院的前身为蒙古衙门，成立于 1636 年，1639 年改称理藩院，一直

---

① 白彬菊：《君与臣：清中期的军机处（1723—1820）》。关于嘉庆帝对军机处的改革，国内学者也有很多关注，但研究内容大都集中在如何保密等问题上，并没有更多的拓展。

② 戴逸试图对军机处有一个新的解释，他将其定位为"有清一代处理政务的最高权力机关，负责决策法令，撰述谕旨，综理军国大计"，而且引用清会典材料述其职能：掌书谕旨，参赞军国机务，参议重要政务及刑狱，用兵时则考其山川道里、兵马钱粮之数，以备顾问。文武官员的简放、换防、引见、记名、赐予，以及拟定对外藩朝觐者的颁赐等，但他并没有做更多阐述。参见戴逸《清史》，中国大百科全书出版社，2010。

③ 《清史稿》卷 114，职官一。

负责蒙古地区事务的管理。理藩院"掌外藩之政令，制其爵禄，定其朝会，正其刑罚，尚书、侍郎率其属以定议，大事上之，小事则行，以布国之威德"。① 19世纪40年代，李兆洛在《皇朝藩部要略》序中将清朝对藩部地区的管理描述为"修其教不易其俗，齐其政不易其宜"，这种原则被认为是承袭和发展了中国历史上传统的"羁縻政策"。李兆洛的观点被传承100多年，至今仍不失一种极为精练的概括，为很多后世学者所推崇。自清朝结束后，为清朝撰史者如萧一山、王戎笙、戴逸等，都持此说，认为清朝以理藩院管理蒙、藏、青海等藩部事务，尊崇各部族首领和既有体制，因俗而治，获得成功。②

然而，这种观点忽略了清朝沿西、北两路在藩部地区密集设置将军、大臣的作用和意义。既然以羁縻政策为内核的藩部体制如此完善，为什么清朝还要在18世纪下半期，就是在藩部体制运行了100年后，建立起一套将军大臣驻防体制呢？

而且，过多地强调藩部体制的作用，强调清朝在边疆地区统治建立于藩部首领效忠的基础上，也是美国"新清史"所谓"帝国主义"理论的一个重要内容。他们认为大清帝国在新疆等边疆地区推行"帝国主义"政策，根据之一是清朝以来边疆地区的社会精英展开和实施自己的统治。这些问题非常值得我们反思。

张永江在这一方面的研究表明，清朝对藩部地区的管理早已超出了传统的羁縻原则，"（理藩院和将军、大臣）两大权力系统虽各有重点，但又互相交叉，国家权力触角深入到土司系统以外所有的边疆民族地区。而且两大系统权力均来自最高统治者皇帝，直接对皇帝负责，这是以往历史上所不曾有过的"。③ 然而，张永江并没有对将军、大臣驻防体制的形成、权力特点等做更多探讨，没有解释理藩院体制与将军大臣体制权力的不同，没有解释国家权力是如何深入边疆民族地区的。一个更重要的问题是，在如此广阔的范围内建立起来的将军大臣体制，清朝中央如何对其统辖、由哪个机构统辖？

华立注意到军府体制建立后伊犁将军乌鲁木齐都统掌握着西部蒙古旧

---

① （光绪）《清会典》卷63，"理藩院"。
② 参见萧一山《清代通史》、王戎笙主编《清代全史》、戴逸主编《简明清史》等著作。
③ 张永江：《清代藩部研究：以政治变迁为中心》，黑龙江教育出版社，2001，第171页。

地管理的实权。通过分析伊犁将军和乌鲁木齐都统之间的职权关系，指出天山南北事务名义上由伊犁将军统辖，实际上由于新疆独特的社会环境，伊犁将军无法对全疆简单实行一元化的直辖管理，需要划分区域并由其他高级军政官员来分担职责。华立分析了新疆军府体制之下理民体制的建立和满汉官员如何管理地方基层社会的问题，这种国家权力日渐向新疆基层延伸的现象，不仅存在于东部已经建立州县的乌鲁木齐地区，而且，即使在伊犁将军直辖的北疆很多地区，在乾隆以后也逐渐"经历从理民同知到抚民同知的民政体制的变化"，只是还没有过渡到州县制度。[①] 但是她并没有关注伊犁将军之下驻防大臣本身职权的特点。

综上所述，军机处研究和藩部管理的研究分别有各自之不足，这也是两个看上去距离较远、缺乏联系的问题，至少很少人去探讨两者之间的关系。然而，本文认为从 18 世纪中期开始，清朝对藩部地区的管理重心有一个从理藩院体制向军机处统辖的转变。

要探讨这种内在关系，需要有两种思维的转变。首先是将军机处的研究从"专制思维"中解脱出来，置于国家层面重新审视它的政治作用，去发现作为中枢机构的军机处与藩部管理之间的关系。其次，需要用"国家构建"的观念来审视清朝在 18 世纪下半期如何将新疆纳入版图的政治行为。军机处统辖之下的将军大臣体制的实施，属于国家构建的重要环节，其目的是把在边疆地区推行强权政治，把国家权力逐渐延伸到边疆社会的基层。完成这种国家构建行为的一个关键因素是确立起军机处在其中的主导地位。

二 国家构建问题的提出

清朝是一个由满族领导的、多民族统一的国家政权，其政权的形成、国家构建的发展并非一蹴而就，至少经历了三个阶段。第一阶段是满人入关后，联合汉人，借鉴、吸收明代之制度，承袭了中国传统大一统的政治局面，统一中原、江南等明朝所辖各省，各设督抚藩臬，分管一省之庶政。同时，在顺康之际，蒙、藏藩部地区次第归附清朝，蒙藏各部之爵制、划

[①] 华立：《新疆军府制下的理民体制与满汉员的任用》，《清史研究》2010 年第 4 期。

界、司法等庶政，完全由入关前已经成立的理藩院统辖。这是在入关前政体的基础上，形成新的国家制度。第二阶段是经过康雍乾三代皇帝的努力，完成对西北、西南等边疆民族地区的统一，以将蒙古族、藏族、维吾尔族等各族比较稳定地纳入政权体制之中，完成对多民族统一的、"前现代"国家的构建。第三阶段是从晚清 19 世纪 80 年代开始，以新疆、台湾建省为标志，进一步强化对边疆地区的管辖和治理，完成国家内部的"同质化"过程，向现代国家转变。

可见，清朝政权的构建和发展，经历了一个不断将新的力量组织到国家之中的过程，每个阶段都是在原有体制之下的扩展。为了更好地理解清朝政权在这个环节上的发展，我们不妨借用美国当代著名的政治学家弗朗西斯·福山的国家构建理论加以阐释。虽然福山承认现、当代的极权国家有很多缺陷，但强有力的政府的缺失是造成现在很多国家恐怖主义盛行的主要原因，因此他推崇强有力的、积极作为的国家政权。所谓国家构建，并不是指建立一个新的国家，而是强化国家现有的体制，使政府更加有所作为。"国家构建（State - building），意味着创设新的政府体制，并强化现有的体制。"① 这个理论当然不能直接套用到清代历史的解释上，但它还是给我们如何更深刻理解清朝国家政权在其疆域拓展过程中集权制度的发展，提供了一些启示。

对清朝而言，18 世纪中期收复新疆，不仅是疆域上的拓展，而且由于将面临一种新的国内战略安全形势，及中亚地区新的地缘政治格局，所以清朝统治者需要以更加积极有为的态度，强化国家权力，推动新一轮的国家构建。

从内在的战略要求来看，天山南北地区的稳定关系到蒙古、西藏及内地的安全，大清王朝的势力由中原向内陆亚洲边疆纵深发展，是因为他们一直坚持一种新疆不安定则不足以安抚众蒙古的政治思维，直到 19 世纪 70 年代左宗棠平定新疆，仍然是为维护这个战略需求而采取的军事行动。

从外部环境来看，自 17 世纪晚期到 19 世纪早期，在以条约体系为标志的近代国家关系建立之前，清朝发展的重心是在内陆亚洲边疆地区逐渐扩

---

① 弗朗西斯·福山：《国家构建：21 世纪的国家治理与世界秩序》，中国社会科学出版社，2007，第 96 页。

展和巩固自己的国家权力，此阶段的清朝经历了地缘政治格局的重大变
迁。① 首先，清朝先后与俄罗斯签订《尼布楚条约》《恰克图条约》《布连
斯奇条约》，欧亚大陆的各大帝国开始有固定的边界，清朝必须面对这种变
化。② 其次，内亚地区的很多部落民被重新整合、固定到大清王朝的疆域之
中。尤其强盛一时的准噶尔汗国，在清、俄两大势力的挤压下，终告崩溃。
后又有土尔扈特的回归，宣告游牧民族无边界游牧"历史的终结"，新崛起
的俄国、清朝都需要以国家边界的形式保证自己在亚洲内陆地区的势力。
这种"再帝国化"的过程，极大改变了中亚的地缘政治格局。③ 最后，虽然
清朝政治军事力量进入亚洲腹地，但在与逐渐东扩的中亚伊斯兰势力长期
较量后，为谋求边境地区的稳定，清朝不得不与浩罕汗国签订相关贸易条
约，意味着清朝在 19 世纪初扩大了与他国之间条约关系的政治实践。④ 内
陆亚洲地区地缘政治发生的这些重大变迁，已经证明不管清朝统治者有没
有意识到自己正在建立一个"帝国"，但至少他们已经逐渐认识到在"国
家"的统辖范围之外有"他者"的确定存在，"己方"与"他者"需要以
相对确定的地域边界作为区分标志，而非过去的流动族群效忠。这也使清
朝开始从一个"天朝大国"向着一个有着日渐清晰边界的"前现代"主权
国家转变。

　　如此，对于收复天山南北地带，中央权力如何行使？即如何将其组织
到国家既有的体制之内？是仍然以原来的理藩院管理，还是设置新的管理
体系？或是当作类似西方帝国主义的"殖民地"，供其进行资源和财富之掠
夺？具体而言，中央权力在边疆地区的展开，是直接深入基层社会的管理，
还是依赖当地的社会精英，不仅关系到国家构建行为的成功与否，也往往
成为认识清朝国家性质的一个标准，甚至涉及清朝国家未来走向近代的发

---

① 黄达远：《18 世纪中叶以降的内亚地缘政治与国家构建》，《学术月刊》2014 年第 8 期。
② 濮德培：《欧亚时空里的清帝国：噶尔丹之战的教训》，载《世界时间与东亚时间中的明清
变迁》下册，三联书店，2009，第 104 页。
③ "历史的终结"这一概念由美国学者福山提出，米华健在论述土尔扈特回归时，将这个概
念运用到欧亚大陆中部地区俄、清等各大帝国疆域整合，即"再帝国化"的过程之中。
《世界时间与东亚时间中的明清变迁》下册，第 141 页。
④ 弗莱彻在《剑桥晚清史》中认为，1835 年清朝与浩罕汗国签订的协定是真正的"第一个不
平等条约"，是清朝在经过几十年的战争困扰后向浩罕妥协的结果，批准这个协定的思维
影响着后来中英《南京条约》的签署，它们之间有着内在联系。《剑桥晚清史》，社会科学
文献出版社，1985，第 369 页。

展方向。① 正如查尔斯·蒂利曾提出"国家政权建设"主要表现为政权的官僚性、渗透性和对下层的控制。②

显然，平准、平回战后，挟百战余威的乾隆皇帝不会再回到依赖理藩院体制下的礼制与族群认同，而要借助一个强有力的核心机构在藩部地区积极推进强权政治建设。这个机构要能在内亚边疆与内地行省之间、在旗人与汉人之间、在官僚系统内部的文职、武职官员之间，从容调度，能够与皇帝一起积极有为地设计、实施清朝在内亚地区的政策，保证国家的权力能够输入到内亚边疆地区以实现中央集权的目的，要保证中央集权、国家权力向边疆地区基层社会渗透与地方精英利益之间的平衡。作为一直以运筹西北战事为主要责任的军机处，很自然会在容纳西北的国家构建过程中发挥着核心作用。或者说，收复新疆的一种契机，使清朝重新思考如何在广袤无垠的藩部地区加强控制，这需要有一个强有力的核心政治机构。正如有的西方学者指出的，军机处的产生是清朝在内陆亚洲地区发展反作用于中央的结果。

三　军机处与清朝在藩部地区的国家构建

起源于雍正时代的军机处，在乾隆时期经历了一个由内廷机构向外朝政府机构的过渡，是清朝强权政治标志性机构，日渐成为一个掌握政府实权的中枢机构。③ 这种变革的一个主要表现是对藩部地区驻防大臣的统辖。从这个角度讲，军机处不仅代表皇权专制的顶峰，而且意味着清朝的"中央集权"在经营西北、走向内亚的过程中逐渐走强的趋势。军机处在清朝向藩部地区推行强权政治的过程中，至少在两方面起着重要作用，一是藩部地区驻防将军大臣及各级官员的选任，对他们的权力进行设计；二是负

---

① 罗友枝曾对把清朝向边疆地区的拓展视为国家构建行为的观点提出严重质疑，认为清朝也是一个帝国，并在边疆地区执行"殖民主义"，其标准之一就是清朝的国家权力依赖于边疆地区地方精英来行使，而不是直接深入基层社会。汪晖认为嘉庆末年龚自珍《西域置行省议》代表着对"主权国家"的设想，铺设了通向近代国家的道路。对这些问题的回应，下文将详细展开。

② 杜赞奇：《文化、权力与国家：1900—1942 年的华北农村》，江苏人民出版社，2003，第 1 页。

③ 美国学者白彬菊提出军机处在乾隆以后由一个内廷机构发展为强大的政府中枢机构，这种霸权地位一直延续到晚清。

责藩部地区与行省地区之间官员的调任，整合内外政治力量。

1. 军机处对藩部地区驻防官员的管辖

所谓西、北两路，是指自清代康熙时期用兵准噶尔部逐渐形成的战略布防格局，由陕西、甘肃，经哈密、巴里坤进入天山南北，称为西路。由张家口向北穿越内外蒙古，经科布多越过阿尔泰山进入北疆的塔尔巴哈台，至伊犁地区，称为北路。自康熙以后，清准之间在西北两路曾展开长期而激烈的拉锯战，清军在西路的哈密、巴里坤一带和北路的乌里雅苏台、科布多一带重点布防。

清朝在这些地区设置驻防将军、大臣，经历了这样一个时间过程。

康熙三十二年（1693），因与准部交战，设右卫将军，驻扎归化城。①乾隆二年（1737），裁右卫将军，改设绥远城将军。

雍正二年（1724），设热河总管，乾隆三年改为热河副都统，嘉庆十五年（1810）改为热河都统。

雍正三年，以青海平定，编设旗分，设青海办事大臣，乾隆元年（1736）改为西宁办事大臣。

雍正五年，设驻藏办事大臣。

雍正十年，设定边左副将军（后改称"乌里雅苏台将军"）。乾隆二十一年（1756），平准战争期间，增设乌里雅苏台参赞大臣。

乾隆二十四年，南北疆底定，驻防大臣的设置更加密集，先后设喀什噶尔参赞大臣、乌鲁木齐办事大臣、哈密办事大臣、吐鲁番办事大臣（后改为领队大臣）、喀喇沙尔办事大臣、库车办事大臣、阿克苏办事大臣、乌什办事大臣、叶尔羌办事大臣、英吉沙尔领队大臣（初称总兵，后改）。

乾隆二十六年，又设察哈尔都统、科布多参赞大臣。

乾隆二十七年，设置伊犁将军、库伦办事大臣、伊犁参赞大臣，及伊犁领队大臣 5 人。

乾隆二十九年，设置塔尔巴哈台参赞大臣和塔尔巴哈台领队大臣 2 人。

乾隆三十年，置和阗办事副都统（四十二年，改为办事大臣）；乾隆三十四年，设古城领队大臣、巴里坤领队大臣；乾隆三十六年，改乌鲁木齐办事大臣为都统。

---

① 《清史稿》卷 205，疆臣年表九。

乾隆三十七年，设库尔喀喇乌苏领队大臣。

以上，仅右卫将军、热河总管、驻藏大臣、青海办事大臣、定边左副将军设置于康、雍时期，其他大部分将军、大臣设置于乾隆时期，且集中在乾隆二十四年以后至乾隆三十六年的 10 多年中，尤以乾隆二十四年至乾隆二十七年最多。其间，即使对以前的设置，乾隆时期也做了调整和加强。

对于将军、大臣体制与以往理藩院体制不同，我们可以以青海办事大臣的设置为例做个简单比较。根据杨应琚所纂《西宁府新志》记载："雍正元年以前，俱派理藩院司员。自二年平定青海之后，皆简大臣驻扎郡城以总理之，间遣部郎协理"，[1] 体现了这两种体制之间的差异。西北两路将军、大臣处理藩部事务并不通过理藩院，可直接通过军机处奏报皇帝，他们的任免也由军机处直辖，具有很强的独立性。如此一来，清朝对藩部地区的管理不仅有两套不同的系统，而且这两套系统前后相继，有一个很重要的时间差，但为以往学者所忽略。

有了这个时间差，我们可以了解到，在乾隆帝成功用兵准部之前，在地域辽阔的蒙藏藩部地区，在从帕米尔高原到大兴安岭以西的亚洲腹地草原地带，清政府竟然仅驻扎驻藏大臣、乌里雅苏台将军等几处零星的力量，这也稀疏到让人感到窒息的地步了。而在乾隆帝用兵准部后，清政府开始在西北两路大量而密集地设置将军、大臣，使其遍布于天山南北。

现在的问题是，清政府为什么会在乾隆时期平准之后，用一套与原有的理藩院系统完全不同的体制管理藩部事务，这个地区不仅包括天山以南的回部、天山以北的准部，还延伸到喀尔喀蒙古的科布多地区。这代表了一种什么样的政治思维？

1758 年，被革职发往西北军前效力的永贵、定长、纳世通等人，先后带着原有官衔出任南疆地区的几处办事大臣。乾隆皇帝在谈到为什么要给予驻防大臣较高的职衔时表示，"若照部议革任，及带所降之级留于军营，恐不足资弹压"，[2] 必须保持官员的高级别，坐镇各城，强化其权威，才能实现对当地的有效管理、控制。可以看出，在平准战后清政府管理藩部地

---

[1] （清）杨应琚纂《西宁府新志》卷 24，青海人民出版社，1988，第 601 页。

[2] 《清高宗实录》卷 571，乾隆二十三年九月辛丑。

区政治思维发生了改变，即在保留理藩院体制的同时，向这些地区直接输出政治、军事力量，强化对这些新归附地区的管辖，这是乾隆帝不同于康雍二帝之处。

为了更确切了解军机处在清朝吸纳藩部地区的国家构建过程中的作用，我们应该回到军机处成立最早的初衷，即如庄吉发所说，军机处最初主要是用来解决西北战事的筹备和后勤补给问题的。

根据目前比较一致的研究，军机处初称军需房，从起源上来看，它本身就是为了筹备西北战争而设的，不但掌握西北战事所需的钱粮，而且西北战前将军、大臣之派遣，亦由军机处直接掌控。《清会典》记载，军机处重要职责之一就是直接统辖、管理驻扎在藩部地区的西北两路将军、大臣。

"凡大臣之换防于西北两路者，稽其班。书其名以备览，旬有五日而更之。"① 西北两路各大臣，皆由军机处缮具月折，每月于初五、二十日，两次呈递，其有出缺补放更调者，于折内查明改缮。

办事大臣一般任期 3 年，凡需要补放的，或由皇帝直接下旨任命，或由军机处于每年十月，将各处期满的大臣开列名单，是否换防、如何换防，报给皇帝直接定夺。也就是说，西、北两路将军大臣，虽是领兵军前，属于武职，但其选任、换防并不归兵部管辖，完全操之于军机处之手。另外，查《清会典》理藩院职责之各条内容，均为对藩部各部族自身事务的管理，并无任何管辖驻防将军、大臣之责。所以，雍正时期所创设军机处，最初专门协助皇帝筹措西北战事。但自此以后至清代结束，一直掌控着西北两路军务，权力未曾旁移。根据会典的记载，清代在西、北两路设置的将军大臣，其人选有这样三个特点。

首先，藩部地区驻防大臣的选调，基本是八旗官缺，且以满人为主，

---

① （嘉庆）《清会典》卷二。这些大臣包括："西北两路，除伊犁将军、定边左副将军、乌鲁木齐都统外，参赞大臣，有塔尔巴哈台一人、喀什噶尔一人，乌里雅苏台一人，科布多一人。办事大臣有喀喇沙尔一人，阿克苏一人，乌什一人，叶尔羌一人，和阗一人，哈密一人，西宁一人，西藏二人，库伦一人；帮办大臣有喀什噶尔一人，叶尔羌一人，和阗一人，哈密一人；领队大臣有伊犁五人，库尔喀喇乌苏一人，塔尔巴哈台二人，乌鲁木齐一人，古城一人，吐鲁番一人，巴里坤一人，英吉沙尔一人。凡换防之班，以到任后三年为期，每年十月将各处期满之大臣，开单呈递。更换与否，候旨定夺。其到任以后，续经调任者，乃以初次到任之日起，通前后任扣算，满三年者，一体列入单内。"

兼用少量八旗蒙古、八旗汉军，八旗以外的汉人没有机会出任。

其次，这些官缺一直由军机处直辖，由皇帝钦定，其他官员和机构无法染指。以新疆为例，天山南北的大臣虽然名义上归伊犁将军和参赞大臣节制，但他们选任、换防都不由伊犁将军和参赞大臣决定，亦不由他们推荐。在中央机构中，内阁、兵部和理藩院均无法过问这些驻防大臣的任免。

最后，西北两路驻防大臣名义上归当地的将军节制，但职权相对独立，主要表现在可直接给皇帝上奏折，独立奏报所属的相关事务，且无须向当地的将军汇报。只有在遇到叛乱、战争等紧急事务时，各大臣才会受到将军的统一节制、调度。乾隆三十年（1765）爆发乌什之乱时，乾隆帝命叶尔羌办事大臣额尔景额调查南疆各处大臣的不法行径，额尔景额参劾前任和阗办事大臣和诚婪索伯克之事，使和诚伏法。乾隆四十三年（1778），永贵出任乌什办事大臣后，参劾叶尔羌办事大臣高朴贩卖玉石之事，使高朴被惩处。至于日常军政事务的处理，军队训练、台站、卡伦巡查、边贸管理等，各地大臣则更可以便宜行事，直接对中央负责。这种独立奏事权加重了他们的权威，弱化了伊犁将军、参赞大臣对他们的"节制"关系。

军机处掌握的西北两路驻防将军大臣的荐举权，是清朝继续以中央集权思想来保持对边疆地区直接控制的政治上层设计，那么又该如何设置驻防大臣管理地方的权力，才能体现清朝国家构建的思想呢？

通过一些学者的研究，我们知道在天山南北的驻防大臣掌握了这样几种关键性权力。

第一，统帅驻军、维护边防，对边境卡伦的设置和定期巡视是驻防大臣的首要职责，意味着对国家边界的保护。

第二，北疆蒙古各旗王公、南疆各城伯克的觐见、任命都通过当地的驻防大臣。

第三，驻防大臣掌握着当地的财政、税收，虽然他们不介入伯克征收赋税的具体事务，但伯克征税的名目、数量都须报驻防大臣批准，所有赋税均汇总到驻防大臣，与内地各省协济之饷，统一掌握。

第四，掌握当地的司法审判权，不独北疆蒙古人之间的纠纷须由将军大臣裁决，即使南疆各城民间司法纠纷，虽有伯克审讯，但终须报大臣审定。

第五，对外贸易、商税征收更是由伊犁将军、参赞大臣奏请中央批准，由当地大臣实施。

在这几项权力中，军事权、外交权本属一国中央，延伸到南北疆，不足为怪，但如果连司法权、贸易权、地方治安维护都由国家派驻的大臣掌握的话，那么足以证明国家权力向边疆地区基层社会的强势延伸了。《钦定回疆则例》规定，回疆各地的宗教首领阿訇，一旦缺出，需由当地人保结推荐，由阿奇木伯克报驻防大臣批准。而且，阿訇们还要定期到大臣衙门叩见。若某个阿訇不熟经典、化导无方，驻防大臣可以将其撤换，并追究推荐者阿奇木伯克的责任。[①]

国家权力是否能够延伸到基层、如何延伸到基层，是传统国家走向现代国家的一个重要标志。清政府非常注重强化新疆办事大臣的地位和权力，这种思想在乾隆皇帝以后各位皇帝一以贯之。有了这些权力设置，无论北疆的蒙古王公还是南疆各城伯克，甚至连哈密、吐鲁番的郡王，无不仰承驻防大臣之鼻息，难怪魏源在《圣武记》中载："各城大臣不相统属，又距伊犁将军窎远，恃无稽察，威福自出。"[②]

办事大臣"威福自出"背后，是国家权力随着驻防大臣的设置延伸到草原、高原和绿洲深处。相比理藩院体制，驻防将军、大臣的设置更能体现清朝中央和皇帝集权的意志，强化中央对藩部地区的管辖。同时，这种力量向藩部地区的输入，又以内地省区为依托，离不开中原、江南的倾力支持，清朝必须在强权政治推行到藩部地区的国家构建过程中，强化内地与藩部地区的互动关系。

2. 军机处与藩部、行省之间政治力量的整合

在明确了藩部地区将军、大臣由军机处直辖后，下一个问题是军机处如何选调这些官员？其来源为何？与内地行省的关系又如何？

藩部地区的"大臣"，包括参赞大臣、办事大臣、领队大臣等都没有明确品级，也没有纳入清代官员九品十八级之列，而是由中央各部院相应的官员、内地各省的布政使、按察使，或八旗副都统、侍卫等官员以原衔兼任派往驻扎。这些官员一般不低于三品。至于什么样的官员可以出任哪个城的办事大臣，则没有统一规定，完全由军机处协助皇帝直接掌握。同一

---

① 以上关于驻防大臣权力，参见管守新《清代新疆军府制度研究》，新疆大学出版社，2002，第 107～120 页。

② 魏源：《圣武记》卷 4，《道光重定回疆记》，岳麓书社，2004。

城办事大臣可由各部侍郎、巡抚、布政使、按察使、八旗副都统、绿营总兵等出任，甚至一、二、三等侍卫均可出任；而同一职衔官员，可任参赞大臣，也可任办事大臣、领队大臣。

藩部地区的驻防大臣来源有三个方面，一是八旗官员，主要是由各旗副都统出任；二是中央各部院的侍郎、盛京各部的侍郎，内地行省的布政使、按察使、总兵等文武官员；三是藩部地区大臣的互调，或者从东北地区的将军、大臣中调任。总体而言，能够到西北两路出任驻防大臣的多为二、三品官员。例如，乾隆三十年（1765）的喀什噶尔参赞大臣纳世通，原衔为工部右侍郎、镶黄旗汉军副都统，分别为文、武正二品。同时段的叶尔羌办事大臣额尔景额，原任副都统，与纳世通同为正二品。阿克苏办事大臣卞塔海，原任盛京礼部侍郎，也为正二品。

这些大臣的地位，不是取决于他们统辖地域的大小，而是取决于他们原来的实际职衔。青海、蒙古、西藏等地，一般一地仅设一两个办事大臣，其管辖范围相当于一省。而新疆的办事大臣管理范围仅限一城一地，远不及库伦、西宁办事大臣所辖地域之广，但很多实例证明，新疆的办事大臣和青海的西宁办事大臣、喀尔喀蒙古的库伦办事大臣之间可以互调。如，嘉庆时期的库车办事大臣来灵，原任正黄旗汉军副都统，后由库车办事大臣调任西宁办事大臣，嘉庆二十一年（1816），又调回库车办事大臣任上。再如，嘉庆时期的台斐音，曾任和阗办事大臣，嘉庆十四年，他由和阗办事大臣，带二等侍卫之衔，调任库伦办事大臣。也就是说，清朝在新疆以省级大员管辖一城一地，如此高规格布防，显示出中央对新疆的重视。

对西北驻防将军、大臣的选任，至少有这些特点可以归纳。

第一，在西、北两路驻扎的将军大臣中，伊犁将军、绥远城将军、定边左副将军和乌鲁木齐都统属于职、衔一致的实职官员，在武职官员中列从一品，将军、都统之下各地的参赞大臣、办事大臣、领队大臣均属于临时派遣、原衔兼任的官缺。这些官缺在《清会典》中有明确规定，并有相应的养廉银。

第二，出任办事大臣的满洲官员常常因为在内地任职犯错误遭到革职、降级后，被重新任用，赏带副都统衔或以侍卫身份，前往新疆任职。如，乾隆四十三年（1778），吏部尚书永贵因坐事被革职，以三品顶戴身份派往乌什办事。嘉庆二十年（1815），山东巡抚同兴因亏空被革职谪戍盛京，次年被授三等侍卫，出任古城领队大臣，后转任阿克苏办事大臣。嘉庆时期的喀什参赞大臣斌静，原为黑龙江将军，嘉庆十八年（1813）坐事革职，二十二年出任叶尔羌办事大臣，次年任喀什噶尔参赞大臣。嘉庆二十一年七月，赏已革直隶天津镇总兵官祥启三等侍卫，为喀喇沙尔办事大臣。已革山东巡抚同兴、三等侍卫，为古城领队大臣。① 嘉庆二十四年八月，镶白旗蒙古参领福珠隆阿被赏头等侍卫，出任哈密办事大臣。②

让有过错的八旗满洲官员出任西北驻防大臣是乾隆时期开始形成的制度，这种做法既可以表示对犯错误官员略施薄惩之意，又可以保证中央有充足的官员派往新疆。同时，实际为八旗官员提供了一个广阔的回旋余地。被派往西北办事者，期满后大多都会获授副都统等八旗职衔，重获被任用的机会。

第三，自嘉庆末期开始，加"侍卫"之衔派任办事大臣的官员数量增多，表明皇帝更愿意把西北地区军政事务的管理交给最亲信的八旗将领，在军机处的统一协调下，八旗官员得以从容回旋于行省和藩部地区之间，极大扩展了他们的政治余地。

总之，清政府也一直力图在行省区与藩部地区之间实现官员往来调度的常态化，使国家的政治力量能够尽量均匀分布于两个不同地区，统一接受中央的直辖，推动国家构建的进程，为以后新疆建省奠定了政治基础。

由此可以看出，乾隆时期西北战争的胜利，为军机处的权力扩展提供了契机。军机处从一个战争军需筹备的内廷机构，变为一个在国家构建中扮演核心角色的中枢机构，需要有两个背景的支撑。

第一，清朝原来负责军事指挥的最高机构——议政王大臣会议，已经衰落到几乎无法履行职责的地步。议政王大臣会议是女真人由部族阶段走向建立国家政权过程中出现的，具有原始民主制的特点，但随着皇权制度的确立和发展，它日渐衰落。首先是因为自皇太极时期开始，它一直被视为皇权专制的障碍，皇太极、多尔衮和顺治帝、康熙帝一直在谋求削弱这个机构，而把核心权力分解到内阁、部院等不同的中央官僚机构之中。而

① 《清仁宗实录》卷 320，嘉庆二十一年七月壬子。
② 《清仁宗实录》卷 361，嘉庆二十四年八月癸丑。

且，当清朝在内地的统治建立起来后，议政王大臣会议对汉人极具排斥性，与清朝统治者必须依托汉人的支持才能完成国家治理的思路背道而驰，特别是当西北战争展开后，满洲人认识到，在遥远的内亚边疆开战，没有汉人的支持，没有中原、江南的军需补给，他们不可能获胜。清朝需要一个能够融合满汉的中枢机构掌握国家最重要的军政事务，从而保证清朝国家权力能够在从江南到西北这样一个极为广阔的空间内长袖善舞，顺利行使，不受掣肘。

第二，从军需补给的角度看，军机处是保证大清王朝战略资源调配的制度保障。军机处及其前身，是一个容纳了满、汉高级官员在内的机构。以怡亲王允祥、管理户部大学士张廷玉、蒋廷锡组成的军机处，其重要职责在于对军需的调度，尤其是张廷玉，作为桐城派领袖，他在雍正时期的荣耀几乎是清代其他汉人无法匹敌的。军机处的这种人事格局使得这个机构能够把西北内陆亚洲边疆地区的战事和经济富庶、文化发达的江南联结起来，必须能够整合中原、江南的经济资源，为清朝中央将藩部地区纳入版图的国家建构提供源源不断的财力支持。康、乾两代皇帝屡屡南巡，清政府不惜血本修治黄河，保障漕运的目的也在于此。清朝要把内陆亚洲边疆稳定地控制下来，军需补给是起决定性作用的头等要素。稳定江南、保证那里汉人精英的忠诚，与让忠诚的满蒙军队在内陆亚洲边疆地区获得军事胜利，保证大清王朝在西北地区国家力量的派驻，对大清王朝新一轮国家构建来说，具有同等重要的战略意义。自此以后，军机处在人员上一直是满汉参半，甚至在有些时候，汉人的风头还会盖过满人。这是以往议政王大臣会议、南书房，甚至是内阁都无法具有的功能。

四　18 世纪清朝国家构建的特点分析

如上所述，清朝在 18 世纪下半叶开始的国家构建，目的是要在藩部地区西、北两路建立起一套强权政治。清朝国家力量向新疆地区的扩展，不仅包括军事武力，也包括战后派驻的将军、大臣，及相关制度等建设。这种延伸带来了清朝中央机构和国家制度的变革，这不仅表现在新疆军府体制的建立及其对理藩院体制的超越，也包括军机处职能的发展，以及在军机处协调下，藩部地区和行省区政治力量的整合。可以说，在新疆地区新的治理机制的建立，是国家强权政治延伸的表现，是在原有国家机构基础上进一步强化政权力量的国家构建行为，这使清朝成为一个多民族统一国家，或者说成为一个包含了不同族群的"帝国"。

通过军机处对藩部地区的直接控制，清朝已经在无意识之中描摹一种"前现代国家"的雏形，这种前现代国家已经开始有了比较明确的国家边界意识，在以强大的中央集权来保证对边疆地区的控制，并努力打破帝国体制下对族群差异性的保留，实现国家内部管理的"同质化"。很明显，乾隆时期在把新疆地区组织到国家体制中时，清朝已经具备了这些特点。汪晖曾阐明这样一个问题，即乾嘉时期今文经学派极力倡导春秋公羊说的"大一统"理论，从刘逢禄到龚自珍《西域置行省议》的提出，如何将新疆融入国家之中，是他们最关注的焦点问题。《西域置行省议》虽然没有被采纳，但已经转移了当时学者们对夷夏之防的关注，放弃过去那种对族群、地域差异的保留，开始追求一种王朝内部的"同质化"，由此铺设了一条由传统国家向现代主权国家转变的路径。[①] 然而，汪晖仅仅关注了从刘逢禄到龚自珍经世学派在学术逻辑上的转变，并没有阐明这种转变的政治实践基础。龚自珍在新疆设置行省的政治构想当然是一种进步，是晚清新疆建省的一个理论基础，但它并没有脱离清朝已经实行半个多世纪之久将军、大臣体制。在这里我们有必要将龚自珍的主张，与清朝已经实行的将军、大臣体制做个比较，去发现它们之间的内在联系。

一是龚自珍主张在新疆设置总督、巡抚、布政使、按察使等省级行政建制，省之下在南北疆各地设置"知府十一员，知直隶州三员"，其中各府、直隶州均设于原有办事大臣、领队大臣驻扎各城之地，也就是将原有的驻防大臣降格变成知府；而哈密、辟展两郡王仍保留，但降格为知府之下、同知之上；回城伯克位列知县之下、县丞之上。这些建制虽级别上有所变化，突出督抚的地位，但知府、知县高于郡王、伯克的设置，显然是仍然保留了清朝以大臣驻防节制回部首领的思想。二是其军事布防，兵力部署有所调整，但兵力仍承袭原有的八旗、绿营力量，且仍贯彻北疆重于南疆、以北制南的格局。三是在南疆的叶尔羌、和阗极边之地，仍保留办事大臣之设置，铸总统西边办事大臣印，统军震慑，并掌

---

① 汪晖：《现代中国思想的兴起》，三联书店，2004，第 601 页。

各国朝贡事务。①

由此看出，龚自珍西域设行省之议，并非如他所说"所建极繁，所更张极大"，其主要的政治思想仍然无法脱离清朝军府体制的影子，初出茅庐的龚自珍必须将他的政治设想建立在早已经过半个多世纪的政治实践的基础上，而不可能完全另起炉灶。放眼近代新疆建省，为后世学者所批评的将军、大臣军府体制，恰恰是构建同质化主权国家政体的开端。

结　语

军机处对西北将军大臣的统辖，掌握西北两路将军大臣的提名权，整合藩部地区和行省区的政治力量，并在藩部和内地之间构建起人事上的通道，只是军机处职权扩张的一个起点。在以后的历史发展中，军机处进一步摆脱内廷机构色彩，对国家核心权力的控制继续扩大，并愈加制度化。因此，军机处不仅是清代皇权专制制度发展的表现，而且是清朝以新疆纳入管辖为契机、以强权政治治理藩部地区在国家机构上的一个表现。军机处在当时的国家构建中发挥关键性作用，这促使它从内廷走向外朝，在18世纪下半叶逐渐发展成为一个跨地域、跨族群、跨文武官僚界限之庞大政权的中枢机构，并在以后的一个多世纪中继续维护这个多民族国家的统一。集权机制成为对遥远边疆地区控制的制度基础，而对如此广阔疆域进行有效控制的需要，又推动着清朝国家政治进一步走向极权化。即使在晚清波诡云谲的变革中，军机处一直处变不惊，牢牢占据中枢地位，直至清朝结束。

---

① 龚自珍：《西域置行省议》，《清经世文编》卷八十一，兵政十二，塞防下。中华书局，1992。梁绍杰亦曾撰文论及于此，《龚自珍新疆建省计划析论》，《史学集刊》1997年第4期，第26～35页。

失败的"强治"

——那彦成、长龄调整回疆治理政策再研究[*]

陈　跃^{**}

　　清代新疆的历史大致可以分为四段，顺治朝至乾隆二十四年（1759）为统一新疆阶段；乾隆二十四年至嘉庆朝末年为创设治理阶段；道光朝至光绪初年是动乱跌宕阶段；光绪朝至清末是戡乱建省阶段。在历史发展过程中，道光初年的张格尔之乱打破了新疆自统一于清朝以降60余年的安定局面，对清政府在回疆治理造成了巨大冲击，其原因既有清政府在回疆域内治理的诸多弊端，也有外部浩罕势力的冲击。面对空前的治理危机，当时清政府很多官员开始反思乾嘉时期的治理思路和对浩罕势力的政策，一派则认为新疆是荒土无用之地，应弃之；一派认为应纠正新疆治理中因俗过重的问题，回疆治理应尽可能与内地一体化以加强治理。最终，"强治"派得到道光帝赏识，任命其代表人物那彦成赴回疆进行善后，由此拉开了道光朝改革回疆治理的大幕。由于张格尔之乱的重大影响，学界对那彦成善后开展过较多研究，如齐顺清、潘志平、潘向明等均撰文进行评述。^① 自清代开始，清政府和现在学界一般对长龄和那彦成的善后多是褒扬前者而批评后者，特别是在浩罕支持玉素普进犯新疆后，清政府官员直接攻击是那彦成善后失策而致，将那彦成革职惩处。为何会出现"弃治""强治"之争？其背后反映的清朝官员治理回疆的理念是什么？回答这些问题，需要

---

　*　本文2018年度国家社科基金一般项目"陕甘总督与清朝西北疆域形成及治理研究"（项目批准号：18BZS121）阶段性研究成果。

**　陈跃，西北大学历史学院副教授。

①　齐顺清：《那彦成的南疆之行和清朝统治新强政策的调整》，《喀什师范学院学报》1988年第5期；潘志平：《长龄、那彦成与新疆之乱》，《中国边疆史地研究》1991年第2期、《张格尔入侵前后的清与浩罕之关系》，《西北史地》1985年第1期；潘向明：《清代新疆和卓叛乱研究》，中国人民大学出版社，2011。

我们从清代治理回疆历史的大背景下重新审视那彦成对回疆治理革新的诸多努力，审视边疆大吏与道光帝在回疆治理方略上的冲突与调适，我们将对那彦成与长龄调整回疆治理政策有重新认识。

一　张格尔之乱与回疆"弃治""强治"之争

清朝统一新疆不久，北疆的准噶尔贵族阿睦尔撒纳及回疆的大小和卓先后叛乱。乾隆二十二年（1757），清政府平定阿睦尔撒纳叛乱。乾隆二十四年（1759），在清军兵威下，中亚浩罕虽交出大小和卓尸身，却将其家属藏匿。历经60余年发展，大小和卓后裔的势力已经壮大，特别是张格尔企图恢复其祖辈在回疆曾经的荣耀和权势。同时，浩罕则希望借助和卓势力，干涉清朝新疆事务，获取贸易通商上的好处。故此，在浩罕的支持下，张格尔在嘉庆二十五年（1820）九月率信徒冲击清朝边防卡伦，从而开始了长达7年的叛乱。道光六年（1826）六月十四日夜，张格尔以浩罕官员爱萨、木萨为党羽，纠集安集延、布鲁特500余人，从伊斯里克、图舒克塔什两座卡伦中间之开齐山路①突进，五更时窜至距喀什噶尔城（今喀什）北百余里之阿克图什回庄（今新疆阿图什）。张格尔先拜谒其先祖阿帕克和卓麻扎（即坟墓），煽动当地民众反清。喀什噶尔参赞大臣庆祥派兵将其包围，但不幸令其逃脱，随后情势急转直下，张格尔鼓动当地万余名白山派信徒围攻喀什噶尔城。同时，张格尔还邀请浩罕出兵。七月，浩罕王亲率数千士兵侵入新疆，率先围攻喀什噶尔城，但被守城清军击退。历经70余日激战，清军力竭，最终在八月二十日城被攻破，参赞大臣庆祥等官兵自杀殉国。张格尔遂自立为回疆统治者，先后攻占英吉沙尔（今英吉沙）、叶尔羌（今莎车）、和阗（今和田）三城。张格尔叛乱后，道光帝迅速谕令署陕甘总督杨遇春带兵入疆平叛，后调整以伊犁将军长龄为扬威将军，杨遇春和山东巡抚武隆阿为参赞大臣，调集新疆的伊犁与乌鲁木齐、陕甘、吉林、黑龙江及四川等省官兵三万聚集阿克苏进行平叛。经艰苦作战，道光七年（1827）二月底收复喀什噶尔城，先后收复了英吉沙尔、叶尔羌、和阗三城。

---

①　即边卡之间的巡逻道路。

收复后，回疆面临的最大问题是如何善后。道光帝曾谕令长龄等人："善后事宜最关紧要，务须慎密妥筹，请旨遵行，万不可轻率，稍有宣露。"① 如何善后是当时道光帝考虑的大事，他曾令地方督抚等大员进言献策。在善后问题上，清政府官员们产生了"弃治"与"强治"的争论。

身处回疆善后一线的边疆大吏长龄和武隆阿主要持"弃治"观点。同年闰五月，长龄奉道光帝密谕，就回疆善后事宜提出具体建议。他认为"审查今昔情形，通盘筹计，应请将喀什噶尔参赞大臣、帮办大臣移驻阿克苏，节制满汉官兵，总理回疆八城事务，挈领提纲，与伊犁、乌鲁木齐共成掎角之势。所有英吉沙尔、叶尔羌、和阗三城旧设大臣官兵一概裁撤，既无供应之烦，可免回众借口滋扰之虑，并与喀什噶尔设大阿奇木一员，英吉沙尔、叶尔羌、和阗三城设阿奇木伯克一员，以资经理"。至于何时分封西四城的阿奇木伯克，他认为："现在四城甫经勘定，若遽请分封，恐一时未能办理周密，且回众怯懦多疑，愚而狡诈，习与性成，断难振作。安集延、布鲁特等相处既久，悉所深知，又复利其所利，乐与勾结。该伯克城，驾驭得宜，自可相安无事，倘或稍失抚绥，又经外夷挑唆，设有煽乱，力不能支，非畏惧顺从，即相率内窜。"鉴于此，"天朝锡地封藩，有事仍需办理，而所费不可胜计。若竟照旧安设，则原设防兵无几，平时不足以壮声威，有事不足以资战守"。故此，他奏请"暂驻重兵分城镇守，俟一二年后，察看情形，酌量裁撤，再议锡地分封，庶于慎重边防之大局较有裨益"。② 道光帝认为长龄建议有见地，令其考察此前分别任命达凌阿、巴哈布、成玉、富升阿及苏清阿等暂署英吉沙尔、叶尔羌及和阗各城事务是否胜任。

八月，长龄在二次进言善后事宜时指出，张格尔之乱"固由平时防范未周，临事兵力单弱，实由回子执迷经教，崇信和卓，以致不畏官兵，不恤身命，冒死救护，恬不为怨"。长龄认为，在平定叛乱中俘获的白山派叛军皆自认听从和卓，甘愿就戮，甚至在被正法前还念经，口呼和卓。他认为回疆民众"崇尚脾罕巴尔后裔已成万不可移之性"。目前和卓后裔玉素

① 《清宣宗实录》卷117，道光七年五月庚辰。
② 《平定回疆剿擒逆裔方略》卷46，道光七年闰五月癸酉，道光朝刻本。四库未收书辑刊，第5辑第5册，第700～701、703页。又见《清宣宗实录》卷119，道光七年闰五月癸酉。

普、依山、布素鲁克、巴布顶、倭里等人均在浩罕的庇护下，"倘大兵全撤，数年后该逆裔等复来窥伺，以八千分防之兵，势难制数百万犬羊之众，是留防一层，终非久安长治之法"。至于分封伯克令其自守之事，长龄认为"现在伯克中，人才名望无过伊萨克、阿布都尔满二人，而该伯克等即非西四城回子素所心服之人，况此次随营进征帮同探捕，更与白帽回众结恨已深，如伊等分封管理，但遇偶有变动急而内告，仍须劳师涉远，不能置之不问，事竣之后又将如何处置，是分封不得其久，终难经久相安"。他进而指出，回疆白山派信众崇信和卓与西藏民众崇信达赖喇嘛无异，奏请可将羁押在京师的波罗泥都之子阿布都哈里"赏给职衔，令其管理西四城回众事。即仿照西藏、喀尔喀旧章，除应奏事件报明参赞大臣覆明具奏外，其寻常地方之事，均归该回子自行办理。并令将伊子孙内，择其明白者，酌带一人学习办事，其余仍留京。另赏差事阿布都哈里按三年一次陈请入觐，由参赞大臣请旨。将来伊故后，由子孙内补放，仍半留京当差，以期内外牵制，永为藩卫"。① 长龄的观点主要是回疆张格尔叛乱的主要原因是回疆民族崇信和卓，若增加驻军会增加军费，若仅驻八千官兵则又难以有效防守，不如放弃对回疆管理，建议清廷将羁押在京师的博罗尼都之子阿布都哈里放回，由其管理回疆。这完全是历史的倒退。不仅长龄如此，参赞大臣武隆阿也附和此言。

接到奏报后，道光帝极为恼怒，对长龄和武隆阿严加训斥。"所奏善后之策，竟请以久经羁留之逆裔阿布都哈里赏给职衔，放归回部，管理西四城回众，尤为纰缪至极。长龄老悖糊涂，一至于此。武隆阿随声附和，俱著严行申饬。为今之计，总当遵奉前旨，将西四城仍照旧章办理，一切分兵防守，及清查叛产、筹备粮饷，并种种未尽事宜，作速从长计议，务期经久无弊，方为妥善。"②

虽然遭到训斥，武隆阿仍在十一月再次奏请"弃守"。他在《密陈善后情形折》中坦言："此次善后，留兵少不敷战守，留兵多难筹经费，实鲜经久无弊良策。"他认为："设屯驻眷固属经久之计，然边防在于扼要。西四城处处受敌，人不足臣，地不足守，本属回疆赘瘤，非若东四城为中路，

① 《平定回疆剿擒逆裔方略》卷49，道光七年八月癸未，道光朝刻本。四库未收书辑刊，第5辑第5册，第742~753页。另，《清史稿》卷367《长龄传》中对长龄奏议有简约记载。
② 《清宣宗实录》卷123，道光七年八月癸未。

必不可少之保障。前次伏读照土司例分封谕旨，维时因张逆未获分封，实不得人。是以拟请赏给阿布都哈里管理，较之安设重兵，既可省费，尤能经久。"在密陈的最后部分，他再次强调要"弃守"："以臣愚见，与其以有用之兵帑，用于无用之地，何若归并东西四城，不须西四城兵费之半，足可妥为安设，巩若金瓯似无须再守西四城。"① 武隆阿的建议主要从财政花费考虑，完全没有考虑到回疆西四城在我国安全战略格局中的价值。西四城西界中亚、南界南亚，如果没有西四城的屏障，敌人完全可以一马平川般地侵犯东西城，同治末年的阿古柏侵占回疆全境就是如此。故此，武隆阿的观点不仅迂腐而且危害甚大，完全不能领悟当年乾隆帝苦心经略西四城的深意。不过他在奏折中提及"善后情形必须变通"一句，却得到道光帝认可"所奏不为无见"。道光帝谕令钦差大臣那彦成抵达喀什噶尔城后，应与武隆阿商议善后事宜。② 此外，朝中一些官员认为新疆距离京师遥远，"视新疆为无关紧要……以喀城远在万余里，其人不足治，其地不足守。现既蠢动，不值劳师糜饷，难保不为退守之计"。③

与前述官员不同，曾在新疆任职多年的那彦成则坚决否定"弃守论"。他指出："殊不知，我退则彼进，至何处为止？且卡外之各部落，如浩罕、哈萨克等夷若闻风效尤，则边患何所底止？劳愈甚而费愈多，又复成何事体？"他强调："为今之计，断不能不厚集兵力，大加惩创，以振国威。"④ 同样，协办大学士户部尚书英和也认为应积极应对新疆动乱，"目前之势自非大加惩创，不足以壮国威，而申天讨"。⑤ 他认为在军事平定的同时，应从伊犁选取忠于清政府的伯克治理回疆西四城。"愚以大兵一面进剿，一面谕令伊犁将军长龄，于伊犁回子伯克中择其明白晓事素所信任者，许以重赏官职，派令前赴各城，剀切晓示，谕以歼厥渠魁，胁从罔治之意。"⑥ 事

---

① 《平定回疆剿擒逆裔方略》卷55，道光七年八月癸未，道光朝刻本。四库未收书辑刊，第5辑第6册，第16页。

② 《平定回疆剿擒逆裔方略》卷55，道光七年八月癸未，道光朝刻本。四库未收书辑刊，第5辑第6册，第16页。

③ 马大正：《清代新疆稀见奏牍汇编》（道光朝），新疆人民出版社，1996，第2页。

④ 马大正：《清代新疆稀见奏牍汇编》（道光朝），新疆人民出版社，2013，第187页。

⑤ 《平定回疆剿擒逆裔方略》卷14，道光七年八月癸未，道光朝刻本。四库未收书辑刊，第5辑第5册，第248页。

⑥ 《平定回疆剿擒逆裔方略》卷14，道光七年八月癸未，道光朝刻本。四库未收书辑刊，第5辑第5册，第250页。

实上，道光帝赞同那彦成的"强治"主张，故对长龄和武隆阿严加训斥。道光帝谕令那彦成以钦差大臣身份前往喀什噶尔全面接替长龄处理善后事宜。

二　那彦成的"强治"之举

那彦成，满洲正白旗人，乾隆朝大学士阿桂之孙，曾任伊犁领队大臣、喀喇沙尔和叶尔羌办事大臣及喀什噶尔参赞大臣，对新疆情形有所熟悉，故不时得到道光帝的召见与垂询。道光七年（1827）八月，道光帝认为长龄、武隆阿的建议极为荒谬，为做好回疆善后工作，道光帝任命身为直隶总督的那彦成为钦差大臣，前往喀什噶尔，会同扬威将军、大学士长龄筹办善后事宜。[①]

自接受新任务后，那彦成很快就回疆弊端陈述己见。道光八年（1828）正月，他上奏回疆积弊，认为新疆西、南两路分设大臣驻扎，皆受伊犁将军节制，自应分隶考察，具体是哈密、吐鲁番、巴里坤、古城、库尔喀喇乌苏等处受乌鲁木齐都统专辖，喀喇沙尔、库车、阿克苏、乌什、叶尔羌、和阗、英吉沙尔等七城归喀什噶尔参赞大臣专辖，均隶属于伊犁将军统辖，每年由将军、都统及参赞大臣对其考核。同时应增加新疆官员的养廉银，准其携眷，以安其心，俾于全力治理。[②]

四月，那彦成抵达喀什噶尔，从长龄处移交善后大权。那彦成在新疆期间共奏事 140 余件，其中关于兴利除弊、国计边防及整饬官兵、抚恤民众、控制外夷有 80 余件，可谓殚精竭虑，尽力为国。总体而论，其善后举措主要是在长龄的基础上进一步推进，但在革除回疆积弊方面甚有创新，主要集中在三个方面：一是革新除弊，强化内治；二是安抚布鲁特，重建藩篱；三是通过断绝贸易施压浩罕，使其不再支持和卓势力。三者中，强化内治是那彦成善后工作的核心，安抚布鲁特是关键，惩治浩罕是重要任务。

1. 革新除弊，强化内治

第一，革除回疆各城伯克陋规。回疆各城大小衙门的需费繁多，多由

---

① 《清宣宗实录》卷129，道光七年十一月庚戌。
② 《清宣宗实录》卷132，道光八年正月乙丑。

阿奇木伯克代为办理，故此，阿奇木伯克等人往往借办公之名，向各回户摊派苛敛，从中肥己。那彦成查明回疆相沿陋规中，危害最大的就是每月按户派钱，名为"克列克里克"。如有不敷，再行续派，名为"色里克"，如同饕餮般贪婪。伯克的贪婪无厌，已酿成严重的官民矛盾。那彦成奏请为"安回众而靖边陲"，应严行禁止伯克肆意向民众收税。① 道光帝谕令将其永远革除，并勒石于各城大臣衙门和各城阿奇木衙门，通行刷印分贴各回庄，令各城大臣，按季查核，有无干犯例禁之人，报明参赞大臣，每届年终汇奏一次。伊犁将军统辖各城应认真查察。同时规定，若章京、伯克等违禁滋扰，该管大臣奏明严办，若瞻徇容隐，经参赞大臣查奏，即将该管大臣照例议处。各城大臣，或受已禁陋规，或改易名目，仍有侵削，参赞大臣应奏明参办，即照乾隆年间格绷额之例，② 立行正法；所有滥应中饱之阿奇木等，亦予正法。若参赞大臣不能洁身表率，干犯禁令，及徇庇各城大臣，有犯不举，著伊犁将军访查参奏，并准各城大臣指实揭参。如将军有瞻徇容隐情事，别经发觉，除将不法之员治罪外，定将该将军一并严惩，决不宽贷。至各城民众，如有受该处大小官员朘削者，准其赴参赞将军各衙门呈控；如该衙门不为究办，即于年班进京时，赴理藩院呈控；傥理藩院仍不代奏，准其赴在京各衙门控告，如所控得实，免其坐罪；其申诉不实，或未经在参赞将军等衙门呈告者，仍照例治以诬告及越诉之罪，自此次明定章程。③

第二，革除回疆补放伯克积弊。那彦成奏称从前伯克缺出往往有贿嘱营谋等弊，积习相沿，危及当地。现在回疆底定，首重抚绥，欲戢众心，应先清弊窦，自应明定章程。具体内容如下：各城三品至五品伯克缺出，由本城大臣查明，先尽出力受伤、或家口被害之人，次尽死事人之子孙，次尽出力世家，并视其人才能否办事，逐细声明，照内地体制，造具四柱清册，一劳绩，二资格，三人才，四家世，填注事实，出具切实考语，将应升应补之人，开列四五员，咨送参赞大臣验看。其应升人员，亦定为历

---

① 马大正：《清代新疆稀见奏牍汇编》（道光朝），新疆人民出版社，1996，第14~15页。
② 乾隆五十四年，和阗领队大臣格绷额向当地伯克及百姓勒索财物、收受贿赂，被乾隆帝下令正法示众。
③ 马大正：《清代新疆稀见奏牍汇编》（道光朝），新疆人民出版社，1996，第23~28页。《清宣宗实录》卷140，道光八年八月甲戌。

俸三年之例，俸满者方准保送，如有蒙混不清，即行驳查。如果覆核无异，即照各城大臣原送考语，开单奏请补放。此后该伯克犯有公过，与原保大臣无涉。若有扰累回众，或将已革陋规，改易名目，敛钱肥己等事，一经发觉，即将原保大臣严加议处。其六七品伯克及金顶维吾尔缺出，由各城大臣详加遴选，查明俸满应升及应补之人，亦造四柱清册，酌保三四员，咨送参赞大臣验放，毋庸具奏，仍咨明理藩院查核。此外，维吾尔工匠及阿奇木家人，并在京为奴遇赦释回之维吾尔，均因通晓汉语，充当通事，各城办事大臣以其当差熟识，或瞻徇情面，遂至违例升用伯克，此辈出入衙门，内外串通，遇事滋扰，着于现在伯克内查明，如有曾充工匠家人，及有罪赦回之犯，有已放伯克之人，即行斥退。以后此等出身之回子充当通事，不准升补伯克。因为各城阿奇木伯克、伊什罕伯克、都管伯克均有经管粮赋差徭之责，一切苛派弊窦，皆出其手。查乾隆年间旧例，大伯克回避本城，小伯克回避本庄，然而近来阿奇木伯克多用本城维吾尔，小伯克以本庄之人，办本庄之事以至于对当地剥削尤甚。鉴于此，那彦成规定嗣后升补各城阿奇木伊什罕都管等伯克回避本城，五六七品伯克回避本庄，如有蒙混错误补放者，理藩院查出，照例请旨交部议处。该参赞大臣仍随时密访，如有前项各弊，严行参奏，从重办理，以昭炯戒。至旧制英吉沙尔属于喀什噶尔，和阗属于叶尔羌，属城与本城，一律回避。[①]

不难看出，那彦成重新制定伯克简放之章程，主要是参考内地体制，特别考核劳绩、资格、人才、家世四项，并提出差额推荐的办法，重在考察其对清政府的忠诚和功绩。这实则是那彦成变更原来回疆基层官吏选拔上的特殊性，努力将新疆与内地一体化。对连接官员与普通民众之间的通事，禁止任命为伯克，防止其狐假虎威，借官威欺压百姓。另外，他重申了乾隆年间制定的伯克回避制度。

第三，加强对回疆各城官吏考核。那彦成认为，此次张格尔之乱的原因中，固然有回疆白山派民众崇信和卓，但"半由于平日抚驭失宜，早寒回众之心"。他指出，乾隆朝统一回疆时，所派各城官员多为眼界较宽且于公事知所轻重者，但此后的官员未必属于贤能之才，加之参用的侍卫赴回

---

① 马大正：《清代新疆稀见奏牍汇编》（道光朝），新疆人民出版社，1996，第14～16页。《清宣宗实录》卷138，道光八年七月辛丑。

疆任职不是守土爱民，而是图饱私囊，极尽牟利搜括。另外，回疆各城长期缺乏有效监督。“虽有统制之名，而无考核之实，彼此又皆熟悉，遇事迁就，各求自了，不肯持正为攻”，① 故其酿成较多官民矛盾。有鉴于此，那彦成奏请回疆各城官吏按照内地官制进行考察监督，特别是伊犁将军有统制之名，应增加“考覆”一条。为防止疏漏，应实行分区考察，具体为：哈密、吐鲁番、巴里坤、古城、库尔喀喇乌苏隶属乌鲁木齐都统专辖；喀喇沙尔等七城照旧隶属喀什噶尔参赞大臣专辖，两处统辖于伊犁将军。同时，要求伊犁将军、乌鲁木齐都统和喀什噶尔参赞大臣要秉公出具考语，如有失察，各城大臣可据实参奏，以资维制。该奏议获得道光帝谕准。② 那彦成对回疆各官吏监督考核的建议，实则也是以内地官员考察标准审查的，以“层层相制”达到“防荡检逾闲”的目的，③ 这在本质上也是官吏考察制定上达到新疆与内地一体化。

第四，革除各种弊端，使民众畏法向善。由于回疆远离内地，加之长期因俗而治，以至于回疆民众犯法而不知。特别是各城伯克往往恃强凌弱，任意欺凌民众，造成民怨四起。故此，那彦成奏请颁布例禁十六条，使民众知法守法，其主要内容是：严禁私采私熬和藏匿硝磺；严禁私藏军械和私造鸟枪；严禁私毁私铸钱币；禁止阿奇木伯克徇私举荐阿訇；严禁无路票的维吾尔民众随意出行；严禁伯克随意侵占水源；严禁伯克随意侵占当地女性民众；严禁定居的安集延商人与当地民众通婚；严禁私贩人口；严禁维吾尔女性进入满城；严禁官兵随意进入村庄游荡；严禁军马践踏农田；严禁官兵霸占当地人菜园；严禁内地商人在回疆放高利贷；严禁内地汉人无票前往回疆；严禁内地回族无票进入回疆。从上述内容看，那彦成主要是想解决官民矛盾、军民矛盾、限制伯克权力、消弭民间潜在威胁，构建和睦的官民关系，维护回疆基层社会稳定。上述十六条中，道光帝肯定了七条、赞赏了三条，再议两条，无批示的是三条，对伯克随意侵占回妇，道光帝朱批为“从俗而已，不值绳之规条，徒增累牍之烦，可无过问”④。接到道光帝朱批后，时任喀什噶尔参赞大臣武隆阿表示：“回俗无知礼教，

① 马大正：《清代新疆稀见奏牍汇编》（道光朝），新疆人民出版社，1996，第4页。
② 马大正：《清代新疆稀见奏牍汇编》（道光朝），新疆人民出版社，1996，第13~15页。
③ 马大正：《清代新疆稀见奏牍汇编》（道光朝），新疆人民出版社，1996，第3~4页。
④ 马大正：《清代新疆稀见奏牍汇编》（道光朝），新疆人民出版社，1996，第43~46页。

不能悉备，夷情向顺，法治在于绥德，惟严约兵民于法制禁令之中，使各相安于无事，则边围夷庶常沐休养于生成。"道光帝谕令其"政贵有恒，再加以真实二字，何虞不治"？①

第五，加强卡伦防守。因长龄调离新疆，原奏议加强边卡防守的举措具体由那彦成完成。他建议除毕底尔、雅满素2处外，将乌什其余的巴什雅哈玛等4处卡伦分设3个土堡，中堡驻兵80名，左右两堡各驻兵50名，三堡之间设卡房二处，各驻兵10名，在开齐小路上巡逻，声势联络。② 在此基础上，他制定建设堡卡、分巡驻守章程。喀什噶尔、叶尔羌、英吉沙尔三城，通共有卡伦20处，中间俱有开齐小路，各卡相距数十里至百数十里不等，向来每卡驻兵10名，稽查未能严密，遂奏请令各卡伦适中要隘之地，添建土堡及官兵额数，分巡驻守。清廷审议后，批准其方案。具体如下：喀什噶尔所属卡伦8处，其中的喀浪圭、图舒克塔什和乌帕拉特三处卡伦为通浩罕的要路，于该三卡适中之明约洛地方，筑土堡一处，遴派得力都司守备一员，率绿营兵200名驻守，并将贸易亭建于堡内。于巴尔昌、伊兰瓦斯、伊斯里克三卡适中之阿尔瑚庄西，及玉都巴什、伊尔古楚两卡适中之马厂地方，各筑土堡一处，每处遴派得力千把总一员，各率绿营兵60名驻守。以上三堡，俱根据兵数，添建兵房，其余各卡，各派千把外委一员，带兵10名，专司稽查出入，探信瞭望，及监督往来的外部人员，与各堡策应，遇有探报事件，就近报明驻堡员弁，派兵接报该城。再于各卡添设满营骁骑校等官一员，各带兵7名，专司查对开齐信牌，逐日踏看有无偷越踪迹。该驻堡之都司、守备、千总、把总等军官，逐日派兵稽查所属卡伦、小卡及开齐；间日带兵亲查会哨。叶尔羌所属卡伦7处，其中的亮噶尔卡伦通巴达克山等处，库车雅尔卡伦通克什米尔等处，均系要隘，于该二处各筑土堡，添建兵房，每处安设得力千总一员，各带绿营兵60名驻守。其余扣什喇普、玉拉里克、奇灵、桑珠、赛里克等5处卡伦，均非必由之路，各派把总外委等官一员，带兵15名驻守。其查对开齐等事，与喀什噶尔一体办理。英吉沙尔所属卡伦5处，唯乌鲁克为通各外夷及布鲁特要路，于该卡建筑堡兵房，遴派得力千把总一员，率绿营兵60名驻守。其余图

---

① 马大正：《清代新疆稀见奏牍汇编》（道光朝），新疆人民出版社，1996，第67～68页。
② 《清宣宗实录》卷136，道光八年五月丁巳。

木舒克、特尔克齐克、特比斯、铁列克 4 处卡伦，各派兵 10 名，责成驻堡千总、把总周历巡查，足资控制。和阗所属卡伦 12 处，并不与外夷相通，每卡兵数，着仍其旧。以上各官兵，均着按月更换，各该城大臣随时派委大员，带领兵丁，抽查开齐。如查有私越形迹，该管官未能盘获，及匿不禀报者，即行严参惩处。其各守卡官兵，如有偷避潜回，及私放茶叶大黄出卡，或讹索外夷入卡贸易，并禀报迟延不实情事，一经发觉，即按依军法办理。[①]

第六，清查私田，纳租赋税，"以回疆之利供回疆之用"。回疆底定后，清政府发现回疆各城私垦地亩甚多，遂决定清查地亩，增收粮石，以供兵糈。据长龄奏报，喀什噶尔地区维吾尔人私垦地亩较多，按原来征粮标准，每年可多收 2 万余石粮食。叶尔羌当地每年也可多征收粮食 9000 余石。那彦成到喀什噶尔后，认为"回疆隙地逐渐开垦成熟，其隐匿粮赋不止喀、叶二城"，他令各城办事大臣督饬当地阿奇木伯克亲自到各村庄详细调查，凡将官荒地亩私垦成熟者，应一律升科。后据汇报，回疆各城每年可增粮 56000 余石。那彦成认为，喀、英、叶、阿、乌五城新增换防官兵的口粮与马料总额共不过 38000 余石，这样还剩下 18000 余石。若加上新开辟的喀什噶尔大河拐及叶尔羌八十里亮噶两地屯田，回疆每年则有大量余粮。他认为"西四城地处极边，积聚过多，不特不能久贮，日久究有不宜，不如以回疆之利供回疆之用"，可将余粮"按回疆例价，每石合银五钱折给各大臣及章京、笔帖式等养廉盐菜银两，以回疆所产即以供回疆之费"[②]。

第七，回疆各城章京等胥吏恢复由京城拣派。自统一新疆后，清政府规定回疆各城章京由京城拣派司员前往，后因京员不熟悉回疆情形，且有不通汉文和满文者，致使办公不能得力，故各城大臣在驻防笔帖式内择其熟悉当地情形之员给予主事职衔，奏准补用。然而，各城大臣的属员却钻营上司，胆徇相沿，以至于各城章京等职均由驻防职员调补。60 余年来，这些章京与各城大臣"日久把持团结成风，舞弊营私，扰累回子无所不至"。鉴于此，那彦成奏请恢复旧制，将喀什噶尔、叶尔羌、喀喇沙尔、库车、阿克苏、乌什、和阗 7 城的印房章京全部换成京员，喀什噶尔和叶尔羌

---

① 马大正：《清代新疆稀见奏牍汇编》（道光朝），新疆人民出版社，1996，第 58～59 页。《清宣宗实录》卷 146，道光八年十一月癸卯。

② 马大正：《清代新疆稀见奏牍汇编》（道光朝），新疆人民出版社，1996，第 19～20 页。

的帮办章京及喀喇沙尔的夷回章京则在驻防人员内奏补。① 由此可知，那彦成此举主要是为整饬基层吏治，防止各城大臣与胥吏勾结，祸害当地民众。

第八，改换防兵为携眷兵。戡乱后的回疆驻军问题，是长龄与那彦成意见相左的重点。长龄认为，乾隆二十四年平定大小和卓时的回疆"因其人，收其地，与北路情形不同，是以量遣兵丁换防"。虽已历60余年，"现计西四城回户仍有数十万户之多，此中安设眷兵，兵多，费多；兵少，仍不能得力。况兵回杂处，将来生齿日繁，必增流弊，不如仍设防兵办理较易"。于是他奏请仍保持原来换防兵制不变，可那彦成与杨芳、武隆阿及苏清阿则持不同意见。他们认为"善后情形，必须变通"。特别是，回疆人心甫定，非安设重兵，势难镇抚。然而，以往的换防兵丁"大半皆以衰老充数，到戍后又复准其告驻，一两班至三班不等，其事始于姑息，以致各城防兵半属衰残，徒然虚糜粮饷"。故此，那彦成等人奏请，自此以后陕甘派回疆兵丁应在40岁以下，并禁止换防告驻，实行携眷常驻，以增强兵力。② 然而此建议未被道光帝批准。

第九，练兵强军以重边防。自乾隆二十四年来，回疆绿营官兵均为陕甘绿营官兵换防。因为回疆距离陕甘遥远，道路艰险，故此，陕甘绿营官兵视之为畏途，以至于各营往往以老弱充数。到驻防各城后，这些官兵又被派赴各项役使，"守城一事已难支持，操防之说，纯属子虚，以致外夷轻视，敢肆猖獗"。为改变这一情况，那彦成先是奏请饬令陕甘两省嗣后应派年力精壮官兵驻防新疆，不得以老弱充数；再奏请加大对现驻回疆10600名官兵的训练。他指出："倘仍因循怠惰，不加训练，徒有增兵之名而无增兵之效，边防紧要，坐任废弛，实为可惜。"那彦成与武隆阿等人商议，责成喀什噶尔总兵舒伦保在喀什噶尔驻防4300名官兵中挑选2000精壮之兵，以200名为一班，分为10班，每月三、六、九日操演抬炮、抬枪；二、五、八日操演鸟枪；一、四、七日操演弓箭、长矛，逢十日则合操速战阵1次。此训练方案中重训练抬炮和抬枪，这是源于杨芳、武隆阿在戡乱作战中亲见抬炮和抬枪是最为得力，也是最让敌人畏惧的武器。为增强训练效果，那彦成与杨芳、武隆阿规定，每月由总兵校阅3次，每日派副将、守备等轮

---

① 马大正：《清代新疆稀见奏牍汇编》（道光朝），新疆人民出版社，1996，第32～33页。
② 马大正：《清代新疆稀见奏牍汇编》（道光朝），新疆人民出版社，1996，第11～12页。

流操练，参赞大臣每月校阅 1 次。对步伍不整、技艺不熟的官兵，将该镇将等军官记过 1 次，记至 3 次，将弱职之员据实参办，以肃军令。同时，为鼓励训练士气，那彦成以没收的叛产房租等内拨出一定费用作为奖励。具体是：在总兵校阅中，士兵操练抬炮、抬枪能中 3 靶者，奖钱 35 文；中 2、中 1 靶者，奖钱 25 文；鸟枪中 3 靶者，赏钱 35 文；中 2 靶者，奖 25 文；弓箭中 5 箭者，奖 35 文，中 4 箭、3 箭者，分别递减 10 文；长矛以捷迅入法者为上，奖钱 10 文。技艺生疏者，予以惩处。在参赞大臣操阅期间，上述奖赏俱加 1 倍。那彦成还奏请将驻防喀什噶尔的 500 名满洲兵也勤习骑射。每年秋末冬初草肥马壮之时，参赞大臣遵照旧例带领满洲官兵进山演习行围。总之，加强驻军训练，应"使边夷震慑，声威于镇抚"。① 当然，不仅是喀什噶尔一地如此，那彦成要求回疆各城驻防官兵均应加强训练。

2. 安抚布鲁特，重建回疆藩篱

重新认识布鲁特对回疆西四城防御的重要性，是那彦成比长龄、武隆阿等人的高明之处。早在道光六年（1826）七月，那彦成在《通筹军需全局折》中就深刻分析了布鲁特参加张格尔叛乱的原因，并特别指出乾隆帝底定新疆"不仅在辟土开疆，盖所以重立藩篱，威震四境"。② 故此，他向道光帝奏请，新疆善后的重要工作中应包括安抚布鲁特。他指出，回疆各城边界辽阔，且多与布鲁特接壤。乾隆年间，官兵平定阿睦尔撒纳叛乱及大小和卓叛乱期间，将布鲁特各部收抚，羁縻而治，"无事则卫我藩篱，有事则用为间谍，寄以侦探"。但后因抚驭失宜，孜牙敦案、苏兰奇被训斥案及阿坦台汰列克案等"失布鲁特人心之事非止一端"，以致张格尔滋事时，"布鲁特中桀黠者无不从之逆，善良者亦观望两端"。此时，官兵生擒张格尔，兵威震慑边外，宜趁此良机，将其"普行收抚，示以羁縻，使之诚心向顺，自可永奠边圉"。对此，道光帝谕令其"善后总以收抚布鲁特为要"③。

道光八年（1828）四月，那彦成招抚卡外各布鲁特时表示，考虑其被迫参加已经被政府擒拿的张格尔的叛乱，决定不予追究。④ 这在很大程度上

---

① 马大正：《清代新疆稀见奏牍汇编》（道光朝），新疆人民出版社，1996，第 19～20 页。
② 马大正：《清代新疆稀见奏牍汇编》（道光朝），新疆人民出版社，1996，第 1 页。
③ 《那文毅公奏议》卷 80《那文毅公筹划回疆善后事宜奏议·收抚外夷》。
④ 《那文毅公奏议》卷 80《那文毅公筹划回疆善后事宜奏议·收抚外夷》。

起到了安抚布鲁特民心的效果。五月，那彦成又将卡外布鲁特首领占巴拉特等招抚至喀什噶尔，向其表示此前新疆官员错误妄杀吐尔底迈玛特及误杀汰列克家口，他受皇帝之命前来办理善后事宜，定会好好安抚他们，同时要求后者能协助官府缉捕逃亡的叛乱分子。那彦成代表清政府向布鲁特首领主动承认此前政策错误，这在清代新疆官员中是绝无仅有的。这充分表现出那彦成在处理新疆善后事宜上的实事求是、踏实做事的精神，体现出高明的战略眼光和高超的办事能力。

此后，那彦成与武隆阿派人驰赴卡外各布鲁特，令其首领进卡拜谒，并取得良好效果。六、七月间，已有较多布鲁特部落首领进卡拜谒，那彦成均对其酌加赏赐，予以安抚，并"令各安生理，长作边藩"。对此，道光帝表示"嘉悦之余，曷胜眷念"。① 十一月，那彦成与武隆阿会衔奏报，二人已将浩罕属下较为强大的额提格讷布鲁特招抚，并安置在卡外的特依劣克达坂游牧，以监视浩罕。道光帝对此表示认可，并令那彦成赏给该部落首领阿里玛卡二品顶戴，以示与其他顺服的布鲁特一视同仁。同时告诫那彦成，按照天朝体制，从不过问外夷间构怨之事，那彦成对此应早做谋划。

十二月初十日，那彦成与武隆阿再次会衔奏报，已将布鲁特首领全部招抚，特别是将冲巴噶什爱曼布鲁特兰奇的部落招徕归顺。那彦成对其首领分别授以三、四品顶戴，将其部落安置在喀郎圭卡外200里的赫紫尔俄依地方。各布鲁特中，以希皮察克和冲巴噶尔两部落最强大，从前因为新疆官员失策，致使其投奔浩罕，成为帮凶。如今二部重新归顺，"尔浩罕羽翼顿剪，沿边一带可期乂安"。二十八日，那彦成与武隆阿会衔上奏认为："浩罕小丑自大，总当剪其附从之布鲁特，使之受我羁绊，该夷顿失凭依，始可必其恭顺。浩罕专恃强暴，加以贪残，我国家羁縻布鲁特之计，惟当反其所为，结之恩信，使夷众有所系心，自可久安边徼。"按乾隆年间旧例，政府对出力的奇里克、冲巴噶什、希皮察克等布鲁特部落首领皆优予世袭、顶戴并酌赏缎帛、银两作为岁俸，"非优与翎顶，酌加赏赐作为岁俸，不足以示怀柔而昭巩固"，奏请按照功绩将各布鲁特分为三等，分别赏给俸禄和布匹。然而，此议遭到道光帝严斥，谕令中认为乾隆年间并无赏给岁俸之事，"国家无此政体，且此事并非迫不及待"，而那彦成与武隆阿

---

① 《那文毅公奏议》卷80《那文毅公筹划回疆善后事宜奏议·收抚外夷》。

二人未奏先行，应即刻停止，并将那彦成拟定的赏赐明细销毁。同时要求那彦成迅速起程返京，限于六月内到京。①

道光九年（1829）一月，浩罕西南的达尔瓦斯部落请求内附，那彦成与武隆阿又奏请对其酌加赏赐。道光帝甚为生气，谕令二人即刻停止，并指出"边疆重务，全在镇定抚绥。即布鲁特果有诚心归附者，亦只当就地羁縻，从无酌给岁俸之事"。同时告诫那彦成"办理善后事宜，原不应妄图卡外之事"。② 由此可见，道光帝已经改变了原来谕令那彦成招抚布鲁特的初衷。在道光帝的严令下，那彦成与武隆阿只好制定《抚驭投诚卡外各布鲁特严防浩罕影射通商章程》八条，主要内容是布鲁特互相争夺，告禀求援向不过问；布鲁特全行归顺足资卡外藩篱，应熟筹抚驭之方，以期经久无弊；外夷交相携贰相机控制，应慎终与始，以免后顾之忧；外夷入卡贸易，恐有浩罕夷人影射冒混，应严密稽查；布鲁特贩货入卡，恐为安集延包揽代销，应永远查禁；外夷入卡贸易，进出人数及稽查弹压，应照奏定章程实力奉行；浩罕货物影射冒混，业已防范周密，内地茶叶恐有私贩接济浩罕，应严行查禁；禁绝浩罕贸易系一时控制之法，俟该夷恭顺听命，仍当加惠通商。③

从当时情形来看，那彦成与武隆阿对反思治理布鲁特政策，并结合当时平定张格尔之乱的大好时机，重新收抚布鲁特，重建回疆藩篱，"结其归命之忱，不致再为浩罕所使"，④ 确有值得肯定之处，且是按照道光帝的谕令从事，无奈道光帝后期改变初衷，以"国家无此政体"为由，勒令二人停止对布鲁特人的招抚奖赏之策。这实则将二人前期所做工作付之流水，也令布鲁特人甚为寒心，其对清政府的忠诚之念也大受打击。故此，在那彦成离开新疆后的道光十年（1830）七月，浩罕扶持玉素普侵扰新疆，各布鲁特又被裹胁参加叛乱。那彦成的担心最终还是发生了，这是对道光帝治理回疆政策的莫大讽刺。

3. 以贸易为战，迫使浩罕交出和卓后裔

如前文所述，浩罕藏匿了和卓后裔，以奇货可居，并不断扶持和卓后

---

① 《那文毅公奏议》卷80《那文毅公筹划回疆善后事宜奏议·收抚外夷》。
② 《那文毅公奏议》卷80《那文毅公筹划回疆善后事宜奏议·收抚外夷》。
③ 《那文毅公奏议》卷80《那文毅公筹划回疆善后事宜奏议·收抚外夷》。
④ 《那文毅公奏议》卷80《那文毅公筹划回疆善后事宜奏议·收抚外夷》。

裔，将其视为向清政府要挟的棋子。更有甚者，在张格尔叛乱期间，浩罕国王还亲自率数千军队攻打喀什噶尔汉城。在动乱期间，在回疆经商的浩罕商人充当了间谍。诚如长龄对那彦成所言："（浩罕）其种类久杂卡内贸易，深知虚实，往来交接，声息相通，张逆借卡外之安集延为爪牙，借流寓之安集延为腹心。"① 故此，清政府在平定叛乱后的筹划善后时，有官员提出要以断绝贸易，迫使浩罕交出和卓后裔。

道光七年（1827）七月，署陕甘总督鄂山最早提出对浩罕断绝贸易的建议，"筹办善后，严禁往来贸易，将外夷之人，不准轻放一名入卡，其隶入版图各回城之人，亦不准轻放一名出卡，并不准在附近卡地游牧，使内奸外逆声息不通，回众资生乏策，即足制其死命"。② 在清政府俘虏张格尔后，浩罕以维护教义之借口拒绝将张格尔亲属交给清政府，这激起长龄的愤怒。十一月，长龄奏请断绝与浩罕的贸易，逼迫后者交出张格尔亲属，道光帝认为此议甚好，要求那彦成落实此事。"大黄、茶叶，系该夷必需之物，果能严行禁绝，俾外夷无以资生，藉擒献张格尔，为求通贸易地步，固属甚善。倘阳奉阴违，或奸贩偷漏，或兵丁卖放，致为外夷所窃笑，转属不成事体。那彦成到彼，体察情形，严定章程办理，务须实力稽查，不可有名无实。"③ 一个月后，道光帝再次谕令那彦成，"严禁大黄茶叶，原可制外夷之死命，然必须稽察严密，勿使偷漏"。④

道光八年（1828）三月十三日，那彦成行至阿克苏，与返京的长龄会晤，后者向其特别强调了境内浩罕的安集延商人参与叛乱的危害。那彦成由此更加深刻认识到了境内浩罕商人对回疆稳定的潜在破坏性。"是张逆之变，实由于失布鲁特之心。自坏藩篱，亦由于安集延之内外串通，遂敢鸥肆。若再事姑息，日久必又酿成大患。"故此，那彦成提出"攘外必先安内，内患不除，即无以善其后，必须将安集延陆续全行逐出，断不可再有因循"⑤ 此意见得到了道光帝御准。故此，清政府对浩罕进行断绝贸易的行动，分为两个方面：一是严禁贸易，二是驱逐境内的安集延商人。

---

① 马大正：《清代新疆稀见奏牍汇编》（道光朝），新疆人民出版社，1996，第51页。
② 《清宣宗实录》卷122，道光七年七月甲子。
③ 《清宣宗实录》卷130，道光七年十二月庚午。
④ 《清宣宗实录》卷131，道光七年十二月丙申。
⑤ 马大正：《清代新疆稀见奏牍汇编》（道光朝），新疆人民出版社，1996，第52页。

四月二十一日,那彦成行抵喀什噶尔城后,即刻遵照道光帝旨意,厉行断绝与浩罕的贸易往来。不久,浩罕遣人投书向清政府道贺抓获张格尔,并要求入卡贸易。那彦成随即派兵严密监视,不准其与流寓境内的安集延人及当地民众接触,不准其开包贸易,并酌给口粮,派兵将其押出卡伦外。对此,道光帝大加赞赏,"所办甚得大体,与朕意相同,可嘉之至!"并指示:"浩罕每接通市获利,用以恐吓附近外夷。此时,惟严守卡伦,禁绝贸易。该大臣等务当遵照前旨,妥为办理。"①

经查,回疆各城内均有安集延商人,多者数百户,少者数十户。鉴于其人数众多,若同时驱逐出境,恐生事端;若任其盘踞,又恐日久生患。那彦成奏请下令将回疆各城流寓在 10 年以内之贩运违禁商品的安集延人先行驱逐,将其囤积的茶叶、大黄没收入官;其余暂准居住,以安其心,将其一体编入回户,当差种地,田地不得超过 100 亩,不准婚娶置产。如有偷贩大黄、茶叶出卡,及囤积违禁物件,或被人控诉有罪,即行驱逐。② 道光帝表示"数年后果能驱逐一空,岂非安边之良策?总要实力奉行,断不可日久疏懈",③ 并责成喀什噶尔参赞大臣及各城大臣认真办理,务期尽绝根诛,无贻后患。考虑到浩罕还与哈萨克贸易,为防止浩罕通过哈萨克贸易获取大黄和茶叶,内阁大臣德英阿等奏请在伊犁、塔尔巴哈台等地"一律设法严禁"。④

综上可见,断绝与浩罕贸易,始于署陕甘总督鄂山之议,又被长龄再奏,故得道光帝谕准。那彦成不过是忠实执行道光帝的命令而已。这一政策,不仅在回疆执行,还被推广到伊犁和塔尔巴哈台地区,成为当时清政府对浩罕的重要政策。不过,需要特别指出的是,这一政策不是长久之策,仅为权宜之计。诚如那彦成所言:"禁绝浩罕贸易系一时控制之法,俟该夷恭顺听命,仍当加惠通商。"其目的是迫使浩罕"一经猛醒,必先缚献逆属扣关纳款"。⑤ 获准后,那彦成下令回疆各城切实执行,至七月十九日,回疆各城驱逐安集延商人及清查大黄、茶叶取得较大成效,具体如表1所示。

---

① 《那文毅公奏议》卷 79《那文毅公筹划回疆善后事宜奏议·镇制浩罕》。
② 马大正:《清代新疆稀见奏牍汇编》(道光朝),新疆人民出版社,1996,第 52 页。
③ 《清宣宗实录》卷 141,道光八年八月丁亥。
④ 《清宣宗实录》卷 139,道光八年七月丙寅。
⑤ 《那文毅公奏议》卷 80《那文毅公筹划回疆善后事宜奏议·收抚外夷》。

表 1

单位：户，斤

地区	驱逐安集延	剩余安集延	清查物品	
			大黄	茶叶
库车	25	25	0	0
阿克苏	65	365	7650	60930
乌什	52	68	8	1500
叶尔羌	23	137	1420	2740
和阗	29	229	30	2840
喀什噶尔	108	607	230	950
英吉沙尔	11	77	0	0
合　计	313*	1508	9338	68960

　　注：* 《那文毅公奏议》卷80《那文毅公筹划回疆善后事宜奏议·驱逐偷住卡内安集延》中统计有误，记载为289户。

　　实际上，在此次驱逐境外商人的行动中，清政府还把布噶尔、克什米尔、巴达克山、瓦罕、巴尔提等处的商人也一并驱逐。其中阿克苏驱逐布噶尔、克什米尔商人21户，剩下108户。叶尔羌驱逐了巴达克山、克什米尔、瓦罕及巴尔提等处商人306户，剩下617户。那彦成将没收的大黄和茶叶散给各城换防官兵，零星照市场价酌减扣饷入官库。至十一月，清政府又相继驱逐一些商人，并对剩下商人的田产进行清查，按照粮税征收粮食。具体是：库车剩下安集延25户，征收粮食12.5石；阿克苏剩下安集延及布噶尔473户，征收粮食134石；① 乌什剩下安集延68户，布噶尔14户，共82户，均无地亩和房产；叶尔羌剩下安集延及巴达克山754户，其中226户应征收粮食1397.7石；和阗剩下安集延229户，其中136户应征收粮食75.5石；英吉沙尔剩下安集延77户，其中31户应征收粮食125.5石；喀什噶尔剩下安集延607户，其中135户应征收粮食425石，以上合计应征粮食2170石。②

　　在执行过程中，那彦成也察觉到安集延与其他境外商人的不同。他指出："伏查布噶尔、克什米尔、巴达克山等外夷流寓阿克苏、叶尔羌等城，

---

　　① 《那文毅公奏议》卷80《那文毅公筹划回疆善后事宜奏议·驱逐偷住卡内安集延》。
　　② 《那文毅公奏议》卷80《那文毅公筹划回疆善后事宜奏议·驱逐偷住卡内安集延》。

种地佣工，相沿年久，且该部落并无从逆之人，其情可原。惟安集延为浩罕所属，久在卡内，贸易渔利，乃忘恩反噬，肆其鸱张，即将该夷同类之人，全行驱逐出卡亦不为过。因人数过多，不忍同时并逐，是以奏请分年办理。"在查明各城户口及制定册档后，那彦成要求各城大臣随时稽查，实力奉行，以期数年之后，将其驱逐一空。对此，道光帝表示赞赏，同时谕令："必应驱逐之人，不得以现在业已纳粮当差，不复过问，以致日久因循，于善后章程依然有名无实。惟当设法稽查，稍有过犯，即行押逐，不可日久疏懈，仍将每年逐出人数咨报参赞大臣，于年终汇奏一次，以副圣主绥静边疆之至意。"①

清政府的断绝贸易，虽起到了困扼浩罕之目的，但又危及卡外各布鲁特人的日常生计。喀什噶尔和叶尔羌地邻极边，卡外各部落商贩往来，均必由浩罕经过，该部落皆以贸易为生，不能因困扼浩罕而导致布鲁特人的生计缺乏，所以那彦成奏请照伊犁与哈萨克贸易章程，于卡伦要隘之所，建立贸易亭，接济卡外各部落。道光帝予以批准。那彦成遂于喀浪圭卡伦外明约洛地方建设贸易亭，修展堡卡，派都司守备一员，带兵200名，前往弹压稽查。一切贸易置货，均照伊犁官铺章程办理，但贸易各物，当议定价值，以货易货，永禁内地元宝出卡。商民及维吾尔人中，有以银置货者，一经查出，将所置之货，概行入官，仍从重治罪。道光帝认为："果能如此办理，自系筹边良法，但恐有名无实，日久玩生。嗣后该大臣等总当认真查禁，永远遵守，无任玩法滋弊。"② 道光九年（1829）二月，英吉沙尔城守营游击张作友将入卡贸易的巴达克人误认为是布鲁特人，仅派一名兵丁押送，并未遵照章程办理，被降为守备，卡伦外委治沛章被降为马兵，领队大臣多隆武因失察之罪被交部于任满回京后议处，该城四品阿奇木伯克迈玛特玛哈素特，也撤回与喀什噶尔四品伯克斯迪底克的对调，以示惩儆。③

从历史事实看，清政府企图以贸易之战，迫使浩罕交出张格尔亲属的做法，并非那彦成始创，而是源自鄂山和长龄。这一方案也得到道光帝的认可，并被要求竭力落实。那彦成到达喀什噶尔后，确实遵照谕令，尽力

① 《那文毅公奏议》卷80《那文毅公筹划回疆善后事宜奏议·驱逐偷住卡内安集延》。
② 《清宣宗实录》卷142，道光八年九月庚子。
③ 《清宣宗实录》卷151，道光九年二月乙丑。

办理，并根据实际情况，在布鲁特毗邻的卡伦附近设立贸易圈，继续与布鲁特的贸易，试图隔离布鲁特与浩罕的经贸联系，以达到孤立浩罕之目的，这是较为稳妥之举。那彦成遵旨厉行封禁，深深打击了浩罕的利益，以至于浩罕铤而走险，转而支持张格尔的亲属，再次进犯回疆，从而酿成玉素普之乱。那彦成也因善后不力，受到严厉处分。特别不幸的是，长龄在处理玉素普之乱的善后过程中，他却同意不禁大黄茶叶贸易、允许在回疆境内免除浩罕商人货税、归还以前抄没安集延物品的苛刻要求，[①] 实则是对那彦成强化内治，抵御外敌的否定。

三　玉素普之乱与长龄的善后

如前文所述，那彦成遵照道光帝谕令，对浩罕实施断绝贸易，驱逐安集延商人的做法，并得到道光帝的嘉奖。然而在那彦成返回内地后，浩罕并没有屈服于清政府的经济施压，反而再起侵占我国新疆的野心。道光十年（1830）七月，浩罕就对归顺清政府的布鲁特人进行复仇，并企图抢劫至纳林河巡边的官兵。同时，阿斯图阿尔图什回庄的白山派信众散布消息，要迎接张格尔之兄玉素普的到来。喀什噶尔参赞大臣札隆阿随即将散布谣言之人当众枪毙。[②] 这些均是浩罕准备支持玉素普入侵新疆的重要情报，不幸的是没有被札隆阿重视。

九月，浩罕纠集张格尔之兄玉素普，带兵 3 万余人，并勾结布鲁特阿坦台、汰列克、沙提伯克、斯底克等部落取道铁列克达坂，侵犯喀浪圭卡伦。帮办大臣塔斯哈带兵追击至明约洛地方遇伏阵亡。浩罕侵略军遂径直进犯喀什噶尔城，先攻陷喀什噶尔回城，后围攻汉城，但因遭到守城官兵的拼死抵抗而未达目的。侵略军又分兵进攻英吉沙尔、叶尔羌和色勒库尔，均被击退。经过 3 个多月的防守，回疆西四城得以保存。得知回疆再乱，道光帝复命长龄为扬威将军，从陕甘、四川及东北调集近 4 万大军前往进剿。十一月，浩罕侵略军得知清朝大军即至，便在大肆抢掠后退出卡外。

勘定玉素普之乱后，长龄全面负责善后事宜。在此次善后过程中，清

---

① 《清宣宗实录》卷 201，道光十一年十一月壬申。
② 《清宣宗实录》卷 171，道光十年七月甲子。

政府官员再次就回疆治理政策调整产生争论。四川总督鄂山奏请将西四城改照土司进行治理。① 军机大臣松筠奏请将"参赞大臣仍驻乌什,及喀什噶尔不须驻兵,英吉沙尔仅设阿奇木伯克一员,仍用侍卫驻守卡伦"。② 松筠的建议与此前的长龄建议一样,实则是历史的倒退。时任伊犁将军的玉麟坚决反对,他指出:"伏思回疆自入版图,设官驻兵,不惟西四城为东道藩篱,南八城为西陲保障,即前后藏及西北沿边蒙古、番子部落,皆赖以巩固。若西四城不设官兵,仅令回人守土,诚恐回性无恒,又最畏布鲁特强横,转瞬即为外夷所有,则阿克苏又将为极边矣。其迤东之库车、喀喇沙尔、吐鲁番、哈密等城,必至渐不安堵。以形势论,唇亡则齿寒;以地利论,喀什噶尔、叶尔羌、和阗三处为回疆股实之区。舍沃壤而守瘠土,是借寇兵而赍盗粮也。"③ 玉麟的建议再次阻止了历史的倒退。

鉴于玉麟的真知灼见,道光帝令长龄与玉麟会商,共同负责玉素普之乱的善后工作。长龄的善后政策主要包括调整回疆参赞大臣驻地、整饬吏治、回疆屯田、改防兵为眷兵、恢复与浩罕通商并免其货税等项。④

首先是,调整回疆参赞大臣驻地。因回疆参赞大臣驻地喀什噶尔距离边界较近,以至于在张格尔及玉素普两次叛乱均在较短时间内受到攻击。鉴于此,杨芳建议"请将喀什噶尔参赞移迁阿克苏"。玉麟认为杨芳所议"殊非善计。该处幅员狭隘,不足为重镇。且距喀城二千里,有鞭长不及之患"。⑤ 对调整回疆首府,长龄原本计划内迁至喀喇沙尔,但这样是未尝示威而先已示弱。再者,如移驻喀喇沙尔,西七城仿照土司制度,交由阿奇木伯克管理,则不免令浩罕觊觎,于边防不利。一旦外敌侵入,似入无人之境。另外,喀喇沙尔距离喀什噶尔有4000余里之遥,即便由喀喇沙尔发兵迎击,西七城早被敌军蹂躏。故此,长龄经与玉麟商议后,决定改变这一计划,基于"用兵之道,分则力单,合则力足"的原则,奏请将参赞大

---

① 《清史稿》卷 367《玉麟传》。
② 马大正:《清代新疆稀见奏牍汇编》(道光朝),新疆人民出版社,1996,第 98 页。
③ 《清史稿》卷 367《玉麟传》。
④ 长龄善后举措中对浩罕的政策,主要是恢复与浩罕的通商,免除其在南疆境内的货税,并恢复设立商业头目。此举也得到道光帝的批准。参见《清宣宗实录》卷 199,道光十一年十月壬寅。
⑤ 《清史稿》卷 367《玉麟传》。

臣移驻叶尔羌。因为叶尔羌"乃能适中扼要，措置咸宜。该处地广户繁，可以多驻官兵。且去秋被贼围城时，回子皆能用命，齐心堵御，卓有成效"。另外，在叶尔羌与阿克苏适中的巴尔楚克应添设总兵，驻扎 3000 兵力，扼守树窝子咽喉要道，以使回疆六城易于联络。鉴于回疆甫定，长龄奏请回疆应保持 12000 名兵力。[1] 此建议得到道光帝谕准。

其次，调整吏治方案。长龄与伊犁将军玉麟认为"边疆与内地不同，回俗与齐民究异，纷更不如镇静，禁令期于能行，不在科条之多设"。故此，他们二人对那彦成的整饬吏治举措进行重新修订，内容是五条，分别是：各城印房等处章京请仍兼用驻防旗员，以裨公务；各城委笔帖式等缺请酌增年限分别考核，以示惩劝；各城换防官兵请于班满时准其酌留，以资差遣；各大臣所属之城庄伯克请毋庸回避验看，以顺回情；各城煎熬硝磺仍令阿奇木采办交纳，以归实用。此建议基本得到道光帝的批准。[2]

需要指出的是，这些政策在很大程度上变更了那彦成的政策。以章京用京员为例，那彦成主张恢复旧制，目的在于防止各地大臣与其胥吏沆瀣一气，危害地方，并且那彦成也留下 3 个职位由地方驻防旗员内挑补。可是长龄却予以变更，这会为回疆各城官吏集体腐败提供可乘之机。再以各城煎熬硝磺为例，硝磺乃火药的主要成分，那彦成奏请将其熬制交给绿营官兵，主要目的是防止回疆民间私藏火药，消弭潜在的动乱。而长龄却以绿营官兵对煎熬硝磺技术不熟练为由仍令回疆各城伯克管理，这就令回疆民间仍有藏匿火药的隐患。由此可见，长龄对那彦成善后政策的变更，实则埋下了巨大隐患。

最后，回疆屯田，改防兵为眷兵。自平定大小和卓叛乱以来，清政府在回疆的屯垦只限于吐鲁番地区。从实际效果看，清政府在北疆大范围实施兵屯和民屯，对开发当地土地资源，促进当地经济发展，供用军粮兵饷，及维护社会稳定起到积极作用。鉴于此，长龄在道光八年（1828）九月奏请在喀什噶尔大河拐察尔根地方试垦，如有成效，则"陆续添设屯兵，以岁获粮石供支兵饷"。具体办法是先拨回兵 500 名，再派博底尔格居民 500

---

① 马大正：《清代新疆稀见奏牍汇编》（道光朝），新疆人民出版社，1996，第 75~76 页。

② 马大正：《清代新疆稀见奏牍汇编》（道光朝），新疆人民出版社，1996，第 80~85 页。

名自备工具前往修渠试垦。经一年试垦，成效良好，除去各项费用，向官府交粮 2000 石。那彦成在喀什噶尔善后时，责成当地伊萨克广募当地无业民众认垦，以期逐年增加，"使粮赋日臻充裕而地利不致弃遗，穷回亦得谋食，方为经久无弊"。①

长龄在善后玉素普之乱时，再次强调回疆实行屯田的重要性，他指出："欲令守边兵丁实心出力，莫如屯田之法。但改防为眷，事涉纷更，一时碍难办理"，他建议应将回疆屯田与改防兵为眷兵统筹规划。改防为眷所需的费用，可由内地裁撤兵丁费用中节省而来，具体做法是"将各省绿营兵额各按马步守兵分别均匀于每百名内暂裁二名，咨照各该省复办。即将各省裁缺所节经费由该部众拨解交甘肃藩库。自道光十二年为始，归入回疆经费项下，搭运前往，以资支拨"。鉴于当地民众在平定玉素普之乱中出力甚多，"回众亦咸知兵威，民力实足以捍卫地方，正宜因势利导，俾联为一体……将西四城可种之间地，招民开垦，有愿携眷者，听之。其回子地亩，亦不禁其私给民人耕种"。长龄令叶尔羌参赞大臣璧昌出示招垦，如试种有成效，则治地利可守。待安家人多，有愿意参军者则准其参军。如此，"收一眷兵，即撤一换防兵额，其防兵在戍既久，有自愿徙眷安家者，亦听其便。数年之后，可成一半眷兵，一半换防之局。即节费自属不少，且既有眷兵，即有余丁，种地之人日多，挑兵之人不患其寡，彼时换防之额不难陆续撤回内地。所谓以回疆物产供回疆兵糈，兵民日益繁昌，则回心日益团结"。②

长龄建议在回疆的屯垦，先由回兵和当地民众试垦，待试垦成功后，再从内地招募民人进行屯垦，也就是说对内地汉人开放。最终在屯垦的基础上，回疆驻防实现从换防兵制到携眷兵制的过渡，最终达到驻防长期化、当地化的目标，即"垦地民人各有恒产，日久即为土著，庶寓兵于农，无事则咸安耕凿，有事则尽属于城"。③ 这是对乾隆朝统一新疆以来的重大改变，道光帝最先也是批准的。在兴办初期，道光帝批准在巴尔楚克的大河拐和喀什噶尔的喀拉赫依二处屯垦。不过他继而认为："屯田为兵食攸关，果其草莱日辟，原足以壮声势而实边储。惟思此项屯田，是否尽系荒地，

① 马大正：《清代新疆稀见奏牍汇编》（道光朝），新疆人民出版社，1996，第 60 页。
② 马大正：《清代新疆稀见奏牍汇编》（道光朝），新疆人民出版社，1996，第 85 页。
③ 《清宣宗实录》卷 277，道光十六年正月庚戌。

抑系侵占回民产业，如以荒地招民试垦，俾贫民既可谋生，兵食亦可有赖，固属筹边要务。然亦必当计及久远，民人日聚日众，必有室家妻孥，即耕种无碍于回田，人既众多，回民能否相安？亦当豫为料及。倘假开荒名目，竟将回民产业，强行侵占，将来内地无业贫民，纷至沓来，易北扰累，不但回民生计日蹙，恐至别生事端，不可不防其渐。"他谕令叶尔羌参赞大臣长清"确切查明，所有现在试垦屯田，如实系荒地，即划清界址，拨给开垦。傥查有回产在内，趁此试办之初，清厘尚易。该大臣等务须认真查勘，早为办理。现在试垦业有成效，可否即以回易民，令其就近承种，尤可日久相安，彼时即可将认垦民人，陆续妥遣回籍，亦属一劳永逸，庶无后患"。① 为彻底清查回疆屯垦，他命伊犁参赞大臣苏清阿亲赴巴尔楚克和叶尔羌，实地调查。十一月，苏清阿奏报，巴尔楚克屯田原属荒地，距回庄较远，与当地居民毫无妨碍。并且已在毛拉巴什赛克引用玉河之水，垦种2万余亩，已于本年升科纳粮。如于马尾巴沙虎尔引用浑河之水，则开地益多，招垦愈众，不仅屯粮可供兵糈，而且于边防有裨。道光帝谕令："所有该处屯田，著即照旧办理，无庸裁撤。"不过，喀什噶尔屯田地亩"系以入官叛，易换回田，与开荒者有间。现虽依界耕种，并未侵占回田，恐久后不无轇轕，自应乘兴办之始，早为裁撤"。道光帝遂令"所有该处屯民，著自明岁麦收后，陆续遣散，其实在无力贫民，酌给口粮，遣至巴尔楚克，交委员周廷芬拨给地亩，妥为安置。俟屯民撤竣后，再将喀拉赫依屯地，给还原庄之回子认种。其原换叛产地亩，即交阿奇木伯克作霍尔敦拨给无业回户耕种，照例纳租。至遣散屯民，仍责成委员周廷芬等一手经理"。②

总之，道光帝基于"回、民相安"的考虑，将喀什噶尔的屯垦撤销，其屯户归并至巴尔楚克屯区。不过，巴尔楚克屯田招徕内地民户约580余人。然而由于委员王传书办理不善，不能将房屋、衣食充分发给这些眷户，后者迫于饥寒，逃走76人。鉴于此，道光帝谕令叶尔羌参赞大臣恩特享额更派人员办理，调整屯垦章程，另拨好地，借给籽种，将逃散各户招回，分别安插。③

① 《清宣宗实录》卷252，道光十四年五月丁亥。
② 《清宣宗实录》卷260，道光十四年十一月丙子。
③ 《清宣宗实录》卷315，道光十八年十月戊戌。

自平定大小和卓叛乱以降，清政府最高决策者出于民族隔离管理的原则，严格限制内地汉人进入回疆，即便允许也是少数商人在严格审批下领取路票前往，更不许携带家眷。这种隔离政策的实施大大阻碍了回疆与北疆、新疆与内地一体化的进程。为增强回疆的防御力量，实现以回疆物产供给回疆驻军的需要，长龄奏请在回疆的巴尔楚克和喀什噶尔两处屯垦，招徕内地民人，并在此基础上招兵，变换防兵为携眷兵，达到兵民一体、寓兵于民之目的。然而，道光帝仍为避免产生民族矛盾而撤销了喀什噶尔垦区，仅保留巴尔楚克一地。实际上，该处屯垦效果也不甚理想。此外，清政府又将巴尔楚克招募携眷兵数量限制在 200 名之多，① 这已经大大改变了原来寓兵于农的初衷。

四 那彦成、长龄调整回疆治理政策失败的原因

道光年间，新疆先后发生多起和卓后裔叛乱，每次叛乱后，道光帝均派重臣前往善后，其中重要的是张格尔之乱后的长龄与那彦成善后、玉素普之乱后的长龄善后。从前文论述可见，道光帝对张格尔之乱较为重视，对整饬回疆治理和调整与浩罕关系极为重视，对那彦成提出的强化内治的建议较为认可。但在后期，他却对那彦成的善后之举否定较多，特别是对其招抚布鲁特的举措批评较大，以至于将其完全废除，那彦成重建"回疆藩篱"的梦想也随之破灭。在此后的玉素普之乱中，仍有大量布鲁特人参与，这不能不说是道光帝在布鲁特政策上的失误。

短短 6 年内，回疆爆发两次大乱，这并非仅是清军在回疆驻兵力量薄弱所致。究其深层原因，应与道光帝只求苟安、固守"因俗而治"的理念有关。道光十一年（1831）十月，道光帝先后两次谕令军机大臣，就长龄善后之策进行指示。十月壬寅日（11 月 27 日），他指出："惟综阅该将军等奏议，不过添兵堵御，添官经理，皆寻常计划，何人不能？溯查乾隆年间，戡定西陲，庙谟神算，办理周妥。六十余年，久安长治，从未议及增兵。如果必须添兵以壮声威，当日诸臣，早经议及，何待今日？且从古以来，未见有竭内地之兵力，堵御四夷，而又能行之久远者。况回疆之极边，于

① 《清宣宗实录》卷319，道光十九年二月丁丑。

居重驭轻之道，大相刺谬，俨然回疆添一省会，日后何能治理？必至内外俱困，将如之何哉。此时即照该将军等所议，竟能一劳永逸，将国家有常之经费，为外夷无益之张罗，不值如此办理。傥仍不能安靖，徒劳罔功，尚复成何事体？"①

十日后，道光帝再次就长龄的善后建议提出批评："惟思该将军等，此番筹画，均系寻常计议。溯查乾隆年间，戡定西陲，庙谟广运，妥协周详，六十余年，边圉绥靖，尔时从未议及增兵，亦未议及增官。如果必须添设文职，方资治理，当日诸臣，定当早经筹及，讵待今日。且果照所议增设，未必历久行之无弊，况文职尤非武职可比。武职员弁，性情粗率，傥或任意妄为，尚属易于觉察。文职各员，由内地调派，若年老衰庸者，自难任事；其年力富强稍有才具者，希图任满升迁，或至夤缘谋调，转不足以收得人之效。况夷回异俗，必不能以内地礼法绳之，徒滋纷扰，又既添文员，必须书吏，此辈舞文弄法，因缘为奸，必致贪婪需索，苦虐穷回，即经发觉，官畏处分，巧为弥缝。边陲僻远，易于消弭，是内地回子，先受添官之累，于控制外夷之道，实属无益而有损。即令得人而治，而回疆纷纷添设文职衙门，是俨然添一省会，殊失居重驭轻之策，亦不值如此办理。"他谕令："所有添设同知等官，虽经议准，仍著该将军等悉心筹画，从长商酌。自以不必添设文员，更为妥善。"他最终特别强调："总之，久安长治，全在抚驭得宜，断不可徒事铺张，顾此失彼，日后转多流弊，以致内外俱困，则悔之晚也。"②

余　论

新疆地处西陲，周边情势复杂多变，战略地位极为重要。如何进行有效治理，使其区域内民生安康，社会安定，不仅关系到地区稳定，更关系到领土完整和边疆安全之大局。自乾隆帝以强大武力平定阿睦尔撒纳叛乱和大小和卓叛乱以后，出于"因俗而治"的考虑，清政府在回疆保留伯克制，在回疆设立参赞大臣和各城设立办事大臣进行宏观层面上的管理，而

---

① 《清宣宗实录》卷199，道光十一年十月壬寅。
② 《清宣宗实录》卷200，道光十一年十一月壬子。

把社会基层管理交给各级伯克，这造成了清政府对回疆基层社会管理的严重缺失。清廷权力难以深入回疆基层，使得清政府的治理效力大打折扣。这种"管理漏洞"为回疆社会动乱爆发埋下了祸根，以至于张格尔和玉素普一以和卓相呼，当地广大白山派信众随即响应，酿成回疆两次社会大动荡。由此可见，"因俗而治"固然有利于清政府在较短时间内确立统治，但这种"因俗过重"的弊端，也深深限制了清政府对回疆基层社会的治理，造成官民矛盾、民族矛盾和社会矛盾的交错叠生，给清政府在回疆的统治带来了巨大冲击。

那彦成和长龄在张格尔与玉素普之乱后，力图就回疆基层社会治理的诸多弊端进行改革，强调驻守重兵，允许内地民人进入回疆屯垦，强化对基层官员的管理和对伯克的监督，这些"强化内治"的手段，实则是淡化回疆的"特殊化"，而更多强调将新疆与内地一体化。然而不幸的是，道光帝一再强调"回疆情形，非内地可比"，"夷回异俗，必不能以内地礼法绳之"。这种墨守成规的思想在最高决策层否定了新疆与内地一体化。乾隆朝治理回疆旧制留下的潜在隐患，并没有在道光朝得以清除。回疆诸多矛盾不断积累，最终在同治朝末年总爆发，致使清政府在回疆的统治陷入崩溃。左宗棠收复新疆后，重新反思新疆"因俗而治"的诸多弊端，奏请新疆建省。其建省方案，经过陕甘总督谭钟麟和钦办新疆军务刘锦棠的调整后，更加突出新疆与内地的一体化与紧密联系，淡化新疆的独立性，体现了"内外相维"的治理理念，完全符合清政府对维护疆土的思想，最终获得清政府实际决策者——慈禧太后的批准。新疆建省，完成了新疆与内地一体化进程，对清末新疆的社会稳定、经济发展和清政府维护西部边疆安全产生了重大而深远的积极影响。新疆建省的意义极为重大，这是晚清政府对边疆治理思路和治理模式的重大转变，对海疆的台湾建省、东北三地建省及民国时期内蒙古东部等地建省提供了理论启示和实践先例。①

回顾历史，道光年间清政府对回疆治理思路及实践的跌宕反复，为今日我国边疆治理现代化和提升边疆治理水平提供了有益历史启示：淡化边疆的特殊性，突出边疆的国土性；淡化边疆治理的差别性，强化边疆治理

---

① 陈跃：《晚清新疆与台湾建省之比较研究》，《中国边疆史地研究》2013 年第 3 期。

的贯彻性；淡化边疆治理的民族宗教性，秉持边疆治理的国民性和法治性，应是边疆治理的核心与关键。边疆治理应该更多强调在中央权威下的地方治理，维护中央法令法规在国土任何地方的效力权威性和践行的彻底性，使得边疆与内地，内陆与沿海，统筹发展，协调进步，共同为中国稳定和中华民族的发展做出贡献。

古代西南夷的部族政治与诸葛亮的
南中政治治理

祝　捷*

一　上古西南夷地区的部族文明

今日之云贵区域，在隋唐以前被称为"西南夷"，是汉文明在西南地区所能熟知的地域极限。西南夷地区在人类文明发展的早期与黄河、长江流域的文明大体保持了同步状态。然而从新石器时代后期起，这一地区的文明发展相较黄河、长江流域有所迟缓，这主要由该地区的复杂自然条件导致的。

西南夷全境被自然条件分划为众多的小型地理区域；而且由于险要之地形，不同地域之民众的相互交往也存在一定阻隔。尽管以世界文明进程的眼光来看，西南夷地区已经发展出相对发达的农耕文明，这些文明相较黄河、长江流域的中华文明而言，尚有所迟滞。不过，我们还是有必要留意如下三个问题：第一，西南夷诸文明在《史记》中记载的"庄蹻入滇"时代起，就基本不再处于原始文明状态，已经属于农耕文明时代（或也可视为奴隶制时代），他们的社会组织不是原始部落，至少是处于农耕部族组织状态（也有的部族仍属游牧部族，但已不是原始部落）；第二，西南诸部落之间保持着较为密切的交通联系与文化交往，甚至具有相近的血缘；第三，我们切不可轻易以黄河、长江流域的国家政权状态来判断西南地区的政治组织，否则将使得我们无法看清上古西南夷诸文明的真实面貌。关于第三点，我们有必要通过《史记·西南夷列传》的相关文字做出说明。

---

* 祝捷，云南师范大学历史行政学院讲师。

上古西南夷地区的政治社会组织是以部族和自然地域来划分的。《史记·西南夷列传》中开篇叙写道：

> 西南夷君长以什数，夜郎最大；其西靡莫之属以什数，滇最大；自滇以北君长以什数，邛都最大：此皆魋结，耕田，有邑聚。其外西自同师以东，北至楪榆，名为嶲、昆明，皆编发，随畜迁徙，毋常处，毋君长，地方可数千里。自嶲以东北，君长以什数，徙、筰都最大；自筰以东北，君长以什数，冉駹最大。其俗或土著，或移徙，在蜀之西。自冉駹以东北，君长以什数，白马最大，皆氐类也。此皆巴蜀西南外蛮夷也。①

此段文字中说明，"西南夷""靡莫之属""自滇以北"三大地域的首领均有数十个，这说明西南夷地区在当时普遍缺乏统一政权和统一领袖。其中"西南夷"大致为今日贵州省地域，"靡莫之属"为"西南夷"以西今云南省地域，"自滇以北"则为今日四川省南部。这三个地区的民众都"魋结，耕田，有邑聚"，过着农耕生活。"魋结"是扎锥形发髻之意。但最容易引起误解的是"有邑聚"一词。部分学者以此用词判断这说明他们构建了城市文明。然而，这种解释是对"邑聚"一词的误解，因为这一词根本不是指城市而恰恰指的是村落。《史记·商鞅列传》："而集小乡邑聚为县，置令、丞，凡三十一县"② 中"邑聚"也是村落集聚之意。《西南夷列传》中记载了南中"有邑聚（村落）"却并未记载有城市。王彦辉在《秦汉时期的乡里控制与邑、聚变迁》中，认为"邑聚"的含义之一是"一些少数民族开始定居以后的松散聚居状态"。③ 这种聚居状态是由自然地理条件和生产生活状态所造就的，而较少具有人为的行政规划，更不具有"城"的政治功能意义。正如《后汉书·西南夷列传》中"百蛮蠢居，仞彼方徼"的评价，该句可以翻译为：各种蛮夷居住在很小（"蠢"）的地区，但遍布那四方边界，正是对西南夷部族文明自然生活状态的恰当评价。

滇西一带的"嶲、昆明"等部族还过着"编发，随畜迁徙，毋常处"

---

① （汉）司马迁：《史记》，中华书局，1959，第 2991 页。
② （汉）司马迁：《史记》，中华书局，1959，第 2223 页。
③ 王彦辉：《秦汉时期的乡里控制与邑、聚变迁》，《史学月刊》2013 年第 5 期。

的游牧生活，在政治组织上也"毋君长"即不设部族领袖。而滇西再往东北走向的"巴蜀西南外蛮夷"也均是"君长以什数"，他们都过着以自然地理状态所造就的自然部族政治生活。因此，西南地区的诸多部族，他们既没有统一的国家和政权，也没有象征政治统一共同体的"城"，他们依"山川形便"来建立自己细小的自然部族社会。

由于上古时期西南夷地区本以自然地理分化来组织部族生产和部族社会，他们的政治组织也就建立在此种部族组织状态中。后人多以《西南夷列传》中"滇王""滇国"的称谓，以认定南中地区同样存在诸多的"王"与诸多的"国家"，这是对《史记》中雅称的误解。首先，《西南夷列传》中开首即称此地诸多领袖为"君长"而非"王侯"，即司马迁首先认定他们是为部族领袖，却很难就此认定为"王"。其次，真正认定他们为"王"的是汉武帝，并且还授予了"滇王"王印。最后，"滇国"等称号是对于南中地区部族的政权称号，而并非真如汉朝人所理解的"国"的内涵。

滇王"夜郎自大"的故事，其实最容易用来说明南中部族首领所理解的"政权"概念，原轶事《史记》记载为："滇王与汉使者言曰：'汉孰与我大？'及夜郎侯亦然。以道不通故，各自以为一州主，不知汉广大。"[1] 值得注意的是，"滇王"与"夜郎侯"之所以发问"汉孰与我大"是因为他们对于政权的组织区域分划是因为"以道不通故，各自以为一州主"即他们由于地理条件阻隔，以为国君或领袖所统管的民众也就是当地部族民众（"各自以为一州主"）。他们没有想到，"汉"竟然还可以跨越山川阻隔来建立郡县和国家；他们更没有具备华夏民族的国家意识，他们只具有自然部族的政权意识。所以，"滇王"和"夜郎侯"均不知道国家是可以跨越部族和地理条件限制来建立政权的。他们在西汉时仍然只能理解自然地理条件所限制的部族政权，这种政权的势力范围不超过当地文明的自然边界。

"滇国"之所以统御广大，因其自然地理空间广阔和条件优越，因此庄蹻带兵来袭时"蹻至滇池，方三百里，旁平地，肥饶数千里，以兵威定属楚"。关于庄蹻入滇真伪问题学界多所辩论，但"变服，从其俗，以长之"至少说明时至战国末年，此地并没有大规模渗入外来文化。由于华夏文化没有大规模渗入，华夏文明的国家意识，时至战国末年也并没有深刻影响

---

[1] （汉）司马迁：《史记》，中华书局，1959，第 2996 页。

到西南夷地区。但这无妨于西南夷与华夏地区人民小规模的往来沟通，《西南夷列传》中记载南越人从牂牁买到蜀枸酱，以及大夏国经由"滇国""昆明"至于印度（"身毒"）转买蜀布、邛竹、杖，再加上"庄跻入滇"的传说，使得我们相信，西南夷地区成为印度、南越与华夏文明中民间往来的中介。然而就上层政治意识而言，西南夷的确在汉代以前（准确来说是在汉武帝以前）还没有受到华夏文明的深入影响。

南中地区依自然地理条件而发展部族文明，大的部族如"滇"与"夜郎"已经从事较为发达的农业生产，他们具有相对发达的村落，也具有相对发达的生产组织和生产工艺。从汪宁生《云南考古》与张增祺《滇国与滇文化》所展示的考古成果来看，南中地区的劳动组织与生产工艺已经达到了相对发达的文明状态，其精美的青铜器工艺显示其生产文明程度至少已达华夏地区西周初年的发达状态。

然而，"滇国"这一"国"是否就是华夏文明中汉朝人所理解的国家呢？正如古时"希腊"并非一个国家而是城市政治联盟体，古时印度（"身毒"）也并非一个国家而是南亚次大陆上大大小小政权的总称一样，由于自然地理条件以及古文明自身发展方向上的一些特点，不同古文明具有不同的政权组织形式与政治意识。汉代时中非和大洋洲的居民可能还处在原始部落文明中，华夏文明已经酝酿出成熟的国家政治体甚至大一统的帝国政治体，古希腊诞生出的是城邦政治体，匈奴自然形成了军事游牧部落政治联盟（极不稳定而容易分裂），西南夷地区因为地理区域分隔、地形复杂零碎、对外交通困难但却适于农耕的自然地理条件而发展出了农耕部族村落政治文明，这应当是对于西南夷地区政权状态的较为客观的认识。

《史记·西南夷列传》中"有邑聚""君长以十数""无君长"的记载均是对于这种政治体或政权状态的描述。关于"滇国"，不仅《史记》《汉书》中并没有记载城市，《华阳国志·南中志》中同样没有相应的城市记载。"庄跻入滇"的传说，以及汉武帝对于"滇国""夜郎国"的征讨都说明，一旦兵马打来，南中地区几乎不会与其发生有效的激战，这很大程度上缘于他们并没有可供防御的城市。时至今日，我们并没有获得关于"古滇国"城址的考古发掘成果。如果"古滇国"曾经建有城市，对于城址尤其是城基的发掘工作应当是代价不大的。然而，这无妨于"滇国"曾经建设有高度发达的村落，甚至辉煌的宫殿。然而"城"首先需要一个文明具有相应的"城"的政治意识：它意味着对于一个地域人为创制的政治管辖权。《礼记·礼运·小康》："今大道既隐，天下为家。各亲其亲，各子其子，货力为己。大人世及以为礼，城郭沟池以为固……是谓小康。"说明的正是这个道理："城"是阶级社会中人为创制的政治产品，它象征着对于一个地域人为创制的政治管辖。而南中地区的部族政治文明对于政权的理解却正好不是强调人为创制与设定管辖权的"城"和"国家"观念，而是强调依靠自然地理分隔而形成的天然村落政权。

实际上，"滇国"很可能是华族为方便指称西南夷部族而有所"建构"的概念。"滇国"至少有两义，其一为汉武帝授予"滇王"印玺的部族政权；其二为环滇池南中地域众多部族的一个"模拟"出来的国家总称。《西南夷列传》中称"滇，小邑也"是个部族政权，而在唐代张守节《史记正义》中的《大宛列传》中却对"滇越"注称"昆、郎等州皆滇国也"。这说明后人已经在理解"滇国"时脱离了《史记》创作时代对"滇"的理解，而对西南夷部族政权渗入了华夏文明对于"国"的理解。

总之，在汉武帝大规模开发与设置郡县以前，南中地区发展出相对成熟的部族村落政治文明，并没有发展出成熟的城市政治或国家政治。

二 秦汉时期中原王朝对于西南夷地区的政治开拓

在秦汉时期，中原王朝开始关注西南夷地区的政治经济状况，这很大程度上源于秦汉两朝在发迹之处对于巴蜀的关注（汉中南接巴蜀），而"西南夷"又为巴蜀之"后院"。《史记》对秦朝治理"西南夷"的文字较为简短，不过有"秦时常頞略通五尺道，诸此国颇置吏焉"的记载，却说明秦朝已经通过五尺道将政令传达至滇东北之曲靖一带，因为"五尺道"为驰道，专供传达朝廷政令诏书之用，而诏令的接收者正是秦朝在此诸"国"设置的管理官吏。

西汉王朝初建时，将政权稳固的核心工作放在了防范北方匈奴与东南诸侯国上，暂时放弃了对于西南夷的治理。然而极力致力于扩展和稳固国土的汉武帝重新关注了对于西南夷地区的政治管理。首先引起汉武帝关注的是地处今日贵州省的夜郎国，其地东南邻近今日广西即当时之南越。将领唐蒙认为夜郎国所在地既可使汉朝扩张疆土，亦作为攻打南越之新战线；

汉武帝与其意同，便派唐蒙带领仅仅一千军队，却带了万人辎重到达夜郎国，夜郎首领多同出于经济利益同意为汉朝收纳为郡县，自此汉朝在夜郎设立犍为郡。同时文豪司马相如"亦言西夷邛、筰可置郡。（汉武帝）使相如以郎中将往喻，皆如南夷，为置一都尉，十余县，属蜀"。[①] 同时巴蜀四郡巴郡、蜀郡、广汉郡、汉中郡均开设了通往西南夷的道路。

然而，汉朝很快就感受到在西南夷设置郡县的艰辛，其主要原因大致在于西南夷地区民众习惯性生存于部族政权状态，还没有造就出成熟的国家意识。《西南夷列传》中"夜郎旁小邑皆贪汉缯帛，以为汉道险，终不能有也，乃且听蒙约"[②] 的文字亦说明西南夷首领与民众仅仅因眼前少量经济利益（而绝不是政治认同）而同意设置郡县。然而一旦他们感受到设置郡县的结果是要承受"外来"政权的政治管束之时，他们便显得难以忍受并且"西南夷又数反，发兵兴击，耗费无功"。由于地处偏远，部落割据遍布山岭，汉朝的平伏工作显得非常艰难。于是汉武帝听从了公孙弘的建议，仅保持了西南夷象征性的行政设置："上罢西夷，独置南夷夜郎两县一都尉，稍令犍为自保就。"[③] 但是自此，汉朝已经彻底打通了与西南夷的政治联系。

汉武帝元狩元年（公元前122年），张骞出使大夏国（大月氏）后回来禀报他在大夏国见到了其国人从印度（身毒）转买的蜀布、邛竹杖，这引起了汉武帝对于通过巴蜀和西南夷沟通身毒的极大兴趣，于是汉武帝派人求道"滇国"，"滇王"还帮助其求道身毒，却被困于"昆明"族。当对南越战争取得胜利后，在回道过程中征服了头兰、且兰、邛、筰等地，并在邛都设立了越巂郡，在筰都设立了沈犁郡，在冉駹设立了汶山郡，在广汉西白马设立了武都郡。此时，"滇王"东北尚有劳浸、靡莫两个部族，他们"皆同姓相扶，未肯听"，即他们本是"滇王"的同族尚且没有听从"滇王"归顺汉朝的建议。这也说明西南夷地区部族对于政权的理解是基于自然地理分隔的政治空间，否则即使是同族同种文化也难以取得政治认同。汉军击败了劳浸、靡莫，"滇王"归顺汉朝，汉朝在此设置益州郡，并赐（滇）王印。

---

① 司马迁：《史记》，中华书局，1959，第2994页。
② 司马迁：《史记》，中华书局，1959，第2994页。
③ 司马迁：《史记》，中华书局，1959，第2995页。

汉朝在西南夷地区设立了一套郡县系统，而西南夷地区本身也实行一套部族首领政治系统，即便汉武帝在此地遍设郡县，当地部族仍然"西南夷君长以百数"，而汉朝的这一套政治系统在与西南部族政治系统相抗衡的过程中，虽能取得多数战役上的胜利，却难以实现长久的政治治理。这一点，在《汉书·西南夷传》中体现得尤为明显，该传前半部分全承《史记·西南夷列传》，后半部分则尽为汉军与西南夷的镇压和反抗过程，这说明该地的郡县统治并没有得到有效实行。方国瑜先生主编的《云南史料丛刊》（第一卷）中对此传的"概说"提道："《汉书》卷九五《西南夷列传》首录《史记·西南夷列传》全文，次载汉昭帝始元元年（公元前86年）至王莽时事，大都为西南各地反抗统治与汉朝遣兵镇压之经过，当是根据档册编录成篇者。"① 《汉书·西南夷传》中先后记载了西汉时期"益州廉头、姑缯民反"。"柯、谈指、同并等二十四邑，凡三万余人皆反""姑缯、叶榆复反"。"武都氐人反。"等西南夷民多次反抗，以及"夜郎王兴与句町王禹、漏卧侯俞更举兵相攻"。新莽时期则有钩町王与牂柯大尹周钦之间的仇杀，其结果是"州郡击之，不能服"，同时又有"三边蛮夷愁扰尽反，复杀益州大尹程隆"。"粤嶲蛮夷任贵亦杀太守枚根，自立为邛谷王。"② 此时兴起了西南夷地方部族势力仇杀州郡太守的风潮，并且王莽派去数十万兵马也无功而返。新莽军事征服的失败，其中原因在于西南夷部族武装已经从汉朝州郡武装中习得了先进的战法和武器。无论如何，西汉时期州郡的设立还是沟通了中原文明与西南夷部族之间在政治和文化上的联系。

《后汉书·西南夷列传》的部分记叙中延续了《汉书·西南夷传》中后半部分的旧主题：东汉王朝在此地的郡县和官员设置，以及西南夷部族的反叛与仇杀，如"建武十八年，夷渠帅栋蚕与姑复、楪榆、桥栋、连然、滇池、建伶、昆明诸种反叛，杀长吏"。③ 这些均说明，由于西南夷地区保持着非常顽固的地方部族政治意识传统，即便在短时内因生命威胁或经济利益而接受中原军队与政治组织的管理，在稍长的时域中他们总会心怀怨恨而产生反叛和仇杀。这种对于外来势力的政治和军事干涉的仇视不仅存在于西南夷与中原王朝之间，同样存在于西南夷各部族之间，如"夜郎王

① 方国瑜：《云南史料丛刊》第1卷，云南大学出版社，1998，第29页。
② 班固：《汉书》，中华书局，1962，第3843页。
③ 范晔：《后汉书》，中华书局，1965，第2846页。

兴与钩町王禹、漏卧侯俞更举兵相攻"。由于缺少城市和国家政治意识,西南夷部族对于政治领袖的认可只限于自己所生活的村落部族自然地域中,而无法完全接受中原王朝硬性施予的郡县政治体制。

但是,在《后汉书》的这部分中,已经有一些西南夷地区的郡县长官居然做出了较好的政治表率,从而成功地在西南夷地区实现了政治治理。第一例是:"肃宗元和中,蜀郡王追为太守,政化尤异。有神马四匹出滇池河中,甘露降,白乌见,始兴起学校,渐迁其俗。"① 王追的成功之处是他没有采取强力的政治和军事措施来实现统治,而是"兴起学校,渐迁其俗",采取文化教育和因势利导的方式改变当地部族的政治和文化意识,从而获得了当地的政治拥戴。第二例是同传中的益州太守景毅"初到郡,米斛万钱,渐以仁恩,少年间,米至数十云"。② 他的政治治理方式在军事征服的基础上增加了"仁恩"的道德教化与温情政治。对此,王先谦的解释中引惠栋语,提到《华阳国志》中说景毅的成功在于"立文学,以礼乐化民"。同样,景毅的成功是通过文化教育来为当地部族增添文化认同和国家意识。第三例是同传中"西部都尉广汉郑纯,为政清廉,化行夷貊,君长感慕,皆献土珍,颂德美"。③ 广汉的成功同样不在于强硬统治而是通过"为政清洁"的温情政治来实现政治认同感,同时通过文化教育来"化行夷貊",增进他们对于文化和国家的意识。第四例是同传中"(益州)太守巴郡张翕,政化清平,得夷人和。在郡十七年,卒,夷人爱慕,如丧父母。苏祈叟二百余人,赍牛、羊送丧,至翕本县安汉,起坟祭祀。诏书嘉美,为立祠堂"。④ 张翕的成功同样在于温情政治与文化传导,取得了部族夷人的认同。第五例是同传中"永平中,益州刺史梁国朱辅,好立功名,慷慨有大略。在州数岁,宣示汉德,威怀远夷。自汶山以西,前世所不至,正朝所未加"。⑤ 这同样是以"汉德"之温情政治取得了当地西南夷之相对政治认同。

这几例成功很可能是东汉朝廷有意为之,其政治统治方式的适当改变

---

① 范晔:《后汉书》,中华书局,1965,第2847页。
② 范晔:《后汉书》,中华书局,1965,第2847页。
③ 范晔:《后汉书》,中华书局,1965,第2851页。
④ 范晔:《后汉书》,中华书局,1965,第2854页。
⑤ 范晔:《后汉书》,中华书局,1965,第2854~2855页。

应当是由于从西汉武帝开始的不断政治激烈斗争。东汉朝廷发现，尽管西南夷部落的军事侵略性不强，他们对于自身的政治空间要求却很高，不太愿意接受外来的政治和军事干预，所以若要取得对于西南夷当地的有效政治治理，一是必须采取尽可能温和的政治态度，二是通过礼义教化来增强其文明意识和国家意识。在东汉朝廷的适当改变之下，出现更为远离中华的哀劳等部族"慕义内附"的局面。

三　政治经验与创造：诸葛亮的治滇策略

由西汉武帝打通中原王朝与西南夷部族之政治空间开始，中央朝廷就在不断探索中寻求纳入西南地区进入统一国家版图。西汉中后期在西南夷设立的郡县制度可谓毁誉参半，成功之处在于通过这种行政机制将西南地区纳入统一的国家版图，而不足之处是在于这套行政机制在西南部族的思想认识中并没有获得合法地位。西南部族在西汉后期发起了频繁的地方反叛与仇杀官员活动，并在新莽时期达到顶峰，使得中央朝廷完全无法对其进行控制。而从东汉开始，中央朝廷在不断探索过程中寻求合理有效的治理方式，他们开始改变西汉朝廷对于西南夷的骄横态度，改以清廉为政和礼义教化的方式处理西南部族政治治理问题。东汉时期的西南夷地区，虽然仍然反叛不断，但在郡县机构的核心地区却取得了主要部族的广泛认同。

可是，东汉时期中央朝廷对于西南夷的政治治理中仍然存在着核心矛盾：中央朝廷在此地设立的郡县官僚政治系统与西南夷部族村落政治系统之间的不相融合，因此郡县官僚既无法有效处理地方事务，也无法阻止不断涌现的地方反叛。随着西南夷交通道路与政治空间的打通，汉族民众也在不断加深与西南夷部族的往来频度和深度，这不可避免地带来了新的矛盾和问题。很显然，这一系列矛盾问题的解决，客观上迫切需要第三种政治系统的出现来实现相互调和。从东汉中期开始，这第三种政治系统正式登上了历史舞台：南中大姓。原本西南夷地区的中心在夜郎国所在地的今贵州省。但这些很可能是从四川南迁的南中大姓，却将西南夷地区的政治中心南移至于云南地域。具有代表性的南中大姓包括爨、孟、李、董、雍、毛、朱、吕等，他们究竟是汉族还是西南夷部族，很难分辨。然而这种分辨从学理上来说并非至关重要，因为他们既然同时获得了南中夷族、南中汉族与郡县系统的共同认可，他们必定是同时身具夷族、汉族之血统和文化。他们深受东汉时期发展之中原豪族大姓之社会品格的影响，自成为一准政权，而且此种政权的规模和社会影响甚至超过之前的西南夷自然村落部族。由于南中大姓在打通两种文明体系之能力上的卓有成效，又由于郡县官僚政治系统在东汉后期的衰败，这些南中大姓逐渐在东汉后期超越了前两种政治系统的政治功用，从而成为南中地区的事实政治领袖。然而即便如此，西南夷地区的地方部族势力却仍然存在。国家政治系统收纳南中地区的政治运作也并没有停下脚步。但是当东汉结束历史使命之时，这一国家政治系统的历史使命落在了蜀汉丞相诸葛亮的身上。

在刘备夷陵之战败后，诸葛亮担当起了蜀汉政权建设的重任。然而蜀汉政权从建立之初就面临着内忧外患，为同时解决内忧与外患两大问题，诸葛亮树立了以兵立国的基本方针。而若欲全心北伐，则必须先行安定蜀汉之后院——南中。早在刘备"三顾茅庐"之时，诸葛亮就在《隆中对》中提出了"西合诸戎，南抚夷越"的对待西南部族的政治态度：并非强行军事镇压，也非硬性政治约束，而是采取政治合作与政治安抚的方式来治理西南夷政区。

在章武三年（公元 223），诸葛亮正式率军南中。陈寿对此着笔甚少，裴松之注引习凿齿《汉晋春秋》叙述了此次南征"七擒孟获"的一段佳话，司马光《资治通鉴》汇集《三国志》与《汉晋春秋》的诸多材料将此次南征的经过做了以下叙述：

> 汉诸葛亮至南中，所在战捷，亮由越嶲入，斩雍闿及高定。使庲降督益州李恢由益州入，门下督巴西马忠由牂牁入，击破诸县，复与亮合。孟获收闿余众以拒亮。获素为夷、汉所服，亮募生致之，既得，使观于营陈之间，问曰："此军何如？"获曰："向者不知虚实，故败。今蒙赐观营陈，若只如此，即定易胜耳。"亮笑，纵使更战。七纵七擒而亮犹遣获，获止不去，曰："公，天威也，南人不复反矣！"亮遂至滇池。益州、永昌、牂牁、越嶲四郡皆平，亮即其渠率而用之。或以谏亮，亮曰："若留外人，则当留兵，兵留则无所食，一不易也；加夷新伤破，父兄死丧，留外人而无兵者，必成祸患，二不易也；又，夷累有废杀之罪，自嫌衅重，若留外人，终不相信，三不易也。今吾欲

使不留兵，不运粮，而纲纪粗定，夷、汉粗安故耳。"亮于是悉收其俊杰孟获等以为官属，出其金、银、丹、漆、耕牛、战马以给军国之用。自是终亮之世，夷不复反。①

诸葛亮在应对南中大姓势力时显得深思熟虑，他率军击毙了雍闿、高定这样顽固对抗郡县管理的大姓代表，却极力获取孟获这样一位南中大姓首领。"孟获收闿余众以拒亮"可见，此时南中大姓已明显区别于古时地方部族，他们的势力盘根错节并且相互依存，减少了汉代早期那种部族隔离的状态。并且孟获的政治威望达到了"获素为夷、汉所服"的地步，诸葛亮深知治理南中地区，光靠郡县体制和官僚政治系统无法得到实现，而必须依靠南中大姓的政治势力才能得以实现。南中大姓势力，脱胎于南中部族领袖却又起到了统摄南中夷、汉两大社会体系的领袖作用，并且能够沟通地方部族系统与朝廷政府系统，是诸葛亮治理南中必须倚靠的政治力量。

关于"七擒孟获"的真伪问题，其实并非讨论诸葛亮治理南中策略的核心问题。无论"七擒"是否存在，抑或达不到七次均非至关重要，重要的是诸葛亮对待孟获采取了与对待雍闿和高定所不同的政治态度。诸葛亮不仅没有擒杀孟获，而且还不断对孟获示意交好，但也向其展示了蜀汉军威。在诸番交往之基础上，孟获认识到了诸葛亮和蜀汉的"天威"，并且宣誓："公，天威也，南人不复反矣！"当然，诸葛亮的这一决策也与参军马谡的建议不谋而合，裴注引《襄阳记》提到马谡的论议："南中持其险远，不服久矣，虽今日破之，明日复反耳。今公方倾国北伐以事强贼。彼知官势内虚，其叛亦速。夫用兵之道，攻心为上，攻城为下，心战为上，兵战为下，愿公服其心而已……"②《华阳国志·南中志》中的记载亦表明诸葛亮"七擒"的真正动机是"南中好叛乱，宜穷其诈，乃赦获"。③ 诸葛亮深知虽然南中地区兵力不强，但对该地的政治管理却必须选用当地领袖，否则必生叛乱。孟获是掌管南中的优良人选，只是必须通过得当的方式来使其心服蜀汉政权。

诸葛亮深知西南夷地区政治形势，他在南中的政治治理中同时关注了

---

① 司马光：《资治通鉴》，中华书局，1956，第 2224～2225 页。
② 陈寿：《三国志》，中华书局，1959，第 983～984 页。
③ 常璩：《华阳国志》，齐鲁书社，2000，第 48 页。

两套政治系统的运作：一套为南中大姓所建立的准政府系统，另一套为西南夷本土所形成的村落部族领袖系统。对于南中大姓系统，诸葛亮选取了孟获这样一位同时精通汉文化与西南夷文化的大姓首领，能够同时沟通西南夷部族与汉族人民甚至蜀汉政府系统。对于南中不同村落政治系统，诸葛亮关注了这一系统的自然性与独立性：在当地部族中具有至高政治权威，所以"益州、永昌、牂柯、越巂四郡皆平，亮即其渠率而用之"。"渠率"是当地部族领袖之意，诸葛亮没有在平伏的四郡中任命蜀汉政府官僚，而是任命当地部族领袖担任地方长官。蜀汉政府并不通过汉族官吏对当地事务做过多干预。易言之，汉武帝意在用汉族郡县官吏系统取代西南夷本土部族领袖系统而不得成功；诸葛亮经由两汉治理西南夷的政治实践而认识到：贸然用汉族官吏系统来取代当地部族政治系统是得不偿失的。所以，当有人"或以谏亮"劝他任命蜀汉官吏之时，诸葛亮表达道：第一，在当地置官则必须同时配备兵马和粮草资源，这势必造成夷汉对立；第二，留汉人于当地反而会激发西南夷被征服的仇恨感；第三，由于西南夷根深蒂固的本土村落政治意识，南中地区部族不可能与外来汉族官僚系统很好地融合。于是，诸葛亮任用南中大姓孟获为当地长官，又任用当地原有部族领袖担任地方官员，使其身居两职，将郡县官僚系统与地方部族系统结合为同一系统，但以地方部族系统为主，同时在南中地区树立了较为统一的政治领袖孟获。由于诸葛亮在征服南中过程中与孟获建立了较好的政治默契，于是南中地区的本土政治系统在诸葛亮的治理策略中得到了较佳的架构。

南中地区的本土文化与本土政治系统过于深重，这两个方面又是相互联系在一起的。由于南中地区地理区域分隔较碎，每个分隔区域均有自己的首领系统。每个区域首领系统所掌控的也仅限于一小块地域。南中地区当地的国家意识还远未建立起来，这是国家郡县系统在当地无法有效施行的真正原因。即便西汉开始在西南夷地区设立了郡县系统，这一系统一直面临当地的反叛，郡县机制在某种程度上成为虚设。故此，蜀汉政权若要有效治理南中地区，还必须在该地建立良好的文教系统与国家意识。《华阳国志·南中志》中记载：

> （南中地区）其俗征巫鬼，好诅盟，投石结操，官常以盟诅要之。
> 诸葛亮乃为夷作图谱：先画天地，日月，君长，城府；次画神龙，龙

生夷及牛马羊；后画部主吏，乘马幡盖，巡行安恤；又画牵牛负酒、赍金宝诣之只象，以赐夷。夷甚重之，许致生口直。又与瑞锦、铁券，今皆存。每刺史、校尉至，赍以呈诣。动亦如之。①

诸葛亮因其当地信奉巫鬼的风俗，尝试为当地民众建立文化观念和国家意识：首先在图谱中建立了天地宇宙和日月星辰的世界图景，接着建立君王（"军长"）和政府（"城府"）观念；接着建立华夷一体（虽有别）的文化观念："龙生夷及牛马羊"；然后建立政府官员政治理念；又建立财富与生活理念。这些世界意识、文化理念、国家意识与政府观念，都使得诸葛亮依据南中地区西南夷的认知方式，而为他们树立了与华夏文化和蜀汉朝廷政府相互对接的文化和政治态度。为蜀汉政权以及后继的两晋政权管理南中地区和西南夷增添了新的政治经验财富。

---

① 常璩：《华阳国志》，齐鲁书社，2000，第49页。

边疆、王朝与制度变迁

——清代云南地方省级行政体制的演化[*]

段金生^{**}

前辈学者早已指出先秦就"已尝划野分疆，建置万国"，"九州、十二州、大九州之说，各盛于一时，皆可代表先民对于疆域制度之理想"，然"自郡县肇建，而地方制度与区划，始稍见完善。厥后诸代建置之情形，各有不同，或因前朝旧规，或自创设新制，故汉州、唐道、宋路、元省皆成一代之主要地方制度，其名称虽异，而其演变之迹尚可循求"。① 所论强调了历代地方制度变迁有其密切的内在联系，此即李剑农所言"一切历史事变都是难于斩然截断"之论②。钱穆曾论，秦之前的夏商周是"封建的统一"，秦汉以降"已经不是封建性的诸侯列国并存，而是紧密隶属于中央的郡县制度的行政区分了"。③ 在中国统一多民族国家的构建进程中，边疆或边疆族群政权与王朝中央虽长期被认为是"边缘"与"中心"的关系，但却是这一构建进程不可或缺的重要两端，而制度则是联系二者的重要环节。亦如萧公权所言，"始皇并吞六国，封建之天下一变而为郡县，创二千年专制一统之政体"，而历朝"社会之环境既殊"，以环境不同之故，"秦汉以后之思想家虽因袭前人之观念与名词，而政治之对象既已迥异，则其所持观念之内容，与所用名词之含义，亦势不能与古人悉合"，于是"秦汉以后之政治思想不必有变古之名，而每有变古之实"。④ 萧氏此处虽然强调的是历代政治思想内在的变化，事实上历朝的

---

  * 本文为行文方便，对文中提及的先贤前辈均免称先生而直呼其名，非为不敬，特此说明。

** 段金生，云南民族大学人文学院教授，博士生导师。

① 顾颉刚、史念海：《中国疆域沿革史》，商务印书馆，2015，第5页

② 李剑农：《中国近百年政治史·导论》，商务印书馆，2011，第5页。

③ 钱穆：《中国历代政治得失》，九州出版社，2012，第6页。

④ 萧公权：《中国政治思想史》（上册），商务印书馆，2011，第12页。

政治制度形态也与此相类。清朝是中国统一多民族国家的最后一个王朝政权，既形成了"汉、唐以来未之有也"[①]的疆域范围，也经历了由传统王朝国家向近代国家的复杂转型，可谓传统中国走向近代中国的转折点。云南"孤悬天末，内则百蛮环处，外则三面临边，形势显要"。[②]自秦汉至清朝，历代中原王朝对云南边疆或边疆族群政权的政策因时因人而异，该项内容亦一直为学术界所关注。[③]人是社会活动的主体，制度是由人设立的规范某一领域的相对稳定的体系，审视制度变迁是观察人类社会历史活动的重要维度。制度并非孤立存在，是人与社会发生作用的重要环节，透过制度变迁，可以观察时势的变移、观念或认识的转换、人与社会的关系等多维面相。因此，观察清代云南地方行政体制的变迁，是观察清代国家治理、边疆地方或边疆族群内部面相、边疆地方或边疆族群与王朝中央关系的重要切入点。关于清代对云南的治理及其行政制度等，通史或专题论著均有相当关切，[④]但由于研究对象或主旨的差异，相关探讨或以概论为主，或仅述其面相而较少论及面相之下隐含的复杂经纬，或虽系专题讨论但又多针对具体问题而展开，对清代云南地方行政体制变化的内在缘由、其表现的边疆与王朝的关系、透过制度观察或分析边疆地方或王朝国家社会政治场景等内容仍有可深入探讨的较大空间。笔者不揣浅陋，拟在前人已有研究基础之上，谨就管见所及，以清代云南地方省级行政体制的演化为主要对象，透过制度的变迁，分析其变迁之原因、王朝国家及边疆地方的社会政治场景，希更能呈现出清代王朝国家中央、云南边疆社会政治形态的多维面相及其中之复杂内涵，对深入理解统一

---

① 赵尔巽：《清史稿》卷54《地理志一》，中华书局，1977，第1891页。
② 《清高宗实录》卷173，乾隆七年八月丁未条。
③ 关于相关研究成果，参见方铁《方略与施治：历朝对西南边疆的经营》，社会科学文献出版社，2015，第一章"回顾与展望"。
④ 主要代表性论著有：萧一山《清代通史》，中华书局，1986；顾颉刚、史念海：《中国疆域沿革史》，商务印书馆，2015；白钢主编《中国政治制度史》，中国天津人民出版社、新西兰霍兰德出版有限公司，1991；韦庆远：《中国政治制度史》，中国人民大学出版社，1995；方国瑜：《中国西南历史地理考释》，中华书局，1987；尤中：《中国西南民族地区沿革史（先秦至汉晋时期）》，民族出版社，2005；刘子扬：《清代地方官制考》，紫禁城出版社，1988；傅林祥、林涓、任玉雪、王卫东：《中国行政区划通史·清代卷》，复旦大学出版社，2013；何耀华等主编《云南通史》第4卷，中国社会科学出版社，2011；谢本书、郭大烈、牛鸿宾：《云南民族政治制度史》，云南人民出版社，1996；等等。

多民族国家构建进程的复杂性有所裨益。限于学力，文中不足之处，敬请方家批评指正。

一 "依明旧制"：清初"王公坐镇"政策的实施

清朝能够代明朝而立，钱穆认为其主要原因有六项：明朝政治的腐败；明朝"承平日久，武备废弛，又复轻敌"；"如熊廷弼、袁崇焕、孙承宗等，皆以一人支持边事有余，乃明廷或诛或罢，既不顾惜，又无定策"；"因盈廷纷议误事"；"汉奸之外附"；"流寇之内溃"。[①] 孟森则言："明虽数尽，清所假以驱除者，不能专恃八旗，旗军人数固不足，且尽用旗人敌汉，亦于招徕之道隔膜。故除用故明文臣任招抚外，亦用明旧帅旧军与旅距未服者，以声气相呼召。"[②] 二人所论角度虽不相同，但均指出满族能够顺利入关，其中很重要的原因是任用明朝旧臣。萧一山称"清朝所以能成功，不是武力的关系而是政治的关系"。[③] 此处政治的关系，包括清朝善于任用明朝旧人为新王朝的统治服务。将云南纳入王朝统一治理范围的过程，亦正是清朝善于任用明朝旧人的重要内容及表现。

1. 王弘祚"简任重臣驻滇"的建议

在明朝曾任户部郎中，后降于清的云南籍王弘祚就如何统治云南向清朝提出了建议。王氏在疏中开篇即言："兹值王师进取滇云，此正遐荒孑遗得出水火，欣被皇仁之日也。义旗所指，壶浆恐后，万里凯音，且晚将奏之阙下矣。"此疏应成于顺治十五年（1658），此时距清军入关已15载，统一之势已成，故才有"万里凯音，且晚将奏之阙下"之语。王氏认为云南将很快纳入清朝统治之下，因此他以熟悉云南地方社会景况的云南籍士人身份向清朝提出了十条治理云南的建议。其中第一条即是"重镇之宜建设"的策略。王氏强调云南地属边远，对于其治理，"唐镇以韦皋，宋镇以王全斌，元封梁王，明封黔公，从来必借居重驭轻之势，以收建威消萌之功"，云南"数年寇氛梗塞，今日声教初通"，故"宜简任重臣驻镇"。这样既"以资弹压"，又"恩威并用，使新服官兵及诸土司不但革面，而兼革心"，

---

① 钱穆：《国史大纲》（下册），商务印书馆，2010，第 831～832 页。
② 孟森：《明清史讲义》（下册），商务印书馆，2011，第 522 页。
③ 萧一山：《清代史》，辽宁教育出版社，1997，第 19 页。

可达到一劳永逸地使云南政局稳定之目的。① 王氏之建议，事实上就是仿照明朝以"藩王镇滇"的旧例来治理云南。而在顺治十六年（1659），清军攻克云南省城，洪承畴向朝廷上疏称"云南险远，请如元、明故事，以王公坐镇"。② 王弘祚与洪承畴二人之建议相同，实有相当复杂之缘由。

清朝入关后，面临的不仅是明朝旧有军事力量的反抗，也面临着思想意识的激烈斗争。钱穆曾论："清人入关，遭遇到明代士大夫激昂的反抗，尤其是在江南一带"，虽然反抗的力量是微薄的，但反抗意识却是"极普遍而深刻"。③ 在此场景之下，清朝对云南的治理措施以渐进为主，即首先考虑的是如何将地方政局尽快稳定，进而才考虑深入的施治问题。在清军正式进军云南之前的顺治十年（1653），顺治帝就谕令称："滇、黔阻远，尚未归诚。朕将以文德绥怀，不欲勤兵黩武，而远人未喻朕心，时复蠢动。若全恃兵威，恐玉石俱焚，非朕承天爱民本念"；基于这样的情况，故"必得夙望重臣晓畅民情，练达治理者，假以便宜，相机抚剿，方可救宁"。④ 顺治帝的这一谕令，说明清朝在面临南方强大的反清势力背景之下，认识到云南复杂的社会政治情况，希望以一种稳妥的渐进方式将云南纳入统治。在顺治十三年（1656），清朝虽未进取云、贵，但除了思考"其由何路进攻？兵马作何抽调？粮饷作何转输？"等军事问题外，也思考了"地方底定后，作何防守"的问题，认为"进取事关重大，非一时可草率议者。必先期上下同心商酌，事事议妥，乃获万全"。⑤ 这透露出清朝统治者对如何治理云南做了相当周远的思考。正如时任都察院左副都御史的魏裔介所称，其时"天下民生所以不安者，以云、贵有孙可望，海上有郑成功也"，⑥ 云南是当时最大的两支反清力量的聚集地之一，对其之重视自属必然。清朝统治者的上述认识与分析，则从另一维度表明云南边疆与王朝国家政治存在密切的互动，说明经过长期的历史流变，统一多民族国家构建属必然之势。

---

① 王弘祚：《滇南十议疏》，方国瑜主编、徐文德等纂录校订《云南史料丛刊》第 8 卷，第 385 页。
② 赵尔巽：《清史稿》卷 237《洪承畴列传》，中华书局，1977，第 9474 页。
③ 钱穆：《国史大纲》（下册），商务印书馆，2010，第 848 页。
④ 《清世祖实录》卷 75，顺治十年五月庚寅条。
⑤ 《清世祖实录》卷 104，顺治十三年十一月辛亥条。
⑥ 《清世祖实录》卷 100，顺治十三年四月辛末条。

2. 清初云南"三患二难"的客观政治形态

顺治十五年（1658），清军分由四川、贵州、广西三路向云南进取，于是年十二月，"三路俱会于曲靖"，南明残余力量向滇西逃走。次年正月初三日，清军占领昆明。① 不过，此时清朝在云南仍面临着复杂的政治、军事问题。顺治十六年（1659），顺治帝就谕令户、兵两部称："云、贵新入版图……念十余年来，逆寇李定国等窃踞南服，民久在水火之中，困于诛求，生计日匮，疾痛莫告。今大兵所至，群黎归命，欢若更生。但闻两省地方，生理未复，室庐残毁，田亩荒芜，俯仰无资，衣食艰窘，朕每念及，不胜悯恻！至南征大兵，阅历险阻，长驱深入，粮饷恐有时不继。……以十五万两赈济两省真正穷民；其十万两令经略臣收贮，见今进讨三路大兵，如有需饷甚急者，立行接济。"② 此谕令说明清朝在云南面临着因长期战乱而导致民生困苦与军费需索巨大等困境。其实，除此之外，还面临直接的政治问题，即清朝占领云南后，南明残余势力并未完全消除，李定国力量仍在边境活动，同时"各路土司、伪营残兵，各私受定国伪札、伪印、歃血为盟，伺隙起衅"。③ 这就是吴三桂所言的"滇南负固有年，一朝戡定，独逆渠李定国等挟伪永历遁出边外"，以致"滇土虽收，滇局未结。边患一日不息，兵马一日不宁"之政局。④ 吴三桂将清朝在云南面临的局势总结为"三患二难"。

"三患"：其一患，永历在缅，而李定国、白文选等"分住三宣、六慰、孟艮一带，借永历以鼓惑众心"，如果不乘胜追击入缅以净根株，万一"此辈复整败众，窥为边防，兵到则彼退藏，兵撤则彼复扰"，则将成为"门户"之患；其二患，土司"反复无定"，"逆党"易"借用永历以号召内外诸蛮"，假若"一被煽惑，遍地蜂起"，则将为"肘腋"之患。其三患，投诚官兵虽已安插，然"革面尚未革心，永历在缅，于中岂无系念？""万一边关有警，若辈生心"，则将成为"膝理"之患。

"两难"：其一难，"滇中兵马云集，粮草取之民间，勿论各省饷运愆

---

① （清）倪蜕辑，李埏校点《滇云历年传》，云南大学出版社，1992，第515~516页。
② 《清世祖实录》卷126，顺治十六年壬月辛巳条。
③ 中国人民大学历史系、中国第一历史档案馆合编《清代农民战争史料选编》第一册上，中国人民大学出版社，1984，第364页。
④ 《清世祖实录》卷134，顺治十七年四月丙午条。

期，即到滇召买，民室方如悬磬，市中米价日增，公私交困，措粮之难如此"；其二难，"召买粮草，民间必须搬运交纳，年年召买，岁岁输将，民力尽于官粮，耕作荒于南亩，人无生趣，势必逃亡，皮之不存，毛将安附？培养之艰又如此"。①

吴三桂此处关于"三患两难"的总结，应属客观事实。后来乾隆帝在总结吴三桂之功过时曾言："三患二难之议，发自三桂，即后之进兵，檄缅甸，驱李定国，降白文选，皆出自三桂之筹画，其功固不可泯也。然其诸筹，岂实为我国家哉，彼时伊已具欲据滇黔而有之之心。"② 前面之语，肯定了吴三桂"三患二难"之议的正面，称"其功固不可泯也"，后面称吴三桂早有据滇黔之心则或有事后否定之意，此处不做探讨。"三患二难"充分表明了此时云南边疆社会政治、军事形态的复杂，以及清朝此时在云南面临的困境，说明了清朝虽然将云南纳入治下，但面临着经济、社会、政治、军事方面的多重问题，如何维持在云南的稳定统治秩序显然并非易事。顺治帝自身就承认："滇、黔虽入版图，而伏莽未靖，征调犹繁，焦思竭力，治效未孚。"③

3. 清初统治者对如何治理云南的思考

前已述及，对于云南"地方底定"后如何治理的问题，清朝一直是在深思的，而王弘祚所提"宜简任重臣驻镇"的政策应该不仅是其个人的认知，作为降清的前朝官员，其对清朝政局的观察与分析应更为小心与细致。在顺治十年（1653），王弘祚任户部右侍郎，被清朝"特简辅臣洪承畴相机剿抚"，并对云南土司问题提出了具体的应对方针。④ 顺治十三年（1656）对于云南问题，顺治帝称"朕将亲与议政王、贝勒、大臣，面为筹画"。⑤这充分说明清朝统治者对云南问题的审慎态度，其相关政策的制定必然经过多次讨论。故王弘祚于顺治十五年的建议，应是在观察清朝政局及统治者意图后的总结，或一定程度上反映了当时朝局中的主流态度。

早在顺治十年，清朝就任命洪承畴"经略湖广、广东、广西、云南、

---

① 《清世祖实录》卷 134，顺治十七年四月丙午条。
② 《清高宗实录》卷 1168，乾隆四十七年十一月庚子条。
③ 《清世祖实录》卷 131，顺治十七年正月戊午条。
④ 《清世祖实录》卷 76，顺治十年六月乙卯条。
⑤ 《清世祖实录》卷 104，顺治十三年十一月辛亥条。

贵州等处地方"，给予其相当大的权柄："总督军务，兼理粮饷，听择扼要处所驻扎"，"应巡历者，随便巡历。抚、镇以下，听其节制；兵马、粮饷，听其调拨。一应抚剿事宜，不从中制，事后报闻。满兵或留或撤，酌妥即行具奏。文武各官，在京在外，应取用者，择取任用。升转补调，随宜奏请，吏、兵二部不得掣肘。应用钱粮，即与解给，户部不得稽迟。归顺官员，酌量收录。投降兵民，随宜安插。事会可乘，即督兵进取"。① 在清朝解决南方反清力量问题上，洪承畴是个关键性人物，清朝给予其巨大权柄，其也担当着相当的政治风险。他对云南问题的建议，必然是综合朝廷内外各方面的因素而言，应符合清朝最高统治者的意图。顺治十六年（1659），洪承畴向清廷上奏："云南山川险峻，幅员辽阔，非腹里地方可比。请敕议政王、贝勒、大臣密议，三路大兵，作何分留驻守？贵州中路汉兵，作何分布安设？"兵部讨论认为应"留拨大帅官兵，镇守滇南"，但此事"事关重大，请旨定夺"。顺治帝诏令议政王、贝勒、大臣等会议，会议认为"平西、平南、靖南三藩内，应移一王驻镇云南"，但"汉中已属腹里，兼有四川阻隔，不必藩王驻防。应移一王分驻粤东，一王分驻蜀中。何王应驻何省？恭候圣裁"。最终，顺治帝"命平西王驻镇云南，平南王驻镇广东，靖南王驻镇四川"。② 此一措施事实上与王弘祚、洪承畴"王公坐镇"的建议一致。

当然，正如前述钱穆认为清朝之所以能最终占据天下，很大程度上归因于得到明朝降服势力之相助，故须"事定酬庸"。③ 萧一山总结清代政治得失则称："清朝政治的成功，不仅在对于一般人民的心理感情之控制，而尤在对一般士大夫的笼络和驾驭，因为中国社会组织的基层，是中间读书做官的士大夫，而不是下级劳苦的民众。他们对于士大夫的利用是煞费苦心的。所有官吏降附者，各予升级，殉难者各予谥立庙……"④ 此处萧一山之观点与钱穆"事定酬庸"之诊断虽异曲而同工。因此，以吴三桂镇滇，虽然是依明旧制的政治实践，事实上也含有安抚之意。不过，任何政治形态并非恒定，伴随政局的变化，政策自然也将调整。

---

① 《清世祖实录》卷75，顺治十年五月庚寅条。
② 《清世祖实录》卷124，顺治十六年三月甲寅条。
③ 钱穆：《国史大纲》（下册），商务印书馆，2010，第826页。
④ 萧一山：《清代史》，辽宁教育出版社，1997，第21页。

二 "照旧领各官管理"：清王朝关于云南
地方行政制度的目标

陈之迈认为："我国政治制度的历史在清末变法以前几千年来是一贯的。在这几千年当中，政治制度在表面上虽有种种变化，在实际上则变动颇为轻微。这一段几千年的政治制度演变史读之有如读英国的宪法史，是'自然生长'而成的，其中没有急剧的变动。"[①] 此言表达了农业社会形态下中国传统政治制度变革的渐缓性特征。明清交替，在政治制度的设置上，清朝虽然有所变动，但诚如陈氏所言，并非"急剧的变动"。这就是《清史稿》中所称的："世祖入关，因明遗制，内自阁、部以迄庶司，损益有物。"[②]

1. "藩王镇滇"是过渡措施

清初统治者在云南实行"王公坐镇"之策，虽是因明旧制，但如果从清朝统治者的内心深处而言，显非久制，而其"因明旧制"之策，也并非完全仅是"王公坐镇"。钱穆观察认为："清代政治，和中国传统政治不同，因它背后有一批特别拥护皇帝的，这便是皇帝的同部族，就是满洲人"；[③]强调"清代政制，沿明代不设宰相，以大学士理国政，以便君主独裁"，官员的任命则沿元代，"满、汉分别，而实权多在满臣。且满洲、蒙古无微员，君尊臣卑，一切较明代尤远甚"。[④] 钱氏的观察虽带有强烈的"种族"色彩，认为清朝系"中国近代史上狭义的部族政权之再建"，[⑤] 但也从一定程度上突出了清朝政权的强烈集权色彩。其实，清朝前述因袭明代"王公坐镇"之策，实是一种暂时性的策略。

明代政制系"远稽汉唐，略加损益，亦参以宋朝之典"[⑥] 而成。在地方政制上，经历了由行省变化到承宣布政使司的复杂过程，即朱元璋所称的："朕有天下，更行省为承宣布政使司，所以承者，朕命也；宣者，代

---

① 陈之迈：《中国政府》第1册，商务印书馆，1946，第1页。
② 赵尔巽：《清史稿》卷114《职官志一》，中华书局，1977，第3263页。
③ 钱穆：《中国历代政治得失》，九州出版社，2014，第143页。
④ 钱穆：《国史大纲》（下册），商务印书馆，2010，第833页。
⑤ 钱穆：《国史大纲》（下册），商务印书馆，2010，第813页。
⑥ 《明太祖实录》卷129，洪武三年春正月癸卯条。

言之也；布者，张陈之也；所以政者，军民休戚、国之利病；所以使者，必去民之恶，而导民之善。"① 地方的布政使司主管民政，同时还设都指挥使司、提刑按察使司，分管军事及司法事宜。不过，明朝政治体制的特点之一就是皇权的高度集中与地方权力的相对分散，三司虽有利于彼此制约，但也出现三司鼎立、互不统属的现象。于是，在明代中期以后，中央派遣官员协调地方三司以统一事权就成必然。于是，为强化中央集权，更好地处理中央与地方关系，协调地方事务，中央都察院向外派出了驻地方的高级官员，即"总督"与"巡抚"，并逐渐成为实际上的地方最高军政长官。② 是故，在地方实行督抚体制，也是清朝因明旧制的另一项重要内容。

清朝入关后，即以中央政府的"视野"来看待统一问题。顺治二年（1645），虽然云南并未纳入清朝的实际控制，但顺治帝在谕旨中仍言广西、云南、贵州诸省"应解节裁银两，照地方烦简，斟酌蠲免"，③ 表现了以统一云南并纳其为行政管辖区域的认知。顺治初年，总督不常设，乃"其时其地用兵者设之，军事即平遂不复罢，俾以巡抚相稽查"。④ 而清统治者又是按照"得一省必镇定一省"⑤ 的思路在地方设置行政机构。1659 年，清军占据云南后，清朝随即先后设置了巡抚与总督。清朝先命洪承畴至滇，"议进缅机宜，招抚流民，安插蛮庶"，并"设院、司、道街门"，布置行政统治机构；⑥ 根据洪承畴所请，"起降调原任湖广巡抚林天擎为都察院右金都御史，巡抚云南，赞理军务"。⑦ 同期，以"云贵地方初辟，节制弹压，亟需总督重臣。贵州巡抚赵廷臣久任岩疆，堪胜此任，著即升云南总督"。⑧ 巡抚及总督机制在云南的设置，表示与东北、新疆等其他边疆省区不同，

---

① 《明太祖文集》卷 4 《承宣布政使司诰》。
② 参见郭红、靳润成《中国行政区划通史（明代卷）》，复旦大学出版社，2007，第 713~719 页。
③ 《清世祖实录》卷 17，顺治二年六月己卯条。
④ （清）刘锦藻：《清朝续文献通考》卷 138 《职官十八》，上海古籍出版社，1988。
⑤ 《皇清奏议》卷 3，都城国史馆琴川居士排字本。
⑥ （清）倪蜕著、李埏点校《滇云历年传》，云南大学出版社，1992，第 517 页。
⑦ 《清世祖实录》卷 123，顺治十六年正月癸卯条。
⑧ 《清世祖实录》卷 123，顺治十六年正月癸丑条。另，云南总督的设置时间，《钦定大清会典事例》《（康熙）云南通志》《清史稿》《新篡云南通志》等史籍的记载并不一致，其具体考证可参见邹建达《清前期云南的督抚、道制与边疆治理研究》，博士学位论文，云南大学，2011，第 54~55 页。

清朝统治者是按照内地行省的架构与思路来治理云南的，此亦从另一维度说明了云南与王朝国家关系的日益密切。

在依照明朝以"藩王镇滇"及设置督抚机制进行治理二者之间，在清初统治者的思维中，前者仅是过渡时期的特殊措施，而后者才是其统治云南的最终方略。顺治十六年，在谕吏、兵二部的上谕中言："云南远徼重地，久遭寇乱，民罹水火，朕心不忍，故特遣大军，用行吊伐。今新经平定，必文武各官同心料理，始能休养残黎，辑宁疆圉。至统辖文武军民，尤不可以乏人。前已有旨，命平西王吴三桂移镇云南。今思该藩忠勤素著，练达有为，足胜此任。当兹地方初定之时，凡该省文武贤否，甄别举劾，民间利病，因革兴除，及兵马、钱粮一切事务，俱暂著该藩总管，奏请施行，内外各该衙门不得掣肘。庶责任既专，事权归一，文武同心，共同策励，事无遗误，地方早享升平，称朕戡乱柔远至意"，但是，也强调"俟数年后，该省大定，仍照旧令各官管理"。① 清朝给予吴三桂的权限甚大，云南地方"文武贤否，甄别举劾，民间利病，因革兴除，及兵马、钱粮一切事务"，俱归其管理，各衙门不得掣肘。清朝此举，既是云南地方"新经平定"、政局仍烦，确需"重臣"统领以资"镇慑"之因，然亦是前述钱穆所言的"惟清人所以得吞灭南明，其最重要原因，厥为汉奸（指降清的明朝旧官吏，引者）之助"、"清既赖汉奸得占全中国，事定酬庸"② 之结果。不过，顺治帝也强调此举系一过渡措施，"俟数年后，该省大定，仍照旧令各官管理"，表示了赋予吴三桂的"集权"统治方式仅是临时性的措施，云南最终仍是应该各官各司其职，即"仍照旧令各官管理"。所谓各官管理，事实上就是云南最终应按督抚机制进行施治的思维。清朝的这一渐进的施治策略，既可达到安置吴三桂之目的，事实上也含有利用吴三桂继续为清朝效力以尽快"戡乱柔远"之意。

2. 清初统治层内部对"藩王镇滇"的微妙态度

其实，吴三桂权势如此之重，在当时就有御史认为不妥。顺治十七年（1660），四川道御史杨素蕴奏言："臣闻邸报，见平西王恭请升补方面一疏，以副使胡允等十员，俱拟升云南各道，并奉差部曹亦在其内。臣不胜

---

① 《清世祖实录》卷129，顺治十六年十月己酉条。
② 钱穆：《国史大纲》（下册），商务印书馆，2010，第826页。

骇异！"杨素蕴对吴三桂在用人上的专权表示了异议，称"用人，国家之大权，惟朝廷得主之，从古至今，未有易也"，强调此前予以洪承畴大权，"吏、兵二部不得掣肘"，其也仅是"惟以军前效用各官，或五省中人地相宜，资俸应得者，酌量具题"，而"从未闻以别省不相干涉之处及见任京官，公然坐缺定衔，如该藩（指吴三桂，引者）今日者也"。他指责吴三桂自称"求于滇省，既苦索骏之无良；求于远方，又恐叱驭之不速"的用人缘由十分牵强："即如所言，湖南、蜀省去滇稍近，犹可计日受事。若京师、山东、江南等处，距滇南万里，不知所谓远更何在也？"指出当时朝廷之所以允许吴三桂在用人上"特假便宜"，其目的是"欲就近调补，无误地方耳"，"若尽天下之官，不分内外，不论远近，皆可择而取之，则如何归其权于吏部，照常铨授，尤为名正言顺也"。他批评吴三桂在用人上名不正言亦不顺，认为退一步而言，即使云、贵"新经开辟，料理乏人，诸臣才品，为该藩所知，亦宜先行具题，奉旨俞允，然后令吏部照缺签补，犹不失权宜之中计"，但吴三桂"径行拟用，无异铨曹"，此种行为"不亦轻名器而亵国体乎夫？"最后，杨素蕴分析了吴三桂这样行为的后果，认为"夫古来人臣忠邪之分，其初莫不起于一念之敬肆"，虽然吴三桂"扬历有年，应知大体""即从封疆起见，未必别有深心"，但是作为朝廷而言，应"防微杜渐，当慎于机先"，建议朝廷对其"径行拟用"的行为进行申饬，要求吴三桂"嗣后惟力图进取，加意绥辑，一切威福大权，俱宜禀命朝"，这样才能真正达到"廷则君恩臣谊，两得之矣"的效果。[1] 杨素蕴的上述观点已清晰表明了对吴三桂专权可能带来严重后果的认识，后面的历史也验证了他担忧的合理性。客观而论，杨氏有此认知，清朝中央又未尝不知，然而此时初入中原，面临问题甚多，不得不予以旧臣大权，故对其建议也只能是以"章下所司"的方式处理了。不过，杨氏之议也引起了清朝内部的讨论。

顺治十八年（1661），已任职于四川川北道的杨素蕴向朝廷回奏他提出上述建议的缘由，称任职于四川道御史时所提的建议，是因为看到吴三桂在官员任用上，"不论内外远近，一例坐缺定衔"，这有碍于国体，所以才"具疏驳正"，所谓"防微杜渐"的用语，原属概论古今通义，并非专指吴

---

① 《清世祖实录》卷142，顺治十七年十一月壬申条。

三桂。称自己与吴三桂素未谋面，"有何嫌隙？"只是据理而陈述意见，"非别有意见"。清朝对他的辩解则"下部知之"。① 上述内容说明清朝内部有人认为杨素蕴的前述建议是因与吴三桂有嫌隙才产生的，在一定程度上表现了当时对"藩王坐镇"问题讨论的敏感性，也说明了当时吴三桂诸王在清初政局中的重要性，或从另一个维度道出了清朝不得不依赖于他们以维护统治的政治形态。杨氏这种委婉的辩解，亦从另一层面表现出清朝这种不得不给予吴三桂支持的政治态度下隐藏的复杂心态，此种支持不论是真心抑或表面，都足以说明清朝开国初期面临的政治形势极其复杂。而清朝对杨氏辩解的处理仅以"下部知之"这种"轻描淡写"的方式进行，或说明了企图淡化该问题的意图，也表现出政治形态如何把捏的微妙性。

清朝给予吴三桂极大权柄后，吴三桂积极追剿永历帝及李定国等南明残余势力，消灭了清朝的心腹大患，同时肃清了明朝时期就存在的"奢、安"与"沙、普"两大土司问题，客观上有利于云南局势的稳定。康熙元年（1662），清朝因"吴三桂镇守秦、蜀，绥辑滇、黔，抚顺剿逆，茂著勋劳。……直抵缅甸，擒伪永历及其眷属，又降伪巩昌王白文选并伪官全军"，功劳甚大，故"宜加殊礼，以示眷酬。著进封为亲王"。② 同年，清朝又以"贵州接壤云南，皆系岩疆要地，且苗蛮杂居，与云南无二"，令贵州"一切文武官员、兵民各项事务，俱照云南例，著平西亲王管理"。③ 次年，清朝又准予吴三桂所请"云、贵二省总督、巡抚敕书，撰入'听王节制'四字"。④ 于是，出现吴三桂在云、贵两省，"用人，吏、兵二部不得掣肘；用财，户部不得稽迟"⑤ 之景象，其权势达于极致。

清朝统治者以吴三桂镇滇，是为了尽快稳定云南政局及安抚重臣而实行的过渡措施，最终目标仍是在云南施行和内地其他行省统一的督抚治理体制。然而，规定督抚听命于吴三桂，客观上容易造成吴氏权势日重，逐步发展成杨素蕴所言的新的割据势力。其实，清朝对此是早有顾虑的。康熙六年（1667），吴三桂以目疾为由，向朝廷奏请解除其管理云、贵事务的

---

① 《清圣祖实录》卷5，顺治十八年十一月己丑条。

② 《清圣祖实录》卷6，康熙元年五月癸未条。

③ 《清圣祖实录》卷7，康熙元年十二月辛酉条。

④ 《清圣祖实录》卷8，康熙二年二月丁巳条。

⑤ 刘健：《庭闻录》，方国瑜主编，徐文德等纂录校订《云南史料丛刊》，第8卷，第403页。

职权。康熙向吏部下旨称："王（指吴三桂，引者）久镇岩疆，总理两省，勋劳茂著，倚毗方殷。览奏知两日昏瞀，精力日销，皆因事繁过瘁，深轸朕怀。云、贵两省事务，应作何管理？著该部议奏。"① 吏部回复称："平西王吴三桂以目疾辞云、贵两省事务，已奉谕旨，应将该藩所管各项事务，照各省例，责令该督、抚管理。其大小文官，亦照各省例，臣部题授。" 吏部建议，康熙"从之"。② 由此可以观察出，此时清朝已经有解除吴三桂权势的意图，希望将云南纳入"照各省例"由督、抚管理的模式。然而，时机并不成熟。得到清朝中央同意吴三桂"解云、贵两省事务"的旨意后，康熙六年，云贵总督卞三元、提督张国柱、李本深联合上奏，"请平西王吴三桂总管滇、黔事务"。对此，朝廷称此事系吴三桂自己"以精力日为消减奏请"的，朝廷是"照所请允行"，现在地方已平，若再令吴三桂复理事务，"恐其为劳，以致精力大损"。事实上否决了云贵总督、提督等人的奏请，不过客观形势，使清朝中央也不得不让步，"如边疆地方，遇有军机，王自应料理"。③ 吴三桂试图维持"藩王镇滇"和清朝以督抚管理云南、贵州地方事务的意图之间的矛盾已渐露端倪。

3. 督抚体制的真正确定及其演进

康熙帝亲政后，伴随清朝政局逐步稳定，削藩之意渐浓，最终演变为康熙十二年（1673）开始的平定"三藩"战争。在战争未起之前，吴三桂曾试探清朝中央对撤藩的态度，自请撤藩。对此，康熙帝谕令吏部及兵部："云南地属边疆，今该藩官兵既撤，控制需人。应专设云南总督一员，添设提督一员，责成专管料理。尔部速议具奏。"④ 明确表示同意吴三桂撤藩之请，要求以总督管理云南地方事宜。这显然与吴三桂的图谋完全相背，战争遂起。1679 年，在吴三桂败势已定，清朝大军积极筹划进攻云贵时，清朝即以"大兵进讨云、贵，宜设将军、总督、巡抚、提督随大兵进征"；其后，又认为"云南将军不必添设，可调湖广提督桑峨为云南提督，湖南提督赵赖为贵州提督，四川总督周有德为云贵总督。以原任云南巡抚李天浴

---

① 《清圣祖实录》卷 22，康熙六年五月辛酉条。
② 《清圣祖实录》卷 22，康熙六年五月癸酉条。
③ 《清圣祖实录》卷 24，康熙六年九月己巳条。
④ 《清圣祖实录》卷 43，康熙十二年八月乙卯条。

为云南巡抚，副都御史杨雍建为贵州巡抚"。① 已经开始着手布置以督抚机制统治云南的相关事宜。1665 年，清朝将云南总督及贵州总督合并为云贵总督，并驻节于贵阳，客观上或减少了云贵总督对吴三桂的牵制。而在平定"三藩"后，清朝又将云贵总督自贵阳府移扎云南府。此时将云贵总督移驻昆明，有利于强化对云南的治理。此后，历康雍乾直至清末，虽然督抚不断变更，行政设置屡有变迁，但清朝对云南的管理体制基本以督抚机制为主。

  云南本属边疆，而且民族众多，然清朝未按在新疆、青海、西藏等其他边疆省区的模式进行治理，却按照元明以来已逐步成型的行省制模式进行管理，说明了云南与其他边疆地区的差异性，或表明云南与内地关系经过长期的历史发展已更加密切，但要以"藩王镇滇"既表明清初统治尚不牢固，亦从另一维度说明了云南与王朝中央的关系同内地其他省份与王朝中央的关系尚有差别。源于诸种复杂因素，吴三桂镇滇时清朝在云南的督抚机制并未能真正施治，直至平定"三藩"后，虽然督抚机制的具体设置屡有变迁，但督抚体制的管理模式却得到真正实施，前述顺治"俟数年后，该省大定，仍照旧令各官管理"的目标终于实现。

  清初规定，云贵总督、云南巡抚各一人，都驻于云南府。总督兼都察院右都御史衔，是否兼兵部尚书衔，由吏部请旨定夺；巡抚兼都察院右副都御史衔，是否兼兵部侍郎衔，由吏部请旨定夺。云贵总督，最初兼辖广西，后仅辖云南、贵州。② 但事实上，其后的历史表明，督抚之辖区、驻地等，常根据形势变化而不断调整。

  清朝将云南正式纳入辖区后，顺治十七年（1660）年，吏部议称："云贵总督兼任两省，应如经略洪承畴等请，令驻适中之地。半年驻安顺，半年驻曲靖。"③ 即在云南曲靖府与贵州安顺府互驻。顺治十八年（1661），"调云南贵州总督赵廷臣为浙江总督……贵州巡抚卞三元为云南总督"。④ 即将云贵总督一分为二，分别设立云南总督、贵州总督。

---

① 《清圣祖实录》卷 79，康熙十八年二月辛巳条。
② 龙云总纂，牛鸿斌等点校《新纂云南通志》第 6 册，卷 122《庶政考二》，云南人民出版社，2007，第 287 页。
③ 《清世祖实录》卷 133，顺治十七年三月己巳条。
④ 《清圣祖实录》卷 4，顺治十八年九月丁亥条。

康熙四年（1665），又决定将"贵州总督裁并云南"，即云南总督、贵州总督又合二为一，即合并为云贵总督。① 康熙五年（1666），决定云贵总督驻于贵阳。② 康熙十二年（1673），又专设云南总督，不过很快吴三桂就造反，康熙十三年（1674）清朝又重设云贵总督。康熙二十六年（1687），清政府在全国"定总督原额"，定云贵总督为1人。此后，在雍正五年（1727），又决定云贵总督兼辖广西。不过，在雍正十二年（1734），又决定停止云贵总督兼辖广西，其原因是："将广西一省暂隶云贵总督管辖者，因广西与贵州接壤，俱有苗疆应办事务，若非该总督总统节制，恐文武官弁呼应不灵。今苗疆用兵事竣，诸事就绪，年来内外臣工多奏称广西距云南路远，广东路近，不若就近为妥便等语。滇、黔、两粤情形，本应如此，即朕初意，亦不过俟苗疆事竣，仍行照旧。"云贵总督的设与改，显然是根据清朝统治者的需要而决定的。因此，乾隆元年（1736），清朝又认为"贵州苗疆事务，自张广泗经略以来，渐次就绪，但善后事宜正须料理，必事权归一始可专其责成"，故任张广泗为贵州总督兼管巡抚事务，尹继善为云南总督兼管云南事务。但在乾隆十二年（1747），又称"云、贵两省，原系总督一人管辖"，要求"仍复旧制"，以张允随为云贵总督、图尔炳为云南巡抚、孙绍武为贵州巡抚。乾隆十三年，清朝又议定："外官官制，向以布政使司领之，但督抚总制百官，布、按二司皆其属吏，应首列督、抚，次列布、按。"该议进一步明确了总督、巡抚在地方的职权。③ 清末光绪二十四年（1898）七月，清朝称"外省如直隶、甘肃、四川等省，皆例以总督兼管巡抚事，惟湖北、广东、云南三省督、抚同城，原未画一"，"今昔情形确有不同，所有督、抚同城之湖北、广东、云南三省巡抚，并东河总督，著一并裁撤"。④ 不过，是年八月又称："裁并官缺一事，外间不察，有以大更制度为请者，诚恐胥动浮言，民气因之不靖，殊失朕力图自强之本意，所有前谕裁撤各衙门，现在详察情形，此灭彼增，转多周折，不若仍悉其旧，毋庸裁并"。九月，恢复原来裁撤的云南巡抚。⑤ 这是清末戊戌变法时政治

① 《清圣祖实录》卷15，康熙四年五月丁未条。
② 《清圣祖实录》卷18，康熙五年二月甲寅条。
③ 龙云总纂，牛鸿斌等点校《新纂云南通志》第六册，卷122《庶政考二》，云南人民出版社，2007，第287～288页。
④ 《清德宗实录》卷424，光绪二十四年七月乙丑条。
⑤ 《清德宗实录》卷430，光绪二十四年九月戊辰条。

博弈的结果，充分说明了督、抚设置与政局动态的复杂关联。不过，至光绪三十年（1904），清朝最终还是以督抚同城、事权不一为理由，裁撤了云南巡抚，规定云贵总督兼管云南巡抚事。[①]

光绪二十四年在恢复云南、湖北、广东巡抚设置时，慈禧太后的理由是"各省总督、巡抚，国初以来，屡经裁移改设，本已斟酌尽善。现在应行整顿诸大端，不在裁减职官，而在总核名实。总督专重典兵，巡抚专重吏治，诚能各举其职，自可相得益彰。倘使坐拥封圻，辜恩溺职，同城则各执意见，专任则益形从脞，徒事更张，无裨实际，甚无谓也"。[②] 所述理由虽是慈禧为了反对光绪的维新变法而进行的辩论，但其简要之总结也从另一个维度说明了清朝督抚制度变革的内在缘由及督抚体制之功能。清朝各省督抚"屡经裁移改设"的内在因素，乃系清朝当时政治形态的一种客观反映。云贵总督、云南巡抚、贵州巡抚的分设、合并，管理区域伸缩及于广西，是清政府基于治理云南、贵州诸省的需要而不断变更的，直至雍正、乾隆时期才逐步完善，故称历经调整才"斟酌尽善"。总督、巡抚的职权，"总督专重典兵，巡抚专重吏治"，其目的是"各举其职，自可相得益彰"。此处"相得益彰"之言，虽指督抚同心治疆之意，但或也含有彼此平衡之意。或如有学者总结的那样：总督与巡抚，前者品衔高于后者，朝廷敕书中也常称总督节制巡抚，若此则巡抚应听命于总督，但二者都单独开府，有独立的奏事权，遇有大事，需要两相会商并联名奏请，加以职掌上多有重复，故职责上摩擦在所难免。清朝裁撤同城或同省巡抚，改归总督兼任等措施，也是为了调整督、抚矛盾，但总体上其原则始终不变，即"督抚们辖地至广，又都掌握着军政财务大权，最具有闹独立性的本钱，实行二元化的领导体制，可使两方有所牵掣，有利于防范尾大不掉的局面"。[③] 萧公权在总结中国政治思想史之分期时，认为按"思想之历史背景"划分，认为可以分为"封建天下之思想"（春秋及战国）、"专制天下之思想"（秦汉至明清）、"近代国家之思想"（维新变法以后）三个时期，认为"专制

---

① 《清德宗实录》卷537，光绪三十年十一月庚辰条。
② 《清德宗实录》卷430，光绪二十四年九月戊辰条。
③ 白钢主编《中国政治制度史》，中国天津人民出版社、新西兰霍兰德出版有限公司，1991，第878～879页。

天下"思想的重要特征为"绝对之一统而已"。① 钱穆认为"明代是中国传统政治之再建，然而恶化了。恶化的主因，便在洪武废相"，"自秦以来辅佐天子处理国政的相位，至是废去，遂成绝对君主独裁的局面"；清代则沿明代不设宰相，"君尊臣卑，一切较明代尤远甚"，"用人大权，则全出帝王意旨。既不属之宰执，亦无所谓'廷推'"。② 清朝可谓达到萧公权所论"专制天下"思想时代之极，故对权臣防范严密，而督抚的设立，重要功能在于其彼此牵制。是故，前述"王公坐镇"的暂时性及督抚设置的经久性，是云南地方行政制度变迁的重要脉络。

明清制度变迁有着内在的密切联系。于此，孟森有论："明祖有国，当元尽紊法度之后，一切准古酌今，扫除更始，所定制度，遂定二百数十年之国基"，而明朝则因"渐废弛则国祚渐衰"而亡，但清朝"稍复其旧制"，"除武力别有根柢外，所必与明立异者，不过章服小节，其余国计民生，官方吏治，不过能师其万历以前之规模，遂又奠二百数十年之国基"，称"清无制作，尽守明之制作，而国祚亦与明相等"。③ 不过，清朝行政制度虽然延续了明朝，但并非完全模仿，对明朝也非亦步亦趋而无进展或改易。就地方行政制度而言，明朝虽然出现了督抚制度，但督抚辖区较少固定，而清朝经过顺治、康熙两朝的调适，督抚辖区已基本固定，虽然或间有调整，但并未有根本变更。但是，这种相对的静态源于传统农业社会形态及东亚政治的稳定性，当西方工业文明到来之后，中国社会面临"千年未有之变局"的"天下"形态，与之相对应，云南地方行政制度也产生了变化。

三 "因时制宜"：其他省级机构与晚清
地方行政制度的转变

清代地方行政体制，主要分内地与边疆两种类型，内地除京畿和直隶外，大都设省管理，边疆则根据具体情况，实行军府、盟旗、噶厦等不同制度。如前所述，云南虽"远徼重地"及"地属远疆"，但清朝对云南是沿袭明制，按省制管理的，当然也在部分地区实行土司制度，但并非省级行

---

① 萧公权：《中国政治思想史》（上册），商务印书馆，2011，第16、19页。
② 钱穆：《国史大纲》（下册），商务印书馆，2010，第665、833、835页。
③ 孟森：《明清史讲义》（上册），商务印书馆，2011，第19页。

政。不过，明朝地方高层行政机构正式名称为"某某等处承宣布政使司"，地方高层政区则习惯称为"省"。① 清朝则有了变化。有学者统计了《清会典》《清实录》中关于地方行政变迁的记载：康熙《清会典》卷18《户部二·州县一》中记载称，顺治元年，"定鼎京师，以顺天等八府直隶六部。各省设布政使司以统府州县，州县俱隶府，县或隶州，州或直隶省"。此处省是行政区域，布政使司为省的行政管理机构。《清世祖实录》则称，"南京着改为江南省，设官事宜照各省例行"，排列在其后的行政区域中，仍继续使用"某某等处承宣布政使司"等官署名，未使用省名。雍正《清会典》的记载沿袭未变。乾隆《清会典》卷8《户部一·疆理》则记载言，"两京设尹，崇首善也。外列十有八省，分之为府，府领州县，直隶州亦领县，皆属于布政使司，而统治于总督、巡抚"。在行政区划列表中，各省起始处均冠以总督或巡抚名称，没有使用省名。乾隆《清会典则例》卷31《户部·疆理》在记载各省行政区划变迁时，直接出现了完整的省名。② 上述内容呈现了清代地方行政机构由原来明朝"某某等处承宣布政使司"到"皆属于布政使司，而统治于总督、巡抚"的变化历程，这一变化的重点是原来作为一省行政长官的布政使职权弱化，成为地方督抚的下属官员。

1. 清代云南地方其他省级机构

云南省级行政机构的变迁历程大致与全国相同。按《新纂云南通志》的梳理，清朝初年，在云南省就先后设立了承宣布政使、按察使、学政、提学使等。《新纂云南通志》引《皇朝文献通考》中言："承宣布政使司，布政使掌一省之政，司钱、谷之出纳。十年会户版，均税役，登民数、田数，以达于户部。云南一人。其属：经历一人，库大使一人。"这里所言的布政使的职责，掌握着一省之政。伴随督、抚体制的逐渐稳定，布政使司职责有所变化。《新纂云南通志》另引《皇朝通典》称布政使的职责则是"凡朝廷有德泽、禁令，承流宣布，以达于有司。阖省僚属，以时颁其秩俸，满秩，廉其称职不称职，报督、抚以达于吏部。诸政务，与督、抚会

---

① 傅林祥、林涓、任玉雪、王卫东：《中国行政区划通史·清代卷》，复旦大学出版社，2013，第24页。
② 以上脉络的梳理参见傅林祥、林涓、任玉雪、王卫东《中国行政区划通史·清代卷》，复旦大学出版社，2013，第25页。

议经画而行之"。按照所述，已经明确了布政使系督、抚下属，这与前述布政使司"统治于总督、巡抚"的记载相符，这是督抚体制已经明确当时的形态。清朝初期，各省设左、右布政使一人，左、右参政、参议；而至康熙六年，清朝规定各省布政使为一人，云南也设置了一人，参政、参议则无定员，都裁去左、右名目，并且"视何项官推升者，即为何项道，名曰守道"。布政使下属官员有：理问，经历，照磨，检校，副理问，库大使、副使，宝泉局大使、副使，各一人。至康熙三十九年（1700），裁云南布政使司照磨一人；后又裁去了各省的布政使司副理问、宝泉局大使，后来各省布政使司检校也缺。乾隆十六年（1751），裁云南布政使司库存副使；乾隆十八年，停各省守道兼布政使、参政、参议等衔；乾隆三十年（1765），又裁撤云南布政使司理问一人。①

清朝初年，在全国各省也设立了提刑按察使司，设按察使一人，副使、佥事各因事设立，下属官员有经历、知事、照磨、检校、司狱，这些皆因时裁设，无定员。按照《新纂云南通志》引《皇朝文献通考》所载，"按察使掌一省刑名、按劾之事，以振风纪，而澄吏治。……与布政使称两司"，云南设一人，下属有经历一人，司狱一人。而《皇朝通志》记载称："按察使，凡政务大者，与藩司会议，以听于部院，理阖省之驿传。"康熙六年，清朝定各省按察使员额，云南一人，副使、佥事则无定员，"视何项官推升者，即为何项道，皆名曰巡道"。乾隆十八年，停止各省巡道兼按察使、副使、佥事等衔。布政使司通称藩司，而按察使司通称臬司，合称两司。前述所谓的守道、巡道，事实上就是两司的派遣机构，"有兼辖全省者，有分辖三四府州者，或兼兵备，或兼水利，或兼提学，或兼粮储盐法，各以职事设立，无定员"。② 总体上，守道及巡道的道员均为藩、臬两司的派遣官，并不属于地方的一个行政区域官，守道大致偏重钱谷会计，巡道则主要掌理刑名，发展至乾隆十八年（1753），守、巡道正式成为辖属于督抚的实官，在具体职能上，分守、分巡也逐渐趋向混同融合。③ 按《清会典》所

① 龙云总纂，牛鸿斌等点校《新纂云南通志》第六册，卷122《庶政考二》，云南人民出版社，2007，第289页。
② 龙云总纂，牛鸿斌等点校《新纂云南通志》第六册，卷122《庶政考二》，云南人民出版社，2007，第288、291页。
③ 白钢主编《中国政治制度史》，中国天津人民出版社、新西兰霍兰德出版有限公司，1991，第878～880页。

记，云南分巡有迤东道、迤西道、迤南道、临安开广道，以及粮储兼分守地方道。① 而《新纂云南通志》引《皇朝文献通考》则记，"云南粮储盐法道、迤西道、迤东道、迤南道，各一人。分守、分巡及粮储、盐法各道，或兼兵备，或兼水利，或以粮盐兼分巡之事。皆掌佐藩、臬核官吏，课农桑，兴贤能，厉风俗，简军实，固封守，以倡所属而廉察其政治"。② 二者所记略有差别，后者详于具体的职责，其差异反映了云南守、巡道在清朝不同时期的变化。前人于此已有一定的研究，此处不赘述。③

此外，属于省级机构的还有学政。按照《清会典》所记，"学则学政督之，分府、厅、州、县学以教士"，而云南省学政设一人，下设教授 30 人、学正 30 人、教谕 32 人、训导 76 人。④ 《新纂云南通志》引《大清会典事例》称，"清初，各省并设督学道，带按察司佥事衔，以各部郎中由进士出自者循资补用，惟顺天、江南、浙江为提督学政"，侧重学政的职级、来源；而引《皇朝文献通考》则言"教职之掌学校，黜陟统于学政，士习文风攸关焉"，强调了学政的职掌范围。⑤ 研究表明，清初所设的督学道（或称提学道），品级无定衔，视兼衔而定。康熙三十九年后，各省学差以翰林官与部属官并用，凡由翰林官选补者称为学政，凡由部属官开列者则称学道。雍正四年（1726），规定各省都设提督学政，学官与学政完全分离。学官为管理学务专官，不受督抚节制，驻地大多在省城。⑥

2. 清末云南地方省级行政体制的调整

萧公权在论中国政治思想演变时言："先秦思想既以社会环境之剧变而骤兴，秦汉以后之思想亦以社会环境之变动较少而缺乏创新成分"⑦；"自秦

---

① 《清会典》卷 4《吏部》，引自方国瑜主编、徐文德等纂录校订《云南史料丛刊》第 8 卷，第 120 页。

② 龙云总纂，牛鸿斌等点校《新纂云南通志》第六册，卷 122《庶政考二》，云南人民出版社，2007，第 290 页。

③ 例如，傅林祥等：《中国行政区划通史·清代卷》、何耀华等主编《云南通史》第四卷（中国社会科学出版社，2011）等论著，对云南守道、巡道之设置与废改，均有论及。

④ 《清会典》卷 23《吏部六》《吏部七》，引自方国瑜主编、徐文德等纂录校订《云南史料丛刊》第 8 卷，第 121、147 页。

⑤ 龙云总纂，牛鸿斌等点校《新纂云南通志》第 6 册，卷 122《庶政考二》，云南人民出版社，2007，第 288 页。

⑥ 傅林祥、林涓、任玉雪、王卫东：《中国行政区划通史·清代卷》，复旦大学出版社，2013，第 46 页。

⑦ 萧公权：《中国政治思想史》上册，商务印书馆，2011，第 14 页。

汉以来，专制天下之政治思想，一脉流传。千余年中，虽间受攻击，而根本未能动摇。盖辗转于君主政体之下而无民治之经验，故'专制'之思想不能打破。局促于小九州之中而无国际之往来，则'天下'之观念不能放弃"。① 经过长期演变，清朝将专制政体充分发展，"在某种意义上也可以说达到当时最完善的阶段"。② 梁启超亦曾论："夫以天然一统之国，而境土如此其庞大，当畴昔交通机关百不一备之世，非专制政体，何以治之？""我国二千年不能脱专制政体之羁轭，实地势与时势使然。"③ 中国传统专制政体的形成，有其包括历史、地理、民族在内的多维因素。此点诚如有学者所论："在近代以前，中华文明基本上是土生土长地自行发展的，这一方面是由于中国人的独立精神，另一方面也是由于中国独立于其他一些重大的文明之外。然而，随着地理大发现时代的来临，一种截然不同的情形出现了"，欧洲具备了前往东方的地理知识和造船技术，工业革命后"获得足够的力量作有力而持续地到达中国的努力"，这些催化剂"促使传统中国转化为近代中国"。④ 这一转化过程的途径与内容复杂而多维，一直是中外学术界广为关注的议题。此次转化虽然在总体特征上或具有同质性色彩，但在不同区域却具有不同的内涵，这一时期的云南地方行政制度也发生了复杂变化。

就历史发展而论，洋务运动时期虽然成立了总理各国事务衙门，也在军事、民用领域进行了改革，但行政制度的变化仍然有限。是故钱穆才论：清朝以"专制积威统治中国，已达二百年，在满洲君臣眼里，祖法万不可变"，而同时汉族官员中"懂得变动自强之需要与意义者亦少"。在这样的政治积习氛围中，晚清洋务自强运动虽有"一二真知灼见之士，他们的意见，亦浮现不到政治的上层来"。⑤ 而维新变法运动昙花一现，诸多政策未及实践就告失败，时至清末新政时期，制度变化的速度才得以加快。在这一过程中，云南地方的督抚制度也有转折，除了前述维新运动时期光绪废

---

① 萧公权：《中国政治思想史》（下册），商务印书馆，2011，第507页。
② 白钢主编《中国政治制度史》，中国天津人民出版社、新西兰霍兰德出版有限公司，1991，第878~852页。
③ 梁启超：《中国前途之希望与国民责任》，《国风报》（1912），梁启超著，吴松等点校《饮冰室文集》第2集，云南教育出版社，2001，第832页。
④ 〔美〕徐中约：《中国近代史》，计秋枫等译，世界图书出版公司北京公司，2008，第1~3页。
⑤ 钱穆：《国史大纲》（下册），商务印书馆，2010，第893~895页。

除云南巡抚一职而又被很快恢复的短暂变化外，还有就是在光绪三十年（1904），皇帝谕内阁称："政务处、吏部会议林绍年奏督、抚同城，事权不一，请裁巡抚一折。云南、湖北巡抚两缺，著即裁撤。湖广总督、云贵总督均著兼管巡抚事。"① 这是自清初开始在云南逐步推行督抚体制的一次重要变化，也是云南巡抚永久性的裁撤。而在此之前，即1898年，光绪帝谕令："向来沿海沿江通商省分，交涉事务本烦，及内地各省，亦时有教案，应行核办。各直省将军、督、抚往往因事隶总理衙门，不免意存诿卸，总理衙门亦以事难悬断，未便径行，以致往还转折，不无延误。嗣后，各省将军、督、抚，均著兼总理各国事务大臣，仍应时与总理衙门王大臣和衷商办，以期中外一气相生，遇事悉臻妥洽。"② 这一地方督抚兼衔的变化，既是职权的变化，也反映了晚清以来时局的改变。

其他省级机构也在新政时期先后发生了调整。《新纂云南通志》引《光绪政要》中政务处与学部于光绪三十二年（1906）会奏的"遵议裁撤学政，请设直省提学使司"折，内中对清初至雍正时学政职权的演化进行了总结，称"国初沿前明旧制，各省设提学道，雍正年间改为提督学政"之行为，是"因时制宜"之举，现在废除科举而专办学堂，则"一切教育行政及扩张兴学之经费，督饬办学之考成，与地方行政在均有关系"，认为学政分任事权较为不宜，"于督、抚为敌体，诸事既不便于禀承，于地方为客官更难灵于呼应"，并且各省地方辽阔，将来官立、公立、私立学堂日增，就不能按以往"岁、科各试分棚调考之例而循例按临，更有不暇给之势"，建议宜对学政这一旧制设法变通。此前，云南学政吴鲁等人已先后向清朝中央建议"裁撤学政"，"责成督、抚办理"。然而政务处、学部的会奏意见认为，督、抚乃封疆大吏，统筹着全省一切吏事、兵事、财政等事宜，对学务难以兼顾而"不能专心"，故建议可"裁撤学政"，在各省改设提学使一员，秩正三品，由按察司统辖。③ 对于政务处与学部会奏的建议，光绪帝谕令称："现在停止科举，专办学堂，所有学政事，自应设法变通。著即照所

① 《清德宗实录》卷535，光绪三十年九月丁丑条。
② 龙云总纂，牛鸿斌等点校《新纂云南通志》第6册，卷122《庶政考二》，云南人民出版社，2007，第288页。
③ 龙云总纂，牛鸿斌等点校《新纂云南通志》第6册，卷122《庶政考二》，云南人民出版社，2007，第288~289页。

请，各省改设提学使司提学使一员，统辖全省学务，归督抚节制。一切详细官制，及办事权限章程，仍由学部筹议具奏。所有各省学政，一律裁撤，均著回京供职。各该省学校事宜，暂由各该督抚督饬学员，妥为经画。"①清朝中央同意了裁撤学政而改设提学使的建议，但并未同意政务处、学部会奏将提学使改由按察使司统辖的建议，仍定提学使为督抚直接节制，提学使仍然是省级重要的行政官员。

清末司法体制也进行了改革。光绪三十三年（1907），清朝将原来的按察使司改设为提法使司，主管全省司法行政。在各省设立提法使一名，秩正三品，受地方督抚节制，监督各审判厅，并调度检查事务，仅从前所管的驿传事务不再兼管。至宣统二年（1910），在云南省增设云南高等审判厅丞、云南高等检察厅长各一员，并分设地方初级各审判厅，及照章配置各级检察厅，独立行其司法职权。此外，伴随地方督抚处理西方事务日益频繁，先是在云贵总督署内设有洋务局，办理全省外交事务。②光绪三十四年，清朝中央认为"云南边务重要，交涉繁难"，应比照东三省官制，设立交涉使司，以专责成，并且立即任命高而谦任云南交涉使司交涉使。③按照《新纂云南通志》所载，云南交涉使司下设总务科、工务科。总务科，主要掌理关于保护外国人游历、传教，签发中外人护照，以及办理会计、庶务、收发、监印等事项；工务科，主要掌理关于中外人贸易，华洋诉讼，以及关务、路政、邮电、交通等事项；同时还设有英文、法文翻译各一员，绘图生二员。在光绪二十二年（1896），清朝还以临安开广道兼任中越边界对汛督办，办理中越边界商务、界务、会巡、捕务，以及华侨诉讼等事宜。此外，在光绪三十三年，按照清朝规定，在全国各省增设巡警道、劝业道各一员。巡警道专管全省巡警、消防、户籍、营缮、卫生事务，劝业道专管全省农、工、商业，以及各项交通事务，并将前述按察使司旧管的驿传事务改归该道兼管。④

---

① 《清德宗实录》卷558，光绪三十四年四月己亥条。
② 龙云总纂，牛鸿斌等点校《新纂云南通志》第六册，卷122《庶政考二》，云南人民出版社，2007，第290页。
③ 《清德宗实录》卷594，光绪三十四年七月庚戌条。不过，另有史料显示云南交涉使司是于宣统二年（1910）才增设的，见《新纂云南通志》第六册，卷122《庶政考二》，云南人民出版社，2007，第290页。
④ 龙云总纂，牛鸿斌等点校《新纂云南通志》第6册，卷122《庶政考二》，云南人民出版社，2007，第290、291页。

结　语

按照萧公权所论，我国政治制度"自商周以来，凡经三变"，所谓三变，即"商周之际，部落社会渐进而成封建天下，此为一变"；秦朝并吞六国，"划天下为郡县，定君主专制之制，此为二变"其第三变则是"晚清失政，民国开基，二千年之君制遂告终止"。[①] 如前曾述，清朝作为君主专制的发展与终结时期，考察其政治制度的变化，可深入观察历史发展演变的复杂与多维。君主专制的发展，是中国传统统一多民族国家演变进程的重要内容，而其终结，则是努力构建具有近代意义的多民族统一国家的重要尝试。

在中国统一多民族国家构建的历史进程中，边疆或边疆族群政权与王朝中央或中原王朝之间的关系，一直是边疆民族史、疆域史等领域的重要研究内容。历史的演进总非单线进行，总是在一种横纵交叉甚至错乱的时空场景下产生了各种各样的复杂面向，边疆或边疆族群政权与王朝中央或中原王朝关系自先秦以来就一直在变化中发展着。云南边疆从"要荒之域，蛮夷居之"[②] 发展至与王朝国家政治形势密切相关的形态，正是边疆与中国统一多民族国家构建互动关系的重要表现内容之一。制度是一种规范，但并非恒定，常随形势转变而变，此即钱穆所言："制度虽像勒定成文，其实还是跟着人事随时有变动。"[③] 观察清朝在云南实行的省级地方行政体制的变迁，既要注意"自上而下"地考察清朝对云南边疆的认识及具体政策实践的思考，也不能忽视云南边疆政治形态对王朝政策或制度实践的"自下而上"的制约性。清初在云南实行"藩王坐镇"即是这种"上"与"下"交互作用之影响。于"上"而论，"满洲以新兴未繁之人口，骤然占领广大中国之全土也"，"此时所最感困难者，为控制力量之不敷分配"[④]；于"下"而言，云南边疆地处偏远，存有南明政权、农民起义军、土司势力等

①　萧公权：《中国政治思想史》（上册），商务印书馆，2011，第16页。
②　龙云总纂，牛鸿斌等点校《新纂云南通志》第7册，卷169《族姓考一》，云南人民出版社，2007，第606页。
③　钱穆：《中国历代政治得失》，九州出版社，2012，第2页。
④　吴其昌：《秦以前华族与边裔民族关系的借鉴》，《边政公论》1942年第1期。

多重势力，王朝对其控制既鞭长莫及而又力有未逮。[1] 在彼此相互影响的多维因素作用之下，以"藩王坐镇"方式对云南实行治理有其合理性；而当云南边疆政治形势稳定，王朝中央亦渐稳固，则废除藩王实行督抚体制也成必然。制度是人依据时势所创设，亦可根据时势而调整，当西方力量以武力方式强势进入时，晚清面临的国际形势不再是原来东亚地区相对稳定的政治形态，不得不调整制度以适应新形势。这一过程也作用于云南地方，云南地方行政制度也发生了新变化，这是中央力量影响边疆的重要表现。不过，基于云南"商务、界务、路政、教案纷起"的特殊性，"乃设专司以管理"，[2] 表现出边疆地方政治形态也是王朝国家政制调整的重要影响因素。

本文在写作及修改过程中，承蒙云南大学方铁教授、云南民族大学尹建东教授、彭洪俊博士、云南师范大学张永帅副教授、百色学院马亚辉博士等专家惠赐意见，谨致谢忱。唯文章之舛漏疏误，概由笔者负责。

---

① 参阅拙文《国家、族群与地域社会：顺康时期云南边疆民族的政治变迁》，《云南师范大学学报》（哲学社会科学版），待刊稿。

② 龙云总纂，牛鸿斌等点校《新纂云南通志》第 7 册，卷 164《外交考一》，云南人民出版社，2007，第 546 页。

论清代嘉庆年间西南边疆治理体系

——以伯麟《滇省舆地图说》为中心

许新民[*]

18 世纪末，清王朝内各种社会矛盾积聚日久，走向激化、爆发，底层民众武装反清斗争在统治机器相对薄弱的地区此起彼伏。乾隆末年爆发白莲教起义，蔓延湖广、四川、陕西三省，清政府耗时 9 年，耗费白银 2 亿两[①]，至嘉庆初年才将其镇压下去。清朝国力自此由盛转衰，在帝国疆域体系中居于西南边疆省份的云南省，面对社会变革，如何有效治理业已成为重大挑战。云贵总督伯麟向嘉庆帝进呈《滇省舆地图说》，正是清王朝总结过去治理成果、针对新形势改善和加强边省行政管理的现实需要。

一 《滇省舆地图说》的编纂

伯麟（？~1824），瑚锡哈哩氏，字玉亭，满洲正黄旗人。1771 年乾隆辛卯科举人，授兵部笔帖式。历任盛京兵部侍郎、山西巡抚。嘉庆九年（1804）至二十五年（1820）任云贵总督达 16 年之久。后内召回京，授体仁阁大学士。去世后谥号文慎。

伯麟督滇期间组织编纂的《滇省舆地图说》和《滇省夷人图说》，研究者合称为《伯麟图说》[②]。本文专题讨论的《滇省舆地图说》，代表清前期中

---

[*] 许新民，云南师范大学历史行政学院副教授。

[①] 王钟翰：《嘉庆与白莲教》，《清史满族史讲义稿》，鹭江出版社，2006，第 320 页。

[②] 祁庆富、李德龙、揣振宇等学者经过细致比勘、考证，认定《滇省舆地图说》与《滇省夷人图说》两种是学界久以为失传的《伯麟图说》。祁庆富、李德龙：《〈伯麟图说〉考异》，《民族研究》2007 年第 1 期；祁庆富、揣振宇：《关于〈滇省夷人图说、滇省舆地图说〉之考证》，载伯麟修纂、揣振宇主编《滇省舆地图说·滇省夷人图说》，中国社会科学出版社，2009 年影印本。

央王朝对云南省情认知的集大成，以及在此基础上构建起来的云南治理体系。

《伯麟图说》是奉嘉庆帝之命完成的官修著作，伯麟述说编纂缘起道："（嘉庆帝）诏以三迤山川、人物、设险、经野诸大政，括举梗概，登之图绘，用佐乙览。"① 三迤，即迤东、迤西、迤南，分别设有道缺，乾隆中期以后逐渐成为云南省的代称。编纂一套图文并茂的云南地理著作，供嘉庆帝御览，这部书介绍山川形胜、政区设置、军事防御体系等国家大政，显然不是为了满足皇帝消遣之需，而是让皇帝认识云南省情，以便在处理云南政务时符合云南实际，做出正确决策，所以说《滇省舆地图说》的编纂是出于加强云南治理的现实需要，属于王朝地理学范畴。表面上看，"山川、人物"谈云南少数民族及其地理分布，是《滇省夷人图说》一书设计的主体内容，而"设险、经野"属于行政建制和军事布防，是地理学范畴，都直接关系到中央王朝对云南的治理。实际上，《滇省舆地图说》包罗的内容很广，不仅介绍云南行政区划体系、军事防御体系，而且撰有各府、厅、州辖区内山脉、河流、矿产、民族、社会风俗等，故《滇省舆地图说》称得上是一部完整的清代前期"云南省情概览"。

关于《滇省舆地图说》的编纂时间，仔细翻检全书，没有直接交代，只能从侧面推断，伯麟跋文说："嘉庆壬申（引按：嘉庆十七年，1812）、癸酉（嘉庆十八年，1813）之间，夏夷与缅相攻，扰及车里土司界内。"② 下文接着说："自普洱府思茅、威远两厅以西，顺宁府缅宁厅、云州以南，车里土司之西，耿马土司之东，孟连土司之北，为㑠黑夷众所窟穴，鼠伏狼贪，齿繁地阻。自逆酋张辅国伏法以后，震慑生灵，罔敢再蹈覆辙。"③ 张辅国反清失败被杀，事在 1813 年。

又，《临安府图说》记载："丁丑、戊寅（嘉庆二十二、三年，1817、1818）逆夷高罗衣、高老五怙其山峻瘴浓，再烦弧钺，仰禀圣谟指授，不稽旬月，犁穴歼渠，江滋内外莫不洗心震慑。"④ 提到总督伯麟镇压高罗衣、

① （清）伯麟修纂，揣振宇主编《滇省舆地图说·滇省夷人图说》，中国社会科学出版社，2009 年影印本，第 109 页。

② （清）伯麟修纂，揣振宇主编《滇省舆地图说·滇省夷人图说》，中国社会科学出版社，2009 年影印本，第 110 页。

③ （清）伯麟修纂，揣振宇主编《滇省舆地图说·滇省夷人图说》，中国社会科学出版社，2009 年影印本，第 111 页。

④ （清）伯麟修纂，揣振宇主编《滇省舆地图说·滇省夷人图说》，中国社会科学出版社，2009 年影印本，第 98 页。

高老五反清，事在1817～1818年，成书时间当在其后。另外，伯麟于1820年（嘉庆二十五年）奉诏授兵部尚书，离任云贵总督，综上可知《滇省舆地图说》编纂成书和呈送朝廷时间在1818年（嘉庆二十三年）至1820年（嘉庆二十五年）之间。①

《滇省舆地图说》一书的舆图部分是由昆明画师李祜编绘，道光《云南通志》记载："李祜，号仰亭，郡（引按：云南府）人。性倜傥，见古名画辄临摹，几逼真，并善篆隶，绘夷人、舆地图，神采酷似。"② 方树梅《滇南书画录》对李祜襄助完成图说的记载更为详细："李祜，字仰亭，昆明人。杨畹亭弟子。昆明布衣，放达不羁，性明敏……嘉庆二十三年，总督伯麟既平礼社江夷酋高罗衣，绘诸夷人图以献，俾祜司之，图成，神采酷肖，称善本云。"③

《滇省舆地图说》一书采用地图、文字解说图文合璧的编撰体例，开篇是《云南全省舆图》和《省图总说》，以下分府介绍云南政区沿革、四至八到，辖领州县、山脉、河流、湖泊、水利、行政组织、职官设置、兵数、关隘、乡村聚落、巡检、土司、风俗、移民、民族、农业、矿务、军事地位、民风等。从自然环境、人文环境的角度揭示云南各区域差异，并提出有所区别的治理方略。

二 认知云南省情

清朝前期，中央王朝对云南行政区划进行了多次调整，雍正初年将隶属四川省的东川、昭通二府就近划归云南省，使云南省东北部与四川、贵州形成犬牙交错之势，通过实施"改土归流"，逐步实现对乌蒙山区的直接行政管理，开发其丰富的矿产资源。1770年（乾隆三十五年），清政府对云

---

① 苍铭依据中国第一历史档案馆馆藏档案《奏为会同办理陈若霖传旨交办将云南山川民风土俗等各情形分类绘图贴说进呈事》和《奏为遵旨纂辑滇省舆地及夷人图说装缮进呈事》，认为编纂《图说》工程交办于1817年（嘉庆二十二年），完成于1819年3月1日（嘉庆二十四年二月初六日），参见苍铭《〈滇省舆地图说〉与滇越边界及边防》，《中央民族大学学报》（哲学社会科学版）2016年第6期。其结论与本文推断相符。

② （清）阮元、伊里布等修，王崧、李诚纂道光《云南通志》卷169《人物志》八，道光十五年（1835）刻本。

③ 方树梅：《滇南书画录》卷2，家刻本，刊刻时间不详。

南进行了一次大规模行政区划调整，裁撤姚安府，将元江、广西、镇沅、武定四府改为直隶州，将蒙化、景东、永北三府改为直隶厅，裁撤鹤庆府，改为散州，将云南府级政区体系调整为 14 府 4 直隶州 3 直隶厅。自此云南府级政区调整基本到位，除个别增设、改设外，到清朝亡时没有发生大的变化。府级行政机构之上设有道制，其中粮储道下辖云南府、武定直隶州 1府 1 州，驻省城。迤东道管辖曲靖府、澄江府、开化府、广南府、东川府、昭通府、广西直隶州 6 府 1 州，驻寻甸州；迤西道管辖大理府、永昌府、丽江府、顺宁府、楚雄府、景东直隶厅、永北直隶厅、蒙化直隶厅 5 府 3 厅，驻大理府城。迤南道下辖临安府、普洱府、元江直隶州和镇沅直隶州 2 府 2州，驻普洱府城。云南行政区划体系的成熟化、定制化，标志着中央王朝对云南治理的深化。《滇省舆地图说》关于云南治理体系的表达正是建立在上述行政区划体系之上，所以说它是清前期中央王朝认知、经营云南的经验总结。

伯麟跋文近 2000 字，通篇以"按语"形式进行申述，与《云南省总图说》两篇文献构成中央王朝对云南省情认知的总纲。其主旨在于强调云南的"边疆"属性。伯麟从地理区位上把云南称为"职方边徼"，东面与广西省一道掌握越南要隘，南面控驭缅甸、暹罗（今泰国）、南掌（今老挝）三国，与上述四国毗邻的边境地带星罗棋布地分布着大小土司，清政府把它们当成巩固疆土的重要力量。

作为边疆省份，云南面临如何处理与周边邻国关系的重大挑战。与云南接壤的缅甸、越南、暹罗、南掌都加入了清朝藩属体系，总体上与清朝保持和平、友好关系。然而，边境地区不时发生各类突发事件，对国防安全构成威胁。清朝特别重视云南沿边府州的军事防御工作，因地制宜分别制定治理措施。滇东南临安、开化、广南三府与越南接壤，水陆通道便捷。伯麟认为越南政府信守藩属体系，对清政府恭顺，军事威胁不大，治理滇东南三府的要点在于"控内"，先安内而后谋攘外。三府昔日地广人稀，嘉庆朝来自四川、贵州、湖广和两广地区的内地移民大量涌入垦荒，良莠不齐，治安形势比较严峻，需要厉行保甲制度，缉查游民，防止境内治安失控引发边患。

滇南普洱府东与南掌国接壤，东南交界暹罗，西南交界缅甸，面临的最大边防挑战是沿边戛于腊事件。当时戛于腊部族生活在清、暹罗、缅甸三国交界地带，是跨境民族，戞于腊部族原属缅甸，后大部弃缅甸投暹罗。《滇省舆地图说·普洱府图说》记载普洱府也有戞于腊部族："戞夷则名三撮毛，种类纷杂，并皆椎鲁。"① 嘉庆年间，缅甸、暹罗因戞于腊部族引发大规模军事冲突，事件波及孟连土司、车里土司辖区。后戞于腊部族复归附缅甸，缅甸将其迁徙安置在靠近车里土司的孟艮。因为土司辖区盛行烟瘴，绿营兵不可驻守，伯麟转而依靠车里土司固守南部边疆门户："唯拊循车里宣慰司，俾得专力保聚训练，储饷固圉自强，藩篱既壮，窥伺不萌，门闽设守，于斯为要。"②

云南沿边地区分布着大大小小的许多土司，土司境内生活着众多土著民族，给国家治理带来巨大难度。伯麟强调因地而治，因俗而治，治理方式、手段可谓多样化，重在取得治理实效。他说："惟是边临诸国，风尚不必尽同内地。诸土司强弱情形亦各殊别，百蛮与汉民杂居，嗜欲习俗，有相协相洽，亦有未尽协洽，其负险阻，育族种，鲜闻禁教者，刚柔脆悍，聚散踪迹，什淳一浇，亦百不一律，故同一边壤，而其控驭绥靖之势，各有所宜。"③

在普洱府思茅、威远两厅以西，顺宁府缅宁厅、云州以南；车里土司以西、耿马土司之东、孟连土司之北，坐落着保黑山，保黑人生活于此，是清王朝疆域内行政管辖所不及。该地山脉连绵，地势险要，与腹里有澜沧江阻隔，交通极为不便，地理环境较为封闭。加之经济落后，瘴疠遍布，内地移民难以进入，派兵常年驻守一时难以实现。伯麟认识到保黑"族众最多，势未漫蔓，特其性本粗犷，素不知食力治生，剽夺为常，革心不易"，制定相应的治理方略是："外励土司，内倚将吏，严兵集练，有扰必惩，设防联势，树不可犯之威。孟连、耿马扼之于西南，不使与缅合；车里扼之于东南，不使与戞（于腊）合。地脉势弱，自沮邪谋，怀我好音，道可驯致。"④ 即依靠土司联防联控，防止其内外勾连，保障边疆

---

① （清）伯麟修纂，揣振宇主编《滇省舆地图说·滇省夷人图说》，中国社会科学出版社，2009 年影印本，第 94 页。

② （清）伯麟修纂，揣振宇主编《滇省舆地图说·滇省夷人图说》，中国社会科学出版社，2009 年影印本，第 111 页。

③ （清）伯麟修纂，揣振宇主编《滇省舆地图说·滇省夷人图说》，中国社会科学出版社，2009 年影印本，第 109～110 页。

④ （清）伯麟修纂，揣振宇主编《滇省舆地图说·滇省夷人图说》，中国社会科学出版社，2009 年影印本，第 111 页。

安全。

滇西永昌府界连缅甸，中隔野人山。乾隆中期征缅战争后，"野夷"大量迁入滇西八关以内地区孳息生活。在伯麟看来，"野夷"缺乏头领约束，"十户、十数户皆为一寨，有一寨即自置一长，名为野贯，涣无统属。良悍不齐，悍者剽劫残贼，不可诲谕，但知惕威，不知感德"，时常出山抢掠村寨以及往来于中缅边境的商贾，成为边境治安大患。野人山又是著名"酷瘴之乡"，"霜降以前不可轻涉，雨水以后，春瘴又兴"，而且山上可以潜藏，山路四通八达，清军无法在短时间内通过大规模军事镇压将其收服，"大举既虑虚劳，长围又难骤合，屯兵非计，奔命损威"，所以治理方略以震慑防御为主，以军事行动为辅，"但可雕剿，不可犁扫，先孤其掌，后殄其渠，奸一惩百，能使知惧"。一方面采用"雕剿法"，选派文武能吏收集情报，择准战机，调集精兵强将重点清除其寨长，使其群龙无首，丧失反抗能力。"责成守土镇臣，假之事权，简兵砺锐，以待猝征，责成守土长吏宽其筹备，募练选谍，以稔夷情，夙拊淳良，专奸盈贯"①。另一方面策励陇川、干崖等沿边土司配合清军加强防控体系。

三　军事防御体系与行政治理体系的构建

第一，《滇省舆地图说》从构建军事防御体系上分析云南各府级政区的战略地位。认为云南府城属于全省腹心，据有五华山和滇池之形胜，北有武定直隶州，南有澄江府，西有楚雄府分别拱卫。大理府位于滇西中心，具有建瓴之地势，故派提督镇守。丽江府控扼藏区，襟山带河，与省会声势联络，是雄胜之区；永北直隶厅是其左臂；永昌府、顺宁府是其右臂。普洱府和蒙化、景东、镇沅三直隶厅是省西南的藩蔽，临安府、元江直隶州是为省正南面的屏障。广南府、开化府和广西直隶州为省东南面之锁匙。滇东曲靖府为滇黔交通的咽喉，东川、昭通府是川滇交通的门户。云南省对外固守重关，可以防御缅甸、暹罗、南掌和越南侵犯，对内据有山川险要，控制交通线，扼守关隘，可以控制少数民族。

---

① （清）伯麟修纂，揣振宇主编《滇省舆地图说·滇省夷人图说》，中国社会科学出版社，2009 年影印本，第 112 页。

又，从云南绿营官兵的设置、分防可以窥见云南军事治理体系。

表1　嘉庆朝云南绿营武职与兵数分府统计

单位：人

政区名	武职	兵员	备注
云南府	城守营参将1，守备1，千总、把总、外委18	1090	又，督标副将1，游击2，都司1，守备2，千总、把总、外委51，兵2476，抚标参将1，游击1，守备2，千总、把总、外委30，兵1024
武定直隶州	参将1，守备1，千总、把总、外委15	632	
曲靖府	曲寻协副将1（驻府城），领都司1，守备2，千总、把总、外委32	1416	又，宣威驻参将1，领守备1，千总、把总、外委15，兵612
澄江府	把总2，外委2	200	临元镇分驻
广西直隶州	游击1，守备1，千总、把总、外委16	797	
开化府	总兵1，中营游击1，左营都司2，右营都司3，守备3，千总、把总、外委48	2320	
广南府	参将1，守备1，千总、把总、外委17	867	
东川府	参将1，守备1，千总、把总、外委21	1189	
昭通府	总兵1，辖4营（恩安中营、鲁甸前营、大关左营、永善右营），游击4，守备4，千总、把总、外委66	3322	又，镇雄驻参将1，守备2，千总、把总、外委20，兵940
大理府	提督1（驻府城，辖三营），中营参将1，左营游击1，右营游击1，守备3，千总、把总、外委58	1910	又，城守营都司1，守备各1，千总、把总、外委17，守城分防兵802
丽江府	鹤丽镇总兵1（驻鹤庆），领游击2，都司2，守备2，千总、把总、外委45	1739	维西协副将1，领都司1，守备1，千总、把总、外委18，兵1400。剑川营都司1，守备1，把总、外委7，兵538

续表

政区名	武职	兵员	备注
永昌府	腾越镇总兵1，游击1，都司2，守备3，千总、把总、外委51	2875	又，永昌协副将1（驻保山），领都司1，守备1，千总、把总、外委29，兵1321。又，龙陵协副将1，领都司1，守备1，千总、把总、外委23，兵1232
顺宁府	参将1，守备2，千总、把总、外委42	2032	
楚雄府	楚雄协副将1，都司1，千总、把总、外委19	1197	
永北直隶厅	参将1，守备2，千总、把总、外委27	958	
蒙化直隶厅	右哨千总1，外委1	120	景蒙营分驻
景东直隶厅	景蒙营游击1，守备1，千总、把总、外委10	511	右哨千总分驻于蒙化
普洱府	普洱镇总兵1，游击2，守备2，千总、把总、外委37	2636	其中游击、守备、千总、把总、外委22，兵1202，分驻思茅
临安府	总兵1，游击1，都司2，守备3，千总、把总、外委45	1586	
镇沅直隶州	千总1，把总1，外委5	387	受辖于威远营参将
元江直隶州	参将1，守备1，千总、把总、外委17	932	又，新嶍营游击1（驻新平），千总、把总、外委17兵755

资料来源：《滇省舆地图说》各府州厅图说。

云南提督驻大理，总兵6员，分别是滇西腾越镇、滇西北鹤丽镇、滇东北昭通镇、滇南临元镇、普洱镇和滇东南开化镇，形状上构成以大理为中心坐标，向东、西、南、北四面放射的军事防御格局，重心在滇西。

云南全省绿营兵总人数为37661人，其中人数超过5000人的只有永昌府，是为军事防御重点地区；4000人以上有云南府、昭通府；3000人以上有丽江府，是为次重点地区；2000人以上有曲靖府、开化府、大理府、顺宁府、普洱府；1000人以上有东川府、楚雄府、临安府、元江州，是为一般地区；1000人以下有澄江府、广南府、武定州、广西州、永北厅、蒙化厅、景东厅、镇沅州，是为防御薄弱地区，其中景蒙营分驻的蒙化厅和临元镇分驻的澄江府人数最少。从军事防御方向而言，滇西边区、滇东北、滇西北和省会是战略重点，省会是全省腹心，容易理解，其余三个地区均地处外缘，地形复杂，民族众多，治理难度最大，需要部署重兵镇守。就政区类型而言，直隶州、直隶厅绿营兵分布人数较少，与其幅员较小、人口规模相应小、需要重点驻守的州县城池少有关。军事防御体系建设是自然山川形胜、人工军事设施和兵员投入等要素优化组合的结果，其中兵员数量是关键的能动的因素，直接反映治理者的军事理念及对区域军事地位的评估。

第二，《滇省舆地图说》全面、系统地表述云南各府级政区的区域差异，基于各地区在自然环境、经济开发、民族社会和国防形势上的分异，对其治理难易程度做出综合评价，提示需要治理的重点问题，内容高度概括，蕴含的信息量大，代表清王朝对云南省情的认知水平达到新高度，行政管理力度更为加强，构筑起一套系统完整、行之有效的行政治理体系。按照其差异，可以划分为核心区、过渡区、边缘区，以下分别加以说明。

核心区。核心区多位于腹里，被概括为都会、沃壤，称为易治地区。云南府被称为大都会，"士习民风蒸蒸丕变，气候冲和，土田沃美，兼擅陂池之利。形势则背连黔蜀，面控三迤"。澄江府儒学发达，"地居腹里，毗连省会，沐浴教化，沧浃滋深，故士敦诗书，民勤耕凿。山川之秀，甲于他郡，人文之兴，亦蒸蒸日上云"。武定直隶州民风淳朴，"汉夷杂处，风俗淳和，称易治云。"曲靖府地处交通要冲，"地接川黔，为全滇之锁钥，作两迤之门庭。而冲途瘠土，讼狱繁多，惟附郭平畴广野，稍称沃壤云"。楚雄府是东、西两迤通衢总会，又有盐井之利，"人民俭朴，士习诗书，而盐官之利甲于通省，井卤衰旺不常，在乎因势利导焉"。大理府商业繁荣，文化发达，"蒙段旧区，夙称沃壤，山川灵秀，人物蔚然，而商贾辐辏甲于他郡，亦滇中一大都会也"。①

总体上说，腹里地区开发早，经济发展程度高，民族结构上汉多夷少，以儒学为代表的汉族文化风尚占据主导地位，少数民族汉化进度比较快，与内地经济社会发展水平落差相对小，军政设施健全，治理难度小。唯分布于交通干道者，行政事务比较繁忙。

边缘区。可以看出内边区、外边区的差异，治理难度最大。外边区与

---

① （清）伯麟修纂，揣振宇主编《滇省舆地图说·滇省夷人图说》，中国社会科学出版社，2009 年影印本，第 12、27、16、21、76、55~56 页。

邻国接壤，强调巩固边防是治理重点。开化府移民大量涌入，民族结构和社会风气都在发生嬗变，需要防守越南。"昔时夷多于汉，风气纯庞，今则流寓者众，渐习繁华，而诗书渐摩，风声日远。夷人列胶庠称儒雅者，往往而有。至于接壤越南，在在险要，虽外藩臣服恭顺，而防边之法不可以少懈也。"永昌府防范缅甸是重中之重，策略是厉兵秣马、严守边关和依靠土司。"永昌在汉已隶版图，衣冠文物，自古称之。地土沃饶，风俗淳美。第以疆界辽阔，毗连外夷，商贾丛集，通缅交易，虽中外一家，而防微杜渐，护持宜严。南则最重龙陵，西则最重腾越。最险要者腾越诸关，于通缅门户，布置更密……内则训兵集练，扬赫濯之威，外则抚励土司，壮藩篱之势，自足以近靖野夷而远敉边圉也。"普洱府严防缅甸、南掌两国犯边。"士风朴诚，民情俭啬，耕获蚕桑之暇，采茶为业，足为食力之资。至于南掌、缅甸出入要冲，设关立隘，其制亦周备焉。"元江直隶州防范越南、南掌。"地气炎蒸，田禾两熟，夏秋之间瘴疠特甚，触之伤人。且东南邻越南，西南接南掌，抚绥防范，两者不可阙一云。"临安府民族众多，容易引起边患。"疆界辽阔，夷类繁多，讼狱亦纷，颇称难治，而文风称滇中之盛云。"[1]

内边区与邻省交界，治理重点是维护社会治安、弘扬文教和治理移民。昭通府"地瘠而寒，宜荞麦。其俗勤俭，而狱讼繁多。至于境接川黔，山川奥折，实为东北之重镇，滇省之锁钥云。"广西直隶州"境毗广南、开化，遥通越南，虽诗书之教，耕凿之福，久安善良，而设险保固，亦勿容稍疏也。"丽江府"地邻蒙番，踞全滇上游，气候极寒，田土硗瘠，而西藏货物出入，商贾遥集，文风初辟，人民浑噩，犹有哇哇吁吁之遗风焉。"[2]

过渡区位置夹在核心区、边缘区之间，多数为直隶州、直隶厅，治理难度有难有易，情况不一。较难治理者，东川府开发矿产，矿民来源较杂，人员集中，治安不易维持。"地势高于省城，作北门之锁钥，内拥江山，外连黔蜀。五金之产毕集，五方之民鹜聚，治之盖不易易云。"易治者或者人烟稀少，永北直隶厅"地瘠民贫，而皆性情醇朴，耕读是务，称易治云。"

---

① （清）伯麟修纂，揣振宇主编《滇省舆地图说·滇省夷人图说》，中国社会科学出版社，2009 年影印本，第 100 页。

② （清）伯麟修纂，揣振宇主编《滇省舆地图说·滇省夷人图说》，中国社会科学出版社，2009 年影印本，第 61 页。

或因辖境较小，汉族移民陆续进入，推动少数民族汉化，蒙化直隶厅"两江天限，重岭埼崇，形势险固，盖旧为蒙氏之区，素称雄部，而今则士喜诵读，民务耕桑，为滇西乐土矣。"景东直隶厅"自明隶版图后，汉夷杂处，寄籍较多，迄今酝酿醲化，号称淳雅，其士风、物产亦与各郡同。盖幅员虽不广，而外卫楚蒙，内扼蛮猓，形势最为完密云。"镇沅直隶州"为景东、元江、楚雄、普洱之屏翰，而风俗淳厚，士崇节义，土夷各安善良，太平之乐，共享无穷也。"顺宁府"夷俗皆淳朴，地远人安，足资捍卫云"①。顺宁府位于缅宁厅北部，缅宁厅以南大部为土司区，另有一块倮黑山区，是清王朝行政管辖的空白区。

四 嘉庆年间西南边疆治理的实践

嘉庆年间云南社会经济中衰特征极其明显，社会矛盾出现逐渐尖锐化的趋势。1797 年（嘉庆二年），滇西 12 厅州县人民因地方政府"压盐致变"，爆发大规模暴动。被激怒的民众集体冲进官衙，捆缚平日欺压作恶的官亲、门丁、蠹书、凶役和士绅，将其挖眼折足，或者投进积薪中烧毙，现场惨不可言。② 该事件反映出来的官民矛盾之激烈迫使云南封疆大吏正视云南地方实际，政策改弦更张，停止强制性摊销官盐，改归民运民销，推动盐法体制性变革。

此外，维西、元阳相继发生土民反清斗争，规模相当大。云南矿业开发出现疲态，多个银矿因"洞老山空"歇业，铜产量出现较大幅度下降。例如 1800 年（嘉庆五年），位于滇西南中缅边境地带，开采达 50 年之久，鼎盛时期聚集矿民二三万人，著名的永昌府属茂隆银厂，因"洞老山空"而关闭。③ 1804 年（嘉庆九年），同样因洞老山空，封闭云南红坡、吉咱、乐吉古银厂。④ 1818 年（嘉庆二十三年），总督伯麟条奏说："滇省每年应

---

① （清）伯麟修纂，揣振宇主编《滇省舆地图说·滇省夷人图说》，中国社会科学出版社，2009 年影印本，第 70 页。
② 师范：《压盐致变》，载方国瑜主编《云南史料丛刊》第 9 卷，云南大学出版社，2001，第 1~2 页。
③ 参见杨煜达《清代中期滇边银矿的矿民集团与边疆秩序——以茂隆银厂吴尚贤为中心》，《中国边疆史地研究》2008 年第 4 期。
④ 《清仁宗实录》卷 128，中华书局，1985 年影印本。

运京铜并本省局铸，以及各省采买官铜，近年均办不足额。"① 矿冶业滑坡，矿民失业，经济不景气，外省无业游民流入云南，与省内失业人口合流，造成社会失序，治安日益严峻，民间秘密结社活跃，是为嘉庆朝以后全省各级政府治理能力的最大挑战。汉族移民从云南腹里到边区、从平坝到山区的波浪式推进，一方面加强了云南开发力度和速度，另一方面，却也带来人地关系的新紧张，汉族移民与土著人民的对立、摩擦。

西南边疆日趋复杂的局势引起嘉庆帝的忧虑，1819 年（嘉庆二十四年）他特别嘱咐新任云南巡抚史致光关注云南治理环境的恶化，说："滇省系汝旧治，民风较闽省为淳，然近来亦颇滋事，总在吏治修明，上行下效，勉之！"② 嘉庆帝对治理云南忧心忡忡并非空穴来风，是基于云南沿边地区爆发的一系列事件。

1805 年（嘉庆十年），缅甸与暹罗戛于腊部族爆发军事冲突，缅甸头目向云南孟连土司刀派功求助，刀派功携带土司印信和土练 300 人，前往缅甸猛养相助。然而猛养地方已暗投暹罗，约为内应，将刀派功杀害，印信遗失。嘉庆帝对事件的态度是内外有别，他对缅甸、暹罗战争采取不干预立场，指示伯麟说："缅甸、暹罗彼此构衅，系外夷争杀之常，天朝亦不值过问。"③ 缅甸方面曾以刀派功被杀为由，向清朝请兵共同对付暹罗戛于腊，遭到断然拒绝。嘉庆帝事后对暹罗戛于腊说："从前缅甸头目以刀派功被戕为词，屡请内地发兵前往，均经驳饬不准，天朝抚有中外，一视同仁，是以缅甸吁求兴师，未经允准。犹之尔国设欲恳请天朝发兵助攻，亦必加之驳饬。……尔国惟当恪守疆域，益矢虔恭，用副怀柔至意。"④ 又说："天朝抚绥外藩，一视同仁，断无偏助之理。缅甸与暹罗同列藩服，彼此称兵构衅，蛮触相争，惟当置之不问，若此时允缅甸之请，遽为出兵援助，设暹罗亦复遣使叩关求救，彼时又将何以处之？"⑤ 由此可知，清朝恪守藩属体制为第一要务，对西南邻国纠纷采取中立立场，只要冲突不威胁藩属体制本身就决不进行军事干预，且严防沿边土司卷入邻国纠纷，扰乱边境安宁。

---

① 《清仁宗实录》卷 351，中华书局，1985 年影印本。
② 《清仁宗实录》卷 359，中华书局，1985 年影印本。
③ 《清仁宗实录》卷 147，中华书局，1985 年影印本。
④ 《清仁宗实录》卷 158，中华书局，1985 年影印本。
⑤ 《清仁宗实录》卷 185，中华书局，1985 年影印本。

沿边土司是清朝治下臣民，嘉庆帝对刀派功私自出境帮助缅甸一事，斥责其违犯朝廷法律，反复申明要惩治其罪，土司印信是中央王朝行政管辖权的象征，嘉庆帝对寻找印信极为重视，"土司等惟当恪守疆圉，自不致滋生事端。今孟连土司刀派功贪图利益，越境滋事，使其身尚在，必当重治其罪，今业经被戕，自无庸议。至该土司印信，乃天朝颁给，岂可任其遗失？猛养本系缅甸所属地方，该督抚等惟当晓谕缅甸设法寻获，敬谨缴回。并严饬各处土司，均当凛遵法度，各守疆域，安抚夷人，勿许冒昧滋事，方于边境有益。"① 沿边土司应严守疆圉，保持王朝边疆稳定。伯麟忠实贯彻嘉庆帝处理方针，得到了"慎重得体"的褒誉。

1808 年（嘉庆十三年），缅甸雍藉牙王朝四大万头目前来索取十三版纳土地，伯麟驳斥说："九龙江土司所辖十三版纳地方，俱是内地所管，历年土司出缺，俱由内地拣选承袭。"② 态度鲜明、理由充分地拒绝缅方提出的领土要求，警告缅甸毋生觊觎之心。伯麟的处理得到嘉庆帝赞许，嘉庆帝重申："边徼地方设有定界，断无天朝、外夷均相管辖之理。该督以该大万此次禀帖所开九龙江地方原是天朝与该国所管之地，实不成话。"③ 表明中国对十三版纳享有排他性的行政管辖权，拒绝缅方所称两属、企图模糊主权归属的用心。

1812 年（嘉庆十七年），伯麟派兵平息腾越厅边外野寨头目拉干骚扰边境，恢复缅宁、腾越要隘旧设土练 1600 名，拨给旷土耕种屯守。1813 年亲赴缅宁督师，镇压南兴张辅国反清暴动。1817 年（嘉庆二十二年），又率军镇压临安高罗衣反清起义，四月十八日俘获高罗衣。1818 年镇压高老五反清起义，增设临安江内东、西两路要隘塘汛官兵，加强南部边防。

嘉庆帝认为，封疆大吏治理云南的第一要务是政治上政通人和，保证边疆安宁，财政经济上做到地丁钱粮足额上纳，滇铜、滇盐生产是云南主要财源，应确保正常运行。1814 年嘉庆帝说："（云贵总督）伯麟、（云南巡抚）孙玉庭受朕厚恩，畀以边陲重寄，惟在将地方事务经理得宜，使政肃民安，边疆宁谧，通省仓库、钱粮毫无欠缺，即所以纾忱报效。再该省铜、盐二事，亦经费之大端，伊等尽心筹办，能使京省鼓铸无缺，盐井额

① 《清仁宗实录》卷 147，中华书局，1985 年影印本。
② 《清仁宗实录》卷 260，中华书局，1985 年影印本。
③ 《清仁宗实录》卷 260，中华书局，1985 年影印本。

课无亏，亦即于国帑有裨。"① 另外，伯麟宦滇期间，曾组织疏浚昆明六河和滇池，缓解省城水患威胁，化水害为水利，解决流域农田灌溉问题。

总体看来，嘉庆年间总督伯麟治滇是卓有成效的，《清史稿》称赞他作为边省封疆大吏对巩固西南边疆所做的贡献："安边坐镇，遗爱不湮，识量岂易及哉?"②

---

① 《清仁宗实录》卷295，中华书局，1985年影印本。

② 赵尔巽等：《清史稿》卷343《列传》130，中华书局，1977年点校本。

近代边疆社会转型中西南边疆少数民族商人的国家认同

——以滇西北为中心的历史考察[*]

周智生[**]

本文研究的丽江，是一个近代历史概念。它的行政区域囊括了今天的丽江市、怒江州、迪庆州以及大理州的剑川、鹤庆等部分县份，基本涵盖了整个滇西北地区，也就是自乾隆三十五年（1770）以来直至 20 世纪 50 年代末丽江府及民国时期丽江专区的管辖范围。丽江，僻处于中国西南边疆的云南省西北部，东接四川，北上西藏，西联缅甸和印度，是中国西南边疆一个重要的地理单元。由于其所处区位的特殊性，自古以来就是南方丝绸之路、茶马古道、藏彝走廊等重要交流通道的汇聚交融之地。在这片土地上，生活着纳西族、藏族、白族、彝族、傈僳族、普米族、独龙族、怒族等多个世居的少数民族，是我国多民族交错聚居较为典型的一个区域。在近代历史上，丽江地区不仅是喜洲、鹤庆、丽江等经营范围横跨中、印、缅的跨国商帮崛起之地，而且也是近代云南商业经济发展最活跃、社会经济发展变化最显著的区域之一，是近代中国西南边疆较具发展特色的一个区域。

喜洲、鹤庆、丽江、腾冲、中甸等地，以白族、纳西族、藏族、彝族、回族、普米族等民族商人为主体形成的近代云南民族商人群体，依凭自身逐渐增强的经济实力，伴随着自身社会地位的提升，形成一个特殊的绅商阶层。在社会结构相对单一的滇西北民族区域，商绅阶层的形成和壮大，在滇西北这个多民族区域近代社会重构过程中产生了重要而深远的

   * 本文系国家社科基金重大项目"滇藏缅印交角地区交流互动发展史研究"（15ZDB122）和"云南跨省际合作发展研究"云南省哲社团队的阶段性成果之一。

  ** 周智生，云南师范大学教授。

影响。他们积极参与近代社会政治活动，近代民族商人们成为区域社会重构过程中的重要群体，特别是在增强地方民族社会加强国家认同，彻底摆脱出"只知民族，不知国家"这个封闭而狭隘的观念意识、为滇西北这个多民族区域加强国家认同和凝聚起到了特殊而富有意义的示范和牵引作用。

一　元明以来丽江区域社会重构与国家认同发展历程

丽江地区自元明以来，以土司制度为管理基础，中国西南边疆这个多民族区域就开始逐渐纳入中央王朝大一统的有效管理体制。于是，挣脱出狭隘而封闭的地域和民族观念，基于"天朝子民"和"天朝藩篱"的国家认同意识便逐渐开始在一些纳西族、藏族、白族等民族的上层传播流布、生根发芽。自清代雍正元年（1723）后，滇西北丽江、中甸等地逐渐进行了改土归流，随着内地流官的到来，在"广兴儒学、移风易俗"等文治教化活动的大力推广下，培养了一大批苦读圣贤书的士人群体，以"忠君爱国"为教育主轴的儒学思想的流布为载体，国家的认同观念在民族地方知识分子群体中广为流布，成为其人生信念的圭臬，对改土归流以前国家观念仅仅只限于几个上层头人是一个巨大的突破和飞跃。清代中后期，伴随着云南对外开放格局逐步形成，商贸经济在滇西北各民族地区快速发展，一大批白族、回族、纳西族、藏族等民族商人如雨后春笋般破土而出。这些白族、回族、纳西族、藏族、普米族等民族商人或在内地繁华都市，或在印度、缅甸、泰国等异国他乡的商旅生涯中，耳闻目染亲身经历了近代民族国家认同观念在内地、在异国他乡的风云涤荡、传布流散；或是在海外经商历程中因国贫力弱而深受强权的欺凌和侮辱。因而这些"由小到大，由近而远，以恢宏其业，终乃持筹他国，长袖善舞"① 的近代滇西北各民族商人群体，作为西南边疆民族地区特殊而重要的社会群体，在近代中国国家认同意识和观念的构建和传布的演进历程中，予以了积极正面响应并大力参与于其中，以自身的实际行动，为近代中国西南边疆民族国家认同意识的增强和传布起到了积极而富有成效的推动作用。

---

① 杨范修：《云南商业中之喜洲帮》，《大理文史资料》第一辑。

二 近代社会转型重构历程中的民族商人

1. 响应辛亥革命

1911 年农历九月初九（10 月 30 日），云南"重九起义"在昆明爆发。起义成功后，通电全省，要求响应，接到通电后，"大理官绅商学各界于十四日在大理设迤西自治总机关部，并通行各属，宣布反正始末，安慰军民，并特电顺宁、丽江、楚雄三府，永北、蒙化各直隶厅，令转饬所属一体反正悬旗庆贺。十七日楚雄、丽江官绅各界复电一体赞同反正，并已分转各属照办"。①

虽然滇西北地区在辛亥革命风云突变的政治变动中未发生大规模的流血冲突，基本是在平静中实现了过渡，但这其中也曾有过些波折，而商人在稳定局势顺应潮流方面发挥了一定的积极作用。

1911 年 10 月 31 日，省电至鹤庆，并令易旗庆祝。但知州张世禄和鹤丽镇总兵张继良借口未见云贵总督李经羲亲笔批文，犹豫不决，甚至抵制树旗反正。鉴于此，以商人及其他地方士绅组成的议参会，利用商会控制的商团武装，先发制人，围攻张继良及知州署，勒令张继良及其鹤丽镇官兵缴械投降。最终，商团武装暴动成功，并将张继良及所属官兵礼送出境。知州张世禄在形势逼迫下，不得不顺应民意，同意树起了"中"字旗。鹤庆正式宣布拥护起义。②

丽江部分商业资本家自清末荣登地方士绅行列后，1911 年，有的还参与了以"推翻清朝"为口号的丽江士绅盟会。这个盟会还吸收了知县文恒、知府姚春晖等地方官僚参加。同年昆明重阳起义成功后，丽江盟会积极响应，满城插上了五色旗。③

2. 对抗日战争的大力支持

抗日战争时期，是中国近代民族国家认同意识锻造的重要阶段。作为抗战时期中国大后方的重要组成部分，云南各族人民在抗战大义的感召下，将民族国家的向心力和凝聚力都提升到了一个前所未有的高度。各族人民

---

① 由云龙：《迤西各属光复记》，《云南贵州辛亥革命资料》，科学出版社，1959，第 77 ~ 79 页。

② 中华人民共和国地方志丛书：《鹤庆县志》，云南人民出版社，1991，第 571 页。

③ 周汝诚：《纳西族史料编年》，《纳西族社会历史调查》（二），云南民族出版社，1986，第 280 页。

用自己不同方式积极参与到支援持久抗战的大潮。

1937 年抗日战争爆发，云南鹤庆、喜洲、腾冲、丽江、中甸等地商人，除了积极从事对外商贸活动间接支持持久抗战外，在强烈的爱国精神感召下，还通过筹资捐物等形式直接支持抗战。1941 年，中国抗敌后援会在重庆发起了全国抗日献机募捐活动，得到了包括云南各族人民的全国各界的积极响应。云南省也以工商界为主开展了献机募捐运动，云南丽江、鹤庆、喜洲、腾冲等地商人也都踊跃参加，共捐献了数百万云南半开银元，其中，鹤庆恒盛公昆明总号的总经理张相时捐助"七七"献金五百元。① 恒盛公印度噶伦堡分号因"本年七七纪念，噶埠华侨有献机之议，平均大家捐飞机一架，本号张、兴记、永昌祥、同义兴共捐一架，本号份额合国币三万三千五百元"。② 除此之外，民国三十二年九月（1943），恒盛公捐助"协运军米款国票三千元"；③ 民国三十四年元月（1945），捐助"军米贴费；电杆、征兵傍款、增收消防器材等款国票八千七百元"；三月又捐助"征购军粮补助费国票五万三千元"；六月捐助"镇所征兵征工及本会修缮、慰劳等国币一万七千元"。④

驻印度的滇商们活跃于滇藏商贸舞台上，在担负滇印间物资交流传输的同时，强烈的爱国热情还激励着他们为维护祖国统一，反对外来侵略，支援民族解放而积极努力。1937 年抗日战争全面爆发后，为了支援持久抗战，远在印度的云南商人也和国内人民一起，用实际行动响应号召，冲破英印政府的外汇管制，纷纷寄资回国参与"七七献机"活动。表 1 是以丽江商人为主体的云南驻印商人捐款购机荣获国民政府奖励的情况。

表 1　1941 年驻印度云南商号捐款购机支援抗战获奖情况

商　号	负责人姓名	商人乡籍	捐款类别	应得奖励	奖励属条何项
恒盛公	张相诚	丽江	七七献机	均获银色奖章	均为第二条第三项
铸　记	马铸材	丽江	七七献机		
永昌祥	严燮成	喜洲	七七献机		

---

① 民国云南省私营进出口商档案，卷宗号"132 - 3 - 101"，云南省档案馆藏。

② 民国云南省私营进出口商档案，卷宗号"132 - 3 - 143"，云南省档案馆藏。

③ 民国云南省私营进出口商档案，卷宗号"132 - 3 - 101"，云南省档案馆藏。

④ 民国云南省私营进出口商档案，卷宗号"132 - 4 - 158"，云南省档案馆藏。

续表

商　号	负责人姓名	商人乡籍	捐款类别	应得奖励	奖励属条何项
茂　恒	王少岩	腾冲	七七献机	均获银色奖章	均为第二条第三项
裕春和	牛文伯	丽江	七七献机		
元德和	和万华	丽江	七七献机		
恒和号	赵紫垣	丽江	七七献机		
仁和昌	赖敬禹	丽江	七七献机		
长兴昌	马长寿	丽江	七七献机		
杨守其	杨守其	丽江	七七献机		

资料来源：民国云南省私营进出口商档案，卷宗号"132-4-58"，云南省档案馆藏。

1941 年，在抗日战争民族危亡的紧要关头，以"文化不息，民族不亡"为号召，云南中甸"铸记"总经理马铸材与北京"兴记"的梁子质、云南鹤庆"恒盛公"张相诚等驻印中国商人共同创办了印度噶伦堡中华学校。学校设有幼儿园、初小、高小、初中、高中等 10 个班，以推广国语、弘扬国学为主要教学内容。入学者除本地华侨子女外，也收印度学生，教学活动一直维持到了 20 世纪 60 年代初。[①] 这所学校的创办，为宣扬祖国文化，促进中印文化交流，增强驻印度各民族商人对于祖国的凝聚力起到了积极的促进作用。

20 世纪 40 年代，国民政府欲修通中印公路，当时设计拟从西藏察隅经过，实际勘测过程中遭到当地一些头人的反对和抵制，最后靠云南丽江纳西族商人李达三与当地藏区上层的亲密关系，由其亲自出面从中调停协商，并通过其他各种形式予以大力支持，使中印公路在这一地区的勘测工程得以顺利进行，李达三因此被国民政府特别任命为"国民政府中印公路少将副专员"，并赠以"邦家之光"四字锦幛。[②]

1942 年，丽江纳西族商人李立三为了配合中印公路的勘测工程，借助自己常年在滇印之间奔走的经验，希望能在西藏察隅南部找到一条修筑中印公路的捷径。于是在 1942 年底当他从印度返滇之时，只带少量高档商品，

[①] 李硕：《藏族爱国侨领马铸材先生事略》，龚宁珠主编《爱国老人马铸材》，云南华侨历史学会，1998。

[②] 杨俊生：《李达三先生事略》，《丽江志苑》第 7 期。

从印度萨地压徒步缅属野人山，寻找滇印间的交通捷径，在当地土著居民的帮助下，经云南怒江贡山方向用 30 多天回到了丽江。李立三为抗战后方运输路线建设做出了新探索，因此受到国民政府的特别颁令嘉奖。[①]

抗战时期云南各民族商人在四处奔走经商营生的过程中，无论是在缅甸和印度这些异邦还是在国内，对于国内抗日救亡活动，都予以积极响应和支持。即使远在印度的中国商人们，无论如何想尽办法也要捐款回国支持轰轰烈烈的抗日战争。当国民政府勘测修筑中印公路之时，李达三、李立三等云南地方民族商人甚至不惜生命，以身涉险，参与勘测工程。

总体而言，云南各民族商人们以自己的实际行动，为促进抗日战争的早日胜利，做出了积极的努力和贡献。他们的对外商贸经营活动以及其他积极支持抗战的义举，既是中国抗日战争过程中的有机组成部分，同样也是中国抗日战争史研究中不可或缺的特殊篇章。

3. 对滇西北新中国解放事业的积极拥护与大力支持

（1）革命队伍中的红色商人

1945 年以后，居高不下的通货膨胀、匪患丛生的社会环境、动荡不安的社会局势让滇西北一些民族商人逐渐失去了对国民党政权的信心。1948年前后，渴望维持安定、恢复正常商业经营的商人们逐渐认识到共产党才是长期和平的最终希望，也只有积极向共产党靠拢，才能给自己的商业经营带来新的希望，保住自己来之不易的经营成果和社会地位。1948 年丽江商人李立三，鹤庆商人鲍品良等远赴昆明寻找党组织，并在党的培养教育下不断进步。1949 年 4 月，经中共地下党员黄平、欧根介绍，李立三（入党后改名为李烈三）、鲍品良先后光荣地加入了中国共产党。[②] 在李、鲍二人的影响下，中甸藏族商人刘汉勋也于同年 5 月 25 日宣誓入党，成为一名忠诚的共产主义战士。[③] 仁和昌驻昆明分号经理赖敬恒不仅本人心向光明，还积极帮助其他丽江商人与党组织联系，并利用号房为他们创造安全的交流环境。[④] 仁和昌总经理赖敬庵、曾任仁和昌驻昆分号经理的杨超然，也都

---

① 丽江地区交通局编《丽江地区交通志》，云南民族出版社，1997，第 150 页。
② 李瑞泉：《李烈三烈士事略》，载《丽江志苑》第一期；《鲍品良事略》，载《中共鹤庆县地下组织史料选编》（1947～1950），1988，鹤庆县委编内部资料。
③ 《刘汉勋传》，载《中甸县志通讯》1990 年第 3 期。
④ 笔者与丽江地区方志办和康老先生访谈时由其提供。

是丽江商界里入党较早的红色商人之一。^① 这些商人在争取丽江、鹤庆和平解放的过程中，发挥了重要的作用。他们利用自身在商界和地方政界的特殊影响，积极为滇西北地区的和平解放穿针引线，四处奔走联系各界人物和地方群众，做出了突出的贡献。如当时威震敌胆的边纵七支队下属的藏族骑兵队就是由李立三、鲍品良、刘汉勋等商绅一手组建起来的，其主要成员其实是一些抗日战争胜利后，因生意失败，无力回乡，只好流落于丽江等地的藏族腊都（藏语，意为赶马人），其中大部分来自西康和西藏，他们在滇西北这些红色商人的说服教育下，义无反顾地加入革命队伍，成为光荣的新民族主义革命战士。另外在丽江的"五·一"大游行、争取国民党丽江专员习自诚参与丽江和平解放等工作中，这些红色商人都做出了积极的努力。

1949年7月1日丽江和平解放后，这些商人又不遗余力地参与到新政权的建设过程中，勇担重任。丽江县人民政权的第一任供应科科长由赖敬恒担任、第一任财政科科长为赖敬庵、县人民银行第一任经理为杨超然。^②李烈三（即李立三）曾任丽江县政务委员会后勤部主任，在1949年末赴中甸争取和平解放时，被反复无常的中甸反动头目汪学鼎等人阴谋杀害。这个丽江商人中参加革命最积极的红色商人，"为了革命，几乎已倾家荡产"，^③ 甚至献出了自己宝贵的生命。

在争取鹤庆县和平解放的历程中，党组织鉴于当时的商会会长、宝兴祥商号经理杨维基，比较开明，在鹤庆工商界较有声望，于是多次派人动员杨维基出任鹤庆县县长（原鹤庆县县长已逃亡），以稳定局势。在党组织的安排下，杨维基通过民选方式当上了县长，并得到了卢汉政府的委任。他就任县长后，重大政事都积极配合地下党的指挥。^④ 在杨维基这个"两面政权的县长"的主动配合下，鹤庆县顺利迎来了1949年7月1日的和平解放。根据杨维基自己的回忆，当年组建地下党革命武装购买枪支时，"由于当时县上财政没有收入，只好卖积谷，但其得仍不够支付，不足的数额是由我拿出来支付的"。^⑤

---

① 赖敬庵：《我的自述》，《丽江文史资料》第十一期；《杨超然传略》，《丽江文史资料》第四辑。

② 《丽江县革命史》（新民主主义时期），云南人民出版社，1999，第195页。

③ 郭大烈、和志武：《纳西族史》，四川民族出版社，1995，第488页。

④ 《中共鹤庆县地下组织史料选编》（1947～1950），1988，鹤庆县委编内部资料。

⑤ 杨维基：《鹤庆解放前后——我的回忆》，《大理州文史资料》第二辑。

（2）滇西北和平解放的"金库"和"物资仓库"

1949 年 7 月 1 日后，剑川、丽江、鹤庆等县份已相继和平解放，这比云南全境解放早了半年多的时间，也比新中国建立时间早了三个月。新生的人民政权为了缓解经费、物资供给异常困难的情况，以后勤部主任李烈三、财务部主任赖敬庵为首的工作人员就以商人为主要对象展开了一系列劝募活动。丽江商人们竭尽所能，踊跃捐资捐物，来支持革命。仅 1949 年 7 ~ 12 月就共捐出黄金、白银、物资折价约合半开银币二十四万六千多元,[①]有力地支援了滇西北自卫军三支队和剑川、鹤庆（后统一改为边纵七支队）人民自卫部队的抗敌斗争。

后勤部主任李烈三，首先带头捐款，捐出一屋子枪弹（估计百多条大花牌枪和百多箱子弹），进出康藏高原的全部马帮，"立记"商号库存的布匹及其他存货，连同一院新建的四合院和妻子的私房首饰等价值三百两黄金的财产。[②]

财务部主任赖敬庵发起劝募后，以仁和昌商号的名义带头捐献了黄金 60 两，白银若干，经商自卫用枪 40 多支，接着又曾捐献过钱币、物资多次，前后捐款折价共约五万元半开银币。[③]

达记经理李达三捐出半开银币一万元，黄金 40 两，白银若干。机枪一挺、长短枪各五六支。他的梨园（今丽江玉龙花园）、纸厂、牦牛场也捐献给了人民政府。还捐了不少布匹等生活物资。李达三捐款捐物折价约为半开银圆五万元。[④]

牛文伯捐款捐物折价共计约半开银币五万元，其中有黄金 40 两。[⑤]

丽江商业界的后起之秀"聚兴祥"经理王少萱也踊跃捐输，以实际行动拥护革命，捐出黄金 40 两，银币、物资等折价共计约半开银圆五万元。[⑥]

远在昆明的丽日升商号经理余仲斌喜闻家乡丽江和平解放的佳音后，马上卖掉在昆明新建不久的一大院房子，约合半开银币一万四千元，寄给

---

① 《丽江县人民政权初建时期的财政》,《丽江志苑》第四、五期合刊。
② 李瑞泉：《李烈三烈士事略》,《丽江志苑》第一期。
③ 据赖敬庵《我的自述》及丽江县商业局和鉴彩等编《丽江县志·商业志》（未刊稿）中资料整理核实。
④ 李达三的女儿、女婿提供，并据《丽江县志·商业志》（未刊初稿）中资料整理核实。
⑤ 据《丽江县志·商业志》（未刊初稿）中资料整理。
⑥ 据《丽江县志·商业志》（未刊初稿）中资料整理。

了新生革命政权。①

丽江中小商户们也积极响应号召，捐款捐物，热情拥护革命政权。"恒和号"赵紫垣捐一万元；"永顺号"李胜三捐一千元；"春和祥"杨启昌捐二千元；"恒德和"周石奇捐二千元；其他各小商家共捐献一万二千元；喜洲驻丽商号"鸿兴源"经理杨鸿春捐献款物折价约半开银币一万元、"福顺和"尹虞廷捐五千元；鹤庆商人马长寿的"长兴昌"也捐献了半开银圆五千元，以上捐献数额均为款、物折价，货币单位均为半开银圆。②

驻丽江的各民族商人们踊跃捐款、捐物，以实际行动直接有力地支援了滇西北人民的解放战争，不愧是丽江和平解放的"金库"和"物资仓库"。其中仅 1949 年 7~12 月政府发动的自动劳年捐款、"八·一"捐款、寒衣捐款三次活动中，丽江商联会就向丽江商界募集得捐款 56804.25 元，占全部捐款总数的 96.53%。③

当时滇西北的边纵支队的活动经费，除及时恢复地方生产外，另一个重要来源之一就是当地民族资本家的自愿捐献以及向大户的借款。④

解放战争时期，大理各大商号的民族资本家及华侨也资助过革命。如大理喜洲永昌祥的严燮成、严宝成等先生就多次资助过边纵七支队不少医药和其他物资，仅棉衣就数千件。杨茂馨也冒着危险掩护救助中共地下党员和民盟成员。如营救被捕的地下党员张清龙、倪其裕，掩护民盟成员槐发英等人。并向边纵七支队资助医药和其他物资，其中，仅棉衣就有1450 件。⑤

滇西北各民族商人们出资出力，积极帮助 1949 年 7 月 1 日滇西北新生的红色政权站稳了脚跟，巩固并扩大了革命成果，使滇西北地区成为中国西南边疆最早解放的民族地区。

（3）对新中国的认同和支持建设

1950 年，中国政府兴修康藏公路，委托当时驻于印度的中甸"铸记"

---

① 据原丽江商会会长、丽日升商号经理余北平的夫人回忆，并据《丽江县志·商业志》（未刊初稿）中资料整理核实。

② 和鉴彩等编《丽江县志·商业志》（未刊初稿）。

③ 《丽江县人民政权初建时期的财政》，《丽江志苑》第四、五期合刊。

④ 《滇西北的后勤工作》，《中国人民解放军滇桂黔边纵队》（下），云南民族出版社，1990，第 70 页。

⑤ 杨育新：《大理华侨义举》，《大理文史资料》第六辑。

藏族马铸材先生到加尔各答购买测量用品、建筑用具以及汽油等运至噶伦堡，然后用骡马输送入藏。马铸材尽心竭力，完成了任务，并获得人民政府嘉奖。1955 年，新中国驻印度大使馆及噶伦堡商务代理处指导组织茶运公司，由云南商人"铸记"马家奎（马铸材之子）、"恒盛公"张乃骞（张相诚之子）及西藏邦达昌、桑都昌、热都昌等六家共同集资组成，专门负责滇茶经滇缅印通道运销西藏。①

1950 年，云南鹤庆白族商号"恒盛公"的张相时经理看到国内的轮胎紧缺，于是写信给驻印度分号人员进行采购付运，为了避免向印度政府结汇不利货物尽快运输回国，于是商号仍按抗战时期的办法，绕道西藏，在拉萨按成本价卖给了国家商业部门。1952 年，五反结束后，"恒盛公"在政府扶持下得到了旧人民币 10 亿元的贷款后，又在下关购买紧茶 2000 包后取道滇缅印转销入藏，以应西藏同胞之急需。同时，"恒盛公"还在康定一带大量收购四川砖茶，然后由驿路发运拉萨，数量在万包以上，对于缓解藏区物资紧张起到了积极作用。②

四 游走中的觉醒与进步：边疆民族商人国家认同强化的讨论

追求民族独立，维护国家统一，希望国家强盛，是近代中国各民族群众共同渴望和为之奋斗不息的伟大理想。近代这些曾经偏处于天下之末、边疆深谷之地的民族商人们，在近代滇藏缅印跨国商贸交流圈域中不断游走经商营生，无论是在缅甸和印度这些异邦还是在国内，因为缺乏国家的有力保护和扶助，屡受到外国强权欺凌和国内各种地方势力的盘剥、各类匪徒劫掠的商人们，对于这一理想有着更深的认识和渴望。在自身眼界不断开阔的同时，也能比同时代村寨中的民族乡邻们更清晰更直接感受到国家统一强盛的重要性和必要性，因此在这些民族商人走出边疆封闭社会、四处闯荡营生的经历中，他们的国家认同不断被激发、被强化。

如近代滇西北商人中之所以会出现以说藏语，穿藏服的普遍现象，固

---

① 马家奎：《回忆先父马铸材经营中印贸易》，《云南文史资料选辑》第四十二辑。
② 张相时：《云南恒盛公商号经营史略》，《云南文史资料选辑》第四十二辑。

然与滇藏商贸交流的不断深入，为适应藏区特殊的人文环境而改变等因素有关，但其中还有一个不可忽视的原因，就是商人基于英印政府对中国内地商人采取限制与歧视的政策的一种适应性求变。无论是走滇藏印还是滇缅印通道来从事滇印贸易，"印方对藏人入印异当便利，如对华人则加歧视，多数被挡回国"。①商人们对于这种歧视的无声反抗，就是不得已变服从俗，乔装改扮为藏人。商人的这种自我形象改变，是在旧中国软弱的外交实力下，不得已而为之的自我保护性应变措施，但这也从一个侧面反映了商人们闯荡异邦的艰辛与酸楚。所以，无论是辛亥革命、抗日战争还是新民主主义革命，渴望改变现状，期望祖国统一富强，以寻求良好发展机遇的滇西北商人们，大都予以积极响应和支持。也正因为在海外经商过程中的种种遭遇，激发着商人们更深刻认识到国家独立统一和强盛发展的重要性和必要性。1916 年即使远在印度的商人们，当驻印广东商人陆韵秋，在印度发动华侨反对妄图破坏统一、阴谋分裂西藏的西姆拉会议时，滇商张相时、杨守其等白族、纳西族商人也积极参与了活动，在抗日战争时期冲破英印政府的外汇管制，纷纷寄资回国内参与"七七献机"活动，无论如何想尽办法也要捐款回国支持轰轰烈烈的抗日战争。

滇西北地区之所以能够在 1949 年 7 月就得以解放，建立起红色政权，成为中国西南边疆最早解放的少数民族聚居区之一，这其中离不开李立三、赖敬庵、杨超然、李达三、鲍品良等诸多全力以赴支持革命的滇西北民族商人，他们中的不少人为革命倾其所有、尽其所能，甚至献出了自己的生命。正因为有着强烈国家的认同和期待国家强盛的热切渴望，身在印度的以中甸商人马铸材为首的各民族商人面对国内外妄图分裂西藏的罪恶行径时，才会义不容辞、大义凛然地坚决与他们斗争，坚决为维护国家统一。商人们以自己的实际行动，为促进近代西南边疆民族地区的国家认同意识传布和增强，率先做出了努力和表率。

---

① 《民国三十六年云南商会联合会呈文》，云南省大理州档案馆藏档案，卷宗号"20 - 10 - 25"。

民国时期云南垦殖行政与边疆开发研究[*]

罗　群[**]

　　垦殖[①]作为历朝各代中央治理和开发边疆的重要举措，"乃移民于可耕未耕之地区，加以组织及管理，使之辟草莱为沃壤，化荒凉为村镇之事业也"。[②] 垦殖关乎国安民利，除稳固戍边的军事目的外，更成为一项开发荒地、安辑流民和调剂人口的综合性社会经济政策，"凡土地之开发利用与人口之迁徙移动，其主要目的在于地尽其利并调剂人地之关系者"。[③]

　　垦殖在中国拥有悠久的传承，历史上各代统治者常采取移民实边及屯垦以巩卫国家疆土，增加边民的国家向心力达到强化中央集权的目的。云南地处西南边部，虽受到历代统治者重视，但开发较晚，多荒烟蔓草之地，丰富的自然资源得不到有效利用，故历来是统治者实施垦殖政策，输入移

---

*　本文系国家社科基金一般项目"民国时期云南垦殖与边疆开发研究"（项目编号17BZS108）、云南省哲学社会科学基地——"滇学研究基地"重点项目（JD2016ZD01）阶段性研究成果。

**　罗群，云南大学历史与档案学院副院长、教授、博士生导师。

① 有关垦殖的定义历来名目繁多，择其主要如下：（1）"垦殖，垦与殖似属两事，即前者之主要目的为地尽其利，以增加土地之生产，以故凡荒田荒地沼泽等之开发利用，皆可称之曰开垦；后者之主要目的为改善人口分布，调剂人地之关系，以故凡甲地之人民移入并定居于乙地，皆可称之曰殖民。然而事实上两者之遂行，则不容强分也。盖无垦不能言殖，不殖不能言垦，言开垦即有移民，而谈移民则又有开垦在其中也。故垦与殖，人与地，实等于一事之两面，吾人综名之曰垦殖，可谓恰当。"（参见张丕介《垦殖政策》，商务印书馆，1943，第3页）（2）蒋荫松在《垦殖浅说》中指出："垦是开辟荒废的土地，使可从事种植。其目的在增加生产，充实衣食，发展工业资源。殖是移甲地人民于乙地，使其居于斯，食于斯，解决一切生计问题。其目的在改进分配方法，调剂人口密度，俾芸芸众生皆获得足衣足食安居乐业的机会。"（参见蒋荫松《垦殖浅说》，正中书局，1940，第1页。）（3）舒联莹对于垦殖的定义更为直观"何谓垦，垦为开辟荒原。何谓殖，殖为移民实荒"。（参见舒联莹《青年文库垦殖学》，中国文化服务社，1948，第8页）

② 舒联莹：《青年文库垦殖学》，中国文化服务社，1948，第8页。

③ 张丕介：《垦殖政策》，商务印书馆，1943，第3页。

民的重要区域。民国时期垦殖受到从中央到地方政府的重视与大力提倡，把"边疆屯殖，为今后建国第一等大事"，[①] 以"边地开发屯垦与移民实边，为发展国民经济之重要方针"。[②] 不仅制定垦殖政策，颁布垦殖法规，而且设立垦殖机构，垦殖行政取得了一定成效，极大促进了边疆农业与社会经济的发展。

一 民国时期的中央垦殖政策与机构设置

（一）垦殖政策

1. 垦殖总论

民国时期，垦殖成为国民政府进行边疆开发与建设、巩固国防的重要举措，得到中央的高度重视，垦殖政策也因此得以逐步发展和完善，形成了包括全国荒地调查、垦区的划分以及垦民和开垦资金来源等较为完备的一系列政策法规，并设置了垦殖行政机构。

1912 年北京政府颁布了《农政纲要》，1914 年颁布《国有荒地承垦条例》和《边荒承垦条例》，对荒地的范围、承垦者的权利和资格、承垦手续、承垦保证金等做出规定，以此规范和鼓励垦殖事业。但限于当时的时局，政府既无力主持政策的实行，故制定的垦殖政策多为具文，没有得到具体施行。

1927 年南京国民政府成立之后，先后多次颁布垦殖政策法规，"1930 年 6 月颁布了《土地法》，1930 年 12 月颁布《堤防造林及限制倾斜地垦殖办法》，1933 年 2 月颁布了《奖励辅助移垦原则》，1934 年颁布《徒刑人犯移垦暂行条例》和《内地各省市荒地实施垦殖督促办法》"。[③] 农矿部于 1930 年召开全国农矿会议，讨论全国的农业事业和垦殖事业；实业部于 1931 年成立了林垦署。到 1937 年，抗战爆发，为救济难民、增加生产、安置荣誉军人，国民政府又多次颁布垦殖政策，鼓励全国发展垦殖事业（详见表 1）。

---

① 李顺卿：《垦殖政策》，《中农月刊》第 4 卷第 10 期，1943。
② 荣孟源主编、孙彩霞编辑《中国国民党历次代表大会及中央全会资料（下册）》，光明日报出版社，1985，第 48 页。
③ 施珍：《成长中的中国垦殖》，《中农月刊》第 6 卷第 9 期，1945。

表 1　国民政府颁布的主要垦殖法规

序号	名称	颁布时间	主要内容
1	《国有荒地承垦条例》	1914 年	承垦事项，保证金、竣垦年限、评价及所有权、处罚规则
2	《国有荒地承垦条例施行细则》	1914 年	承垦具体事项及相关表格样式
3	《土地法——荒地使用法》	1930 年	承垦注意事项
4	《堤防造林及限制倾斜地垦殖办法》	1930 年	堤防造林及倾斜地垦殖的注意事项
5	《清理荒地暂行办法》	1933 年	各省市清理荒地的注意事项
6	《督垦原则》	1933 年	各省市督促垦殖的原则
7	《内地各省市荒地实施垦殖督促办法》	1936 年	内地各省市督促垦殖的注意事项
8	《徒刑人犯移垦暂行条例》	1936 年	将徒刑人犯移送到垦殖区进行垦殖
9	《国有荒地承垦条例》	1937 年	荒地调查，山陵、淤滩、盐碱、平原荒地的开垦，开垦步骤，栽培概要，实施办法
10	《中央补助各省难民移垦经费办法》	1939 年	补助各省进行难民移垦的经费的注意事项
11	《非常时期难民移垦条例》	1939 年公布，1943 年修正	难民移垦的具体措施及注意事项
12	《难民垦殖区国民教育实施办法大纲》	1940 年	对垦殖区难民进行教育事宜
13	《徒刑人犯移垦实施办法》	1940 年	徒刑人犯移垦的条件以及不同的待遇
14	《移垦人犯累进办法》	1940 年	徒刑人犯移垦的累进奖励条例
15	《农林部组织法规》	1940 年	农林部下属各司及其他机关
16	《农林部垦务总局办事细则》	1941 年	办事总则、文书处理、会计及出纳、服务、会议等
17	《农林部直辖垦区垦殖经营办法》	1942 年	农林部直辖垦区的经营规则及注意事项
18	《农林部直辖垦区垦民贷款办法》	1942 年	农林部直辖垦区垦民贷款的条件、种类、还贷的注意事项以及相关的表格
19	《修正农林部垦务总局组织条例》	1945 年	农林部垦务总局下属各科及其掌管事项
20	《农林部、军政部调用荣誉军人从垦暂行办法》		荣誉军人从垦的条件、奖励条例

資料来源：农林部垦务总局：《中央垦务法规汇编》，出版社不详，1942。

2. 荒地调查

国民政府认为"因地方情形之不同，开垦方法亦因之而异。惟初步工作，须先实地调查，而后经营设计，方有准绳"，[①] 遂颁布相关规定，进行全国荒地调查和勘测。

国民政府于 1934 年 2 月 7 日召开了中央政治会议第 394 次会议，并通过决议"由全国经济委员会及内政部、财政部，合组土地委员会，先将各省市土地实况，于六个月内为比较系统之调查，再行拟具办法提请中央规定"。[②] 土地委员会于 1934 年 8 月 2 日正式成立，在全国进行土地调查，调查全国十个省份，并将调查报告汇编成《全国土地调查报告纲要》一书。

国民政府还颁布了一系列法规对荒地调查的各类具体事项做出了规定，1937 年颁布了《垦荒实施方案》，其中第二章详细规定了荒地调查应该包括的项目：荒地形势，山地、淤荒、平荒等种类，及其分布的地势和面积；土壤性质，包括土壤种类、肥瘠程度、耕作难易程度、有无盐碱性质或其他特殊情形；气候情况，包括雨水多寡、气温高低、寒冷程度及降霜降雪的时期等；荒地内有无河流、水源、池塘，及其水量；水路交通情形；治安情形；运销市镇的名称、路程、方法、费用、来往时间、捐税等；农工雇用的难易、工资高低、性情风气等；水陆野生植物的种类；天灾、水灾及荒废原因等情形。[③]

此外，国民政府又于 1941 年颁布了《农林部荒地调查及垦区设计实施纲要》，对于荒地调查原则、调查范围和程序、调查的事项和方法、调查步骤、调查的人员和组织、调查用品等内容做出了详细的规定；规定调查原则为"调查西南、西北边疆各省荒地，准备战后移兵屯垦，充实边防"，[④] 并将调查区域分为西北区和西南区两区，进行分区调查。

西北区包括甘宁青绥等省，分三期进行调查，第一期四个月（三十年六月至九月），调查古叠州（甘肃临兆西）、祁连山麓（甘肃）、武威张掖酒泉一带；第二期五个月（三十一年四月至八月），区域包括青海、绥远一带；第三期七个月（三十二年四月至十月），调查西北各省未调查之区域。

---

① 农林部垦务总局：《中央垦务法规汇编》，出版社不详，1942，第 4 页。
② 土地委员会：《全国土地调查报告纲要》，土地委员会，1936，第 8 页。
③ 农林部垦务总局：《中央垦务法规汇编》，出版社不详，1942，第 4 页。
④ 农林部垦务总局：《中央垦务法规汇编》，出版社不详，1942，第 101 页。

西南区包括滇黔湘粤桂康等省，三期调查，第一期五个月（三十年六月至十月），咸宁及黔西一带（贵州）、连县连山及大瘦岭一带（广东）、柳州附近及郁林一带（广西）；第二期五个月（三十一年六月至十月），滇越路两旁迤南迤西（云南）；第三期七个月（三十二年四月至十月），西康及各省未调查区域。[①] 还规定荒地调查分为概况考察和荒地查勘两种，概况考察"将每一荒地区域的范围、自然情形、农产情形、社会情形、土地制度概况分别详加考察"；而荒地查勘则将"荒地区域的位置、面积、地势、土质、地权、水利等分别实地详加查勘"。[②]

3. 垦区划分与经营

国民政府根据荒地调查情况，进行垦区的划分和设计。民国十七年（1928）七月十五日农矿部召开垦务会议，确定了边疆的十四垦区：一共四个大区，东北区、西北区、西南区、滨海区。东北区包括兴安、松花江、热河三区；西北区包括察绥区、甘宁青区，以及新疆外蒙四区；西南区包括西康、西藏以及云贵川桂三区；滨海区有长芦、两淮、三门湾、琼崖四区。[③]

关于荒地的经营和使用，国民政府颁布了详细的法规来进行规定。1930年6月颁布《土地法》，其中第三编第一章第二节《荒地使用法》中明确提到"公有土地之荒地，适合耕作使用者，除经政府保留或指定为其他使用外，应由地政机关与一定其间内，勘测完毕，分化地段为垦荒区，并规定道路、沟渠及其他耕作必需之公共用地"。[④]

对于私有荒地，1936年颁布了《内地各省市荒地实施垦殖督促办法》进行了规定："私有荒地，由各县市政府，依照规定负责督促各业主实施垦殖；隶属于行政院的荒地则由市政府来督促垦殖。"[⑤]

1937年颁布的《垦荒实施方案》明确规定了办理垦务有移垦、招垦、屯垦、直接经营四种方式。[⑥] 进行移垦时，应注意水利交通建设、垦民的选择、垦民的运送和招待、垦地的区划和分配、垦民的组织和管理、垦民贷

---

① 农林部垦务总局：《中央垦务法规汇编》，出版社不详，1942，第102页。
② 农林部垦务总局：《中央垦务法规汇编》，出版社不详，1942，第102页。
③ 舒联莹：《垦殖学》，中国文化服务社，1948，第87页。
④ 农林部垦务总局：《中央垦务法规汇编》，出版社不详，1942，第1页。
⑤ 《垦荒法案》，云南省建设厅印行，1939，第19页。
⑥ 农林部垦务总局：《中央垦务法规汇编》，出版社不详，1942，第11~12页。

款等问题，需设立垦务机关，先进行规划再办理经营。垦地招垦时，大规模的水利交通建设、田亩区划，应由政府预先筹划建设，若面积过大、垦民众多时，其组织管理、保护贷款等事项也应由政府以资援助。军队屯垦，士兵应带原饷从事垦种，待垦殖生产足以自给时，原饷再停止发放。开垦之初，所居房屋、经营资本，应由政府代为筹措，待生产之后，分年偿还。而垦兵的管理，由军事机关负责办理。荒地由政府或私人直接经营者，须注意垦区的交通水利及区划、垦区基础设施建设、农工的选择和垦区经费预算等问题。

4. 垦民来源

在开展垦殖事业时，国民政府十分重视垦民的选择和招致。国民政府于 1939 年颁布了《非常时期难民移垦条例》，1941 年修正；1940 年颁布了《徒刑人犯移垦实施办法》，还颁布了《农林部、军政部调用荣誉军人从垦暂行办法》等条例，都明确指出，难民、徒刑人犯、荣誉军人是垦民的主要来源。

《非常时期难民移垦条例》规定了难民应具备的资格："一、身体强壮而耐苦劳者；二、能耕作或有垦区所需要之其他技能者；三、无不良嗜好者；四、移垦难民数量不足时，就具有前项资格而志愿移垦者选择补充之。"[1] 而徒刑人犯在从事垦殖前，还须经过一定的训练，《徒刑人犯移垦实施办法》中规定"徒刑人犯于移垦前，得在监狱附设之农场施以相当训练，以农业训练、精神教育、体育训练为主要科目，并酌令学习日用品之必需之手工业"；徒刑人犯从事垦殖还能够缩减一定的刑期，"移垦人犯适用累进法分为四级，移垦者应编入第四级，按其成绩以进级，但移垦前之成绩优良者亦得编入较高级；移垦人犯累进办法进级者，有期徒刑得缩短其刑期，无期徒刑得减为有期徒刑"。[2]

此外，《农林部、军政部调用荣誉军人从垦暂行办法》还规定，农林部所属垦区调用荣誉军人以不能再服兵役者为限，军官按下列标准选择："1. 志愿从事农垦工作品行端正者；2. 年龄在二十岁以上，四十五岁以下者；3. 身体强壮能耐苦劳其伤残程度不妨碍农垦工作者；4. 有农事经验通晓文字

---

① 农林部垦务总局：《中央垦务法规汇编》，出版社不详，1942，第 28 页。
② 农林部垦务总局：《中央垦务法规汇编》，出版社不详，1942，第 36 页。

者。"而选择士兵的标准则在最后一项略有不同"服兵役前曾在田间工作或铁瓦木石工作技能之一者"。[①] 由此可见,国民政府选择的进行垦殖的垦民都必须具备一定的农垦技能。

5. 资金来源

垦殖的资金是垦殖事业能够顺利进行的物质保障,因此国民政府也十分重视资金的投入,做出了相应的规定。首先,是对于难民移垦事业经费的规定。国民政府于1939年5月颁布了《中央补助各省难民移垦经费办法》,其中规定"各省政府请求补助经费以直接用于垦民之事业费为限,其办理移垦必须之行政费用由省政府筹发,不得在补助费中挪用"。[②] 其次,该办法还规定了垦民贷款的相关办法:"垦务费分给养补助及生产贷款二种,给养补助如垦民伙食(以垦区农产第一年收获前为限)、医药等项,生产贷款如耕牛、种籽、肥料、农具及垦民住所家具等项;此项贷款得酌收利息,并于荒地生产收获后,由垦户分期偿还;其年限除土地贷款不得少于十年外,其他贷款不得少于五年;贷款利息不得超过年利三厘。"[③]

国民政府1942年颁布的《农林部直辖垦区垦民贷款办法》就直接地规定了农林部直辖垦区的垦民贷款的种类、期限、偿还方式以及利息等,用以解决垦民的生产、生活的问题。"贷款分为生活贷款、生产贷款、副业贷款、其他临时性贷款等四种,生活贷款包括给养费、衣被费、卫生费等,生产贷款包括土地费、建筑费、农具费、家具费、农事役畜费、种籽费、肥料费、饲料费、药剂费等,副业贷款包括畜牧费、纺织费、农林产制造费用等。"[④] "垦民贷款以贷给垦民到达垦区第一年内之各项费用为限,其贷款限额应根据经费预算及垦民实际需要,按每户、每人或每亩预为订定。第二年后,如遇有天灾歉收或其他不可抗力之损失,必须续贷时,得由垦区管理局呈经农林部垦务局转呈核准酌以续贷之"。[⑤]

国民政府还根据难民移垦的经营情况,规定"国营垦殖经费,由中央

---

① 农林部垦务总局:《中央垦务法规汇编》,出版社不详,1942,第106~107页。
② 农林部垦务总局:《中央垦务法规汇编》,出版社不详,1942,第25页。
③ 农林部垦务总局:《中央垦务法规汇编》,出版社不详,1942,第25页。
④ 农林部垦务总局:《中央垦务法规汇编》,出版社不详,1942,第58~59页。
⑤ 农林部垦务总局:《中央垦务法规汇编》,出版社不详,1942,第59页。

政府担任；省营垦务经费除得由省政府呈请行政院补助外，不足之数额；由该省政府自行筹拨；或呈经中央主管官署核准发行公债；民营垦殖，得呈请中央或省政府酌予补助或贷款"①，由此也可以看出，国民政府对于垦殖事业的重视和为发展垦殖事业所做出的努力。

（二）中央垦殖机构及职能

为了使垦殖政策能够得到有效的贯彻和落实，国民政府积极组建垦务管理机构。1938 年 10 月，国民政府制定了《非常时期难民移垦规则》，规定由经济部协同内政部、财政部和赈济委员会来管理、统筹全国难民移垦事业。② 1941 年 3 月，为适应垦殖需要，农林部成立了垦务总局，颁布了《农林部组织法规》《修正农林部垦务总局组织条例》以及《农林部垦务总局办事细则》等，明确规定了农林部垦务总局的组织和职责。农林部管理全国农林行政事务，下设总务司、农事司、农村经济司、林事司、渔牧司、垦务总局等六司局。③ 总务司主管收发撰拟及保管相关文件、款项的出纳、本部出版物的编辑刊行等事项；农事司主管农作物及农村副业的调查和试验、农地改良、种子和农具改良、农业团体的监督指导等事项；农村经济司主管耕地租用的调查整改、农村贷款的设计分配、农村合作事业的指导监督、集体耕作和农村合作事业的指导和监督等；林业司主管荒山荒地的勘测及造林、林地的编定整理和划分、风景林及森林公园的设置、公有林和私有林的管理和保护、森林物产之利用等事项；渔牧司主管渔牧业的监督和奖励、家畜疫病的防治、渔牧业的调查设计等。④

国民政府对于垦务总局的主管事项，另行颁布了《修正农林部垦务总局组织条例》以及《农林部垦务总局办事细则》来进行规定。垦务总局管理全国垦务行政事务，下设五科，分管总局各项事务。第一科主管文书收发保管、典守印信、职员登记任免、款项出纳等事项；第二科主管公营垦务的计划及经营、民营垦务的指导和扶助、垦务团体的指导

---

① 李爽：《抗日战争时期国民政府难民移垦政策研究》，《吉林师范大学学报》（人文社会科学版）2006 年第 34 卷第 3 期。
② 王利中、岳珑：《民国时期国人对西北屯垦的认识》，《新疆社会科学》2010 年第 2 期。
③ 农林部垦务总局：《中央垦务法规汇编》，出版社不详，1942，第 40 页。
④ 农林部垦务总局：《中央垦务法规汇编》，出版社不详，1942，第 40 页。

及监督等；第三科主管宜垦荒地的调查勘探、垦民的集中、垦务人才的培养等；第四科主管垦区的规定、工具及肥料的利用指导、垦区内的水利交通、垦区内的教育卫生等事项；第五科主管本局职员的进退和奖惩、职员的训练及补习教育、职员的抚恤及公益、人事的统计等，如图1所示[1]。

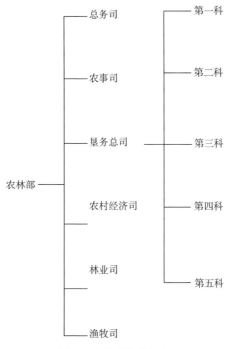

图 1 农林部机构组织

除此之外，国民政府还于1941年11月7日颁布了《农林部垦区管理局组织通则》[2]。这项政策规定在全国农林部下属垦区设立垦区管理局，分甲、乙两种编制，甲种编制，耕作的垦民须满五千人，且耕作面积须达到五千亩以上；乙种编制适用于耕作垦民在五千人以下，已垦面积不足五千亩的情况。同日，还颁布了《农林部屯垦实验区管理局组织通则》，农林部垦务总局为了实验兵工屯垦、开发土地、增加生产、充实边防的目的，在全国设置屯垦实验区，并设屯垦实验区管理局来管理。

---

① 农林部垦务总局：《中央垦务法规汇编》，出版社不详，1942，第42页。
② 农林部垦务总局：《中央垦务法规汇编》，出版社不详，1942，第48页。

二 民国时期的云南土地清丈与垦殖行政

1. 荒地调查与土地清丈

1927 年，唐继尧下台，龙云主政云南，政局趋于稳定，制订建设新云南的计划，其中之一即为清丈土地，整理地籍，"盖清丈要旨，在确定业权，以息争讼；整理田赋，以均负担；增加税收，以固财政基础；明悉亩积，以作施政标准。"① 遂于 1928 年开始设立相关机构，筹备土地清丈。为清查全省荒地状况，龙云颁布了《云南省清荒办法》，限期在 1929 年底之前需查清全省的垦地情况，旨在清查全省荒地资源，以便更好地进行规划和开垦。

云南省政府推行荒地清查与土地清丈，亦从省到各县建立了比较完备的地政机关和法规基础。1929 年 1 月，省政府拟定清丈规章，组设全省清丈总局，举办全省清丈事宜，因人才经费均感困难，又系初创，须缩小范围，乃以昆明一县先行试办，1929 年 8 月将全省清丈局改为昆明县清丈局。昆明试办清丈历经三年直到 1931 年才告结束，为了急于完成任务，云南省政府于 1931 年 8 月，命财政厅厅长陆崇仁就财厅组设清丈处，筹办全省清丈事务。后由财政厅直接指挥，监督切实，拟订计划，并在各县成立清丈分处。从省到各县形成了一套比较完备的清丈机关组织。

清丈处为云南最高地政机关，但对外概用财政厅名义，故仅为财政厅之隶属机关，一切事宜听从财政厅总体安排。清丈处设处长一名，秉承厅长总理全省清丈事务，对厅长负责，下设四组办事人员，分别负责文书、人事、编审、清丈等职责。清丈处外，附设清丈高级评判委员会，为财政厅直属下级机关，为最高土地裁判机关，设委员长一人，由财厅长陆崇仁兼任该会委员长，总揽全会事务，维持开庭秩序。为了培养测丈、绘图、业权、评判四种专门人才，成立清丈传习所，招生训练，授以清丈知识，三月毕业，以求速成，自 1929 年至 1930 年 7 月，先后毕业测丈绘算两科学生共 142 名②，有利于清丈业务的执行。

---

① 云南省志编纂委员会办公室编《续云南通志长编》卷三十八《民政三·户政·地亩·地政》，云南省科学技术情报研究所印刷厂，1985 年 10 月第 153 页。

② 吴其荣：《云南之土地整理》，萧铮主编《民国二十年代中国大陆土地问题资料》第 30 辑，（台湾）成文出版社有限公司、（美国）中文资料中心，1977 年印行。

各县下设各项附属机构，各县清丈分处直属省财政厅清丈处，清丈分处处长由财厅遴员呈请省府委任，由各县县长兼任会办，配合清丈。清丈分处下设总务、内有、外业三组，工作人员可达数百人。各县亦设初级评判委员会，受理因清丈而发生耕地业权诉讼案件。土地清丈完毕后，各分处设等则评定委员会，设委员长一人，由清丈分处长兼任，委员十人，地方绅董五人及分处职员兼任，容纳一部分地方绅士，以求公允评定，办理评定耕地等则事宜。

1931 年，省清丈处拟具《完成云南全省清丈计划书》①，预计分为九期推进全省土地清丈，以昆明为中心，由腹地向边地扩展。1933 年，为缩短时间，修正清丈计划，将全省 108 县，17 设治区划分全省为五大区，每区再设立一个中心点，分为中央区（昆明）、东区（昭通）、南区（文山）、西北区（大理）、西南区②，各区按照交通之便，自为中心，再由此中心向本区各县展开，同时推行。至 1941 年，云南全省荒地调查与土地清丈基本结束，历时十二年共完成全省 110 县的土地清丈工作。

2. 资金来源

在中央政府对于垦殖经费供给的各项政策之下，云南省政府除向中央申请补助外，还由省政府自己筹集资金或与银行合作来办理垦殖业务，发展垦殖事业。

1936 年云南省进行开蒙垦殖区建设时，针对所需资金，曾提出"省县合资""官商合股""官民合资"等方案，但都行不通。经过会议讨论，最终龙云于 1936 年 3 月 14 日签发指令，决定"该项事业（开蒙水利事业）之投资以及监督指导督促进行一切事项，均由经济委员会负责办理，以一事权而利发展"。③ 由此云南省经济委员会就成为兴办开蒙垦殖区的主要资金来源，开蒙垦殖局所需经费包括结果人员工资、办公经费、水利建设、

---

① 《云南省政府指令——批准财政厅〈完成云南全省清丈计划书〉》（民国 20 年 5 月政府公报第 217 期），见云南省财政厅、云南省档案馆编《民国时期云南田赋史料》，云南人民出版社，2002 年 3 月，第 174 页。

② 吴其荣《云南之土地整理》，萧铮主编《民国二十年代中国大陆土地问题资料》第 30 辑，（台湾）成文出版社有限公司、（美国）中文资料中心，1977 年印行，第五章第五西南区中心。

③ 李增耀、龙玉存：《云南开蒙垦殖局与云南蚕业新村公司史实》，云南人民出版社，2012，第 25～26 页。

农田垦殖、新村建盖、生产经营等，均由云南省经济委员会进行投资。

云南省政府在1938年颁布的《难民移垦实施方案》中就对难民移垦边荒所需的经费做出了估计"难民移垦边荒，为非常时期于国于民两利之图，然只就移垦两项拟计，每垦民1万人需移垦费国币56万元，吾边荒地最低限度足供移垦难民100万人，共计需移垦费5600万元。至于主办经常费每年约需4万元，垦竣期以5年计，共需经常费20万元，合计需费5620万元"。① 针对巨额经费，云南省政府与中国农民银行、中央银行、中国银行、交通银行和富滇银行等进行合作，由银行办理农业贷款业务。为了扩大农业贷款，云南省政府又于1940年颁布了《1940年扩大农贷办法》，规定了办理农贷的机关和办理贷款的项目八项，并又对八项贷款项目规定了贷款用途、数额、期限、对象、保障以及还贷利率等事项。

3. 华侨垦殖

作为华侨分布较多的地区，云南地方政府对于华侨垦殖事业有着较明确的认识。1937年12月，建设厅对省府的呈文由省主席转呈至国民政府，即《制定规章奖励国内实业家资本家及海外华侨来滇投资及安插难民从事垦殖一案》，称："吾滇僻处边隅，地广人稀，旷土荒山，所在皆是。若能移殖流离难民来滇从事开发，不仅安插难民问题，迎刃而解，即于军事上之补充，及国防资源之供应，亦大有裨益。又各大都市颇感受敌机威胁，终日惶惶，一切生产及投资各事业，均受障碍。我钧座高瞻远瞩，早已计划及此。读十月八日报载，欢迎国内实业家资本家及海外华侨，来滇投资开发之重要谈话，钦佩莫名，厅长职司建设，关于此项问题，自属责无旁贷。拟请国民政府，趁此时机，厘定规章，奖励来滇投资。至各地难民，若有愿来滇垦荒者，亦请颁布规程，筹拨款项，以供必须之耕牛、籽种、农具之购置，卫生之设备，及屋舍之筑造等费用，虽值兹军需孔亟之际，然以事关难民安插，充实后方物力，似应早日促其实现。"② 可看出滇省对此十分重视。

后来迭经中央的通令催促，同一部分对于垦殖有所兴趣的热心家，与

---

① 《垦荒法案》，云南省建设厅印行，1939，第26页。

② 龙云：《呈为据建设厅呈请转呈国府制定规章奖励国内实业家资本家及海外华侨来滇投资及安插难民从事垦殖一案》，《云南省政府公报（公牍）》，1938，第10卷第1期，第17～18页。

一般避难人士，同中央政学界人士在云南活动的情形，省政府认为更有进一步切实调查研究的必要。① 于是特对其认为移垦最有望的思普区域，派去思普沿边调查团。经过几个月的考察，建设厅草拟了一份《难民移垦实施方案》。关于移垦区域，决定了两个，分别为思普区和广富区，而尤以思普区为主。并对实施垦殖的办法、移垦的步骤、经费的需要等都有详细规定及估计，可算当时关于云南移垦问题最重要的文献。云南省政府除拟定移垦方案外，还根据《土地法》及《难民移垦实施办法大纲》，拟定了《云南省承垦公私荒地暂行办法》，以期容纳团体个人，及外来难民开垦荒地。

三　民国时期的云南垦殖机构设置与发展

（一）"垦植协会云南支部"

1912 年 3 月，由黄兴、蔡元培、胡汉民、宋教仁、仇亮等革命派要员及部分非同盟会官员发起的垦植协会成立。垦植协会原名"垦殖协会"，后为避免藏蒙少数民族误会改为垦植协会。垦植协会设立原意在"因议和之后，临时添招之军队百余万，无可安插，不得不借屯垦一途，为消纳之计。而边境空虚之处，移民开垦亦可借以为固圉之谋"②。垦植协会总部设于南京，推黄兴为会长，徐绍桢、陈锦涛为名誉会长。1912 年 5 月迁本部于北京，9 月推仇亮为副会长。垦植协会的主要内容为："调查农林矿产，筹办银行，设立公司，开办学校，编辑书报，附设关于垦植事业各机关。"③

作为垦植协会的分支机构，云南也于民国二年（1913）一月二十六日在三迤会馆成立"垦植协会云南支部"（后简称支部）。云南支部成立之宗旨分八类，分别是调查农林矿产、筹办垦植银行、设立垦植公司、开办垦植学校、编辑垦植公报、扶助垦植团体、提倡植边事业及附设关于实业各机关，在紧扣垦植协会宗旨的前提下增加了云南自身的特色。支部经费由基本金、补助金和预备金三部分构成，"基本金由本部提播或集股所得作创设银行之用，补助金由入会金特别捐或政府补助作经营垦植事业及会内一

---

① 杜万：《云南移垦问题的现状》，《经济动员》，1938，第 10 期，第 5～15 页。
② 仲华：《云南实业杂志》，1913，第 1 卷第 1 期，第 165、166 页。
③ 中山市孙中山研究会编《孙中山研究文集》，广东人民出版社，1996，第 346 页。

切开支之用，预备金由本部应得之银行利润及垦植事业收入之纯益作扩充垦植事业及扶助垦植团体之用"①。支部办公地点原定在三迤会馆后迁移至甘公祠街。支部由"执行"和"评议"两部分组成，执行部下设总务部、财政部、调查部、交事部（掌编辑杂志新闻报告及选送学生筹办垦植学校事），评议部则以评议员组成，各部事务由部长制定细则分科办理。支部设会长一名副会长两名均由支部会员选举产生；执行部各部各设部长一名由会员选举产生，干事则为部长荐任会长许可；评议部设评议长一名由评议员推举，评议员13名由会员选举产生；此外，还有三名会计检查员检查支部收支，同样由会员选举产生。职员任期为三年，可连选连任。

（二）第一、第二殖边督办公署

由于云南区域辽阔，交通不便且界连越缅，边防、外交、行政关系重大，废道后有必要另设高级行政机关以整饬边防。② 云南省政府于民国十八年九月三日第一百零八次会议决议，废道之后应另设殖边机关从事垦殖，并令据民政厅及单行法规编审委员会分别拟据废道后接管收束办法及《殖边暂行章程》报请中央批准。民国十九年（1930）云南省政府就此事咨请内政部，经国民政府送中央政治会议审核备案后准予变通，批准殖边督办公署成立，遂于是年在腾冲、宁洱两处建立第一、第二殖边督办公署。

殖边督办公署直隶于省政府，其管辖区域为：第一殖边督办公署辖中甸、维西、兰坪、腾冲、龙陵、镇康六县及德钦（原阿墩子）、贡山（原菖蒲桶）、碧江（原知子罗）、福贡（原上帕）、盈江（原干崖）、莲山（原盏达）、潞西（原芒遮板）、瑞丽（原勐卯）、泸水、陇川等十设治局，其附近丽江、剑川、云龙、保山、顺宁如遇关系殖边事务，亦得直接指挥。第二殖边督办公署辖双江、澜沧、车里、南峤（原五福）、佛海、镇越、宁洱、思茅、江城、六顺、金平（原勐丁行政区）等十一县及宁蒗、宁江（原临江）、沧源三设治局。③

---

① 李曰垓：《垦植协会云南支部章程》，民国二年（1913），第30、31页。

② 《边务·设置第一第二两殖边督办》，喻宗泽编纂《云南行政纪实》第二十册，云南财政厅印刷局，1943。

③ 云南省志编纂委员会办公室编《续云南通志长编·上册》，云南省科学技术情报研究所印刷厂，1985，第1115页。

殖边督办公署的组织较为精简，设督办一名、会办一名，由省政府遴选任用。第一殖边督办公署督办一直由李曰垓担任，会办则为史华。第二殖边督办公署督办则历经三任，自建立之日到民国二十三年（1934）由禄国藩担任，民国二十三年至二十六年（1937）则由杨益谦任职，民国二十六年至裁撤由杨荫南担任，第二殖边督办公署未设会办。内部设秘书一员，组织分三科。每科设科长一员、一等科员一员、二三等科员各两员、视事务需要设技术员视察员及雇员兵役若干人。第一科职掌防守、治安、交通及不属于他科之事项；第二科职掌界务、实边等事宜；第三科则为文化、教育、实业、慈善、卫生考核等事。其经费开支分行政费及事业费两种。

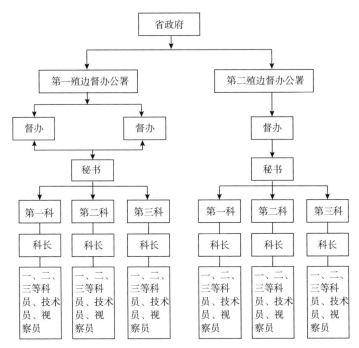

图2 殖边督办公署组织结构

关于殖边督办公署的职权则为防守、界务、实边、交通、实业、文化教育、治安、慈善卫生及省政府委办之事项。殖边督办对于所辖区内的县长、行政委员等有考核并呈请省政府奖惩之权。对于辖区内的各保卫团可直接调遣，若发生紧急事件，殖边督办可自行处理事后报省政府查核即可。由于第一殖边督办辖区接连英缅，各县局发生交涉事件均呈殖边督办与驻腾莫领事办理，腾冲英领方面亦惟向殖边督办署提出交涉，随时呈请省政府核示。又中英会案一项，一审由中英双方地方官会同审讯，若不能解决，则呈督办，由督办携地方官会同英方迤北道道尹审讯解决。

殖边督办公署自成立到废止的十年时间，就其权责中的界务、交通、文化教育、卫生慈善、垦殖等多方面也尽了自身的努力和诸多尝试。虽存在较多问题，但其对边区的影响也是显著的。

1. 修建交通

省政府交给殖边督办公署的第一要务就是交通，且额定每年各殖边督办公署需完成公里数。民国十八年（1929）冬，殖边督办公署令派路工养成所学员三人勘测佛海惠爱箐至打洛江南览河左岸二百四十余华里，后留学员二人督工试修佛海县城蛮乱桥头至城一段十五里毛路，于民国二十一年（1932）三月竣工。民国十九年（1930），第二殖边督办公署督办禄国藩便设思普区公路监督署，着手修建公路。民国二十年十一月，增设车里事务处，聘秦用宽组队测堪，县长兼任督修。四个月完成土路约 7500 公尺，木桥一，大小木涵洞十九个，民国二十一年底通车。[1] 民国二十四年（1935）设置腾永区、思普区公路处，委任两殖边督办兼任分局局长。[2] 由于山谷险峻，江河众多，气候恶劣，修路难度较大，加之专业技术人员匮乏，民国二十五年（1936）三月，第一殖边督办兼腾永区公路分局局长李曰垓呈请将路线及设定期限进行变通。[3] 第一殖边督办公署辖区内将修路分四期进行。其中腾保线、腾达线（将延至滇缅交界）、保漾线列入第一期；保漾线延续至第二期并加之保云线（因云县为列入第一殖边范围内，故未便计及）；永兰线及甸康线（右甸至镇康）为第三期；第四期囊括云缅线、兰剑县、维兰线及龙瑞线。

2. 垦殖实边

殖边督办公署之"殖边"乃公署开展边疆工作之重心。在垦殖移民，兴办实业方面，殖边督办公署也做了许多努力。1930 年李曰垓提出边政建设分交通、实业、教育三类，其中三大要点是开发高黎贡山木材资源、提

---

[1] 云南省志编纂委员会办公室编《续云南通志长编·中册》，云南省科学技术情报研究所印刷厂，1985，第965页。

[2] 《边务·设置第一第二两殖边督办》，喻宗泽编纂《云南行政纪实》第二十册，云南财政厅印刷局，1943。

[3] 《本府指令公路总局据复核第一殖边督办兼腾永品公路分局长李曰垓拟将路线及限期酌两变通技术人员由局介绍准予备案》，《云南省政府公报》，1936，第92期。

倡种植，设立纱厂、开采矿产。其中，就开办纱厂而言，云南省内种植棉数供不应求，购买洋纱数量较大，适逢经济疲软，商人也希望在政府的提倡下集股开办纱厂。李曰垓因此呈请开办纱厂并请饬选种棉人才筹设棉业试验场，收到省政府及实建两厅大力支持。[①] 1931 年设工程训练班以培养测量人才。组建"利生公司"挖掘山洞引水灌溉腾冲缅箐乡荒地，开办"富生公司"开采铁矿。这些都是第一殖边督办进行的有益尝试。第二殖边督办则制定《澜沧县猛朗坝小规模移民屯垦计划方案》及《开办西盟矿产计划方案》，详细描述了如何在该区移民垦殖及开矿的可行性。

3. 改善卫生

此外，殖边督办公署还创办医院，厉行禁烟，有效抑制了边地疫情，发展了边疆医疗卫生事业，增强了边民体质。民国二十三年（1934），在第二殖边督办杨益谦的积极筹备下，思茅公立医院成立，民国二十四年（1935）思普医院成立，民国二十六年（1937）、二十七年（1938）又相继成立了景谷、景东、元江、宁洱、澜沧五县卫生院。[②] 第一殖边督办公署也筹设了五县区巡回诊疗所。医院的建立、一系列先进药物的输送及良好卫生习惯的倡导使得边区卫生条件得到很大改善，疫情得以遏制。

（三）开蒙垦殖局

开蒙垦殖区位于滇南部开远和蒙自两县交界处，由蒙自坝、大屯坝、草坝、鸡街坝和大庄坝连绵而成，是滇南最大的坝区。开蒙垦殖区"东连滇越铁路线，南接蒙自县属新安河，西毗开个公路，北邻开远县属开远坝"[③]。但"徒以水利未兴，水害未除，冬春苦旱，夏秋苦潦，农产收成歉薄，仅能栽种杂粮"。[④]

1913 年之后云南征战不断，军费开支使得长期需要中央补贴的财政危机更加剧烈。1927～1929 年昆明地区遭受三年大旱粮食供应紧张，1928 年

---

① 《实建两厅议覆第一殖边督办函呈开办纱厂案》，《云南省政府公报》，1933，第 904 期。
② 《民政·卫生》，云南省志编纂委员会办公室编《续云南通志长编》中册，卷 39，云南省科学技术情报研究所印刷厂，1985。
③ 翁文灏，收入萧铮主编《民国二十年代中国大陆土地问题资料 57 滇南垦殖事业之调查》，成文出版社，1977，第 214 页。
④ 中国人民政治协商会议云南省委员会文史资料研究委员会编《云南文史资料选辑》第 29 辑，云南人民出版社，1986，第 82 页。

龙云上台后决心兴修水利并鼓励滇中人士积极向政府建言献策。随后青年知识分子杨文波向龙云建议用抽水机抽滇池水灌溉周围农田，试行后取得很大成效，为其随后兴办开蒙垦殖提供了前提。1933 年国民政府先后颁布《奖励辅助移垦原则》及《清理荒地暂行办法及督垦原则》，云南为推进垦殖事业发展也颁布了《云南垦殖奖励章程》，规定不同开垦亩数奖励金额，并且"凡给奖须经行政官署出具切结呈由实业厅转呈省政府查核给奖之"①。

1935 年 8 月，省政府派杨士敏赴开蒙实地考察。经考察认为开蒙地区的蒙坝草坝及大庄坝土质优良地势平坦且面积辽阔，交通亦便利，可为滇南农业区，但水利不兴，荒芜者众。三坝因地势不同荒芜程度也有所差异，蒙坝地势较高荒地最少，庄坝因有落水洞可供排水荒地未遍及全坝，唯独草坝地势较高于庄坝且无落水洞，故荒地最多且荒废之地多低洼洪水易进难出。而关于三坝成荒的原因，"主要系水利失修，治安不靖两种"②。杨士敏随即拟订了开发计划呈报，省政府第 444 次省务会议讨论后决议交由经济委员会负责办理，同年 12 月经济委员会成立筹备处，杨士敏任主任并负责筹备。1936 年 6 月省政府第 475 次会议提出设立开蒙区垦殖局，隶属于云南省经济委员会，全称"云南全省经济委员会开蒙区垦殖局"，杨士敏任开蒙垦殖局局长。1936 年 8 月 15 日，开蒙垦殖局在开远属大庄坝新寨正式成立。随后杨士敏将成立后尚需解决之要事呈请省府，要求确定垦殖局副局长、拨付开办费、设置保安队且"其队兵暂以三十名为限，由局自行招募"③ 开蒙垦殖局办公地点初为租赁，后于大庄车站旁收买民田一百二十亩兴建房舍，1937 年 7 月建成迁入。后 1941 年 9 月又由大庄坝迁至蒙自草坝。

开蒙垦殖局综理全区垦务，组织机构为"设局长一人，处理全局事务；副局长二人，襄助办理局务。近于副局长之下，又增设秘书一人。局长之下，分设总务、工务、农务、财务四课，每课分设课长一人，主任一人，办事员若干人，各负特定工作"④。另在垦区内还设垦殖局购料验工委员会，

① 《云南垦殖奖励章程》，《云南民政月刊》1934 年，第 1 期，第 17 页。
② 翁文灏，收入萧铮主编《民国二十年代中国大陆土地问题资料 57 滇南垦殖事业之调查》，第 229 页。
③ 《本府令审计处据经委会呈报开蒙垦殖局成立要事数项准予备案》，《云南省政府公报》，1936 年第 241 期，第 1～4 页。
④ 翁文灏，收入萧铮主编《民国二十年代中国大陆土地问题资料 57 滇南垦殖事业之调查》，第 235 页。

由财政厅、建设厅及经委会各派一员任委员负责垦区购料验工工作。

1935～1945 年的十年间，垦殖局事业取得了良好的成果，主要是水利工程、土地开垦和发展农业。一是兴修水利成果显著，在工程建设方面，开挖龙公河、安设黑冲节制闸、整理城红寨落水洞、开挖安南邑河、疏浚旧有黑水河，排除了三坝水害；整理长桥海落水洞、修筑永丰水闸、开挖嘉民河、嘉民河水道灌溉系统、兴辟两万亩稻田埂界、修建沙甸水闸及开挖两岸溉沟，振兴了地方水利工程。二是垦殖事业收效良好，经过收买土地、垦殖荒地、栽培农作、设立农事试验场、新村招佃、扶助佃农、军队屯垦、栽培森林、管制用水、举办农贷，促进了农业发展，垦殖局所收获粮食有力支持了抗战需要。三是促进了开蒙地区的新村建设和社会发展，垦殖局专门建筑了羊街办公房舍、建筑绥靖村垦殖房舍、建筑新沟办公房舍、建筑中村仓房及碾米机房舍等，促进了地方建筑事业。还推动了地方交通工程，如运河、桥涵、道路的修建，建立新村、教育、医疗卫生、训练农工，推动地方新村建设和发展。

（四）开文垦殖局

开蒙垦殖局建立后，开文垦殖局也随之建立起来。省府认为"滇省山多田少，地广人稀，丰收之年且鲜盖藏，一遇水旱荒歉即需添购越米，单就民食方面已应以垦荒为刻不容缓之图，况抗战以来尤应以开发后方资源为切要之务"[1]。故 1939 年 3 月省财政厅令刘治熙等人组织人员到稼衣坝实地踏勘。1938 年 6 月 1 日令饬财政厅厅长陆崇仁清查各县公私荒地，计划实行垦殖事宜，着重发展水利、农业、种植业等。后因开远、文山两县交界处之稼衣坝水利可兴，荒地可垦，因饬成立开文垦殖筹备处开始进行筹办。陆崇仁亲自到稼衣坝视察勘测情况，任命刘治熙为筹备处主任，魏嘉惠为副主任。十月上旬，省财政厅正式下文成立云南省开文垦殖局，刘治熙为局长，魏嘉惠及杨品瑶为副局长，局属各课、股长由刘治熙任命。

开文垦殖局内部设总务、工务、经济、财务四课以及昆明办事处。总务课设文书、庶务、卫生三个股及一个警卫队；工务课负责办理工程业务，

---

① 《财政·设立开文垦殖局》，喻宗泽编纂《云南行政纪实》第 6 册，云南财政厅印刷局，1943。

如观音寺坝建筑、石洞甲乙坝建筑、沟渠建筑、田亩分划、地形测量及河道疏浚等，下设工务、材料、设计三股和测量队三队、工务段六段；经济课设农林、租产两股，管理土地之清查、招佃、开垦、征收、划拨、统计等事项；财务设会计、出纳二股。1940年，局内机构发生变动，增设农场、油类林场、蚕桑场、清查队、供应社、仓库、木器厂，林场由两分厂增至九分厂，六个农场组改为四个分厂，局机关增设顾问、技正及助理员。1942年刘治熙改靠拨款定人定编的管理为自负盈亏的经济核算单位，除技术室、秘书、总务、财务、警卫队外，其余机构分为计划、管理、事业三部分。同年开文垦殖局隶属云南省企业局管理，后改设农垦及林垦两部。

开文垦殖局共征地123.02万亩，全局包括开远县六山镇的大稼依、小稼依、石洞、袁家桥、新寨、大石坝、马鞍山、歪头山、苞茅冲、腻支龙、拉白；文山县店房乡、茂克乡、红甸乡以及大尼尼、三家寨、纪崇洞、路德、横水塘、石榴红、拖戛、界牌坝、路白等地区。其中工程用地61.2万亩，农场用地4.4万亩，蚕桑用地25.07万亩，林场用地29.65万亩，其余2.7万亩。[1]

（五）侨胞垦殖委员会

抗战爆发后，国民政府以"抗战建国"为既定国策组织生产建设。而云南省筹划垦殖，"又以海外侨胞，或身拥巨万，无处可以投资"[2]，因此云南省欲设侨胞垦殖委员会作为沟通侨胞与云南省政府之间的联系。1939年10月，云南省政府第六六九次会议议决，通过了所讨论事项民政、教育、建设厅三厅会呈，遵令筹组云南省侨胞垦殖委员会，并拟具组织章程及接待处章程备案。

表2　为筹组云南省侨胞垦殖委员会之相关政令

政令内容	时间	发文机关
《为筹组回国侨胞垦殖委员会事给云南省民政厅的训令》	1939-08-30	云南省政府
《云南省政府委员会第六五六次会议关于筹组回国侨胞垦殖委员会等案之决议记录》	1939-08-31	云南省政府秘书处

---

① 砚山县志编纂委员会编纂《砚山县志》，云南人民出版社，2000，第570页。
② 《云南侨胞垦殖委员会工作概述》，《现代华侨》1940年第5期。

政令内容	时间	发文机关
《云南省政府委员会有关筹组回国侨胞垦殖委员会等事议决案》	1939 - 08 - 31	云南省政府委员会
《为奉令筹组回国侨胞垦殖委员会事给云南省建设厅的咨》	1939 - 09 - 06	云南省民政厅
《为侨胞垦殖委员会筹组情形给张客公的函》	1939 - 09 - 29	云南省建设厅
《为呈报办理筹组侨胞垦殖委员会事给云南省建设厅、民政厅等的指令》	1939 - 10 - 18	云南省政府
《为请出席侨胞垦殖委员会成立大会事给云南省民政厅等的函》	1939 - 10 - 20	云南省建设厅

侨胞垦殖委员会由全省经济委员会常务委员缪云台、民政厅厅长李培天、财政厅厅长陆崇仁、建设厅厅长张邦翰、教育厅厅长龚自知及昆明侨务局局长张客公任当然委员,张邦翰兼任主任委员。复聘杨文清、裴存藩、许葛汀、纪宏良、陈碧笙、陈守仁、黄子衡等30人为委员,其中张客公、杨文清、许葛汀、裴存藩为常务委员。常务委员之下,附设接待处于南峤办理侨胞来滇之调查及接待等事宜。侨胞垦殖委员会还设立总干事、秘书文书、会计、庶务收发录事各一人,由主任委员及常务委员遴选派任,办公经费由省府按月发新滇币一千元。

垦殖区域曾提经会议议决,划思普、腾永、开蒙三区域为垦殖区。后云南省政府划车里、佛海、南峤、镇越四县为暹罗回国华侨移垦区。移垦区"注重药用植物,以金鸡纳、香樟木、棉、苎麻为主,以茶、桐油、椰子等为副"[①]。1940年8月,侨胞垦殖委员会提出《开发边地方案》,根据云南省地势、交通、物产、社会等不同情况,从充实国防、建设航空根据地、健全政治机构、建设交通、推进卫生事业、组织企业公司、改良现有实业、探测矿产、筹办垦殖等方面,分别为思普沿边、沧顺沿边和腾龙沿边提出开发计划。

(六) 边疆行政设计委员会

1943年10月,鉴于云南边地"未能开发利用,小之足以影响本省政

---

① 李嘉:《一月来国内时事:侨务:回国侨胞在滇垦殖》,《时事月报》1940年第22卷,第2期,第90页。

治、经济、文化之向上发展，大之足以妨碍国民民族之团结统一。本省近年来虽曾多致力于开边化民，然无统筹机构及具体方案，收效殊鲜。为促进边疆之开发，俾得早与内地均齐发展暨巩固国防起见。"云南省民政厅决定成立边疆行政设计委员会，设专任委员五人，由厅长委派，聘请江应樑为主任委员，杨可成、陈竹鸣、刘仲升、安石生为顾问，朱兆、张涤清、曹子英、何中极、陆烈武为委员。

边疆行政委员会的主要工作就是对边疆地区进行调查、研究，专门负责边疆开发事宜，并设计、制定出相关开发方案。[①] 行政委员会将云南分为五大边区，即思普边区、缅宁（临沧）边区、大小凉山边区、中（甸）维（西）德（钦）边区、腾龙边去，并先后拟定各边区开发方案，包括《大小凉山开发方案》《腾龙边区开发方案》《普思沿边开发方案》《中维德区开发方案》《滇康边区盘夷实况及治理方案》。边疆行政设计委员会将前三种及《边疆行政人员手册》《云南全省边民分布册》合编为《云南省民政厅边政丛书》五种，铅印出版，实施边疆开发。

边疆行政委员会对大小凉山进行考察后，提出了相应的开发方案，对于凉山土地，认为可由政府拨全部收归公有，依照土地政策之两大目标——平均地权与耕者有其田的原则，照合理办法，分配给留山居住之摆夷及移来垦殖之移民。对于凉山森林，可依照国家森林法，应就其所在地情形，分别归为国有或地方公有，由交通之开辟而使此种森林发生经济上之价值时，其利益即归诸国家或拨作地方建设事业之专款。对于山产和矿产，亦应加大探明力度，大力进行开采。[②]

凉山地区开发的重中之重也是实行屯垦，凉山地区虽然没有良好开发，但亦非不毛之地，全山雨量充足，土质多为黏壤，不似其他边地终年苦旱，土薄石多，比云南境内诸多高寒山区温暖许多，就土质及气候言，凉山是一个理想的垦殖区。因此，移内地人民进入凉山地区尽心屯垦，并借武力进行开拓和维持，是当时边疆行政委员会的重要方案。

腾龙边区亦是边疆行政委员会着力较多的地区之一。腾龙边区位于云

①　马玉华：《云南省边疆行政设计委员会述论》，《云南师范大学学报》2005 年 11 月。
②　江应樑主编《大小凉山开发方案》，"云南省民政厅边政丛刊之二"，云南省民政厅边疆行政设计委员会编印。参见林文勋《民国时期云南边疆开发方案汇编》，云南人民出版社，2013，第 52 页。

南西部，毗邻缅甸，保有一种原始之状态，许多地方盛行土地公有或酋长独有制度，普通百姓无私有土地权，耕种时可按人口向土司署领取耕地，按数交缴谷租。土地清丈在腾龙边区推行时，受到当地土司、头人的阻挠，导致腾龙边区土地数量不明确，土地所有权集中而固定，因此破除原有的土地制度为开发的前提。

结　语

垦殖作为中国历史上历朝政府巩固国防、增加生产、安置流民的重要措施，民国时期的云南垦殖政策与垦殖行政既是中国历史上边疆政策的延续，也是国民政府治理边疆、开发边疆的重要举措。因此，国民政府和云南地方政府多次颁布垦殖法规、组建垦殖机构，发展垦殖行政，以鼓励民众开荒垦殖。尤其在抗战期间，难民流离失所、战争不断、农业经济愈加衰败、边疆国防问题也愈加严重，国民政府为救济难民、增加生产、巩固国防，多次颁布垦殖政策，在全国进行垦殖事业。云南的垦殖政策与垦殖行政也因此成为国民政府开发边疆、稳固边防、提高粮食产量、恢复和发展经济的重要组成部分。从中央至地方，垦殖行政的发展不仅为边疆垦殖事业的兴起提供了政治和制度的基础与保障，也为垦殖的具体施行提供了方法和技术上的指导。云南省的垦殖事业还在一定程度上支持了全国抗战，为抗战的胜利提供了物质支持。

与此同时，我们也应该注意到，这些垦殖机构囊括事业较多而且存在时间较短，因而也存在有诸多弊病。例如第一、第二殖边督办公署职权发生偏移，注重发展交通而忽略垦殖，且由于其独特的组织结构使得其成为夹存于省、县两级机构中间的独特存在，实权架空。而开蒙垦殖局以及开文垦殖局则分别隶属于云南省经济委员会以及云南省企业局，往往成为地方实力派权力博弈后争权夺利的舞台，加之由于经营管理腐败落后，任职官员对公产的鲸吞蚕食以及与民争利，战后政府办理战士授田办法接管过去安插退伍战士，逐渐走向分崩离析。

下　篇
马大正先生学思与学涯评忆

边疆历史、边疆治理与中国边疆学

李国强[*]

一 边疆历史

2016 年 6 月，马大正先生的新著《当代中国边疆研究（1949 – 2014）》由中国社会科学出版社出版，作为"中国哲学社会科学发展报告"大系列丛书"当代中国学术史"系列之一，本书是马先生在中国边疆研究领域的又一力作。全书 18 章 67 万余字，不仅全面、系统梳理了中国边疆研究的发展进程，而且凝聚了马先生关于中国边疆学学科构筑的诸多思考，全书视野宽广、脉络清晰、思路宏大，对于推进和深化中国边疆学学科建设具有十分显著的意义。

马先生是我国边疆研究领域的著名学者，在数十年学术生涯中，"边疆"始终是他倾注大量心血的重要学术领域，而边疆史几乎是他全部边疆研究的学术起点和理论起点。从 1979 年发表《试论僧格时期准噶尔人民的抗俄斗争》和 1981 年出版《准噶尔史论文集》开始，马先生的学术生涯就与"边疆"须臾不可分离，由此开启了他边疆历史研究的征程。马先生先后撰写了《厄鲁特蒙古史论集》、《准噶尔史略》（1985），《卫拉特蒙古史入门》（1989），《中国古代边疆政策研究》（1990），《清代边疆开发研究》（1990），《漂落异域的民族——17 至 18 世纪的土尔扈特蒙古》（1991），《边疆与民族——历史断面研考》（1993），《清代的边疆政策》（1994），《国家利益高于一切——新疆稳定问题的观察与思考》（2002），《跬步集——新疆史探微》（2003）等数十部著作。马先生从古代到当代多个层面

---

* 李国强：中国社会科学院中国历史研究院副院长、研究员、博士生导师。

追溯边疆历史，从宏观和微观多个角度解析边疆历史，致力于从边疆历史演进中探求中华民族多元一体的发展规律，从纷繁复杂的边疆历史嬗变中探寻边疆治理的症结和路径。

马先生围绕中华民族从多元到一体的演进、中国边疆和疆域的发展阶段、发展大势及历史特点，中国边疆研究的千年积累和百年探索，古今治理边疆的理论、政策、策略及其经验教训等重大前沿问题，展开了深入研究，并得出一系列具有重要价值的判断。马先生认为："在中国历史的演进中，统一多民族国家和多元一体中华民族是相互依存、相互促进、同步发展的。推动这种同步发展的一个重要动力，就是极富中国特色的边疆治理。""边疆治理的基本任务是守住一条线（边界线）、管好一片地（边疆地区），实际上包含着物与人两个要素。边疆治理内涵十分丰富，包括边疆治理大战略、边疆地区行政体制、中央和地方的管理机构与运作机制、边防（国防）、边境管理、民族政策、宗教政策、文化政策、教育政策、经济开发和社会整体发展、周边外交等。新形势下，不断深化中国古代边疆治理研究，具有十分重要的学术意义和现实意义。"

二 边疆治理

在总结历史上边疆治理发展过程的基础上，马先生系统地梳理了历代边疆治理的脉络和特征，他指出："中国古代治边政策自秦汉到清朝逐步发展完善。在中国历史上，秦汉时期就已经形成自己的治边政策，经隋、唐、元、明等王朝的充实，到清朝时已经比较完善，可以说形成了一个较为完整的治边政策体系。清朝治边政策可谓集中国封建王朝治边政策之大成，是中国特殊国情的特定产物，具有历史的继承性、地域的广阔性、内涵的多样性、影响的深远性四个特点。"

马先生的学术研究具有严谨、合理的逻辑性，在他看来研究历代边疆治理，离不开对历代治边政策的考察，而要深刻阐释历代治边政策，就必须深入探究历代治边思想。他指出研究中国古代治边政策，要充分认识到"大一统"思想在中国古代边疆形成过程中的影响和作用。汉、唐两代致力于完成统一大业，把中国各地区各民族孕育的大一统要求变成现实。元朝统一规模比汉、唐两代更大，疆域也更加辽阔，元朝所形成的多民族国家的大一统对中国历史发展的影响是十分深远的。清朝对统一多民族国家发展做出的历史贡献尤为重要，清朝之前的任何一个王朝对疆域的有效控制都比不上清朝。马先生进一步指出，中国古代疆域之边有"内边"和"外边"之分，清朝的治边政策未能正确应对由"内边"防务到"外边"防务为主的根本性转变，清朝统治者仍然沉迷于治理"内边"的传统治边政策，不思且不会防备外患，到清朝后期治边政策的全面破产，是清朝丧权辱国、割地赔款的一个重要因素。这些富有哲理的重要观点和思想，在他主编的《中国边疆经略史》（多卷本，2000）、《中国边疆治理通论》（2015）等著作中有充分阐述。

边疆历史发展累积的经验抑或教训，对于深化当代边疆治理无疑都是弥足珍贵的财富，马先生对中国古代边疆治理对当今深刻启示的思考，不仅系统全面，而且发人深省，他从6个方面做出精辟总结。一是边疆的发展关系到国家发展大局，边疆的稳定关系到国家稳定大局。中国历史发展进程充分证明，内地和边疆对于中国这样一个统一多民族国家来说具有同等重要的地位。二是为了边疆地区的稳定，必须使边疆地区有较快发展。三是中央政府的权威是维系统一多民族国家最为重要的因素。要维护边疆地区的稳定，必须维护中央政府的权威，必须强化中央政府对边疆的管控力。四是历代边疆治理的形式，至今仍可借鉴，但同时要不断创新。对于一些形式需要辩证分析，如历代民族政策中的因俗而治，既被证明是行之有效的，但也有"因俗"过度的教训值得汲取。因此，只有对历代治边政策的内涵与外延进行深入研究，才能真正以史为鉴、借鉴创新。五是大力增强民族凝聚力和国家向心力，让国家利益高于一切的观念深入人心，这十分关键。六是边疆官员的能力素质关系边疆治理是否得当。

正是基于对边疆历史深度的理论思考，使马先生对边疆现实的研究更具厚重感，透过《中国边疆研究论稿》（2002）、《马大正文集》（2005）、《热点问题冷思考——中国边疆研究十讲》（2013）等著作，可以感受到其中鲜明的学术思想。比如他提出边疆治理就是要"守住一条线，管好一片地"；比如他把边疆地区面临的挑战概括为"两个类型，三种情况"；比如他认为边疆治理的总体原则是因地制宜，不能搞简单的"一刀切"；等等。这些提炼和归纳，既显示出马先生对边疆历史的独到见解，又展现了马先生对边疆治理精髓的精准把握，从而在边疆历史和边疆现实之间搭起了相互贯通的桥梁。

三　中国边疆学

边疆历史研究历经千年积累、百年探索，理论大树渐趋枝繁叶茂，特别是 20 世纪以来边疆研究取得累累硕果，学术界对边疆研究学科发展、学术进步、理论繁荣充满期待。边疆地区日新月异，以及不断面临的新情况、新问题和新挑战，迫切需要更加体系化、整合性的边疆研究。边疆理论研究和边疆现实需求的双重驱动，使边疆历史研究向更具复合性特征的中国边疆学转型成为必然，而马先生即为最早倡导并推动构建"中国边疆学"的学者之一。马先生提出构建"中国边疆学"源于他对边疆学术史发展规律的准确理解，源于他对边疆历史研究发展路径的准确判断。

马先生先后撰写了《二十世纪的中国边疆研究——一门发展中的边缘学科的演进历程》（1997）、《中国边疆学构筑札记》（2016）等著作和大量论文，对 20 世纪 50 年代至今的中国边疆研究进行了系统研究，率先阐释了中国边疆研究的三次研究高潮。他指出，中国边疆研究的第一次高潮，是在嘉道时期"社会发展和学术发展的交相作用下发展起来的"。在嘉庆尤其是道光后期边疆危机所导致的国家危机和中华民族兴衰存亡的关头，嘉、道、咸三朝边疆研究出现了一个兴盛时期，即西北边疆史地学的兴起。此时，出现了一批杰出的研究边疆政治、历史、地理、民族、文化、军事、域外的专家，编著了许多不朽著作，但主要反映了边疆少数民族地区的社会环境和社会状况，对有关中外边界及密切相关的域外问题少有关注。中国边疆研究的第二次高潮出现于 20 世纪 20 年代后。随着民族危机的不断加重，中国边疆研究者自觉地融入现实社会，承担起社会和历史的责任。如马先生所说，此时期的边疆研究"正逐步演变为一门发展中的现代边缘学科"。这一时期，中国学者在不同范围、层面上，以不同视角、方法从事边疆史地、边界沿革及边患、边疆社会与经济等方面的研究，出现了众多研究群体、刊物，撰写了大量著作、论文、考察报告、游记等。一些大学还适时成立了边政学系，使边疆研究向纵深发展。特别是著名学者吴文藻先生关于"边政学"的提出，成为本次高潮的标志性成果。但研究的范围还是没有摆脱"拓荒"的范围。

新中国成立后至 20 世纪 80 年代之前，我国学术界关于边疆的研究虽然从未中断，在某些问题上也取得一定进展，但是"边疆研究"一直附属于各相关学科之中，整体性、宏观性、系统性研究是缺失的。20 世纪 80 年代之后边疆研究进入崭新发展时代，作为这一时代的发端有两个重要标志：其一是 1983 年中国社会科学院中国边疆史地研究中心正式成立，其二是 1988 年召开了"第一届全国边疆史地学术讨论会"，前者的重要性在于以"中国边疆"为研究主体的国家级学术机构跃然于世，后者的重要性在于首次云集了众多国内边疆研究的专家学者、荟萃了一批优秀的、高质量的边疆研究理论成果、研讨了诸多具有前沿性的边疆问题。在中国边疆史地研究中心的引领下，在全国边疆研究学者的共同努力下，最终迎来了第三次中国边疆研究高潮。马先生正是这一时期中国边疆史地研究中心的主持者，他不仅亲历了第三次中国边疆研究高潮的全过程，而且是促成第三次中国边疆研究高潮形成的关键人物之一。

1997 年马先生提出了构建中国边疆学的理论命题，这无疑是一个十分重大的学术贡献。1998 年马先生发表《从中国边疆研究的发展到中国边疆学的构筑》一文，率先将"中国边疆学"这一学科目标引入学术界，之后他先后发表一系列文章予以专论，如《关于构筑中国边疆学的构想》（2003）、《边疆研究要有一个大发展》（2005）、《深化边疆理论研究与推动中国边疆学的构筑》（2007）、《边疆研究者的历史责任：构筑中国边疆学》（2008）、《关于中国边疆学构筑的几个问题》（2011）、《略论中国边疆学的构筑》（2013）、《从边疆史地研究展开到中国边疆学构筑》（2014）、《新世纪以来中国学者对中国边疆学构筑的探索》（2015）、《关于中国边疆学构筑的几个问题》（2016）等。通过这些成果不难看出，马先生对于构筑"中国边疆学"不仅持之以恒地投入了极大热情，而且秉持求真务实的精神，不断丰富"中国边疆学"的内涵和外延，思路日益清晰，思想日益丰富。

在他看来，边疆研究不能只用历史学方法，应该多学科交叉，同时中国边疆地区不能简单等同于历史上的边疆地区，"中国疆域的历史发展呈现出延续性和波动性相结合的特点"。与很多学科不同，中国边疆学的研究某种程度上与政府决策行为联系较为紧密。他深刻指出，具有优良传统的中国边疆史地研究，20 世纪 80 年代以来在研究实践中实现了两个突破，一是突破了以往仅研究近代边界问题的研究范畴，开始形成以中国古代疆域史、中国近代边界沿革史、中国边疆研究史三大研究系列为重点的研究格局，促成了中国边疆史的大发展。二是突破了边疆史地研究的范畴，将中国边疆历史与现状相结合，形成依托历史、直面现实的特点，由此具有中国特色的中国边疆学学科构建也提上议事日程。

从提出构建中国边疆学学科之日起，马先生更加专注于中国边疆学的名称、定义、研究对象，他努力探究中国边疆学的体系框架、学术内涵，而他从中国悠久的边疆历史、广阔的边疆地域、多样的边疆民族和中国边疆地区各种矛盾的普遍性等诸多要素和特征中，对中国边疆的特殊性做出的精辟概括，成为马先生在中国边疆学学科建设中的又一重要理论贡献，而这些思想结晶在《当代中国边疆研究（1949－2014）》中得到更为全面和详尽的展示。

立足于对边疆历史的不懈探索，植根于对边疆治理的古今通辩，致力于中国边疆学的学科构筑，马大正先生的学术历程可谓充满艰辛、充满奋斗、充满执着，他之所以笔耕不辍，是因为边疆理论研究是其钟爱的事业；他之所以孜孜以求，是因为他对祖国边疆有着深沉的眷恋。马先生在边疆研究领域所取得的成就与做出的贡献，与其说是他勤奋和才智的体现，不如说是一代前辈学人潜心治学、勤勉努力的写照，是一代前辈学人"为天地立心，为生民立命，为往圣继绝学，为万世开太平"的志向和传统的缩影。前辈们优良的学术品德和夯实的学术根基，是我们后人继往开来的不竭之源，我们唯有秉持"立足中国、借鉴国外，挖掘历史、把握当代，关怀人类、面向未来"的思路，才能使边疆历史研究之大树结出更加丰硕的成果，才能使中国边疆学学科走向更加繁荣的明天。

默默治史一甲子　唱响学术三部曲

——写在马大正先生八十华诞之际

马宝珠[*]

人的一生，春华秋实，二十青葱、四十不惑、六十从容、八十如典。岁月把马大正先生带到耄耋之年，回望数度春秋，他 60 年治学研史，勤奋执着，孜孜以求，以赤子之心、学人担当谱写了人生华章。

从学科上看，他以边疆史研究见长；从研究重点看，侧重于边疆治理研究；从断代上看，以清代（延伸至民国、现当代）历史研究为主，呈现两点一线一面的特点，即民族史、边疆史研究两个点以及互为关联的一条线，凭借多年边疆学研究的理论建树而支撑起的中国边疆学构筑这个面。

纵观他的学术之路，可以清晰地看出，他的研究越来越深入，视野越来越高远，格局越来越宏大，达到了一位学者希冀的境界。

一

勤劳勇敢的各族人民共同创造了灿烂的中国历史，其中也包括了边疆地区的发展。在历史演进中，统一多民族中国和多元一体中华民族是相互依存、相互促进、同步发展的，并成为世界发展史上一道独特的风景线。

"我读着这本透着满纸烟云与苍凉的书籍，合书掩卷常思以往的历史，慨叹着曾经失去过的那一片片辽阔富饶的土地，还有蒙古民族那富有英雄

---

* 马宝珠：光明日报记者、高级编辑，《文摘报》原总编辑。

传奇般的色彩的历史故事，我满腹怅惘，一脸清泪。"①

写下这段文字的人叫郭文涟，他与大正先生素昧平生，至今不曾谋面。从历史深处走来的土尔扈特、一部久违的少数民族历史，何以穿越时空，走进他的内心？笔者试图从这位读者的告白中找到答案，并希望更多的人随着这位读者走进大正先生的学术世界里。

多年前，一个夏季的黄昏，在西部边城的一个小书店里，郭文涟为了排遣母亲去世的悲痛，来到书店看书。他随手拿起了一本叫《天山问穹庐》的书，看着看着，他怔住了。随着作者的笔触，他走进了被称为"天鹅之乡"的巴音布鲁克草原，认识了土尔扈特部落的渥巴锡汗王，知道了那个名叫土尔扈特的蒙古族部落从遥远的内蒙古草原不畏艰辛回归祖国，迁徙到博尔塔拉草原戍边卫疆……他记住了书里写的是土尔扈特人的历史与往事，也记住了该书的作者。

研究土尔扈特部历史是大正先生与新疆结缘的起点。20世纪80年代初，他参加了对新疆地区蒙古族的考察，多次深入土尔扈特部落探访，后来将一幕幕生动感人的场面记载下来，就是吸引上面这位读者的《天山问穹庐》。

大正先生1938年9月出生在上海，1956～1964年，他在山东大学历史系完成了大学本科和硕士研究生的学业，毕业后，被分配到中国科学院民族研究所（即今中国社会科学院民族学与人类学研究所），不承想，大好时光竟被十年"文革"耽误了。直至1975年，他在著名学者翁独健先生的指导下，参与外交部交办的《准噶尔史略》的写作，才开始进入正规的研究，并走上民族史探索的道路。经过7年努力，《准噶尔史略》终于完成。

《准噶尔史略》在尊重史料的基础上，准确把握了准噶尔部的历史定位，做出了应有的历史判断："在漫长的历史征途上，准噶尔部跃马挥戈，驰骋疆场，外御强敌，内勤牧耕，为开拓和保卫我国西北边疆做出了贡献。"学界评价，《准噶尔史略》是研究卫拉特蒙古部的第一部学术著作，并成为后人了解蒙古史的教科书和研究指南。

在这部书的撰写过程中，大正先生也坚定了他此后几十年学术探索的

---

① 郭文涟：《文史不分家，满眼尽沧桑——读马大正的〈天山问穹庐〉》，《生命的随想》，华文出版社，2012。

准则。他回忆说，翁独健先生谆谆告诫他："一定要详尽地掌握原始资料和国内外研究动态，首先把前人的研究成果收齐，编好目录，仔细阅读，在前人的基础上，把这本书写成有较高科学性的民族史学专著，不要成为应时之作。"带着前辈的嘱托，他走上了这条艰辛的学术之路，几十个春秋，青丝变白发，初衷仍依旧。

1982 年始，他与清史专家马汝珩先生合作，完成了多篇论文，如《顾实汗生平事略》《厄鲁特蒙古喇嘛僧咱雅班第达评述》《论罗卜藏丹津叛乱与清政府的善后政策》《土尔扈特蒙古系谱考述》《试论渥巴锡》《渥巴锡承德之行与清政府的民族统治政策》等。这些极具功力的对土尔扈特部的研究成果得到学界高度评价，同时奠定了大正先生的学术地位。他与马汝珩先生合作完成的《漂落异域的民族——17 至 18 世纪的土尔扈特蒙古》一书至今为学界乐道。这部书历经十载，四易其稿。土尔扈特蒙古部先辈西迁伏尔加河、土尔扈特汗国在伏尔加河的游牧到英勇悲壮的东归最后安居故土和留居伏尔加河土尔扈特人的不同命运、土尔扈特王公系表、大事编年、图版画像、回归路线图等内容详尽而准确地反映在这部书中。在土尔扈特蒙古部的部落源流与王公系谱、土尔扈特蒙古与清朝政府的关系、土尔扈特蒙古与俄国的关系、土尔扈特历史人物等诸多方面的研究中，显示了作者独特的学术眼光与见解。

书中关于土尔扈特蒙古部东归的细节描写尤其让人动容，极具感染力。"伏尔加河 1 月初的气候，正是隆冬季节，寒风凛冽，阵阵劲吹，当旭日的阳光洒向大雪覆盖的伏尔加河草原时，皑皑的白雪射出耀眼夺目的光芒。就在这时，成千上万的土尔扈特妇孺老人乘上早已准备就绪的马车、骆驼和雪橇，在跃马横刀的骑士保护下，一队接着一队陆续出发，彻底离开了他们寄居将近一个半世纪的异乡"。"这时，土尔扈特蒙古军民冲破俄国的雅依克防线，渡过雅依克河，冒着隆冬的严寒，迅速进入哈萨克大草原，向恩巴河挺进。""至此，历时八月有余、行程近万里的东返征程，以土尔扈特人的胜利返归祖国而结束。土尔扈特人民的东返历程英勇悲壮、可歌可泣，他们为了实现重返祖国的崇高愿望，付出了巨大的民族牺牲。"这些精彩的描述，引领读者走进那段远去的时空，认识了一个鲜为人知的民族和他们的历史。赋予学术著述以鲜活的生命力，让读者窥其堂奥、感悟历史，这正是大正先生所愿，他说："让学术走向大众，让大众了解学术。让文化充满雅趣，让大众在雅趣熏陶下揭秘心醉。"

土尔扈特人史册上这悲壮的一页曾以文艺形式表现出来，电视剧《东归英雄》让更多的人了解了这段历史，而剧中的主题曲就是今天家喻户晓的《鸿雁》，这首流传久远的卫拉特民歌，因其游子对家乡的深深思恋与忧伤之情而传唱至今。

一部《漂落异域的民族——17 至 18 世纪的土尔扈特蒙古》，一部《东归英雄》，再现了曾经的悲壮与艰辛。土尔扈特人的民族大迁徙震动了当时的中国与世界：1771 年 9 月，乾隆帝在承德接见了东归首领渥巴锡；欧洲的一位作家评价说从有最早的历史记录以来，没有一桩伟大的事业能像土尔扈特人跨越亚洲无垠的草原向东迁返那样轰动于世和那样激动人心了。

20 世纪 80 年代后期，中国蒙古史研究逐渐将准噶尔历史扩展到整个卫拉特蒙古部。时任新疆维吾尔自治区政协主席巴岱，提出将研究重点的转移，建议组成《卫拉特蒙古简史》编写组，作为该书主编邀请大正先生参与。大正先生将卫拉特蒙古作为一个整体进行考察，追溯它的起源，并将重点放在 17～20 世纪。全书厘清了卫拉特蒙古历史发展的脉络：元明是它的先世时期，明清之际到清前期是其由兴盛到危机的过渡时期。在过渡时期，卫拉特蒙古分为和硕特、准噶尔、杜尔伯特、土尔扈特四大部分，在清代历史上起过重要作用，在一个多世纪中，准噶尔雄踞天山南北，和硕特进据青藏高原，土尔扈特远徙伏尔加河流域，卫特拉蒙古是活跃于西北和北方的一支重要政治力量。清中叶至民国，是卫拉特蒙古发展的稳定时期。他们生息繁衍，发展经济，与各族人民一起开发边疆、保卫边疆。中华人民共和国成立后，卫拉特蒙古进入了新的发展阶段，揭开了新的篇章。并于 2006 年以《卫拉特蒙古史纲》为书名修订再版，马大正、成崇德任主编。

大正先生关于民族史研究的新成果，不仅建立了他的学术自信，而且影响了当时清史、民族史、地方史、中俄关系史、中亚史研究诸多领域。

隋唐民族关系史是大正先生民族史研究的另一个重点。1984 年，他参与了翁独健教授主持的《中国民族关系史纲要》一书隋唐民族关系史的撰写。从《准噶尔史略》到《中国民族关系史纲要》，通过对卫拉特蒙古史和隋唐民族关系史的研究，他对中国历史上最有特色的唐王朝和清王朝的疆域、民族有了更加清晰的了解与认识。

我国少数民族多居住在边疆，民族史的研究必然与边疆密不可分，你中有我，我中有你。在对隋唐时期少数民族关系的研究中，大正先生通过深入考察，廓清了这一时期民族关系与边疆的一些重大问题。

他认为，在中国历史上，隋朝统治时间虽短，但结束了近400年割据分裂、军阀混战的局面，由割据重新走向统一。隋朝统一全国后，十分重视与边疆少数民族政权的关系。隋朝时期的边疆民族，在北方和西北有突厥、回鹘等，在东北有奚、契丹、室韦、靺鞨等，在南方有蛮、僚、俚等。隋朝实行"远交近攻"的方针，使北方的突厥向隋朝称臣。一系列有效的治边政策，奠定了隋朝的版图，成为隋唐时期统一大业的开端，促进了中国社会经济的发展，为唐朝恢复和扩大对西域和北疆地区的管辖、实施对边疆少数民族地区的经略打下了坚实基础。

到了唐初，李世民依靠骑兵劲旅，在解决农民起义军和地方武装集团问题的同时，次第平定边疆少数民族贵族集团割据势力，其后历经武则天、李隆基等进一步经略边疆，使统一多民族的中国进入了一个前所未有的辉煌时期。唐朝推行"以武拨乱"的方针，开疆拓土，抗击突厥，联合回纥，广开北疆，统一西陲，经营东北，对吐蕃与南诏和战并举。盛唐时期的疆域，超过了西汉鼎盛时期的版图，成为当时世界上版图最大、势力最强的封建帝国。

任何一项政策都有其形成的渊源及其历史背景，隋唐时期这一格局的出现同样经历了艰辛的过程。大正先生认为，隋唐时期的边疆政策接受了数百年来的经验与教训，是十六国南北朝民族间蹂躏、流血付出惨痛代价的总结，是历史发展的产物。隋唐时期在民族关系上实行的和亲、互市、朝聘、封册、招抚等措施，就是对汉代以来民族政策的直接继承，同时又有所发展。例如，唐高祖对前代的教训有清醒的认识，因此他要"追革前弊"，制定更加符合当时社会状况的边疆政策，这个政策的主旨是"就申和睦，静乱息民"，"怀柔远民，义在羁縻"。大正先生评价，这是一个卓有见识的战略方针，为唐代确立一个比较开明、正确的边疆政策打下了基础，到唐太宗时期，加以发展，如"怀之以文德"就成为唐太宗治理边疆的基本政策。

关于隋唐时期的边疆治理，大正先生概括为五个方面：边疆羁縻府州县的设置、必要的军事部署、对边疆少数民族怀柔招抚、积极开发边疆经济、加强边疆与内地的文化交流。他认为，这些政策对于历史发展发挥了积极的作用，而这些政策的制定，关键在于民族偏见比较淡薄、对恩威辩证关系的把握、适应边疆社会的实际情况、谙熟经济文化交流既有利于边疆的开发与发展也有利于中原文化的丰富。隋唐300年，边疆治理政策中的怀柔思想与具体措施，已作为宝贵的历史遗产供后人借鉴。

"千里之行，始于足下。"由于少数民族的特殊性、复杂性以及与边疆千丝万缕的联系，民族史研究自然平添了更多的艰辛与挑战，就是在一个个领域的攻坚克难中，大正先生滋养了自己的学术情怀与学术功力。纪传体通史和断代史、编年体史书和起居注、实录、典志体史书、地理书和方志、会要类、辑录类、目录提要类、笔记杂记类等，他或广泛涉猎或重点研读，耐得住寂寞，经得住冷清，板凳坐得十年冷，守得云开见月明。大量史料的掌握，不仅让他的民族史研究扎实可信，也为他日后研究道路的拓宽打下牢固的基础。他不仅在浩瀚的史料里爬梳整理，而且在漫长的边境线奔走前行，考证史料记载，收集鲜活资料，让自己的学术底气更足更硬。同人统计过他行走边疆的里数，竟高达150多万里，正所谓"读万卷书，行万里路"。

二

作为有着悠久历史的文明古国，中国不但拥有辽阔的中原腹地，而且拥有广袤的边疆地区，中华民族就是在这片土地上逐步发展起来的。中国边疆是中国统一的多民族国家长期发展的产物，不但有着明显的自然特征，更有着源远流长的历史特点。勤劳勇敢的各族人民共同创造了中国历史，其中包括边疆地区发展的历史。

从20世纪70年代研究准噶尔历史开始，大正先生的学术生涯与边疆就再也没有分开过。在此后几十年间，他的数十部著述都是围绕边疆展开的。他心无旁骛，情有独钟，这就是"从古代到当代多个层面追溯边疆历史、从宏观和微观多个角度解析边疆历史，致力于从边疆历史演进中探寻中华民族多元一体的发展规律，从纷繁复杂的边疆历史嬗变中探寻边疆治理的症结和路径"，他的同事李国强研究员如是评价。

　　1987 年，大正先生调入中国社会科学院中国边疆史地研究中心。新的平台、新的视野、新的重心、新的使命，他又开启了学术研究的新征程。的确，经过多年民族史的研究与积累，大正先生的学术步履更加坚实。来到中国边疆史地研究中心工作，等待他的是更高的目标、更重的任务。这时，他已经年近半百，却像一个锐气满满的士兵，再次出征了。

　　在中国边疆史地研究中心的日子，他不知疲倦地工作着，一如既往地从阅读文献典籍做起，以更多地占有史料。同时，他注重边疆历史与现实的结合，在观察、分析的基础上，形成了边疆历史研究的新思维、新方法、新格局。1993 年，他担任中国边疆史地研究中心主任，为中心卓有成效的研究倾注了大量心血。他擘画统筹，身先士卒，带领学术团队，将研究范围拓展至祖国的边陲，东南西北，到处都留下了他们的足迹。他还组织中心的研究人员著书立说，编辑丛书、丛刊、学术专著、译著资料高达几十种。

　　为改变 20 世纪 80 年代中期中国边疆史地研究冷寂的局面，他提出开展中国疆域史、中国近代边界沿革史、中国边疆研究史三大研究系列构想，并提出一系列有利于研究深化且行之有效的举措。20 世纪 90 年代，他又主持并参与了当代中国边疆系列调研。在他和学界同仁的共同努力下，具有优良传统与百年积累的中国边疆史地研究得到长足发展，实现了新的飞跃。

　　这一时期，中国边疆史研究的发展脉络尤其是对中国古代治边政策研究更加清晰。马大正先生通过分析做出这样的判断：中国古代治边政策自秦汉至清朝逐步完善，秦汉时期已经形成了自己的治边政策，经隋、唐、元、明等各个历史时期的充实，到清朝已经比较完善，形成了一个较为完整的体系。清朝治边政策可谓集封建王朝治边政策之大成，是中国国情的特定产物，具有历史的继承性、地域的广阔性、内涵的多样性、影响的深远性等特点。形成这些特点的重要原因则是中国古代治边政策与治边思想，它们在统一多民族国家形成过程中的积极作用不言而喻，促进了多民族国家的巩固与统一，协调了民族关系，推动了多元一体的中华民族的发展，加强了边疆地区的经济建设，推进了边疆与内地政治经济一体化的进程。

　　总结过往，是为了今天与未来。借助对中国古代边疆治理的深入研究与对疆域的考察，他将研究重心直抵当代中国边疆治理，发前人之未发，提出许多极富价值的见解。他认为，中国边疆地区的战略地位可以从历史与现实两方面审视。从历史角度看，当代中国边疆是两大历史遗产的平台，这两大历史遗产一是幅员辽阔的统一的多民族国家，二是人口众多、多元一体的中华民族。这两大遗产是有形的，又是无形的；是物质的，又是精神的。中国这个统一的多民族国家，如果没有了边疆这个因素，就不成其为统一的多民族的国家；如果没有中国边疆地区存在，那么生活在这个地区的各民族可能也进入不了多元一体中华民族的范围。从现实角度看，边疆地区仍然是中国的防线、改革开放的前沿、当代中国可持续发展的重要组成部分。

在当代中国边疆治理的战略思考中，大正先生描绘了一幅蓝图：当代中国边疆治理的构建、发展与稳定的关系与作用、文化认同与国家认同，等等。

中国边疆研究在百年探索中曾出现过三次研究高潮：19 世纪中叶至 19 世纪末，西北边疆史地学的兴起是第一次高潮的标志。20 世纪 20 年代至 40 年代边政学的提出与展开，是第二次高潮的标志。20 世纪 80 年代以来中国边疆研究第三次高潮出现的标志是实现了两个重要突破：一是突破了以往仅仅研究近代边界问题的狭窄范围，开始以中国古代疆域史、中国近代边界沿革史和中国边疆研究史为重点的研究格局，促进了中国边疆研究的大发展；二是突破了边疆史地研究范围，将中国边疆历史与现状相结合，形成了成果众多、选题深化、贴近现实的特点。值得指出的是，在第三次研究高潮发展进程中，大正先生组织过三次具规模、高水平、有影响的全国性的学术讨论会以及多次考察（包括国外研究者参加的考察），它们在深化中国边疆史地研究上起到了不可低估的作用。

"回顾我在边疆中心工作的岁月，大体上做了三件大事：一是为开展三大研究系列的研究出谋献策；二是为当代中国边疆调查与研究的展开身体力行；三是为中国边疆学的构筑尽心尽力。"大正先生总结的这三件大事，其潜在的作用、价值与意义会随着时间的推移而凸显出来。

在中国边疆史地研究中心，除了科研的协调组织，大正先生的个人研究与调研丝毫没有松懈，完成了从民族史研究到中国边疆史地研究的拓展与跨越。他的研究领域从民族史拓展到中国疆域史，特别是在中国历代边疆政策和中国疆域发展的综合研究、清代新疆地方史研究、中亚史和新疆周边地区史研究、东北边疆史尤其是古代中国高句丽历史研究、当代中国边疆稳定特别是新疆稳定与发展战略研究等方面，用力尤甚、用功最多。他的研究彰显了其恢宏的学术视野与崇高的时代担当，由他主编或撰写的相关著述就达 15 种。其中，他主编的《中国边疆经略史》《中国古代边疆政策》，他参与主编或撰写的《清代边疆政策》《清代边疆开发研究》《二十世纪的中国边疆研究》等均获得学界好评，多次获奖。

新疆是大正先生研究的起点，也是他研究与考察的重点。20 世纪 90 年代，中国边疆史地研究中心完成了 12 个调研报告，而新疆就占了一半。30 多年里，他 60 次来到新疆，走遍了新疆绝大多数边境线、新疆周边的邻国、穿越了塔克拉玛干沙漠，实地考察土尔扈特部的"东归"和察哈尔的"西进"，阐述新疆的稳定、新疆生产建设兵团布局等问题。他通过严谨的论证，提出了许多建设性的意见。

三

我们将努力用一种更为恢宏的文化视野来挖掘和整理先辈边疆治理的遗产和前人的研究成果；我们要努力尝试通过维护统一的多民族中国整体国家利益，来观察当代中国边疆稳定和发展面临的机遇与挑战；我们还将针对边疆研究跨学科的特点，整合众多学科的研究方法和成果，为创建一门新兴边缘学科——中国边疆学而努力。

随着研究的深入、视野的开阔、史料的充实、理论的支撑，一个更为宏大的目标在大正先生心中日渐清晰：中国边疆学的构筑。

为什么要向中国边疆学转型？

大正先生认为，一是有着优良传统的中国边疆史研究为学科的发展奠定了基础，随着学科体系的不断完善以及新思路、新方法的不断出现，研究层面以及研究者的视角向更深入、更广阔的方向发展。二是研究的难点层出不穷，以往研究中被忽视或研究不够深入的诸多问题日益成为不可回避的课题，这些课题具有重要的学术价值及现实意义，为研究者提供了巨大的研究空间，展示出中国边疆学学科的发展潜力。三是基础研究与应用研究相结合的发展趋势，为这门新兴学科注入了活力。面对新形势的需要，应通过维护统一多民族国家的整体利益的研究，总结历史上的边疆治理经验，考察当代中国边疆稳定和发展面临的机遇和挑战，制定相关的边疆稳定与发展战略。显然，这样宏伟的任务仅仅依靠一门或几门学科的理论和方法是不能完成的，唯有从中国边疆学的学科高度才能达到。

中国边疆研究不但追寻历史的发展轨迹，还应探求中国边疆发展的未来；中国边疆研究不仅拥有丰富的历史遗产，还要开拓未来的发展道路。正是这样的学术胸襟，推动他的中国边疆研究迈上了新台阶、瞄准了新目标、达到了新境界。同时，他也非常清楚，这是一门新兴边缘学科，新兴，意味着创业；边缘，则意味着艰辛。

早在 20 世纪末，这个目标就在他的心中萌动、升腾。1997 年以来的 20 年，他写的几十篇论文都是围绕这个命题展开的，它们如同火箭发射，一级推向一级。

纵观中外学术史，学科的发展都有发展演进的规律。人类最初具有的知识是笼统的。随着不断进步，知识也越来越专门化，学科领域分类经历了一个由笼统到分门别类的演变过程。他比喻说，这就如同小学生先要学常识课，然后学自然课，到中学就要学物理、化学课。的确，一门学科可以发展出许多分支学科，一些分支学科又可能发展成独立的学科，不同学科也可以发展演变出新的学科，而大量新兴分支学科和边缘学科的出现是现代学术进步的标志。在现代学术领域，还有一种分类，这就是在特定的学术领域里将相关部门的知识结合起来而形成的学科，例如满学、蒙古学、阿尔泰学、藏学、敦煌学、吐鲁番学等，在世界古典文明研究领域里，有著名的埃及学、亚述学等。

大正先生深知，中国边疆研究面临的任务、中国边疆研究的深化离不开历史学、考古学、语言学、地理学、宗教学、哲学、文学、民族学、文化人类学、体质人类学、社会学、政治学、经济学、人口学、心理学、生态学等多学科学者的参与。因此，中国边疆研究实现向构筑中国边疆学的飞跃，既是学科发展的必然，又是时代的要求。

中国边疆研究具有相对明确的研究对象，具有众多学科研究方法的支持，具有特殊学术价值与社会价值，完全可以并入正在发展为具有独立学科地位的中国边疆学。就其学术类型言，它有自己的学科特点：中国边疆是中国统一多民族国家长期发展的历史产物，是中国统一多民族国家密不可分的有机组成部分，因而中国边疆学是中国学术的有机组成部分；有明确的研究对象，但面临着更为复杂的局面；坚持多学科、多视角的研究，将中国边疆问题置于中国统一多民族国家发展与中国在世界格局中的地位、作用的大背景下研究；中国边疆学的特殊价值首先体现于对中国统一多民族国家的认识，其次体现于对中国边疆及其各个局部的认识，最后体现于对边疆这一抽象的人类社会历史产物的认识，这一特殊性是任何一门学科无法代替的。

如果说上面的观点还是一种理想的话，那么从理想到现实还需要许多铺垫与转化，大正先生将其视为"过三关"。第一关，从继承到创新。中国边疆学研究已有长时间、大规模各类中国边疆研究积累的基础，尚需闯出新路。第二关，从分工到合作。要在各学科领域对中国边疆研究进行分工，要有各方面的合作。第三关，从自然到自觉。要逐步将以自然应变为主的研究转变为以自觉为主的研究。

与这"三关"相对应的是处理好"三个关系"。一是研究中国边疆与中国边疆学研究的关系。中国边疆学研究的基础无疑是明确地对中国边疆及其组成部分的研究，但不排斥广义的中国边疆研究；广义的中国边疆研究可以是自然的、无序的，但中国边疆学研究是自觉的、有序的；中国边疆学不但要构筑自身学科的研究核心，还要编织与广义的中国边疆研究以至其他相关研究之间的联系纽带。二是研究服务于社会需求与中国边疆学学科发展的关系。中国边疆学研究应坚持实事求是的科学精神，努力在自身发展的基础上服务于社会发展的需要；社会则应正确理解中国边疆学研究的作用与功能，给予其正确的社会地位，为其创造有利的外部环境。三是把握好中国边疆学研究的客体与国际社会接轨的关系。首先将中国边疆历史与现状作为一个整体研究，其次才是对中国边疆的某一局部、某一方面的研究。

对于学界关心的中国边疆学的内涵，大正先生也给出了初步框架。他提出，中国边疆学的内涵可以分为两个领域：基础研究领域、应用研究领域。基础研究领域包括中国边疆理论、中国历代疆域、历代治边政策、边疆经济、边疆人口、边疆社会、边疆立法、边疆民族、边疆文化、边疆考古、边疆地理、边疆国际关系、边疆军事、边界变迁、边疆人物等诸多研究方面。开展这些方面的研究，是要诠释中国疆域的形成、历代边疆治理的成就与失误、边疆地区的开发与经济发展、边疆人口与社会对稳定与发展的影响、立法实践活动、边疆民族与边疆稳定与发展的关系、边疆的宗教状况、各种文化现象、印证史书记载的有关事件、自然环境与生态环境、历代王朝与相邻国家关系对边疆的影响、戍守边疆与平息边疆叛乱的军事行动、近代边界的变迁、边疆历史人物对边疆的影响等重大问题。应用研究领域是对当今及未来中国边疆发展与稳定的战略性、预测性的宏观与微观相结合的研究，涉及的方面与基础研究大致相同，但不同的是有更强的现实性。这些全局性、战略性见解体现在大正先生的多部著述中。

"九台之成，起于累土。"依托这些丰厚的研究成果，中国边疆学构筑具有了丰厚的学术基础与理论支撑。与此同时，学界同仁的呼声也越来越高，逐步形成许多共识。我们相信，有着千年积累、百年探索、30年新的实践的中国边疆史研究一定能迎来它的大发展，这个新兴学科的诞生将为中国学术的繁荣增添异彩。

四

现实中边疆问题的很多根都在清代，从康乾盛世到后来的落后挨打，清代是承上启下，有很多历史教训应该总结。

2002 年 12 月 12 日，国家清史编纂委员会成立，清史纂修工程正式启动。编纂的清史质量要高，必须是精品，要注重科学性和可读性，确保编纂出一部能够反映当代中国学术水平的高质量、高标准的清史巨著，使之成为经得起历史检验的传世之作，这是时代的要求。国家清史编纂委员会由清史学界的专家学者组成，戴逸教授出任编委会主任，全面负责清史纂修的学术组织工作。作为国家清史编纂委员会副主任的马大正，又站在了一个新的起跑线上。这一年，他 64 岁。

盛世修史，责任重大。他深知已有的《清史稿》虽然具有较高的史料价值，但不能科学地反映有清一代的历史面貌。中央高度重视清史纂修，新中国成立后几次想做这件事，但由于各种原因未能实现。随着学术积累达到一定阶段，研究队伍日趋成熟，新编《清史》迫在眉睫。当宏愿即将实现时，他感到肩上担子从未有过的沉重。在戴逸教授的带领下，大正先生与同仁倾其全力，投入了这一宏大浩繁的世纪文化工程，配合戴逸主任，做了大量协调、组织与撰写工作，许多工作亲力亲为，狠抓落实。

在接受媒体采访时，他曾经介绍过纂修概况。他说，清史纂修分为主体工程、基础工程和辅助工程。主体工程是修一部《清史》，100余卷，3500多万字，分为通纪、典志、传记、史表、图录五部类。其中，前四类从体裁体例上看，是章节体和传统史学的纪传体的有机结合，是对中国史学传统的继丞和创新，而图录作为二十四史编纂中没有尝试过的创新体例，既是对历来学者左图右史主张的继承，也是图像史学的一次有意义的开拓性实践。基础工程是指清代档案、文献和民族文字、外文文献档案的收集、整理和编译；辅助工程是指相关档案、文献的出版，图书资料的收集、保存以及网络信息库的建设。

16年来，大正先生参与了新修《清史》的设计、立项、撰写稿、审改、定稿五个阶段的学术组织工作。并先后分工负责典志组、史表组、篇目组、编审组、文献组、出版组、秘书组的学术联络工作。

他认为，新修《清史》应力求写成一部反映当代中国清史研究水平、经得起历史检验的史学著作。能否实现这一目标，有待参与此工程的专家们不懈努力，是否最终达到此目标，则要由学术界同行和所有关注此工程的人士来评议与认同。但在清史纂修的实践中，有四个重要因素为达此目标提供了可能。一是资料的利用面大大扩展，为超越和创新提供了扎实基础。二是体裁体例的布局和内容的拓展，为超越与创新提供了可能。三是科研组织和管理上的有益尝试，为超越和创新准备了条件。四是树立了从世界视野来创构编纂清史的新体系。他认为，这是新修《清史》的创新之处。

时隔16年，当他把一堆数字"盘点"出来的时候，相信人们能读出它们背后的寓意：

自2004年以来，清史编纂委员会主持出版了"档案丛刊""文献丛刊""研究丛刊""编译丛刊""图录丛刊"。其中，档案丛刊20种889册、文献丛刊74种2334册、研究丛刊31种36册、编译丛刊71种130册、图录丛刊10种10册。出版图书237种3576册，另有工具书丛刊1种1册，清史论著目录系列2种2册，"清史译丛"11种11册，其他17种63册。

史料利用的规模和深度前所未有。以档案类为例，从2004年5月至2012年4月，组织了15批60个清代档案立项项目，涉及清代档案约283万件，最后经编委会批准立项43个，共涉及档案206万件，包括中央级档案

29 项，184 万件，地方级档案 14 项，21.9652 万件。在这些档案中，有少数民族文字档案 4.2516 万件，共中满文档案 1.6299 万件，藏文档案 1522 件，蒙文档案 2.4695 万件。已整理出版的档案汇编主要有：《庚子事变清宫档案汇编》（18 册）、《清宫热河档案》（18 册）、《清代中南海档案》（30 册）、《清代军机处电报档汇编》（40 册）、《葡萄牙外交部藏葡国驻广州总领事馆档案》（清代部分·中文，16 册）、《清代军机处满文熬茶档》（2 册）、《大连图书馆藏清代内务府档案》（22 册）等。文献整理方面，已整理出版了《清代诗文集汇编》（801 册）、《清代稿抄本》（第 1—3 编，150 册）、《李鸿章全集》（38 册）、《康有为全集》（12 册）、《梁启超全集》（20 册）、《张之洞全集》（12 册）、《张謇全集》（8 册）、《越缦堂日记》（18 册）、《袁世凯全集》（36 册）、《义和团运动文献资料汇编》（8 册）、《辛亥革命史料新编》（8 册）等，还有时人论集、人物年谱、书信、日记等方面，为清史纂修提供了丰富的史料内容。

谈到新修《清史》的特色时，大正先生说，在扩展清代档案文献的整理和使用方面，突出地体现在对少数民族档案、文献的整理和使用上，为清史编纂工程增添了很多珍贵的史料佐证。清史纂修工程还充分利用各类外文资料，充分吸收外文史料，这都是超越前人之处。清史纂修注重世界视野、世界眼光，自觉地把有清一代的历史放到世界的背景中观察、评议与研究，注意历史人物当时的世界背景，吸纳当今清史研究的所有优秀成果，包括不同语言、不同国家的研究成果。

2018 年 10 月，新修《清史》送审稿完成，计 106 卷，104 册，另附录 6 册，随之开始《清史》送审稿送审、国家清史纂修工程结项与《清史》出版流程。16 年的心血，16 年的努力，大正先生的学术人生有了特别的意义，新修《清史》即将完成，他 80 岁的生日也因此平添了喜悦与欣慰。

回顾新修《清史》的学术经历，大正先生十分感慨。他说，诚如各方有识之士在编纂清史的指导思想上所形成的共识：我们的清史纂修，既要尊重历史事实，又要反映时代精神；既要继承前人研究成果，又要勇于进行学术创新；既要着眼于中国历史的发展，又要联系世界历史发展的进程。唯此，我们纂修的清史，才能建立一个全新的、统一的、中国人自己的和具有世界视野的历史观，才能创立中国人对世界历史的认识体系。我们希望并且相信，清史纂修工程的成果不仅是中国的，也应该是世界的。这次纂修清史应该成为清史研究进程中的一个坐标，它既是 20 世纪清史研究成果的继承和发展，又是 21 世纪清史研究的一个崭新起点。

结　语

在史学领域里，我还是做了些许工作，简言之，一是习史，二是研史。研究工作优劣成败，应由社会评说，我只是做了自己乐意做的工作，在自己所在的岗位上尽了责、出了力，或者说没有虚度年华，没有"白了少年头，空悲切。"

"中国边疆研究涉及内容丰富多彩。上下五千年，东西南北中，似苍穹，似大海，而自己的 40 余年研究所涉猎的内容虽大都当在其中，但似星辰，似浪花。"大正先生在《我的治学之途》中这样说。① 40 多年，大正先生独著、合作、主编、合编的学术著作、论集、辞书、资料集高达 70 部，发表学术论文 300 余篇，策划、主编丛书、专栏 20 项，在国内外学术演讲 300 余次，独撰或合作撰写的调研报告 200 余篇，主持或承担国家、中国社会科学院、省部级研究项目 30 余项，培养博士生 6 人。

古有"立德、立功、立言"之说，在历史的长河中，许多优秀的知识分子用一生践行这个理念，为中国思想文化宝库增添异彩，受到人们的景仰。大正先生的学术精神与学术探索，让人们看到了薪火相传的光芒。做学问，无论是宏观研究还是微观研究，都离不开学问人的格局与特质。王国维"古今之成大事业、大学问者，必经过三种之境界"已化作学问人的准则与自律。执着的追求、艰辛的努力、专注的精神，这不是轻易就能达到的。没有高远，何以"望尽天涯路"；没有付出，岂能发前人之未发；没有不懈追求，怎会进入自由王国。大正先生踏着先贤的足迹前行，不懈怠、不止步、不居功、不自傲。对祖国的挚爱、对历史的敬畏、对治学的崇尚、对人生的追求，这就是大正先生学术自觉、学术格局的力量源泉。

八秩之年，大正先生的边疆情怀依旧，边疆激情依然。"我最大的心愿是：热望中国边疆研究的大发展；呼喊中国边疆学的诞生！"这是一位一生

---

① 《社科科学战线》2012 年第 7 期。

研究边疆、行走边疆、情系边疆、奉献边疆的学者最大的期盼与愿景，掷地有声，风骨铮铮。他期待着中国边疆学这个"宁馨儿"早日降生，他要在这片热土上继续耕耘，春种秋收。他还要编辑好自己关于边疆研究文集以及学术回忆录。

今天，和平与发展已经成为主旋律，但世界上一些地区依然因为边疆问题引发战火、骚乱、死亡，民无所居，国无宁日。因此，一个多民族国家的稳定是何等宝贵，56个民族亲如一家是何等重要，国家利益是何等崇高，这抑或是大正先生倾情边疆、研究边疆的学术价值与生命意义。在常人眼中，那些拗口的少数民族的名称、那些字面都难以读懂的词汇、那些遥远的史事与故事艰涩又陌生，而大正先生却熟稔于心、了然于胸。他勤奋严谨、诠释边疆；他守正出新、建功立业；他接续百年探索，启迪后世研究；他默默治史一甲子，唱响了能够汇入中国学术洪钟大吕的"三部曲"。

基于此，马大正先生八十华诞之际，笔者写下以上文字。它们若对年轻学子有借鉴之意，若对边疆研究有启迪作用，若对政府决策有参考价值，斯愿足矣。

马大正先生的学术贡献及其思想

——读马大正先生著述有感

王振刚[*]

马大正先生，现为中国社会科学院中国边疆研究所研究员、博士生导师，享受国务院特殊津贴专家，国家社科基金重大特别委托项目首席专家、专家委员会主任，现任国家清史编纂委员会副主任、新疆智库专家委员会常务专家、国观智库边疆研究院院长兼学术委员会主任和首席研究员，曾任中国社会科学院中国边疆史地研究中心主任、中国社会科学院新疆发展研究中心主任、中国社会科学院中国历史文化信息研究中心主任、中国史学会理事、中国中亚文化研究会理事长、中国民族史学会副会长等行政与学术职务。主要研究领域为中国古代边疆政策、中国边疆研究史、当代中国边疆治理研究、中国边疆学理论框架的构筑等。迄今已出版《当代中国边疆研究（1949—2014）》《中国边疆学构筑札记》《马大正文集》《中国边疆经略史》等著作50余部；在《中国社会科学》《历史研究》《民族研究》《中国边疆史地研究》《中国史研究动态》《清史研究》《人民日报》《光明日报》等刊物发表学术论文300余篇；数十篇论文被《新华文摘》《中国社会科学文摘》《高等学校文科学术文摘》《中国人民大学报刊复印资料》等四大权威刊物全文转载；学术成果获国家图书奖、中宣部"五个一"工程奖、郭沫若中国历史学奖等数十项奖励。今年值马大正先生80华诞之际，本文拟对其学习、工作历程及其学术贡献、思想做一回顾与总结，彰显马先生孜孜不倦从事边疆研究40余年来的丰硕业绩，以资激励后学，为"中国边疆学"学科的建构与繁荣赓续力量。

＊　王振刚：云南大学历史与档案学院副教授。

一 马大正先生学习、工作经历述略

马大正，1938 年 9 月 19 日（阴历闰七月二十六日）[①] 生于上海，1956 ~ 1964 年，在山东大学历史系相继完成大学本科和硕士研究生的学业，研究生阶段受业于徐绪典教授，其间对历史研究方法的学习，受用终身。1964 年毕业后，被分配到中国科学院民族研究所（今中国社会科学院民族学与人类学研究所前身），步入了当时中国社会科学研究最高的科学殿堂。1964 ~ 1975 年因各种政治运动，"与大多数同龄人一样，身在研究机构，却长期与科研无缘"，"身不由己地翻滚在'革命'与'反革命'的漩涡之中。平心而论，这些年也确是经风雨、见世面、长知识，对社会认识的加深本身也是哲学社会科学工作者不可缺少的必修课，无疑大大有利于日后研究工作中对资料鉴别、历史现象分析能力的提高。唯一能做而我未能做到的是，我不及当时我的有些同龄先知者，抓紧外文的巩固和学习，从这一意义上说，我是大大地浪费了宝贵的青春岁月"[②]。马先生在回顾这段时光时曾如斯评价。

1975 年之后，马先生在享誉海内外著名前辈学者翁独健先生的指导下，进入了边疆民族史研究的初始阶段，参加了外交部交办的研究任务《准噶尔史略》一书的撰写，并在治学方法上受到了"独健老师的谆谆告诫：'一定要详尽地掌握原始资料和国内外研究动态，首先把前人的研究成果收齐，编好目录，仔细阅读，在前人的基础上，把这本书写成有较高科学性的民族史学专著，不要成为应时之作。'这种治学精神，成了指导我走学术探索之路的准则而永存心际"[③]。1982 年在完成《准噶尔史略》一书后，其研究领域逐步拓展到土尔扈特史、卫拉特通史以及通史的研究，并与中国人民大学清史所马汝珩教授合作相继发表了《顾实汗生平略述》《厄鲁特蒙古喇嘛僧咱雅班第达评述》《论罗卜藏丹津叛乱与清政府的善后措施》《土尔扈特蒙古系谱考述》《试论渥巴锡》《渥巴锡承德之行与清政府的民族统治政

---

① 据马先生说，他的身份证上的出生日期是 1938 年 8 月 21 日，原因是他在申报二代身份证核算阴历、公历换算时，错将闰七月二十六日记成七月二十六日。
② 马大正：《我的治学之途》，《社会科学战线》2012 年第 7 期。
③ 马大正：《我的治学之途》，《社会科学战线》2012 年第 7 期。

策》《漂落异域的民族——17 至 18 世纪的土尔扈特蒙古》① 等一系列有关土尔扈特史、卫拉特史的上乘之作，并得到了学界的高度肯定，奠定了其在卫拉特蒙古史研究领域中的领先地位。此外，1984 年马先生还参加了由翁独健先生主持的国家社会科学"六五"规划民族学学科重点研究项目《中国民族关系史纲要》②（此书被誉为改革开放之后中国民族关系史研究领域的扛鼎之作），承担了隋唐民族关系史部分的撰写，并于 1986 年完成书稿。其间，马先生"还担任了《民族研究》的编辑和参加《中国历史大辞典》民族史卷的组织和撰写工作，由此不仅锻炼了我的编辑能力，也大大扩大了个人与学界同仁的交往，所有这一切均为我日后研究领域的拓展，打下了良好的基础"③。

1987 年调入中国边疆史地研究中心（现更名为中国边疆研究所）以开启了研究的拓展阶段。其中，1987～1994 年、1994～2001 年马先生先后任中国边疆史地研究中心副主任、主任，为适应新工作、新岗位的急迫需要，马先生在思考、探索推动中国边疆史研究上做出了一系列开创性的工作："提出了开展中国古代疆域史、中国近代边界沿革史、中国边疆研究史三大研究系列的构想，并采取了一系列有利于研究深化并行之有效的举措。1990年代以后又主持并参加了当代中国边疆系列调研。"④ 为 20 世纪 80 年代以来中国边疆史地研究的繁荣做出了重要贡献。与此同时，在学界同仁的共同努力下，中国边疆史地研究实现了两个突破："一是突破了以往仅研究近代边界问题的研究范围，开始形成以中国古代疆域史、中国近代边界沿革史和中国边疆研究史三大研究系列为研究重点的研究格局，促成了中国边疆史地研究的大发展；二是突破了史地研究的范围，将中国边疆历史与现状相结合，形成了成果众多、选题深化、贴近现实的特点，由此具有中国

---

① 马汝珩、马大正：《顾实汗生平略述》，《民族研究》1983 年第 2 期；《厄鲁特蒙古喇嘛僧咱雅班第达评述》，《新疆大学学报》1982 年第 3 期；《论罗卜藏丹津叛乱与清政府的善后措施》，《新疆大学学报》1980 年第 3 期；《土尔扈特蒙古系谱考述》，《民族研究》1982 年第 1 期；《试论渥巴锡》，《民族研究》1981 年第 1 期；《渥巴锡承德之行与清政府的民族统治政策》，《新疆大学学报》1984 年第 1 期；《漂落异域的民族——17 至 18 世纪的土尔扈特蒙古》，中国社会科学出版社，1991。

② 翁独健主编《中国民族关系史纲要》，中国社会科学出版社，1990。

③ 马大正：《我的治学之途》，《社会科学战线》2012 年第 7 期。

④ 马大正：《我的治学之途》，《社会科学战线》2012 年第 7 期。

特色的中国边疆学的构筑也提上了议事日程。"① 在此大背景下,中国边疆史地研究中心也得到了长足的发展。另外,这一时期为适应新工作的需要,马先生个人的研究领域也从民族史扩展到中国疆域史、中国边疆治理史、中国边疆研究史、中国边疆与周边关系史、中国边疆学构筑的思考与实践以及中国边疆研究档案文献整理和边疆研究成果的大众化、普及化工作。

2001 年马先生从中国边疆史地研究中心的领导岗位上退下来以后,一方面在继续致力于中国边疆研究深化、思考中国边疆学构筑的同时,在2002 年末,又受邀参加了新世纪初标志性的学术文化工程国家清史纂修工程,并担任清史编纂委员会副主任,协助著名清史专家戴逸先生做好清史纂修工程的组织协调工作,为清史纂修工作的顺利开展做出了贡献。

二 马大正先生的学术贡献

迄今为止,根据马先生 40 余年从事、参与的学术活动及其著述成果,其学术贡献大致可以从以下七个方面进行总结。

（一）出版学术著作、论集、辞书、资料集（包括独著、合著、主编、合编）70 部

代表性著作主要有《当代中国边疆研究（1949—2014）》（中国社会科学出版社,2016）、《中国边疆学构筑札记》（中国广播电视大学出版社,2016）、《马大正文集》（上海辞书出版社,2005）、《中国边疆经略史》（中州古籍出版社,2000）、《中国边疆治理通论》（湖南人民出版社,2015）、《中国古代边疆政策研究》（中国社会科学出版社,1990）、《20 世纪的中国边疆研究——一门发展中的边缘学科的演进历程》（黑龙江教育出版社,1997）、《热点问题冷思考——中国边疆研究十讲》（上海辞书出版社,2013）、《边疆与民族——历史断面研考》（黑龙江教育出版社,1993）、《中国边疆研究论稿》（黑龙江教育出版社,2002）、《中国东北边疆研究》（中国社会科学出版社,2003）、《西域考察与研究》（新疆人民出版社,1994）、《国家利益高于一切——新疆稳定问题的观察与思考》（新疆人民出版社,

---

① 马大正:《我的治学之途》,《社会科学战线》2012 年第 7 期。

2002 年初版、2003 年再版)、《跬步集——新疆史探微》(兰州大学出版社,2003)、《新疆史鉴》(新疆人民出版社,2006)、《西出阳关觅知音——新疆研究十四讲》(上海辞书出版社,2013)、《20 世纪中国西部开发史》(黑龙江教育出版社,2005)、《卫拉特蒙古史纲》(人民出版社,2012)、《中亚五国史纲》(新疆人民出版社,2005)、《海角寻古今》(新疆人民出版社,2000)、《天山问穹庐》(山东画报出版社,1997、2010 年增补版,内蒙古人民出版社,2016 年蒙文版)、《漂落异域的民族——17 至 18 世纪的土尔扈特蒙古》(中国社会科学出版社,1991)、《清代的边疆政策》(中国社会科学出版社,1993)、《清代边疆开发研究》(中国社会科学出版社,1990)等。这些著作在中国边疆研究领域很多不仅具有填补研究空白的学术价值,而且还具有重要的史鉴价值和现实意义,同时对推动中国边疆研究的格局与面貌也具有十分重要的引领意义。

(二)发表学术论文 300 余篇

至今已在《中国社会科学》、《历史研究》、《民族研究》、《中国边疆史地研究》、《清史研究》、《中国史研究动态》及《人民日报》、《光明日报》(学术理论版)等刊物发表学术论文 300 余篇,其中有数十篇论文已被《新华文摘》《中国社会科学文摘》《高等学校文科学术文摘》《中国人民大学报刊复印资料》等四大权威刊物全文转载,很多论文在中国边疆研究领域具有重要的引领作用,引起了政学两界的广泛关注。如《论百余年来新疆反分裂的几个问题》[1] 在《新疆师范大学学报》发表后很快就被上述四大文摘同时全文转载,《土尔扈特蒙古东返始于何时》[2] 在《新疆社会科学》发表后被《新华文摘》全文转载,《中国古代的边疆与边疆政策》[3] 在《光明日报》发表后被《新华文摘》全文转载,《边疆研究者的历史责任:构筑中国边疆学》[4] 在《云南师范大学学报》发表后随即被《新华文摘》全文转载,《关于中国边疆学构筑的几个问题》[5] 在《东北史地》发表后被《新华

---

[1] 马大正:《论百余年来新疆反分裂的几个问题》,《新疆师范大学学报》2014 年第 1 期。

[2] 马大正:《土尔扈特蒙古东返始于何时》,《新疆社会科学》1985 年第 1 期。

[3] 马大正:《中国古代的边疆与边疆政策》,《光明日报》2001 年 2 月 13 日第 B03 版。

[4] 马大正:《边疆研究者的历史责任:构筑中国边疆学》,《云南师范大学学报》2008 年第 5 期。

[5] 马大正:《关于中国边疆学构筑的几个问题》,《东北史地》2011 年第 6 期。

文摘》全文转载，《边疆研究应该有一个大发展》①、《关于边疆研究若干问题的思考》②、《中国古代的边疆政策与边疆治理》③、《清代边疆史研究刍议》④、《芬兰探险家马达汉访察卫拉特蒙古述略》⑤、《东北边疆历史研究的回顾与思考》⑥、《新疆历史研究中的几个问题》⑦、《近代东北亚国际关系史研究的新进展——读姜龙范著〈近代中朝日三国对间岛朝鲜人政策研究〉》⑧、《论准噶尔贵族对南疆的统治》⑨ 等文在专业学术刊物发表后被《人大报刊复印资料》全文转载。

（三）接受媒体和报刊访谈 140 余次

接受《人民日报》、《文汇报》、《光明日报》、《中国社会科学院报》、《中国国家地理杂志》、《新疆日报》、《南方周末》、《北京青年报》、《香港大公报》、《环球时报》、《中国新闻周刊》、《瞭望》、《南风窗》、《东北史地》"凤凰卫视"、"中央电视台"、"中国国家广播电视台"、"北京电视台"、"新华社"、"伊朗国家电视台"等国内外媒体和报刊访谈 140 余次，就边疆安全、稳定与发展问题发表了重要的学术见解，廓清了一些谬误学说。

（四）策划、主编丛书、专栏，起到了一个优秀学术组织者的责任

（1）策划"中国民族史入门丛书"，1987～1989 年由青海人民出版社出版 6 种，分别为：《青海民族史入门》（革一支）、《甘肃民族史入门》（马曼丽）、《吐谷浑史入门》（周伟洲）、《卫拉特蒙古史入门》（马大正、蔡家艺）、《渤海史入门》（杨保隆）、《满族史入门》（陈佳华）。

---

① 马大正：《边疆研究应该有一个大发展》，《东北史地》2008 年第 4 期。
② 马大正：《关于边疆研究若干问题的思考》，《中国边疆史地研究》2002 年第 1 期。
③ 马大正：《中国古代的边疆政策与边疆治理》，《西域研究》2002 年第 4 期。
④ 马大正：《清代边疆史研究刍议》，《清史研究》1998 年第 2 期。
⑤ 马大正：《芬兰探险家马达汉访察卫拉特蒙古述略》，《西部蒙古论坛》2008 年第 1 期。
⑥ 马大正：《东北边疆历史研究的回顾与思考》，《北华大学学报》2005 年第 1 期。
⑦ 马大正：《新疆历史研究中的几个问题》，《西域研究》2006 年第 2 期。
⑧ 马大正：《近代东北亚国际关系史研究的新进展——读姜龙范著〈近代中朝日三国对间岛朝鲜人政策研究〉》，《中国边疆史地研究》2000 年第 4 期。
⑨ 马大正、蔡家艺：《论准噶尔贵族对南疆的统治》，《新疆大学学报》1981 年第 2 期。

（2）策划"中国边疆史地资料丛刊"，1988～1995年出版"综合卷""东北卷""蒙古卷""新疆卷""滇桂卷""西藏卷"，共9种12册。

（3）策划、编委"边疆史地丛书"，1991～2008年出版了58种。

（4）策划"中国边疆史地研究丛书"，1990～1996年由中国社会科学出版社出版7种，分别为：《中国古代边疆政策研究》（马大正主编）、《清代边疆开发研究》（马汝珩、马大正主编）、《中亚浩罕国与清代边疆》（潘志平）、《中国边疆民族管理机构沿革史》（赵云田）、《清代的边疆政策》（马汝珩、马大正主编）、《康雍乾经营与开发北疆》（袁森坡）、《辽朝经营与开发北疆》（林荣贵）。

（5）西域探险考察大系（主编之一），1992～2000年由新疆人民出版社出版12种。

（6）主编"中国边疆探察丛书"，1997～2001年由山东画报出版社出版12种，分别为：《天山问穷庐》（马大正）、《寻找被遗忘的王朝》（白滨）、《西南访古卅五年》（汪宁生）、《无声的塔克拉玛干》（王嵘）、《鲜卑石室寻访记》（米文平）、《叩开辽墓地宫之门》（盖之庸）、《喜马拉雅寻觅》（李坚尚）、《大江跨境前的回眸》（黄光成）、《草原寻梦——内蒙古岩画考察纪实》（盖山林）、《版纳絮语》（曹成章）、《谜中王国探秘——渤海国考古散记》（魏国忠、朱国忱、赵哲夫）、《1982—1985年探访兴安岭·猎民生活日记》（顾德清）。

（7）主编"边地文化探察丛书"，在2000年已由新疆人民出版社出版5种，分别为：《海角寻古今》（马大正）、《在森林，在草原》（唐戈）、《走进死亡之海》（齐东方）、《走进塔克拉玛干》（胡文康）、《一个正在解开的谜：罗布泊》（王炳华、胡文康）。

（8）总主编"中国边疆通史丛书"，2000～2002年由中州古籍出版社出版7种，分别为：《中国边疆经略史》（马大正主编）、《东北通史》（李治亭主编）、《北疆通史》（赵云田主编）、《西域通史》（余太山主编）、《西藏通史》（陈庆英、高淑芬主编）、《西南通史》（方铁）、《中国海疆通史》（张炜、方堃主编）。

（9）主编"中国边疆治理丛书"，在2015年至今由湖南人民出版社已出版6种（计划出版7种），已出版的6种分别为：《中国边疆治理通论》（马大正）、《中国东北边疆的治理》（孙喆）、《中国北部边疆的治理》（宝音朝克图)、《中国新疆的治理》（周卫平）、《中国西藏的治理》（许建英）、《中国西南边疆的治理》（孙宏年），还有《中国海疆的治理》（刘俊珂）待出版。

（10）主编"走进中国西部的探险家"，在 2002 年已由中国民族摄影艺术出版社出版 5 种，分别为：《斯文·赫定》（李军、邓森）、《斯坦因》（巫新华）、《普尔热瓦尔斯基》（杜根成、邱陵）、《马达汉》（王家骥）、《橘瑞超》（乔玉）。

（11）主编"中国西部风物志丛书"，在 2001 年已由云南人民出版社出版 8 种，分别为：《新疆·哈密风物志》《新疆·吐鲁番风物志》《新疆·伊犁风物志》《新疆·喀什风物志》《新疆·巴音郭楞风物志》《甘肃·河西走廊风物志》《内蒙古·呼伦贝尔风物志》《内蒙古·阿拉善风物志》。

（12）中国大探险丛书（主编之一），在 2001 年已由云南人民出版社出版 4 种，分别为《伯希和西域探险记》《云南游记——从东京湾到印度》《扁舟过三峡》《1907 年中国纪行》。

（13）主编《民国边政史料汇编》（全三十册），国家图书馆出版社，2009。

（14）主编《民国边政史料续编》（全三十册），国家图书馆出版社，2010。

（15）策划《民国时期西南边疆档案资料汇编云南卷（全 80 卷）》（社会科学文献出版社，2013）、《民国时期西南边疆档案资料汇编广西卷（全 30 卷）》（社会科学文献出版社，2014）。

（16）主持学术专栏《西北史地·中国边疆史地研究专栏》1987～1989年，《云南师范大学学报·中国边疆学专栏》（哲学社会科学版）2008 年第 5 期、2017 年第 1 期等。

（17）2003～2007 年，以"东北边疆历史与现状系列研究工程"专家委员会主任身份策划、主编"东北边疆研究"丛书 10 种 13 册、"中国东北边疆研究译丛" 4 种、"东北边疆研究专刊" 33 册。

（18）2009～2018 年，以"西南边疆历史与现状综合研究项目"专家委员会主任身份策划、主编"西南边疆历史与现状综合研究项目·研究系列""西南边疆历史与现状综合研究项目·研究报告系列""西南边疆历史与现状综合研究项目·档案文献系列"。

（19）总主编"中国西北边疆研究丛书"，2015～2018 年由西北大学出版社出版：《卫拉特蒙古历史论考》（马大正）、《新疆历史论衡》（苗普生）、《清代新疆社会变迁研究》（华立）、《西北边疆与卫拉特蒙古探究》（成崇德）。

总之，其主编和策划的许多丛书，在中国边疆历史研究中具有重要的拓荒意义，在学界得到极高的评价和赞誉。如"中国边疆通史"丛书，就被学界誉为："是一套填补国际学术空白的中国疆域通史系列专著，也是一套代表中国边疆研究领域最新水平的世纪集成之作。"① 此外，其主编、策划的一些档案资料整理类的丛书也具有十分珍贵的史料价值，备受学界推崇；其主编、策划的边疆民族入门丛书、探察丛书以通俗生动的文笔为学术走向大众，让大众了解学术做出了有益尝试，很多作品受到了读者的喜爱，畅销至今，影响广泛。

（五）国内外学术演讲 300 余次

1978 年至今，在青海省省委宣传部、青海师范学院、青海民族学院联合举办学术报告会上（1978 年 10 月 5 日），在宁夏社科院学术报告会上（1989 年 8 月 17 日），在日本大阪举办的"第三届朝鲜学国际学术研讨会"上（1990 年 8 月 5 日），在日本福冈举办的"丝绸之路文明交流的过去、现在、未来"国际学术讨论会上（1992 年 3 月 25 日），在昆明举办的"云南边境地区稳定与发展现状及其对策"研讨会上（1995 年 3 月 20 日），在德国慕尼黑举办的"宋至清中原地区与周边关系"国际研讨会上（1996 年 7 月 26 日），在新疆社会科学院历史所学术报告会上（1996 年 9 月 20 日），在哈萨克斯坦国立大学历史系师生学术报告会上（1997 年 10 月 23 日），在北京中国藏学研究中心学术报告会上（1999 年 4 月 14 日），在北京军区干部学习会上（1999 年 5 月 10 日），在北京军事科学院战略部学术讨论会上（2000 年 3 月 31 日），在北京部级领导干部历史文化讲座上（2002 年 4 月 27 日），在北京反恐工作研讨会上（2003 年 12 月 17 日），在国家图书馆主办问津讲坛上（2004 年 11 月 20 日），在韩国首尔举办的"高句丽文化的历史意义"中韩学术讨论会上（2005 年 7 月 29 日），在芬兰赫尔辛基举办的"马达汉 1906—1908 年骑马穿过亚洲"国际学术讨论会上（2006 年 8 月 23

---

① 李国强：《"中国边疆通史"丛书：中国边疆历史研究的拓荒之作》，《中国社会科学院院报》2007 年 4 月 24 日第 007 版。

日），在北京总政"6·25"会议上（2008 年 6 月 26 日），在超星名家讲座上（2008 年 11 月 3 日），在哈佛大学费正清研究中心（2008 年 12 月 12 日），在北京中宣部召开的赴疆工作小组会上（2009 年 11 月 10 日），在新疆乌鲁木齐举办的"第九届新疆稳定与发展专家论坛"（2009 年 12 月 10 日），在美国圣路易斯华盛顿大学东亚研究中心（2010 年 9 月 2 日），在国家法官学院西部地区法官培训班上（2012 年 11 月 15 日），在陕西师范大学中国西部边疆研究院座谈会上（2015 年 5 月 8 日），在外交部安全司"跨境民族问题及'双泛'思想在我周边传播对新疆安全稳定的影响"专题研讨会上（2016 年 3 月 25 日），在上海政协专题报告会上（2016 年 4 月 8 日），在 2017 年吉林白山（第七届）"中国边疆重镇"高峰论坛上（2017 年 9 月 27 日），在中宣部"高句丽、渤海问题研究"专题部署工作会议上（2017 年 12 月 14 日）等以及在中国社会科学院和国内外众多学术机构主办的学术报告会上就"中国边疆研究""中国边疆安全、稳定与发展问题"发表学术演讲 300 余次，其学术观点在国内外学界产生了重要影响，同时也深化了国内有关军政部门人员对中国边疆历史与边疆治理问题的认识。

（六）主持、承担国家、中国社会科学院、省部级研究项目

1975 年至今，主持并完成多项国家社会科学基金项目，国家民委委托研究项目，中国社会科学院重点研究项目，中共中央外宣办委托（中国社会科学院交办研究项目），中共中央统战部委托研究项目，新疆维吾尔自治区党委、东方研究院委托研究项目，新疆生产建设兵团党委委托研究项目，公安部委托研究项目等事关"中国边疆研究史""中国边疆治理史""中国边疆安全、稳定与发展"等相关重大问题研究项目 20 余项；参与承担国家、中国社科院、省部级重要研究项目 10 余项。这些课题的部分研究成果为党和国家有关部门的决策提供了重要的参考依据。

此外，马大正先生还以深厚的学术底蕴和卓越的人格魅力领导、组织、策划了多项全国性超大型的边疆研究综合项目[①]，还担任国家社会科学基金

---

① 如中国社会科学院重大课题（国家财政专项支持项目）："东北边疆历史与现状系列研究工程"项目，又简称"东北工程"项目；国家社科基金重大特别委托项目："新疆历史与现状综合研究"项目，又简称"新疆项目"；国家社科基金重大特别委托项目："西南边疆历史与现状综合研究项目"，又简称"西南项目"。

重大特别委托项目首席专家、专家委员会主任，新世纪重大学术文化工程（国家财政专项支持项目）"国家清史纂修工程"国家清史编纂委员会副主任等重要学术职务，为繁荣中国的哲学社会科学事业做出了突出的贡献。

（七）撰写调研报告（含独著、合著）200余篇

1988年至今，独著、合著边疆调研报告达200余篇并上报国家有关部门，主要涉及中国边疆安全、稳定与发展的重要问题。例如：新疆的反分裂斗争与外部敌对势力对新疆的渗透；中朝、中韩有关高句丽的认识与历史书写问题；朝鲜半岛形势的变化对东北地区稳定的冲击；中印边界问题；云南边疆地区稳定与发展现状及其对策；等等。一大批具有战略性、前瞻性、可操作性调研报告的问世，为国家有关部门的决策提供了科学依据，促进了中央与地方有关机构和人员对中国边疆研究的重视，并产生了较好的社会效益。如1997年4月，新疆维吾尔自治区党委办公厅致函中国社会科学院科研局，高度评价马大正主持《新疆地区反分裂斗争的历史与现状：1950—1995年》（1996年8月完成），称其"为我区当前反分裂斗争决策提供了重要而及时的参考"。

（八）奖掖同仁、提携后学，培养中国边疆研究后备人才

自1983年至今，马先生为中央民族学院（大学）历史系、北京大学历史系、中国人民大学清史所、兰州大学西北少数民族研究中心、山东大学历史文化学院、云南大学历史系等高校院所（系）的硕士生、博士生授课，并相继培养博士研究生六人，现已成为所在单位中国边疆研究的知名专家或青年学术骨干。此外，在中国边疆研究学界得到过马先生指引和帮助的学者众多，他们现今大都已成为所在部门的科研骨干抑或是中国边疆研究领域中的领军人物。这不仅体现了马先生视"助人为乐"为人生格言的可贵品质，还充分彰显了马先生为中国边疆研究事业的繁荣赓续学术力量的博大胸襟。

（九）为"中国边疆学"学科的构筑尽心竭力

20世纪90年代以来，随着中国边疆研究的不断深化，马先生是较早推动"中国边疆学"学科创建的重要倡导人，也是用力最为卓著的人，还是

具体尝试、亲身实践进行学科理论的建构者。"创立一门以探求中国边疆历史和现实发展规律为目的的新兴边缘学科——中国边疆学，这就是肩负继承和开拓重任的中国边疆研究工作者的历史使命！"① 这是马先生在其《二十世纪的中国边疆研究——一门发展中的边缘学科的演进历程》一书结尾处写下的一段话，既是他自己心愿的表达，也是对同仁们的热望，同时也是在充分吸收中国边疆研究历史遗产的基础上对"中国边疆学"学科构筑的较早探索。之后，通过多年身体力行的实践与探索，马先生在中国边疆学学科的构筑上提出了一系列的思考要点，并逐步深化创新，日趋科学完善。譬如他在其《从中国边疆研究的发展到中国边疆学的构筑》②、《思考与行动——以边疆研究深化与边疆中心发展为中心》③、《关于边疆研究若干问题的思考》④、《组织跨学科力量对中国边疆重大问题研究进行联合攻关》⑤、《关于构筑中国边疆学的断想》⑥、《深化边疆理论研究与推动中国边疆学的构筑》⑦、《边疆研究应有一个大发展》⑧、《边疆研究者的历史责任：构筑中国边疆学》⑨、《略论中国边疆学的构筑》⑩、《关于中国边疆学构筑的学术思考》⑪ 等系列文章中，对中国边疆学的学科定位、特点、内涵与分类、基本功能、学科依托与学科交叉、研究理论与方法等方面都进行了丰富与完善。另外，在其大力倡导和推动下，学界对中国边疆学学科构筑的探讨自 21 世纪以来也日渐丰硕，其重要者有如方铁《论中国边疆学学科建设的若干问题》⑫ 和《试论中国边疆学的研究方法》⑬、周伟洲《关于构建中国边疆学

① 马大正、刘逖：《二十世纪的中国边疆研究——一门发展中的边缘学科的历史演进》，黑龙江教育出版社，1997。
② 马大正：《从中国边疆研究的发展到中国边疆学的构筑》，《光明日报》1999 年 1 月 8 日。
③ 马大正：《思考与行动——以边疆研究深化与边疆中心发展为中心》，《中国边疆史地研究》2001 年第 1 期。
④ 马大正：《关于边疆研究若干问题的思考》，《中国边疆史地研究》2002 年第 1 期。
⑤ 马大正：《组织跨学科力量对中国边疆重大问题研究进行联合攻关》，《中国边疆史地研究》2002 年第 4 期。
⑥ 马大正：《关于构筑中国边疆学的断想》，《中国边疆史地研究》2002 年第 3 期。
⑦ 马大正：《深化边疆理论研究与推动中国边疆学的构筑》，《中国边疆史地研究》2007 年第 1 期。
⑧ 马大正：《边疆研究应有一个大发展》，《东北史地》2008 年第 1 期。
⑨ 马大正：《边疆研究者的历史责任：构筑中国边疆学》，《云南师范大学学报》2008 年第 5 期。
⑩ 马大正：《略论中国边疆学的构筑》，《新疆师范大学学报》2013 年第 5 期。
⑪ 马大正：《关于中国边疆学构筑的学术思考》，《中国边疆史地研究》2016 年第 2 期。
⑫ 方铁：《论中国边疆学学科建设的若干问题》，《中国边疆史地研究》2007 年第 2 期。
⑬ 方铁：《试论中国边疆学的研究方法》，《云南师范大学学报》2008 年第 5 期。

的几点思考》①、李国强《中国边疆学学科构筑的透视》②、邢广程《关于中国边疆学研究的几个问题》③ 和《开拓中国边疆学研究的新局面》④、林文勋《从边疆史地到边疆学》⑤、郑汕《中国边疆学概论》⑥ 等一系列成果的涌现，进一步说明"中国边疆学"学科的构筑引起了学界的积极呼应与探讨，近年来大有"呼之欲出"之势。此外，在其呼吁和影响下，21 世纪以来一批与中国边疆研究密切相关的学术机构、学术团体、学术刊物在国内高校和科研院所如雨后春笋般相继兴起，这无疑都为中国边疆研究的繁荣与发展积蓄了力量，为"中国边疆学"学科的构筑夯实了基础。

（十）在推动中国边疆研究话语体系、理论体系、学科体系上具有重要的引领之功

"中国是一个有着悠久历史的文明古国，不但拥有辽阔的中原腹地，而且拥有广袤的边疆地区，中国边疆是中国统一的多民族国家十分重要且不可分割的组成部分。中华民族就是在这片土地上逐步发展起来的。勤劳、勇敢的各族人民共同创造了灿烂的中国历史，其中包括边疆地区发展的历史。"⑦ 马先生在总结中国疆域形成和发展历史时还进一步指出："我们的先辈为今人留下了两项举世瞩目、无与伦比的历史遗产：幅员辽阔的统一多民族国家和人口众多、多元一体的中华民族。这是中国不同于世界上任何一个国家的特殊国情。"⑧ 中国边疆"又是当代中国人继承先辈留存的两大历史遗产——统一的多民族中国和多元一体中华民族的连接平台"⑨。基于上述认识和充分汲取中国边疆研究历史遗产的基础上，马先生认为，"将中国边疆作为统一多民族国家的有机组成部分，作为一个完整的研究客体，并对此进行历史的和现状的综合

---

① 周伟洲：《关于构建中国边疆学的几点思考》，《中国边疆史地研究》2014 年第 1 期。
② 李国强：《中国边疆学学科构筑的透视》，《云南师范大学学报》2008 年第 5 期。
③ 邢广程：《关于中国边疆学研究的几个问题》，《中国边疆史地研究》2013 年第 4 期。
④ 邢广程：《开拓中国边疆学研究的新局面》，《中国边疆史地研究》2016 年第 2 期。
⑤ 林文勋：《从边疆史地到边疆学》，《中国边疆史地研究》2016 年第 2 期。
⑥ 郑汕：《中国边疆学概论》，云南人民出版社，2012。
⑦ 马大正：《从中国边疆研究的发展到中国边疆学的构筑》，《光明日报》1999 年 1 月 8 日。
⑧ 马大正：《中国疆域的形成与发展》，《中国边疆史地研究》2004 年第 3 期。
⑨ 马大正：《关于中国边疆学构筑的学术思考》，《中国边疆史地研究》2016 年第 2 期。

研究"①，应是构筑有中国特色的"中国边疆学"理论体系的基石。对此，多年来，马先生以马克思主义理论为指导，孜孜以求构筑有中国特色的中国边疆学理论体系，从学科建设的高度提出了一系列认识和思考，并逐步创新与发展、日趋完善。譬如他对中国边疆学学科定位的最新思考就鲜明地体现了这一过程："中国边疆学既是一门探究中国疆域形成和发展规律、中国边疆治理理论和实践的综合性专门学科；又是一门考察中国边疆历史发展轨迹，探求当代中国边疆可持续发展与长治久安现实和未来极具中国特色的战略性专门学科。中国边疆学是社会科学一个分支，应定位于社会科学学科分类的一级学科。"② 显然这一定义是其在 20 世纪 90 年代以来认识基础上的深化与完善。此外，他还进一步强调："今日我辈学人倡导中国边疆学构筑，应铭记：中国边疆学构筑的准备是对中国边疆研究千年积累、百年探索、30 年创新的继承；中国边疆学构筑的基础是对中国疆域理论的探究；中国边疆学构筑的切入口是对中国古今边疆治理经验与教训的总结；而中国边疆学构筑的原动力则是鲜活现实生活的需要。"③ 当前，学术的发展、时代的需要，加快构建有中国特色的哲学社会科学体系正处于关键时期，④ 回望整个人类社会发展的历史，无疑中国疆域（或边疆）形成和发展的历史极具中国特色，为了从理论上和实践中科学地回答历史与现实中中国边疆的热点问题和难点问题，中国边疆学学科体系的建构应是当务之急。长期以来，马先生对中国边疆研究话语体系、理论体系、学科体系的诸多思考与认识，无疑对"用中国理论回答中国问题，用中国话语解读中国道路"⑤，构筑有中国特色的中国边疆学理论体系、话语体系、学术体系具有重要的引领意义。

除了上述十大贡献以外，马先生还为很多著作、文集、档案资料汇编等优秀学术作品写过百余篇的序跋、前言、书评、书介、书目，细细读来，这些文章无不闪耀着马先生卓拔的见识与智慧的光芒。自 1987 年以来，马

---

① 马大正：《思考与行动——以边疆研究深化与边疆中心发展为中心》，《中国边疆史地研究》2001 年第 1 期。

② 马大正：《关于中国边疆学构筑的学术思考》，《中国边疆史地研究》2016 年第 2 期。

③ 马大正：《中国边疆学构筑札记》，中央广播电视大学出版社，2016，第 255 页。

④ 习近平：《加快构建中国特色哲学社会科学（2016 年 5 月 17 日）》，载《习近平谈治国理政》（第 2 卷），外文出版社，2017，第 338～348 页。

⑤ 刘奇葆：《用中国理论回答中国问题 用中国话语解读中国道路》，《光明日报》2015 年 7 月 29 日，第 4 版。

先生还被国内诸多学术机构和课题项目组聘为兼职教授①、学术委员会主任②、学术顾问③、杂志编委④等职，以学术兼职的身份为中国边疆研究贡献着力量。1989 年至今，据统计，其独撰和参与撰写的学术成果已获得国家图书奖、中宣部"五个一"工程奖、郭沫若中国历史学奖、中国社会科学院优秀成果奖等各类各项奖励多达 40 余次。在不同的工作岗位上马先生还多次受到表彰，譬如：1992 年 10 月，获中华人民共和国国务院颁发的政府特殊津贴；1999 年 8 月，在蒙古国乌兰巴托召开的"纪念蒙古高僧咱雅班第达诞生 400 周年国际学术研讨会"上，荣获会议颁发蒙古史研究特别奖；2000 年 7 月，中共中国社会科学院党组授予马大正同志 1996～2000 年度院级优秀共产党员荣誉；2001 年 7 月，马先生获中国社会科学院颁发荣誉证书，表彰其在担任中国边疆史地研究中心主任期间为社会科学研究事业做出了重要贡献；2003 年 9 月，承德市人民政府为感谢马大正先生 30 年来对避暑山庄文物事业做出的特殊贡献，值此避暑山庄三百年华诞之际，特颁发荣誉证书，以资表彰；2004 年 4 月，马先生获中央国家机关"五一劳动奖章"荣誉称号；2016 年 1 月，马先生被国家清史编纂委员会、文化部清史纂修与研究中心评为 2015 年度优秀工作者；2017 年 10 月，马先生获锡林郭勒职业学院支持学院科学研究工作贡献奖；等等。这都充分表证了 40 余年来马先生的丰硕学术成果及其组织（主持）的学术活动得到了学界和社会有关部门的认可与敬重。

---

① 如 1998 年 12 月受聘为东北师范大学东北民族与疆域研究中心客座教授、2001 年 3 月受聘为中国人民公安大学兼职教授、2002 年 3 月受聘为吉林大学兼职教授、2002 年 4 月受聘为吉林省社会科学院特聘研究员、2005 年 12 月受聘为山东大学历史文化学院兼职博士生导师、2006 年 6 月受聘为中国人民武装警察部队学院兼职教授、2008 年 11 月受聘为云南大学人文学院客座教授兼博士生导师、2017 年 11 月受聘为陕西师范大学人文社会科学高等研究院特聘研究员等。

② 如 2001 年 7 月受聘为兰州大学、新疆大学人文科学基地西北少数民族研究中心学术委员会主任，2009 年 12 月受聘为中国中外关系史学会第七届理事会学术委员会主任，等等。

③ 如 1993 年 3 月，受聘为国家社会科学"八五"重点项目《中国古代疆域史》课题组学术顾问；2001 年 11 月受聘为《新疆内参》特约顾问；2002 年 1 月，受聘为东北师范大学东北民族与疆域研究中心学术委员会顾问；2006 年 1 月受聘为中国民族史学会顾问；2011 年 12 月，受聘为云南大学公共管理学院国家社科基金重大项目"中国的边疆及边疆治理理论研究"课题组学术顾问；等等。

④ 如 1999 年 8 月受聘为新疆社会科学院《西域研究》编委会委员、2000 年 1 月受聘为《民族研究》杂志编辑委员会委员、2016 年 10 月受聘为《思想战线》编辑委员会委员等。

三　马大正先生的学术思想

（一）以马克思主义为指导，重视"以史为鉴""经世致用"的爱国主义思想

马大正先生在其《边疆研究要有一个大发展》一文中曾鲜明地指出："以马克思主义为指导是中国边疆研究的基本指导思想，维护国家统一、民族团结和社会稳定是中国边疆研究遵循的最高政治原则。上述指导思想和政治原则已成为中国边疆研究工作者的共识，并贯彻于研究实践中。"① 此外，在其诸多的研究成果中，他还反复强调：史学研究者必须要牢记自身的社会责任，其研究成果要有利于发挥"以史为鉴"的社会功能；中国边疆研究要继承"求真求实"的优良传统，边疆研究者要以爱国主义精神作为自己的指导思想。② 纵观马先生迄今 40 余年的全部研究成果无不鲜明体现了这一思想指导的重要性，其中《新疆史鉴》③ 堪称是在这一思想指导下完成的典范之作，该著重视站在历史的高度看现状，站在历史的脊梁上观察新疆问题，为新疆的反分裂斗争提供了重要的史鉴价值。

（二）边疆研究中强调几个方面相结合的重要性

一是，学术研究与学术普及相结合。用马先生的话说，就是学术研究不仅要有"阳春白雪"，还要有"下里巴人"。自 20 世纪 80 年代至今，其策划的"中国民族史入门丛书"、领衔撰写的《新疆史鉴》、多次接受媒体和报刊的访谈以及在国内军政部门的诸多学术演讲，无不鲜明体现了"让学术走向大众，让大众了解学术"④ 的重要性。⑤ 2000 年以来马先生先后撰

---

① 马大正：《边疆研究要有一个大发展》，《中国社会科学院院报》2005 年 9 月 22 日第 002 版。

② 马大正：《当代中国边疆研究者的历史使命》，《中国边疆史地研究》1992 年第 2 期；《马大正文集》，上海辞书出版社，2005；《热点问题冷思考——中国边疆研究十讲》，上海辞书出版社，2013；《当代中国边疆研究（1949—2014）》，中国社会科学出版社，2016；《中国边疆学构筑札记》，中央广播电视大学出版社，2016。

③ 马大正：《新疆史鉴》，新疆人民出版社，2006。

④ 马先生认为这里的"大众"应包含两类群体："其一是普通的民众，其二是国家各级各部门的管理者。对上述两个群体进行学术知识普及十分必要，缺一不可。这一历史任务的实施，也是学人不可推卸的社会责任。"参见马大正《中国边疆学构筑札记》，第 67 页。

⑤ 马大正：《中国边疆学构筑札记》，第 240 页。

写的《土尔扈特蒙古万里回归的启示》①、《东归精神永存——土尔扈特蒙古万里东归的启示》②、《东归精神不朽——土尔扈特东归 240 年祭》③ 等文章以及有关土尔扈特蒙古东归为主题的电视访谈、公益讲演等活动，就是在这一思想指导下做出的典范。

二是，读万卷书与行万里路相结合。马先生认为："'读万卷书'就是指中国边疆研究者大量地阅读和掌握有关文献材料，以便在前人研究成果的基础上进一步研究和解决新问题；'行万里路'则是指中国边疆研究的发展也依赖于边疆研究者深入辽阔的边疆地区进行实地考察研究，在社会实践过程中有所发现、有所进步。就每一个有成就的边疆研究者来说，其'读书'与'行路'的经历可能有很大的差异；而就边疆研究发展的整体而言，'读书'和'行路'是相辅相成、缺一不可的。""'读书'和'行路'既是边疆研究新知之源，又构成了边疆研究成果之流。"④ 对此，马先生在边疆研究中也起到了很好的带头示范作用，20 世纪 80 年代至今的 30 余年，他奉行"读万卷书"与"行万里路"的治学理念，足迹遍及中国陆疆与海疆⑤，抒写了许多脍炙人口的诗篇：边疆考察散记，如《天山问穹庐》⑥、《伊犁考古散论》⑦、《海角寻古今》⑧ 等便是这方面的代表作，深受读者喜爱⑨。此外，自 20 世纪 90 年代始，他躬行实践，亲自组织并参与其中的当代中国边疆调研课题，去新疆、西藏、云南、广西、东北、内蒙古、海南等边疆地区上百次，撰写了一大批有关中国边疆安全、稳定与发展的调研

---

① 马大正：《土尔扈特蒙古万里回归的启示》，载于赵禄祥主编《资政要鉴》，北京出版社，2001。

② 马大正：《东归精神永存——土尔扈特蒙古万里东归的启示》，《西部蒙古论坛》2009 年第 4 期。

③ 马大正：《东归精神不朽——土尔扈特东归 240 年祭》，《中国社会科学报》2011 年 9 月 22 日第 8 版。

④ 马大正：《中国边疆学构筑札记》，第 242 ~ 243 页。

⑤ 据马先生不完全统计，他考察次数最多的边疆地区是新疆（至今已达 60 余次），其次是云南（至今已达 30 余次），再次是东北边疆（至今已达 20 余次）。

⑥ 马大正：《天山问穹庐》，山东画报出版社，1997 年版、2010 年版；《天山问穹庐》（蒙文版），金花译，内蒙古人民出版社，2016。

⑦ 马大正：《伊犁考古散论》，《伊犁河》1984 年第 3 期。

⑧ 马大正：《海角寻古今》，新疆人民出版社，2000。

⑨ 尤其是"《天山问穹庐》自 1997 年出版以来，虽两次印刷已近两万册，承读者厚爱，早已售罄，但求购此书之信息仍不时传来"。参见马大正《天山问穹庐》，山东画报出版社，2010，第 252 页。

报告，得到了中央与地方各级部门的重视。①。

三是，基础研究与应用研究相结合。马大正先生认为："基础研究与应用研究相结合的发展趋势，为本学科领域注入了新的活力……无论是传统的历史学研究，还是具有时代特点的现实问题研究，都不是孤立存在的，把两者融为一体进行贯通性研究，在历史的长河中探索当代中国边疆治理的重大问题，既是社会科学研究功能的体现，也是本学科不断蓬勃向上的客观要求。"②正是在这一思想指导下，马先生的很多研究成果堪称是这一领域研究的典范③。如马先生担任总主编的《中国边疆通史丛书》，"学界公认，该丛书是中国边疆历史研究的集大成之作，'是一部凝聚着爱国主义与历史科学精神的学术新著'（戴逸教授语）"。④此外，在边疆调研的基础上，他还组织撰写了一大批应用性成果，为有关部门提供了决策参考。⑤

四是，学术研究与智库建设相结合。长期以来，这是马先生从事边疆研究活动的又一大特色。如 21 世纪头十年，马先生担任中国社会科学院新疆发展研究中心主任期间，"为了更好地推动新疆历史与现状研究，新疆发展研究中心紧紧抓住新疆稳定和发展两大主题，从基础研究和应用研究两个方向展开全方位、多层面研究。同时为了更好地发挥智库与智囊的作用，新疆发展研究中心与新华社新疆分社联合主办了'新疆稳定与发展专家论坛'，自 2001 年至 2009 年在乌鲁木齐市共举办了九届"，马先生作为"新疆发展研究中心主任，有幸成为论坛的组织者之一，并先后主持了七届论坛（有两次因病请假）"。⑥

五是，中国视野与世界视野相结合。马先生认为："边疆研究要有大视野，也就是说要有中国视野和世界视野。"所谓中国视野："是指中国边疆是统一多民族中国的不可分割的组成部分，又是多元一体中华民族中众多少数民族的主要栖息地，从历史角度看，中国边疆是统一的多民族中国、多元一

---

① 马大正：《热点问题冷思考——中国边疆研究十讲》，上海辞书出版社，2013，第 144～148 页。
② 马大正：《略论中国边疆学的构筑》，《新疆师范大学学报》2013 年第 5 期，第 8 页。
③ 譬如：马大正等《20 世纪中国西部开发史》（黑龙江教育出版社，2005）、《中亚五国史纲》（新疆人民出版社，2000）、《新疆史鉴》（新疆人民出版社，2006）、《古代中国高句丽历史丛论》（黑龙江教育出版社，2001）、《古代中国高句丽历史续论》（中国社会科学出版社，2003）、马大正《中国边疆治理通论》（湖南人民出版社，2015）等。
④ 马大正：《我与中国边疆学》，《中国边疆史地研究》2013 年第 4 期。
⑤ 马大正：《当代中国边疆研究（1949—2014）》，第 118～126 页。
⑥ 马大正：《中国边疆学构筑札记》，第 276 页。

体中华民族两大历史遗产的关键点、连接平台;从现实角度看,中国边疆既是当代中国的国防前线,也是当代中国的改革开放前沿,还是当代中国可持续发展的重要组成部分。所以,研究中国边疆,包括边疆理论,不能就边疆论边疆,一定要有中国视野,也就是说,研究时要心有中国全局。"所谓世界视野:"是指中国边疆的地理的和人文的特殊性,与周边国家和地区具有千丝万缕的关系,因此,我们要自觉地把中国边疆的历史和现状放到世界的背景中观察、评议和研究,既要纵向分析,也要横向比较。以清代边疆政策研究而言,只有具备了世界视野,才能认识到清代的边疆治理未能正确应对由内边防务到外边防务为主的根本性转变,这是清代边疆政策由成功到失败的主要原因。"① 马先生的这一思想认识充分彰显了其开阔的学术视野与胸怀全局的治学理念。

六是,经世致用、以史为鉴、面对火热的现实与求真求善相结合。马先生认为:"历史、现实和未来总是相互联系在一起的:历史是现实的昨天,未来则是现实的明天。边疆研究的对象——中国边疆,其本身即具有历史与现实紧密结合的特点,因此,研究边疆理论必须依托历史、面对现实和着眼未来,这既是中国边疆现实向我们提出的要求,也是中国边疆学学科建设的需要。"② "求真求善才能得到经世的理论体系,致用则是要使理论研究达到实用的目的。"③ 此外,马先生还认为,中国边疆学研究的基础研究部分具有丰富的以史为鉴的功能,"在这里历史不是不食人间烟火的阳春白雪,而是与火热的现实生活紧密相连";中国边疆学研究的应用研究部分具有强烈的为现实服务的功能,"为维护国家统一、边疆稳定、民族团结、社会和谐,为决策部门提供科学的政策咨询"。④ "任何问题都离不开历史,研究历史的重要任务之一是为了了解现代,进而为解决现代存在的问题提供借鉴。对新疆的历史进行观察、分析、研究同样不例外。如果不了解新疆历史,就可能认不清现实中出现的一些问题,更无法制订正确的解决之策。要站在历史的脊梁上观察新疆问题,要站得高,基点之一是先辈们对新疆进行了开拓和开发,基点之二是我们的前人在认识新疆、研究新疆方面有着丰富的积累。"⑤

---

① 马大正:《中国边疆学构筑札记》,第 246 页。
② 马大正:《中国边疆学构筑札记》,第 245 页。
③ 马大正:《当代中国边疆研究者的历史使命》,《中国边疆史地研究》1992 年第 2 期。
④ 马大正:《关于中国边疆学构筑的学术思考》,《中国边疆史地研究》2016 年第 2 期。
⑤ 马大正:《新疆史鉴》,新疆人民出版社,2006,第 3 页。

马先生在《新疆史鉴》一书开篇导论中的这段话，正是对这一思想的最好注脚。

七是，研究中要坚持微观研究与宏观研究相结合。马先生认为："边疆历史特点与现实社会需求决定了中国边疆问题研究，应注意宏观研究与微观研究，整体研究与个案研究，理论研究与应用研究的并重和统筹。"① "微观研究是研究深化的基础，宏观研究则是研究的升华和能否拓展的保证。"② 回顾马先生迄今40余年的边疆研究成果，无不鲜明地体现了这一特点。如他早年从微观角度从事卫拉特蒙古史的研究成果③，就得到了同行们的高度赞誉，成为学术界的一面旗帜，具有"引领研究之先的功效"。④ 在扎实的微观研究基础上，后来他对中国边疆研究进行古今贯通、长时段、带有规律性问题的宏观研究上也取得了巨大成就，不仅深刻揭示了统一多民族中国疆域形成和发展的历史特点、中国边疆研究的历史进程以及中国边疆历史与现状的诸多问题，而且还推动、引领了"中国边疆学"学科的构筑。

（三）就中国边疆研究提出了一系列的创见

例如，他对中国边疆地区的发展大势与演进特点的认识，首次科学地提出了"中国特色的两大历史遗产论"的观点："我们的先辈为今人留下了两项举世瞩目、无与伦比的历史遗产：幅员辽阔的统一多民族国家和人口众多、多元一体的中华民族。这是中国不同于世界上任何一个国家的特殊国情。"⑤ 中国边疆又是当代中国人继承先辈留存的两大历史遗产的连接平台，"中国边疆战略地位决定了对它研究赋予了特殊的重要

---

① 马大正、刘晖春：《加强项目顶层设计深化中国边疆研究》，《云南师范大学学报》2018年第1期。

② 马大正：《回忆与思考：我的卫拉特蒙古历史研究》，《西部蒙古论坛》2016年第4期。

③ 例如马先生撰写的卫拉特蒙古史七考：《土尔扈特蒙古东归始于何时考》《土尔扈特蒙古东归路线考——一条鲜为人知的哈萨克草原通道》《土尔扈特东归人、户数考》《土尔扈特蒙古大喇嘛罗卜藏丹增史事述补》《新疆和布克赛尔准噶尔遗址考》《新疆和硕特蒙古扎萨克印考》《土尔扈特蒙古系谱考述》，不仅获得了同行的认同，还得到了很多关注土尔扈特东归史的文艺界朋友的重视和称赞，主要是因为马先生依据满、汉、俄文档案文献，以及自己田野调查的资料，对土尔扈特蒙古东归史的一些重要节点的考证，解决了史事、史实上长期待解的难题。参见马大正《回忆与思考：我的卫拉特蒙古历史研究》，《西部蒙古论坛》2016年第4期。

④ 马大正：《回忆与思考：我的卫拉特蒙古历史研究》，《西部蒙古论坛》2016年第4期。

⑤ 马大正：《中国疆域的形成与发展》，《中国边疆史地研究》2004年第3期。

性、紧迫性"。① 他高屋建瓴地把中国边疆地区历史特点概括为：悠久的历史——曲折发展过程中的连续；广阔的地域——分散发展演进后的统一；多样的民族——自立发展基础上的融合；复杂的问题——多重矛盾发展的叠加；② 等等。目前这些认识和归纳可以说代表了学界对中国边疆最科学、最高水平的认识，具有重要的学术价值和理论价值。此外，对中国边疆研究中的重大理论问题与学术实践，他还提出了自己诸多的新思考、新认识，对我们更深入、更全面地了解边疆、认识边疆、研究边疆、建设边疆，有着十分重要的学术价值和现实意义。③

（四）边疆研究要重视对档案、文献资料的挖掘、整理与利用

马先生认为："资料是研究赖以进行，得以深入的基础，研究如无资料的支撑有如无源之水，如无新资料的发现和补充，研究想要有所创新也是可遇而不可求的！因此新资料的系统发掘与整理实乃深化研究的第一要务。"④ 为此，马先生在做好自身研究的同时，也十分重视对国内外有关中国边疆档案、文献资料的挖掘、整理与利用，并做出了重要贡献。例如由马先生参与策划、主编或整理有代表性的边疆文献、档案资料就有：主编《民国边政史料汇编（全三十册）》（国家图书馆出版社，2009），主编《民国边政史料续编（全三十册）》（国家图书馆出版社，2010），参与策划《民国时期西南边疆档案资料汇编云南卷（全80卷）》（社会科学文献出版社，2013），参与策划《民国时期西南边疆档案资料汇编广西卷（全30卷）》（社会科学文献出版社，2014），参与组织《满文土尔扈特档案译编》（民族出版社，1988）和《清代西迁新疆察哈尔蒙古满文档案全译》（新疆人民出版社，2004），组织编印《蒙古族厄鲁特部历史资料译文集》（自1976年8月至1980年2月，共编印油印本16辑）和《厄鲁特蒙古历史译丛》（自1981年12月至1984年12月共编印油印本4集），参与收集并整理《清代新疆稀见奏牍汇编（共5卷8册）》（新疆人民出版社，2013）、《蒙古律例·回疆则例》《新疆乡土志稿》⑤，

① 马大正：《关于中国边疆学构筑的学术思考》，《中国边疆史地研究》2016年第2期。
② 马大正：《中国边疆经略史》，中州古籍出版社，2000，第4~7页。
③ 马大正：《中国边疆学构筑札记》，中央广播电视大学出版社，2016。
④ 马大正：《深化中国边疆政策研究之我见》，《社会科学战线》2012年第7期。
⑤ 马大正：《中国边疆学构筑札记》，第264页。

参与翻译《百年前走进中国西部的芬兰探险家自述——马达汉新疆考察纪行》（新疆人民出版社，2009）等。这些文献、档案资料的整理与出版不仅为边疆研究者的研究提供了便利，而且还为边疆研究的深化做了一件功德无量的大好事，得到了同行的欢迎与好评。与此同时，马先生在利用新挖掘的边疆档案资料从事研究方面也有着卓越的表现，如他早年利用满文档案汉译材料《满文土尔扈特档案译编》和《清代西迁新疆察哈尔蒙古满文档案全译》进行的土尔扈特蒙古和察哈尔蒙古历史的研究成果就得到过学术界的高度赞誉。① 又如，他利用《蒙古族厄鲁特部历史资料译文集（16辑）》和《厄鲁特蒙古历史译丛（4集）》等众多国内外文献资料基础上撰写的有关"卫拉特蒙古史"②研究成果，出版后就"得了国内外同行的好评，也一直为蒙古史、清史、中亚史、中外关系史、新疆地方史等领域的年青学子们关注"，至今看来，其著述仍不失学术原创性的魅力。③由此，马先生和中国人民大学的马汝珩教授（已故）、兰州大学的马曼丽教授一起被学界赞誉为"国内开拓卫拉特研究领域的'三马'"④，2012年7月新疆卫拉特蒙古研究学会授予马大正等7位同志"卫拉特学研究突出贡献奖"。

（五）重视跨学科研究方法的运用

马先生认为："中国边疆作为一个特殊的领域，它的研究内涵既包括历史和现状，又涉及政治、经济、军事、民族、宗教、国际法、生态环境等诸多方面。因此，要深化对中国边疆历史与现状的研究，必须要组织跨学科的力量，进行联合攻关。"⑤ 特别是在边疆治理研究领域，马先生认为，"仅仅依靠史学研究方法显然远远不够。因此，在边疆治理研究中引入政治

---

① 马大正：《回忆与思考：我的卫拉特蒙古历史研究》，《西部蒙古论坛》2016年第4期。
② 马汝珩、马大正：《漂落异域的民族——17至18世纪的土尔扈特蒙古》，中国社会科学出版社，1991；《卫拉特蒙古简史》编写组（上）：《卫拉特蒙古简史》上册，新疆人民出版社，1992；《卫拉特蒙古简史》编写组（下）：《卫拉特蒙古简史》下册，新疆人民出版社，1996；马大正、成崇德主编《卫拉特蒙古史纲》，新疆人民出版社、人民出版社，2012；等等。
③ 马大正：《回忆与思考：我的卫拉特蒙古历史研究》，《西部蒙古论坛》2016年第4期。
④ 徐黎丽：《封面学者：马曼丽教授》，《广西民族大学学报》2013年第1期。
⑤ 马大正：《组织跨学科力量对中国边疆重大问题研究进行联合攻关》，《中国边疆史地研究》2002年第4期。

学、社会学、民族学、人类学等诸多学科的理论和方法已成大势，唯有如此才能将研究推向新的高度和深度"。① 另外，从"中国边疆学"学科构筑的视角看，多学科、跨学科、交叉学科理论与方法在中国边疆学术研究领域的大量实践，无疑为中国边疆学学科的建构提供了有益的保障。这也是马先生在构筑"中国边疆学"学科时极为重视的一面。

此外，马先生还十分重视对边疆基础理论的研究，认为中国疆域理论研究是中国边疆学构筑的重要基石，"研究边疆理论必须依托历史、面对现实和着眼未来，这既是中国边疆的现实向我们提出的要求，也是中国边疆学学科建设的需要"②。对此，他还多次提出了"建立有中国特色的中国边疆学理论体系"的一系列建议并得到了学界的呼应。

结　语

纵观马先生迄今为止 40 余年的边疆研究活动及其著述成果，他不愧为中国边疆研究领域的一面旗帜、中国边疆学学科的开拓者。③ 他以敏锐的思维、卓拔的见识、隽永的文笔不断开拓了中国边疆研究的新领域，他以深厚的学术底蕴、卓越的人格魅力多次组织和推动了具有全国性边疆研究的大型科研项目（活动），他的许多著述成果在边疆研究领域不仅具有重要的拓荒意义，更具有重要的史鉴价值和现实意义。此外，为了顺应学术和时代发展的需要，他在继承前辈学术遗产的基础上，适时提出并尽心竭力地推动了有中国特色的"中国边疆学"学科的构筑，还为之发表了大量具有奠基意义的学术成果，特别是最近新作《当代中国边疆研究（1949—2014）》④《中国边疆学构筑札记》⑤ 的出版，马先生已全方位、立体式、多层次对中国边疆研究 65 年的历史进行了回溯与总结，并从理论到实践提出了一系列新思考、新认识，对我们构筑科学的中国边疆学学科体系具有重要的引领之功。40 余年，尽管马先生在中国边疆研究领域里取得了非常巨

---

①　马大正：《不断深化中国古代边疆治理研究》，《人民日报》2016 年 11 月 14 日，第 16 版。

②　马大正：《深化边疆理论研究与推动中国边疆学的构筑》，《中国边疆史地研究》2007 年第 1 期。

③　齐岳峰：《马大正：边疆学开拓者》，《瞭望东方周刊》2014 年第 42 期。

④　马大正：《当代中国边疆研究（1949—2014）》，中国社会科学出版社，2016。

⑤　马大正：《中国边疆学构筑札记》，中央广播电视大学出版社，2016。

大的成就，但他个人却非常谦虚地认为："中国边疆研究涉及内容丰富多彩。'上下五千年，东西南北中'，似苍穹，似大海。而自己 40 余年研究所涉猎内容虽大都在其中，但似星辰，似浪花。"[①] 这是何等的胸襟？真是吾辈的楷模。

以上内容只是我对恩师马先生著述成果及其学术活动的一些肤浅体会和认识，学业不精，对马先生博大精深的学术思想可能还难以全面掌握，今后，在治学的路上还要不断地学习和领会。最后，我想再次感谢马先生多年来对我学术研究与生活上无微不至的关怀，无以为报，只有倍加努力，在中国边疆研究的丰富园地里孜孜矻矻地耕耘，才无愧于马先生对我的栽培之恩。

值恩师马大正先生八十华诞之际，草成此文，以表祝贺！衷心祝愿马先生健康长寿，永葆学术魅力！

2017 年 6 月草成于昆明

---

① 马大正：《马大正文集》（自序：我的治学之途），上海辞书出版社，2005，第 6 页。

马大正先生当代新疆考察与研究的家国情怀

许建英

作为马大正先生的弟子，长期与先生接触，耳濡目染，对先生边疆研究的家国情怀深有感触，但是要下笔将其详细记录下来，却一时又不知从何说起。或许是对先生边疆研究接触较多，也难以一下理出头绪，似乎每个方面都有说不完的内容。无论是在中国边疆的基础研究、应用研究、边疆学创立、边疆考察、境内外资料收集、边疆研究人才的培养以及边疆研究机构的创设，先生可谓都成果丰硕、居功甚伟。要较全面梳理，必须假以时日，详细研究。因此，踌躇再三，尝试结合先生当代新疆考察与研究，略述先生研究边疆的家国情怀。

一 考察：踏遍青山人未老

没有调查就没有发言权，先生对当代新疆研究始于对其多方面考察与调研，可以说既有古典性的考察，更有当代新疆政治社会调研。新疆是先生开始边疆考察的地方，也是最为用力之地。截至 2017 年底，马先生先后赴新疆 60 余次，其中大部分都有考察，足迹遍及天山南北，到过绝大部分的县市。

（一）古典考察

先生在新疆考察上，最早始于传统的古典考察。这方面的考察主要有两次，一次是 1982 年开展的新疆蒙古族社会历史考察，另一次是 1992 年开展的国际跨塔克拉玛干历史文化考察。

1. 新疆蒙古族社会历史考察

先生于 1975 年参加《准噶尔史略》的撰写，在撰写过程中，先生就萌发全面考察新疆蒙古族历史文化的梦想，并着手筹划。1982 年完成初稿，先生的考察计划也准备成熟。1982 年 6 月 15 日，考察队从乌鲁木齐出发，历时 54 天，8 月 7 日返回乌鲁木齐，圆满完成对新疆所有蒙古地区历史文化的全面考察。

考察组共 9 人，分别是：马大正（中国社会科学院民族研究所）、蔡家艺（中国社会科学院民族研究所）、康佑铭（中国社会科学院历史研究所）、郭蕴华（新疆社会科学院民族研究所）、巴赫（新疆社会科学院民族研究所）、陈世良（新疆社会科学院宗教研究所）、谭吴轶（新疆社会科学院宗教研究所）、刘德平（新疆社会科学院经济研究所）、冯锡时（新疆大学历史系）、诺尔博（新疆大学历史系）。先后经历了 4 个阶段，分别考察了巴音郭楞蒙古自治州、伊犁哈萨克自治州（伊宁市、昭苏县、特克斯县）、博尔塔拉蒙古自治州和伊犁哈萨克自治州的塔城专区的乌苏县与和布克塞尔蒙古族自治县。

先生多年研究新疆蒙古族历史，接触大量历史文献资料，而这次综合考察，则采集到大量生动而真实的一手资料，加深了先生对新疆蒙古族历史文化和风俗习惯的认识。这次考察活动是新中国成立后对新疆维吾尔自治区蒙古族进行的首次综合性考察，具有探索性和普查性，堪称新中国历史学界对新疆蒙古族历史文化的古典考察。后来，先生将这次考察经历撰写成脍炙人口的《天山问穹庐》①，收入"中国边疆探察丛书"。

2. 跨塔克拉玛干历史文化考察

1992 年 10 月，先生组织中国、美国、英国、瑞典、日本、新西兰、英国 6 国学者 30 多人，成立国际塔克拉玛干历史文化考察团，深入塔克拉玛干腹地考察历史文化遗址，历时 20 多天。这次中外学者赴塔克拉玛干沙漠腹地考察历史文化遗址，取得了丰硕的成果。我们知道，19 世纪和 20 世纪上半叶，英、俄、法、德、日和瑞典等多个资本主义国家曾先后赴中国新疆探察，在地理、历史、文化、考古和社会等方面均有重要发现，曾一度产生巨大影响。在新疆近现代以来的考察史上，这种以地理、历史、文化、考古和社会为中心的考察可称为古典考察。不过，自 1935 年中瑞西北科学考察后，再没有进行较大规模的国际历史文化考察，跨塔克拉玛干考察更

---

① 马大正：《天山问穹庐》，山东画报出版社，1997 年初版；2010 年增订版。

是没有，学界希望能有新的考察，因此，先生组织的这次考察活动甚为人们期待。这次考察路线是先生精心计划的，基本路线是沿和田河河道穿越塔克拉玛干沙漠，即乌鲁木齐—库尔勒—库车—阿克苏—和田河河道（自北向南）—玛札塔格—和田—策勒—民丰—若羌—库尔勒—乌鲁木齐，总计约 5000 公里。此次考察的另一个特点是乘坐汽车而非骆驼，考察队规模堪称庞大，由 9 辆越野吉普车和 1 辆沙漠车组成。这次以塔克拉玛干沙漠历史文化遗址为核心的考察，堪称是当代对新疆开展的古典考察，是具有代表性的考察。

实际上，这次历史文化考察活动也创下了多个第一，即是当代新疆第一次跨塔克拉玛干历史文化考察，第一次由中国组织 6 个国家不同人文科学工作者的国际考察队，第一次由中国历史学界组织的跨塔克拉玛干沙漠国际考察，第一次由大规模汽车车队组成的考察。从考察的背景、人员组成、考察目的和线路等来看，这次考察堪称新疆古典考察的继续。而且在实地考察之前，先生还专门在乌鲁木齐举办了"20 世纪西域考察与研究"国际学术研讨会，可视作考察活动的重要组成部分。考察结束后，先生将会议和考察成果加以编选，公开出版了《西域考察与研究》①和《塔克拉玛干考察纪实》②，引起学界的广泛关注。可见，先生组织的这次考察活动影响较大，在新疆近现代以来考察史上有着其特殊意义。

（二）现状考察

除了上述古典考察外，先生在新疆开展更多的则是服务于现状研究的调研活动，涉及政治、经济、文化、社会、宗教、民族和反恐等多方面，可称作现状考察。现状考察是新疆现实问题研究的基础。正是在充分调研的基础上，先生形成了关于新疆稳定与发展的多项研究报告，有不少报告对政府决策和社会认知都产生了重大影响。

作为中国边疆史地研究中心的创建者之一，早在 20 世纪 90 年代初，先生就提出要开展当代中国边疆调研。1990 年，"当代中国边疆系列调查研究"课题作为中国社会科学院重点科研项目正式立项，先生担任项目总主

---

① 马大正、王嵘、杨镰主编《西域考察与研究》，新疆人民出版社，1994。
② 马大正主编《塔克拉玛干考察纪实》，新疆人民出版社，2013。

持人。1990 年，先生赴新疆博尔塔拉蒙古自治州开展调研，最后形成《新疆维吾尔自治区博尔塔拉蒙古自治州建置、边界的历史与现状》研究报告。这是先生当代新疆现状考察与研究的最早成果。

新疆是"当代中国边疆系列调查研究"调研的最重要部分，先生撰写一批研究报告。这些研究成果及时地对新疆形势及其发展趋势做出了准确判断，对正确认识当时新疆面临的核心问题意义重大。随后中央出台著名的六号文件，正式提出影响新疆稳定的主要危险是民族分裂主义和宗教极端主义。几乎与此同时，先生受新疆维吾尔自治区党委委托开展"新疆经济社会发展战略研究"，就新疆稳定在全国稳定中的地位、新疆稳定面临的形势、掌握反分裂斗争的正确策略、新疆的主要危险、维护新疆稳定工作、新疆经济发展、民族团结的三原则以及新疆干部问题等重大课题都做了深入调查与研究，推出一系列研究成果，对新疆维吾尔自治区维护稳定产生了重要影响。如今看来，所有这些课题都是在当代新疆紧要历史关头开展的现状研究，先生经过深入的实地考察和研究，较好地把握住了时代的脉搏，较准确地抓住了新疆核心问题，其诸多观点都客观地反映出问题的实质，对新疆制定维护稳定的政策起到了积极作用。

在新疆现状调研上，先生还承担过多项重要课题。诸如"新疆地区反分裂斗争的历史与现状"（1996）、"新疆社会稳定与发展战略研究"（1999）、"20 世纪新疆地区反分裂斗争历史回眸"（2006）等，先后形成一系列研究报告，对新疆反分裂斗争、意识形态领域斗争、经济社会发展、宗教民族政策以及完善兵团布局等问题，都提出颇具价值的观点，形成有前瞻性和可操作性的对策建议，其中不少都为国家或者新疆维吾尔自治区采纳，得到实施。

在新疆调研中，先生从来乐观豁达，不畏艰险。我们知道新疆现状调研除了要克服交通、食宿，乃至人际关系等各种困难外，还要面对种种现实危险。一是交通方面的危险，由于新疆地广人稀，有些地方道路不尽如人意，甚至非常艰险，交通事故时有发生，有多名著名学者在新疆考察途中就因车祸去世，例如 20 世纪 80 年代的美术史专家谭树桐先生、2003 年的敦煌吐鲁番学专家柳洪亮先生、2016 年的元代文学史专家及西域研究专家杨镰先生。二是暴恐事件的危险，先生曾多次与之擦肩而过。

除了大量调研成果外，先生还坚持写散文，记述调研工作。先生一直有记日记的习惯，无论多忙，都会坚持写日记。在新疆调研更是如此，先生每次都要带个小本子，记录每天主要活动和行程，回京后再详细整理。那些主要问题都会出现在研究报告中。而在研究报告之外，先生还会记述调研的点点滴滴，包括调研的工作、生活、人员交往、历史文化遗址等，这些无不真实记录着先生新疆调研的历程和情感，均被先生整理成情真意切散文。

二 研究：自乐斋里啸北风

先生有间不大的书房，名曰自乐斋。书斋的一面墙全是书架，放满了先生开展新疆研究的资料和图书，也排放着先生赴边疆调研的照片、新疆硅化木或者小工艺品，书斋呈现突出的新疆特色，也洋溢着浓烈的新疆味道。就是在这间不大的书房中，春夏秋冬，寒往暑来，先生都心怀祖国的大西北，密切关注新疆的稳定与发展，写下无数当代新疆研究的文章、研究报告和著作。如果从20世纪80年代初期算起，先生从事当代新疆研究已近40年，这段时间也正是新疆稳定形势发生重大变化的历史时期。先生以稳定和治理为核心开展当代新疆研究取得了重大收获，有多方面重要成果，并产生了广泛的影响。

（一）《国家利益高于一切》①

在先生诸多当代新疆研究的著作中，《国家利益高于一切——新疆稳定问题的观察与思考》是影响较大的一部。前面提到，2001年先生将多年当代新疆调研报告加以遴选，汇编成册公开出版，是为《国家利益高于一切——新疆稳定问题的观察与思考》，时任自治区党委书记王乐泉作序。全书约20万字，分为"综合报告篇"和"专题报告篇"两大部分，共编入10篇调研报告。其中"综合报告篇"所包括的5篇报告分别是：《90年代初期的新疆稳定形势》《1950—1995年新疆地区反分裂斗争历程》、《1997年：新疆反分裂斗争进入更加严峻时期》《1999年：科索沃危机后新疆反分裂》和《新疆反暴力恐怖斗争10年回顾与前瞻》；"专题报告篇"也包括5个报

---

① 马大正：《国家利益高于一切——新疆稳定问题的观察与思考》，新疆人民出版社，2002。

告，分别是：《新疆社会稳定战略研究》《新疆反分裂斗争社情应引起高度重视》《新疆境外分裂组织的发展趋向研究》《人权问题：反分裂斗争的一个新战场》和《新疆稳定与新疆生产建设兵团》。

本书汇编的研究报告是先生20世纪90年代对新疆稳定与发展问题研究的结晶，很多报告对新疆现实工作都产生重要影响，凸显出先生当代新疆研究的特色。

第一，强烈的历史责任感，高度的政治敏感性和居安思危的忧患意识。先生有着广泛而深厚的边疆民族、历史及政策研究积累，能够站在历史的高度来看待现实，以极其负责任的态度来开展现状研究，高度的政治敏感性和居安思危的忧患意识便是其典型体现。

第二，丰富的一手资料、严谨的分析和准确的结论。作为调研报告，详细了解实际情况，掌握第一手资料自然是基本要求；而作为历史学家，先生对资料的重要性更是有着独特的见解和苛刻的要求。从研究报告中可以看出，先生所使用的资料既有党政军各部门的文件、案件卷宗，也有对基层部门和群众的调查资料；既有国内的，也有国外的；既有现当代的，也有历史的；既有正面的，也有反面的。为保证调研报告的全面性和研究的可靠性，先生不但注意收集多方面资料，而且还对资料收集有着严格要求。

作为事关边疆稳定的调研报告，观点的客观准确非常重要。通读这些报告，可以发现每篇报告的观点都非常客观准确，有不少堪称经典性结论，解决了困扰人们多年的问题。

第三，建议精当，可操作性强。作为著名历史学家，先生调研报告提出的建议，不但包含中国历代治边思想的智慧，更注重现实的可操作性，注重切合实际，力戒空泛。

（二）当代新疆研究的十二个重要观点

在当代新疆研究上，先生从治理角度研究新疆稳定和长治久安，有很多观点对了解新疆、治理新疆富有帮助，其中下列12个观点是先生一再强调的重要方面，兹罗列并简述如下。

第一，新疆反分裂斗争和反恐斗争是一项社会系统工程，充分认识到反分裂斗争的长期性、尖锐性、复杂性。这是先生多年观察和研究新疆历史与现实总结的重要观点，对认识新疆稳定和长治久安上保持清醒头脑、持久定力和坚定意志意义重大。

第二，新疆长治久安与可持续发展是一种辩证关系。一方面要反对将两者对立或割裂，先生认为二者是一种相互促进的关系，不可简单地追求片面；另一方面要反对将发展功能片面化，那种认为发展就能解决一切问题的想法是不切实际的。

第三，新疆发展的重要内涵是社会整体发展，尤其是国民素质的提高。如何看待发展与新疆治理关系，人们有不同的看法，甚至有糊涂的看法，先生反对将经济发展功能绝对化、万能化，单纯的经济发展解决不了新疆的所有问题，新疆发展必须是综合性发展、社会全面发展，其中国民意识的加强和国民素质的提高是发展至为重要的内容。

第四，新疆要打一场反恐的人民战争。新疆开展反恐人民战争，其战略目标之一是要营造全社会反恐的大氛围，让暴恐分子无处藏身；同时，反恐人民战争也是一场全民的社会教育过程。

第五，意识形态领域是反分裂、反恐怖斗争的重要战场。意识形态领域向来是新疆反恐、反分裂斗争的重要领域，必须高度重视。在意识形态领域反分裂、反恐怖斗争中，以现代文化为引领是求因治本的破题要害，狠抓"去极端化"斗争是求因治本之策的重要切入点。

第六，明确政治、外交战线是新疆反分裂、反恐斗争又一个战场。新疆反分裂斗争是政治斗争，必须清楚认识到政治斗争是新疆反分裂的核心；作为政治斗争的组成部分，外交战线是重要组成部分，加强外交战线反分裂反恐怖斗争，既是政治斗争的需要，也是应对"东突"问题国际化的需要。

第七，新疆民族关系和谐要建立在民族平等的基础上。作为多民族聚居的地区，新疆民族关系是治理的重要内容，而和谐民族关系建立必须以民族平等为基础，任何民族都不得凌驾于其他民族之上，既不能有大汉族主义，也不可有狭隘的地方民族主义，任何民族都必须以国家治理为最高原则，遵纪守法，建立民族和谐关系。

第八，新疆必须强化宗教与社会主义社会相适应。宗教事务管理是国家治理的重要内容，宗教必须走与社会主义相适应的道路在新疆显得尤为突出，必须认识到是宗教适应中国社会主义社会，而不是中国社会主义社会适应宗教；必须认识到宗教极端主义不是宗教，两者是利用与被利用关系。

第九，各族干部是新疆治理的决定因素。在新疆稳定与长治久安的总目标明确后，干部因素至关重要，新疆各级干部必须有明确的政治底线，即国家统一，这是坚定不移的标准，无论是哪个民族或者哪个级别的干部都必须清醒地认识到。

第十，新疆生产建设兵团的历史担当是壮大力量和维稳戍边。新疆生产建设兵团体制既是对历史上屯垦戍边制度的继承，更是新中国在新疆制度建设上的创新。近70年来新疆生产建设兵团在维护稳定与边疆安全上发挥了重大的作用，产生了巨大的社会影响。在新的历史条件下，应该总结经验，进一步壮大兵团力量，更好地发挥其维稳戍边的功能，逐步强化其民族交往交流交融的功能。

第十一，加强新疆历史，尤其是治理历史经验研究。在中国 2000 多年新疆治理历史上留下了丰富的经验，是不同历史时期、不同历史背景下治理新疆的智慧结晶，是新的历史时期下治理新疆的历史财富，值得认真研究，切实总结经验，同时也应该梳理治疆历史教训。新疆历史研究未有尽期，需要我们依托历史、面对现实、预测未来，探索新疆的治理现代化体系，提高综合治理能力。

第十二，新疆工作要坚持实事求是的思想路线。坚定不移推动依法治疆的思想基础是实事求是，因此，治疆必须树立是什么问题就按什么问题办的原则，绝不能将什么问题都归结为民族问题或者宗教问题，民族和宗教概念的内涵不能复杂化，外延不能扩大化。

（三）当代新疆研究的边疆学意义

先生长期倡导和规划中国边疆学，践行建构中国边疆学。在此过程中，先生提出中国古代疆域史、中国近代边界研究、中国历代治疆思想、中国当代边疆治理等多方面研究。在当代新疆研究上，先生从未忽略学科建设，建立中国边疆学是其多年倡导的梦想，而治理是边疆学应该着力研究的核心。

在当代新疆研究上，先生致力于新疆稳定和长治久安研究，其核心就是新疆治理。先生在基础研究上就非常注重边疆开发与边疆政策研究，20世纪 90 年代初出版的《中国古代边疆政策研究》《清代的边疆政策》《清代边疆开发研究》三部专题性论集，实际上就是研究历史上中国边疆治理。在致力于当代新疆研究时，先生关注治理研究，一方面，用历史治理经验来观照现实治理，"只有了解了现状，才能更好发挥以史为鉴的史学功能"；① 另一方面，使历史上边疆治理研究与现实边疆治理研究融为一体，延续边疆治理研究的主轴。因此，从这个角度看，先生当代新疆研究构成了中国边疆学研究的重要组成部分。

此外，先生当代新疆研究方法主要是历史学的方法，注重资料，尤其是历史资料收集和社会原因分析，强调历史时段划分；同时也倡导实地考察等，这些方法对于创建中的中国边疆学具有导引意义，对丰富中国边疆学方法具有借鉴作用。

三　情怀：西域归来不看山

先生长期执着于当代新疆研究，使其对新疆的责任意识和热爱已经达到无以复加的地步。先生生长于上海，对江南的秀美年轻时候曾经非常引以为骄傲，但是随着对新疆考察与研究的深入，先生对新疆多彩的自然风貌、雄浑壮丽的山河和丰富的人文景观由衷热爱，曾感慨地说年轻时候只知江南景秀甲天下，今天始知新疆壮美世无双。可见先生对新疆的热爱之深，新疆情结之重，早把他乡作故乡。

先生对新疆责任意识极强。就研究方面而言，一听说哪里有新疆的资料，都会想尽一切办法购买、复制，先生书房中新疆研究资料最为丰富，而且是放在先生自乐斋书架上面，而别的方面图书资料则放在其他地方的书架上，可见新疆在先生心目中的位置。先生极其希望新疆社会稳定，经济社会发展，各民族安居乐业，因此在新疆治理上不遗余力地出谋划策。同时，当先生发现有人在为害新疆或者对新疆造成损失，不论是谁或者是何种交情，都会毫不犹豫地批评。

先生经常赴新疆调研，相濡以沫数十年的师母总是牵肠挂肚。新疆实地调研，除了暴恐事件带来的风险外，也因其地域广袤、路途偏远、交通

---

① 《边疆研究工作者的历史使命——马大正同志谈当代中国边疆研究》，载马大正《国家利益高于一切》附录，第244页。

阻险而令人担心。先生则幽默乐观，极力宽慰师母，使其放心，以便能更好地支持先生的调研工作。实际上先生也非常注重师母的关心，尽量时时处处以实际行动使师母放心，先生赴新疆调研时，每到一处总是及时和师母通电话报平安；一天忙下来，也第一时间和师母通电话，简报一天的活动，师母则总是千叮咛万嘱咐，继续给予默默的支持。先生的公子马钊博士，原本学习英语专业，在先生影响下不但走上历史研究之路，而且也关注、参与新疆历史文献资料搜集工作，尤其是利用在美国高校工作之便，为国内新疆研究学者穿针引线，介绍美国新疆研究学者、推荐图书资料，甚至携其小家尽心尽力接待学者访问。先生虽是一人执着于当代新疆研究，实则是全家倾情新疆。先生在新疆当代研究上体现出极为深厚的家国情怀，令人为之敬仰，也是对我们学生辈的言传身教。

先生性格豪放，似乎天生就是为了新疆研究。先生是严肃的学者，但更是性情中人。先生豪放且善饮，这种天赋在新疆调查和研究中起到积极的辅助作用。新疆是多民族聚居地区，其中不少民族民风简朴而豪放，喜欢饮酒，酒成为各民族之间和个人之间交往的重要媒介。先生早在研究卫拉特蒙古时候，就与卫拉特蒙古朋友结下深厚友情，见面总是要喝些酒。先生重情，也从不推辞，不会因为要调研、要写作而错过与朋友交流的机会。先生的这种豪放与坦荡，使其与蒙古族朋友建立起深厚的感情。新疆很多蒙古族的省级领导、地州级领导、知识精英以及普通农牧民，都成了先生的莫逆之交。

实际上不只是蒙古族朋友，其他民族朋友也是如此。例如早在 20 世纪 80 年代，先生与时任自治区常委、宣传部部长的冯大真同志，在探讨新疆意识形态领域有关问题时候建立了良好的合作关系与深厚的个人友谊。这种合作与友谊持续 30 多年，直到今天，只要先生到新疆有机会，或者冯先生到北京有时间，他们总会相聚交流，相谈甚欢。冯先生也是豪放善饮，且年长先生近 10 岁，如今已经年届 90 岁，但是两人见面还是会喝上几杯，借助陈酿散发的醇香品味岁月积淀的厚谊，探讨新疆面临的问题。善饮既是先生的禀赋，更是先生豪迈性格的体现。先生《天山问穹庐》一书，记载了先生调查和研究之余的逸闻趣事，也是这种深厚情谊的体现。很多学界朋友都感叹先生在当代新疆研究中，能够结识如此众多的各界朋友，取得如此巨大的成就，产生如此广泛的影响，当与先生这种严肃的学术态度和豪迈的性格分不开。

长期的当代新疆调研和研究激发了先生内心的西域情结，新疆的山山水水和各个民族早已成定格于先生生命中，西域绚烂的文化早已融为先生的精神乐章。

四 退休：明月依旧照天山

作为中国社会科学院学术委员，先生 72 岁才退休。退休后，先生虽然忙于国家清史编纂委员会的管理事务，但是中国边疆研究从来没有放松过，新疆研究更是如此。特别是先生继续关注新疆稳定问题，持续调研和撰写研究报告。先生仍坚持亲赴新疆调研，或考察暴恐事件发生地点，或与有关人员交流，或与政府部门座谈，总是力争较全面了解暴恐事件的全貌，更好地分析事件的原因。2011 ~ 2016 年连续六年，针对新疆暴恐活动频发撰写年度报告，梳理当年暴恐事件，分析新的情况，总结经验教训。

先生退休后在当代新疆研究上依旧成果不断。2011 年以降，先生在"新疆维稳形势年度点评"的总标题下，先后撰写了四篇调研报告，其题目分别是《喜忧参半：2010 年新疆维稳形势点评》（2011 年 7 月）、《居安思危：2011 年新疆维稳形势点评》（2012 年 8 月）、《直面挑战：2012 年至 2013 年新疆维稳形势点评》（2014 年 2 月）、《贵在坚持：2014 年至 2015 年新疆维稳形势点评》（2016 年 8 月）。同时还编选和撰写了《国家利益高于一切——新疆稳定问题的观察与思考》（2014），本书为非正式出版物，是对出版于 2002 年同名书的增补修订版；《触目惊心——极端化思潮肆虐新疆部分民族群体（2015 - 2015 年）》（2016 年 6 月）；《稳定南疆、开发南疆——新疆长治久安思考的一个侧面》（2014 年 4 月）。

近几年先生一直致力于治疆战略研究。2000 多年来，新疆治理是中央政府关注的重要内容，历史证明新疆治理绝非一朝一夕之事，实现其长治久安需要久久为功，因此治疆战略是必须思考的问题。先生近三年来就在研究这个问题，体现出先生深邃的历史眼光和战略思考。研究治疆战略是重大问题，先生非常认真和谦虚。根据调研、思考和掌握的资料，先生依次开展下列诸方面研究，即塑造合格的公民、民族团结教育新思路、移民优化人口结构、从族际主义转向区域主义治理、强化民族交往交流交融的导向、民族团结要有新思路、造就合格的干部队伍、深化反恐人民战争、掌握反分裂斗争话语权、南疆开发与兵团历史担当等。

组建涉疆研究民间智库——边疆研究院。近年智库建设呈现出良好的发展机遇，民间智库应运而生，受到较广泛的青睐。先生受国观智库邀请，于2016年创立边疆研究院。虽然该研究院着眼于中国边疆整体，但是其最重要的研究仍然是新疆问题。研究院创立伊始，先生满怀高昂斗志，希望以民间智库为立足点，介入当代新疆研究。笔者曾陪同先生以及国观智库总裁任力波先生，一起赴新疆。先生分别与自治区主要负责同志交流，寻找当代新疆研究的新突破口；也和新华社新疆分社、乌鲁木齐市有关部门等交流。当代新疆研究既是先生开拓社会智库的切入点，也是先生锲而不舍追求的新起点。"雄关漫道真如铁，而今迈步从头越"，先生正在新的平台上探索当代新疆研究新路径。

正如前文多处谈到，先生始终坚持当代新疆调研。退休后，先生仍然保持着每年去新疆调研1~2次的节奏。2018年5月初，先生应朱维群先生邀请，再次赴新疆伊犁调研民族地区情况。当时，师母刚做完手术不到一个月，还需要卧床静养，但是先生做了适当的安顿后就毫不犹豫地赴新疆调研。先生的豪迈性格注定了先生新疆研究的豪迈人生，先生的家国情怀注定了先生在当代新疆研究上的义无反顾。

今年9月先生就满80周岁了，但是先生仍像"80后"年轻人一样，在当代新疆研究上依旧充满激情，依旧孜孜以求，不知疲倦，先生的智慧之光宛如明月一样依然闪耀在天山之巅。

2018年6月于北京

边疆学领域里的理论创新与实践

——马大正先生学术思想评述

苗普生[*]

记得是在 1983 年 10～11 月，西北大学召开"西北史地和中俄关系学术研讨会"，王宗维老师、周伟洲老师带着我和杨铭、何宁生三个研究生拜访参加会议的各位专家、学者，初次认识了马大正先生。光阴如梭，一晃三十五六年过去了！

毕业之后，我被分配到新疆社会科学院，从事地方史、民族史研究，而马大正先生研究民族史和边疆地区的历史与现状，始终关注着新疆，学术和工作上的交集，使我有更多的机会，听取他的指导，聆听他的教诲，了解和认识他的学术思想，并从中受益。

纵览马大正先生的学术研究，我以为主要集中在民族史、边疆学理论和边疆少数民族地区的社会稳定与经济发展三个方面。

一　民族史研究

马大正先生从事民族史研究，并把它作为自己的主攻方向，应该和他最初的工作单位及当时的环境有关。

大家都知道，1960 年他考取的是山东大学历史系的中国近代史专业研究生，师从徐绪典教授，致力于太平天国对外关系史的学习与研究。1964年他被分配到了中国科学院民族研究所工作。而民族研究所主要以研究民族理论、民族政策、民族史、民族语文为主要任务。到了新的单位，新的环境，面临新的工作任务，自然要调整自己的研究方向，因而他从对太平

*　苗普生，新疆社会科学院原副院长《新疆通史》编委会副主任（常务）研究员。

天国对外关系史的研究转向了民族史研究。但是，当时正值"四清运动"，紧接着就是"文化大革命"，马大正先生真正开始学术研究则是十年以后的事情了。

1975 年秋天，马大正先生参加了《准噶尔史略》一书的编写工作。该书于 1982 年完稿，1985 年正式出版。其间，他和马汝珩先生合作或独自发表了《顾实汗生平述略》《厄鲁特蒙古喇嘛僧咱雅班第达评述》《略论准噶尔民族政权的奠基人——巴图尔洪台吉》《噶尔丹与沙俄》《论阿睦尔撒纳的一生》《土尔扈特蒙古系谱考述》《试论渥巴锡》《土尔扈特蒙古东返人、户数考析》等一系列文章，和《准噶尔史略》编写组的其他学者一起，不仅为该书的编写工作提供了新资料、新观点，而且推动了我国学术界对卫拉特蒙古史的研究。自此，马大正先生的学术研究不仅彻底转向了民族史，特别是土尔扈特蒙古史研究，更是与新疆结下了不解之缘。

《准噶尔史略》一书出版后，马大正先生便参加了新疆维吾尔自治区政协浩·巴岱主席主持的《卫拉特蒙古简史》的编写工作。1989 年 4 月该书上编讨论定稿，1992 年 6 月出版。1989 年 8 月启动该书下编的撰写工作，1994 年 11 月完成，1996 年出版。马大正先生作为课题组主要成员，不仅亲自撰写了该书的第四章、第七章、第十四章的内容，而且统稿全书。该书对卫拉特蒙古史进行了全面的阐述，内容丰富、理论观点、颇有新意。特别是通过编撰该书，人们不仅加深了对卫拉特蒙古历史的了解，而且以此为借鉴，对少数民族的历史人物，对历史上少数民族所建立的全国性或地方性政权，做出了客观、公允的评价。普遍认为，在我们统一的多民族国家形成和发展过程中，各民族建立过众多的全国性或地方性政权。它们之间，有的有政治上的隶属关系，有的相互独立；有的有时和平交往，有的有时兵戎相见，但它们都是我们统一的多民族国家形成和发展过程中的有机组成部分。

在参加编撰《卫拉特蒙古简史》工作期间及之后，马大正先生还撰写了一些论文，如《土尔扈特蒙古万里回归的启示》《噶尔丹的政治和军事实践》《民国初年土尔扈特蒙古亲王帕勒塔》，以及《清代西迁新疆之察哈尔蒙古的史料与历史》等，出版了《漂落异域的民族——17 至 18 世纪的土尔扈特蒙古》《清代蒙古的历史与宗教》《天山问穷庐》等著作。马大正先生对卫拉特蒙古历史的研究，特别是对土尔扈特蒙古史的研究不仅填补了学术研究的空白，而且为进行爱国主义、民族团结教育提供了生动教材。正是有一批像马大正先生一样的学者，勇于探索，不断创新，才为文化界提供了素材，创作出了《东归英雄传》等一批进行爱国主义、民族团结教育的优秀影视作品，鼓舞着各族人民为中华民族的复兴而不断努力奋斗！

毋庸讳言，我们研究民族史的目的就是要正确阐明各民族的发展史，正确阐明各民族的相互关系，正确阐明各民族在我们统一多民族国家的形成和发展过程中的贡献和地位，揭示发展规律，为国家统一，民族团结提供理论支撑。马大正先生研究卫拉特蒙古，特别是对土尔扈特蒙古史，不仅仅是搞清楚他们的历史发展过程以及各种历史事件的来龙去脉，还善于从宏观理论上，揭示出规律性的内容。正如他在《土尔扈特蒙古万里回归的启示》一文中所说，通过对清朝前期土尔扈特蒙古与祖国关系的全面阐述，使我们更好地理解，"中华民族构成的紧密整体与我国统一多民族国家的形成和发展，绝不是偶然的，而是我们各民族之间的关系，经过长期历史发展的必然结果"。注重理论上的探索，揭示规律，应该说是马大正先生民族史研究的一个显著特点。

二 边疆学理论的构建与创新

马大正先生另一个学术研究领域是边疆学。我认为，他把自己的学术研究重心从民族史拓展到边疆学，开始构建他的边疆学理论和实践，原因有二：一是不管是历史上还是现在，各少数民族主要聚居生活在边疆，民族史研究与边疆史地研究难以分割；二是由于工作变动，需要调整研究方向，拓展新的研究领域。

1983 年，中国社会科学院中国边疆史地研究中心成立，1987 年马大正先生调往中心工作，并先后任中心副主任、主任。作为中国边疆史地研究的领军人物，不仅组织了许多重大项目，拓展了研究领域，而且为中国边疆学理论的构建与创新，做出了应有贡献。

马大正先生在中国边疆史地研究领域里，潜心研究、辛勤耕耘数十年，取得了丰硕成果。他先后独自或与他人合作编著了《中国古代边疆政策研究》（1990）、《清代边疆开发研究》（1990）、《边疆与民族——历史断面研考》（1993）、《古代中国的北部边疆》（1993）、《清代边疆政策》（1994）、

《中国边疆经略史》（2000）、《中国边疆研究论稿》（2002）、《中国东北边疆研究》（2003）、《中国边疆治理通论》（2015）等著作，组织编写了《中国边疆通史》，发表了《中国疆域的形成和发展》《中国边疆史地研究新的起步》《关于构筑中国边疆学的断想》等一系列论文。这些成果较为详细地阐明了中国疆域发展阶段与历史发展大趋势，论述了具有中国特色的边疆政策的内涵、作用和特点，探讨了中国疆域历史上难点和热点问题形成的原因，提出了构建中国边疆学的理论、内涵和方法，内容丰富、观点鲜明。

在构建中国边疆学的理论和实践中，马大正先生认为边疆是一个地理概念，中国的边疆包括了陆疆和海疆；边疆又是一个历史概念，中国的边疆是随着统一的多民族国家的形成和发展而逐渐形成和固定下来的；边疆也是一个政治概念，从某种意义上讲，历史上的中国边疆形式上是由国家的统治中心区到域外的过渡区域，即由治向不治的特定区域，因而边疆具有军事方面、经济方面、文化方面的含义。

马大正先生用"千年积累，百年探索"八个字概括了中国边疆研究的发展历程，认为自清中叶以来迄今，中国边疆研究在不同的历史时期曾经出现过三次高潮。19世纪中叶至19世纪末，西北边疆史地学的兴起是中国边疆研究第一次高潮的标志。20世纪20年代至40年代边政学的提出与展开，是第二次中国边疆研究高潮的突出成就。20世纪80年代中国边疆研究第三次研究高潮出现的标志是研究中实现了两个突破：一是突破了以往仅仅研究近代边界问题的狭窄范围，开始以中国古代疆域史、中国近代边界沿革史和中国边疆研究史为研究重点，促成中国边疆史地的大发展；二是突破边疆史地的研究范围，把中国边疆历史与现状结合起来，直面当代中国边疆面临的新形势、新问题进行研究，从而将中国边疆学的构建提上了议事日程。①

马大正先生把中国边疆学的基本功能概括为两大方面：一为文化积累功能，二为资政育民功能。所以，他把中国边疆学的内涵也分为两大领域，即"中国边疆学·基础研究领域"和"中国边疆学·应用研究领域"。"中国边疆学·基础研究领域"包括中国边疆理论，中国历代疆域，历代治边政策，边疆经济，边疆人口，边疆社会，边疆立法，边疆民族，边疆文化，

---

① 马大正《中国边疆治理通论》，湖南人民出版社，2015，第5页。

边疆考古，边疆地理，边疆国际关系，边疆军事，边界变迁，边疆人物等。"中国边疆学·应用研究领域"是在基础研究的基础上，对当今及未来中国边疆的发展与稳定的战略性、预测性进行宏观与微观相结合的研究，包括边疆经济、边疆人口、边疆政治、边疆社会、边疆立法、边疆民族、边疆文化、边疆地理、边疆国际关系、边疆军事以及自然和生态环境等。[①] 二者涉及领域虽有相同之处，但是时代不同，前者是过去时，而后者是现在时和将来时。

对于构建中国边疆学的理论方法，马大正先生始终坚持历史唯物主义观点，强调"在进行历史上的边疆研究时。应历史地多层次、多角度地考察边疆问题"。[②] 同时，他非常关注中国边疆学领域里的新动向、新成果、新方法，并及时总结。马大正先生敏锐地发现，进入 21 世纪以后，边疆经略和边疆治理研究呈现出两个新动向：一是将边疆经略和边疆治理置于中国边疆学构筑的大背景之下进行探讨，视野宽、起点高。二是古今贯通，依托历史，面向当代，将当代中国的边疆的治理置于研究的首要地位加以考察，并引入政治学、社会学、民族学、人类学等诸多学科的理论和方法于研究之中。他认为，这种新的角度与深度研究，是中国边疆政策研究的一大飞跃。

马大正先生是构建中国边疆学的倡导者、引领者和实践者。他的有关论述，不断推动着构建中国边疆学的步伐，为中国边疆学的建立奠定了坚实基础。

三 新疆历史与现状研究

马大正先生研究边疆历史与现状，构建中国边疆学，涉及东北地区、西南地区、内蒙古地区，但其切入点、重点，还是对新疆历史与现状的研究。

据不完全统计，自 20 世纪 80 年代初至 2017 年，马大正先生先后 60 次到新疆，或参加会议，或进行学术考察，或进行调研。

马大正先生在调查研究的基础上，形成了两部重要著作：《新疆史

---

① 马大正：《关于构筑中国边疆学的断想》，《中国边疆史地研究》2003 年第 3 期。
② 马大正：《中国边疆治理通论》，第 10 页。

鉴》（2006）和《国家的利益高于一切——新疆稳定问题的观察与思考》（2002），前者主要论述新疆历史问题，后者主要论述现实问题。

马大正先生在《新疆史鉴·导论》中开宗明义指出：研究历史的重要任务之一是为了了解现代，进而为解决现代问题提供借鉴。对新疆历史进行观察、分析、研究同样不例外。要站在历史的脊梁上观察新疆问题，要站得高，基点之一是先辈们对新疆进行了开拓和开发，基点之二是我们的前人在认识新疆、研究新疆方面有着丰富的积累。他认为，新疆是我国统一的多民族国家不可分割的一部分，新疆的历史是中华各民族共同创造的，新疆的历史也是中华民族的共同历史的一部分，是我们认识新疆历史的出发点和归宿点。马大正先生把新疆历史归纳为五个基本方面。第一，我国历代王朝对新疆进行有效治理。尽管历朝历代治理新疆的方略、政策不同，总的趋势却是这种治理在不断地得到加强。在历史的发展过程中，中央王朝对新疆的治理方式逐渐和内地趋同，进而完成了新疆成为中国不可分割一部分的历史进程。第二，新疆是各民族共同生活的大家园。新疆自古以来就是一个多民族聚居地区，新疆各民族的发展史，是一部多民族迁徙流动、融合的历史，新疆是各民族包括在历史的发展中已经消失的民族的共同家园。第三，多种宗教在碰撞中并存。新疆历史上流行过多种宗教，经历了四个发展阶段，即原始宗教向多种宗教并存的过渡阶段，以佛教为主的多种宗教并存的阶段，以佛教和伊斯兰教为主的多种宗教并存的阶段，以伊斯兰教为主的多种宗教并存的阶段。14世纪中叶以后，伊斯兰教虽然取得了主导宗教的地位，但并没有成为新疆的唯一宗教。以伊斯兰教为主，多种宗教并存的格局一直保存到今天。第四，多元文化共存、交融与互补。历史上，新疆地处中西交通要道，民族众多，不同的生产、生活方式长期维持，宗教信仰各异，多元文化共存、交融与互补一直是新疆文化形成和发展的显著特点。第五，新疆屯垦戍边。新疆的屯垦戍边始于西汉，发展至今。从我国历代王朝西域屯田的历史中，可以得出如下结论：屯垦戍边是实施统一、统治的积极有效的措施，边疆地区的屯田及其所带来的边疆经济社会的发展则更加巩固历代王朝对边疆的统治。马大正先生的这些论述和观点，紧紧把握住了新疆历史研究的大方向，促进了新疆历史研究的深入发展。

《国家的利益高于一切——新疆稳定问题的观察与思考》，是马大正先生自 1993 年 9 月至 2002 年初 10 余年间关于新疆现实问题的综合报告和专题报告集，2002 年出版。其内容主要包括形势分析，反分裂斗争特点、任务，对策和建议，等等。马大正先生指出，改革开放以来，新疆各方面取得了飞速发展，但由于分裂势力的干扰和破坏，新疆的稳定和发展面临重大挑战。反对分裂、打击恐怖、维护稳定、和谐发展既是当代新疆治理的现实任务，也是研究的重大课题。

马大正先生对新疆历史与现状的研究，为中国边疆学的构建树立了典范，写下了浓墨重彩的一笔。

老马深知夕阳晚，不待扬鞭自奋蹄。今年是马大正先生八十华诞，祝愿他健康长寿，永葆学术青春，为中国边疆学的构建做出新的更大贡献！

2018 年 3 月于乌鲁木齐

试论马大正先生的学术品格

方　铁[*]

1980 年，《中国历史大词典》民族史卷的编纂接近尾声，但云南计划完成的词条尚缺少一部分。经《中国历史大词典》编委会与云南词条编写组商议，决定吸收我参加尚未完成词条的撰写，当时我是云南大学历史系三年级的学生。由此，便有幸认识了《中国历史大词典》编委会的马大正先生与李世愉先生，他们成为我终身的师友。

我追随马先生进入边疆史的学术领域，至今已 38 年了。38 年来马先生对我关怀备至，指引我逐步进入边疆史研究的学术殿堂。我遇到的几次重要的学术研究机遇，都有幸获得马先生的援手。在学术研究方面，马先生给予我具体的指教和支持，更是不计其数。俗话说："天上明月，人皆仰之。"在长期追随马先生并与其进行学术合作的岁月，我深切感受到马先生杰出的人格魅力，并被马先生独特的学术品格所折服。经过长期的观察与总结，我认为马先生具有以下的学术品格，值得我们学习。

一　忧国忧民的爱国情怀

马大正先生倡导及所从事的中国边疆史、中国边疆学研究，具有研究内容丰富、涉及面广泛，基础研究与应用研究相结合，重视深层、复杂问题的研究，研究具有重要的学术探索意义以及现实应用价值等特点。与过去古代的舆地学、近代的边政学与边疆问题研究、当代的边疆民族问题等研究领域相比，中国边疆史、中国边疆学是一个较新的领域，不仅研究的难度很大，资料零散难以收集，对作者而言具有明显的开拓性与挑战性，

　＊　方铁：云南大学西南边疆少数民族研究中心教授、博士生导师。

而且某些选题还可能踏入雷区，遭遇不易规避的风险。

马先生具有忧国忧民的爱国情怀。他不畏艰险，迎难而上，为崇高的学术理想奋斗了数十年。根据学术发展和国家安全的需要，马先生在学术界倡导和主持了对我国边疆诸多问题的研究，开辟了若干重要的研究领域，在学术研究和为国家提供咨询意见方面，他都做出了突出和宝贵的贡献。马先生深怀忧国忧民的情怀，以及为学术发展与国家安全大局勇于开拓、不计个人得失的精神，永远值得我们学习。

二 科研、践行相结合的治学之路

马大正先生研究中国边疆史与中国边疆学，除了在学术方面勤于耕耘，产出大量高质量的论著以外，还关注并积极参加社会实践，开辟了一条科研、践行相结合的治学之路。

将自己研究中国边疆史与中国边疆学的心得付诸实践，在深入实践中接受检验，在此基础上，对学术心得做进一步的修改以至完善，是马先生治学的一个重要特点，可见对于理论与实践的辩证关系，马先生有全面及深刻的理解，并始终努力践行并积极探索。

意大利史学家克罗齐说："一切真历史都是当代史"，道出了历史与现实的密切联系。马先生积极关注边疆安全方面的问题。他通过撰写调研咨询报告、接受有关部门咨询等方式，为政府妥善处理边疆方面的问题出谋划策，做出了不可磨灭的贡献。马先生是著名的新疆问题专家。他关于新疆历史、现状问题的精辟见解，受到中央政府、新疆维吾尔自治区政府的高度重视。另外，对东北、云南、广西等省区边疆安全方面的棘手问题，马先生也做过多年的调查和研究，在此基础上形成的研究成果和推出的对策建议，均获得有关部门的高度评价。

马先生长期主持中国社科院中国边疆史地研究中心（中国社科院中国边疆研究所的前身）的工作。边疆中心与全国的边疆研究机构及广大学者建立了密切联系，致力于积极组织和有效推动全国学术界对边疆问题的探索，对中国边疆问题研究做出了重要贡献。边疆中心也成为全国中国边疆问题研究的旗舰，以及国内外公认的中国边疆问题研究的权威，受到全国边疆领域学者衷心的拥护和爱戴，所产生的影响至今仍存。中国社科院中国边疆史地研究中心这面鲜艳的旗帜，永远载入了我国边疆研究的史册。

三 读万卷书、行万里路的睿智学者风范

"读万卷书、行万里路"，是古往今来学者们的崇高理想，也是广大学者追求的最高境界。马大正先生于此不仅亲力亲为，而且做得十分精彩，令人由衷赞叹。读万卷书、行万里路，是马先生坚持走科研、践行结合治学道路的生动体现，也为后学树立了知行一体的榜样。

据初步统计，马先生约 60 次赴新疆调研和进行学术交流，到云南调研交流也有 30 余次。近年马先生年事渐高，频繁出行隐显不便。但是，凡有边疆地区学术会议的组织者邀请，只要手头的工作能够脱身，马先生必定不辞辛劳、跋涉前往，并事前进行认真准备，在学术会议上发表富有启示意义的宏论。马先生对边疆地区怀有的深厚感情，对学术研究的热情和执着，以及对边疆同仁的深厚情谊，都给我们留下深刻的印象，增进我们对马先生的崇敬之情。

马先生有一个良好的习惯。即用记日记的形式，把到边疆考察的见闻记录下来，以后逐渐整理成文。积累既多，乃形成一些考察的札记和文集。马先生写作的边疆考察文集，内容丰富，文笔生动，辅以现场拍摄的照片，读来使人如亲临现场，同时深受教育和启迪。马先生组织、担任主编并亲自参加撰写、在山东画报社出版的一套边疆考察文集，其中有马先生亲撰的《天山问穹庐》，这套边疆考察文集出版后，迅速被读者抢购一空，经多次再版加印至数万册，在书店仍难觅其踪迹。马先生还撰写了一册《海角寻古今》，记述了他 1992 年考察海南岛的行踪。马先生将深奥的学术研究与惠及大众的成果普及相结合，展示了著名学者杰出的学术创造性与丰富多彩的写作生活，以及对学术的深度执着和对广大读者的深切关爱，值得我们学习和仿效。

四 大型科研学术活动的组织者与参与者

在马大正先生的学术生涯中，曾多次组织全国性的大型科研活动。其中影响最大者，首推组织撰写"中国边疆通史丛书"，马先生亲自担任"中

国边疆通史丛书"的总主编。我有幸成为《西南通史》的主要撰稿人，并担任《西南通史》的主编，因此对丛书组织与写作的经过，以及丛书出版后产生的重要影响较为了解。

"中国边疆通史丛书"是马先生获准承担的国家社科基金一般项目（当时尚未设立国家社科基金的重大项目与重点项目）的研究成果。他计划全书分设《中国边疆经略史》《中国海疆通史》《东北通史》《北疆通史》《西域通史》《西藏通史》《西南通史》共七卷，邀请全国知名的边疆史专家数十人参与撰写。马先生对"中国边疆通史丛书"有明确的定位，即通过撰写"中国边疆通史丛书"，阐述中国古代边疆形成与发展的过程，以及边疆形成与中国统一多民族国家的紧密联系，并要求成书体现出鲜明的创新性、前沿性与权威性。马先生主编并参加撰写的《中国边疆经略史》可说是全书的总论。"中国边疆通史丛书"的其他分卷也各具特色，总体上达到预期的目标。"中国边疆通史丛书"由中州古籍出版社出版后，被若干高校指定为中国边疆学专业博士研究生的必读教材。

在写作开始之前，马大正先生对各卷的内容、风格、篇幅等提出明确要求，写作过程中又随时与作者联系，给予及时、具体的指导。2003 年"中国边疆通史丛书"基本出齐，随后获得学术界的普遍赞誉，被称为"1949 年以来中国边疆史研究的代表性成果"。"中国边疆通史丛书"的出版，无疑改变了过去中国边疆史研究较为零散、总体探讨相对薄弱的情形，促使人们从全国较广阔的视角以及中长历史时段的发展过程，审视中国边疆发展演变与中国统一多民族国家形成的历史。由于对中国边疆形成演变的阐述较好体现了历史的整体感，同时分区域叙述不同边疆地区演绎的具体过程，并在诸多方面有所创新和突破，"中国边疆通史丛书"出版之后，先后斩获第六届国家图书提名奖、河南省优秀图书一等奖。由高校教师主编撰写的《西南通史》，还获得中国高校社科优秀成果奖、云南省社科优秀成果一等奖。"中国边疆通史丛书"在国外也产生很大的影响。应读者之请，美国几家大学的图书馆派人到中国来寻购"中国边疆通史丛书"。据悉国外一些知名的图书馆，普遍收藏了"中国边疆通史丛书"。

2015 年，由马先生组织和主编的又一集体合作成果"中国边疆治理丛书"由湖南人民出版社出版。该丛书包括《中国东北边疆的治理》《中国北部边疆的治理》《中国新疆的治理》《中国西藏的治理》《中国西南边疆的治理》《中国海疆的治理》《中国边疆治理通论》共七卷，约 300 万字。《中国边疆治理丛书》有三个突出的特点。一是，以边疆地区的治理为主题，阐述古代中国边疆政策的演变过程，重点探讨相关的重大问题。二是，古今贯通，论述下限至 20 世纪末。三是，邀请青年学者担任撰写者，对培养青年学者具有重要的意义。《中国边疆治理丛书》是我国迄今出版的首套探讨古代中国边疆政策的成套著作，其中的《中国边疆治理通论》为马先生独撰，具有很高的学术含量，就中国边疆治理问题发表了不少重要的见解。总体来看，《中国边疆治理丛书》颇多新意，文字叙述流畅，内容清新可读，精彩之论随处可见。

迄今我国启动的几项超大型边疆研究综合项目，如"东北边疆历史与现状系统研究工程""新疆历史与现状综合研究项目""西南边疆历史与现状综合研究项目""西藏历史与现状综合研究项目"都离不开马大正先生的积极策划与着力推动。马先生还担任"西南边疆历史与现状综合研究项目"的首席科学家与专家委员会主任，亲自主持该项目的研究与结项工作。由于马先生的精心组织和科学领导，以及全体参与者的积极工作，"西南边疆历史与现状综合研究项目"进展顺利。不仅推出数十部具有较高学术质量的专著，还整理出版若干种重要的历史档案合集，完成了数量不菲的现状研究咨询报告。2017 年，项目组专家委员会在北京召开"西南边疆历史与现状综合研究项目"的成果发布会，国家社科基金办公室的领导对该项目给予充分肯定的评价。以后，接受国家社科基金办公室的建议，马先生在《光明日报》国家社科基金专栏，发表由他撰写的书评《我国历史上的治边方略与施治经验》，对该项目的代表性著作《方略与施治：历朝对西南边疆的经营》作了评议和介绍。在其他报刊，还发表马先生撰写的关于"西南边疆历史与现状综合研究项目"的情况介绍，以及由中国第二历史档案馆领导撰写的出版"西南边疆历史与现状综合研究项目"整理档案的情况介绍。

马大正先生参加了《清史》编纂工程的筹备与领导工作。2002 年，《清史》编纂工程正式启动，以后确定为国家的重大文化工程。该工程组织全国 800 余位专家，用长达十余年的时间，撰写数千万字的新《清史》以及其他的研究成果。在《清史》编纂工程筹备之初，马先生即参加了相关的准备工作。《清史》编纂工程正式启动后，马先生应邀担任清史编纂委员会的副主任，为该项目的组织、撰写工作耗费了大量的心血。马先生为人正派，善于团结人，知识面宽，人缘甚广，处理问题公正，受到参撰《清史》工程专家学者普遍的钦佩与爱戴，他为《清史》编纂工程做出了重要的贡献。

五 奖掖同仁、提携后学的忠厚长者

马大正先生为人光明正大，胸襟开阔，组织学术合作顾全大局，善于团结人一道工作，这些特点在学术界有口皆碑。马先生对待后学尤其厚道，得到过马先生奖掖、提携的年轻学者，可说是不计其数，大家对马先生满怀感谢与感恩之情。自从 1980 年认识马先生后，我与马先生便常有书信往来。马先生对我的求教必定认真指教，使我受益匪浅。但凡可以吸收我参加的学术工作，马先生都想到了我，在我成长的道路上伸出宝贵的援手。1997 年，中国边疆史地研究中心在云南大学设立云南边疆合作调研工作站，马先生亲自担任站长，边疆史地研究中心的李国强先生和我担任副站长。以云南边疆合作调研工作站为学术平台，我们进行密切的合作，针对云南边疆与泰国北部的毒品问题治理、云南的边疆安全等问题进行实地调研，以后出版研究文集，并撰写了研究报告。

21 世纪初，《清史》编纂工程开始筹备。经马先生举荐，我参加了筹备期间召开的两次专家座谈会，以后从面向全国的项目招标中脱颖而出，有幸承担了《清史·典志·民族志·南方少数民族篇》的研究。在参加《清史》研究和写作的十余年间，我认识了不少全国知名的学者，多次参加国际与全国性的清史学术研讨会，逐渐步入清史研究的领域。在这里，我要再次感谢提携、帮助过我的马大正先生。"西南边疆历史与现状综合研究项目"启动之后，经马先生举荐，我参加了该项目的专家委员会。以后，通过公开招标获得"历代治理西南边疆的理论与实践"研究项目，项目结项后出版了专著《方略与施治：历朝对西南边疆的经营》。《西南通史》《方略与施治：历朝对西南边疆的经营》这两部书，可说是我学术生涯的代表作，能够取得这些成绩，离不开马先生的无私帮助和倾囊指教。

马大正先生大力支持云南大学的学科建设。1999 年，教育部准备在"211"的部分高校组建人文社科重点研究基地。云南大学党委提出举全校之力，组建西南边疆少数民族研究中心，并申请教育部的重点研究基地，责成由我主持组建。申请人文社科重点研究基地的门槛很高，全国相关高校的竞争十分激烈。马先生和中国边疆史地研究中心的同仁，对云南大学组建人文社科重点研究基地的愿望十分支持。马先生亲自给有关专家打电话，介绍云南大学的情况，争取他们的理解和支持。2000 年，西南边疆少数民族研究中心被教育部批准为人文社科重点研究基地，云、贵、桂三省区高校仅此一所。学校任命我为人文社科重点研究基地主任，由我提名经云南大学批准，李杰、林文勋两位教授担任基地副主任。马先生接受云南大学的盛情邀请，担任西南边疆少数民族研究中心学术委员会的委员。经过三年紧张的建设，教育部对全国的人文社科重点研究基地组织评估。在全国民族学类的五个重点研究基地中，云南大学西南边疆少数民族研究中心名列第二。经过大家的努力，西南边疆少数民族中心初步建成全国性的学术交流平台，并拥有较高的学术声誉。在我担任基地主任的六年间，马先生给予了大力支持和具体指导。

2008 年，云南大学决定自主设立中国边疆学博士培养点，与中国社科院中国边疆史地研究中心合作培养博士研究生，马大正先生是云南大学中国边疆学博士点首批聘任的博士生导师之一。马先生培养的学生王振刚，毕业后留在云南大学历史系工作，以后破格晋升为副教授，现已成长为云南大学重要的科研教学骨干。对马先生给予云南大学学科建设的积极支持和大力协助，我们表示衷心的感谢！马先生还在中国社科院研究生院、山东大学招收专门史方向的博士研究生。但凡马先生培养的博士，均成长为所在工作单位的学术骨干，对马先生的悉心培养和不懈教诲，学生们充满感激之情，视其为没齿难忘的恩师。

六　继往开来、勇于开拓的创新者与著名学者

马大正先生不但是各种学术活动成功的组织者，同时也是勤奋敬业、著作等身的学者。马先生治学的一个重要特点，是始终站在学术的前沿，勇于迎接学术研究的挑战，敏锐地观察并发现问题，提出自己的学术见解。事实证明，马先生的不少学术观点和理论具有明显的超前性，为边疆问题研究与中国边疆学的发展指明了方向。

20世纪后半期，马先生高瞻远瞩，回顾了中国边疆史地研究的几个发展阶段，提出了当今需要开拓的重要领域，指明边疆疆域史、边界沿革史、边疆研究史，是今后三个重要的研究方向。同时，提出了边疆治理和边疆治理政策的研究命题，并身体力行，就这些问题做了系统和深入的研究。马先生主编的《中国边疆经略史》，是中国首部探讨边疆治理、边疆治理政策的专著，出版后得到学术界的一致好评。担任总主编的《中国边疆通史丛书》，也把边疆治理、边疆治理政策作为研究的主要内容之一。由于马先生的大力倡导和率先前行，中国边疆治理、边疆治理政策已成为全国研究的热点，目前呈现百花齐放的喜人局面。

马大正先生是中国边疆学的奠基人和研究权威。进入21世纪后，马先生准确把握时代的脉搏和现实的需求，提出构筑中国边疆学的建议，并就中国边疆学学科的内涵、学术特点、研究内容等做了较全面的阐述。在马先生的积极支持下，《中国边疆史地研究》刊载了不少研究中国边疆学的论文。《云南师范大学学报》开辟了中国边疆学研究专栏，随即得到全国边疆研究学者的积极支持，被教育部确定为高校刊物名栏，成为研究中国边疆学的一个重要阵地。马先生亲自组织了第一届、第二届中国边疆史地研讨会，参加了第三届中国边疆史地研讨会，推动了中国边疆学的研究。由于马先生的积极倡导和亲身参与，中国边疆学呈现繁荣兴盛的局面。2017年，国家社科基金招标的重大课题中有"中国边疆学原理"，表明中国边疆学的研究，已成为中央政府重视、学术界积极参与的重要领域。

2010年马先生退休以后，仍然精力充沛、笔耕不辍。2016年，马先生的著作《中国边疆学构筑札记》，由中央广播电视大学出版社出版。在这部著作中，马先生系统阐述了自己关于中国边疆学构筑的思考。全书分为上、下两篇。上篇包括中国古代的边疆政策与当代边界问题研究、中国疆域的形成与发展、深化中国边疆政策研究的建议、当代中国边疆治理的几个重要问题、不断深化古代中国边疆治理研究等内容。下篇叙述面向未来的中国边疆研究、从中国边疆研究发展到中国边疆学的构筑、组织跨学科力量对中国边疆重大问题进行联合攻关、关于构筑中国边疆学的断想、建设中国边疆学需要深化边疆理论研究、21世纪以来关于建设中国边疆学的思考与努力等内容。可以说，《中国边疆学构筑札记》是迄今学术界关于中国边疆学构筑最为系统和全面、论述最为深入细致、具有明显前瞻性的著作。

其具有的宝贵价值，随着时间的推移将进一步显现。

2016 年，马先生出版了近 70 万字的巨著《当代中国边疆研究（1949—2014）》（中国社会科学出版社）。该书注重把握学术研究的重点与前沿，提出不少具有创新意义的观点，同时指出研究发展的方向及其前景。马先生重视研究、总结较为薄弱的学术领域，致使该书有填补空缺、发掘不足之处之功。如"当代中国边疆调研的展开""中国历朝各代边疆治理研究""中国海疆史研究"等方面的内容，便少见于同类的著作。该书最具特色的部分是第四篇"展论"。"展论"包括上、下部分，阐述了中国边疆学构筑方面的重要问题，以及作者独到的学术见解。《当代中国边疆研究（1949—2014）》是一部需要细致阅读、反复阅读、深入体会的著作，是相关领域学者的案头必备之书。

除以上言及的著作，马大正先生独撰或与他人合撰的著作还有：《古代中国的北部边疆》（内蒙古人民出版社，1993）、《边疆与民族——历史断面研考》（黑龙江教育出版社，1993）、《20 世纪的中国边疆研究——一门发展中的边疆学科的演进历程》（黑龙江教育出版社，1997）、《古代中国高句丽历史纵论》（黑龙江教育出版社，2001）、《国家利益高于一切——新疆稳定问题的观察与思考》（新疆人民出版社，2002）、《中国边疆研究论稿》（黑龙江教育出版社，2002）、《古代中国高句丽历史续论》（中国社科出版社，2003）、《漂落异域的民族——17 至 18 世纪的土尔扈特蒙古》（中国社会科学出版社，2003）、《马大正文集》（上海辞书出版社，2005）、《新疆史鉴》（新疆人民出版社，2006）、《卫拉特蒙古史纲》（新疆人民出版社，2006）、《西出阳关觅知音——新疆研究十四讲》（上海辞书出版社，2013）、《热点问题的冷思考——中国边疆研究十讲》（上海辞书出版社，2013）等。

马先生主编的著作还有：《中国古代的边疆政策研究》（中国社科出版社，1990）、《清代边疆开发研究》（中国社科出版社，1990）、《清代的边疆政策》（中国社科出版社，1994）、《中亚五国史纲》（新疆人民出版社，2000）等。此外，马先生还发表高质量的论文百余篇。

马大正先生著述等身，他的著述是我们研究中国边疆学的重要成果。马先生做出的卓越贡献将彪炳史册，长久为后人所铭记。

我们衷心祝愿马大正先生健康长寿，学术青春永驻，再添学术硕果！

2018 年 4 月草于昆明

马大正先生给予我的"教"与"惠"

邹建达[*]

年届八旬的马大正先生一生致力于中国边疆研究，倡导中国边疆学的学科构筑，是当代中国边疆研究的一面旗帜，在边疆研究学界具有崇高威望，更是青年学者高山仰止的偶像。众人皆能与先生相识为荣，能受先生指点为幸。我即是这样一名幸运儿！虽无缘成为马先生的入室弟子，但作为一名晚进后学，蒙先生不弃，引为私塾弟子，亦师亦友，受教受惠，事业学业皆得进步。

我有幸结识马先生，得益于方铁师的引荐。我师从方铁师攻读博士学位，以清代云南边疆问题为研究方向。在学期间，除研读方铁师的大作《西南通史》外，读得最多的就是马先生撰写和主编的著作，如《中国边疆经略史》《清代的边疆政策》《清代边疆开发研究》等，从中获益良多，也更坚定了我以清朝为研究断代，以边疆问题为研究内容的学术方向，同时，希望认识马先生并向其请益的愿望也益发强烈。好在方铁师与马先生交谊甚笃，我的愿望很快便得以实现。2006 年 8 月，由中国社会科学院中国边疆史地研究中心与云南大学西南边疆少数民族研究中心联合主办的"第三届中国边疆史地学术研讨会"在昆明召开，我作为云南大学西南边疆少数民族研究中心的博士生参加了这次会议，正是在这次会上，经方铁师介绍，认识了马大正先生，自后便有了交往。随着朋友圈的扩大，特别是随着我与马先生挚好的李治亭、李世愉以及马先生的门生故旧的交好，参加学术会议、学术活动的机会便增多，与马先生见面聊天也变得频繁，从相识变成为熟识，但真正发展为亦师亦友，被先生引为私塾弟子，则始于 2008 年，距今刚好十年。

---

* 邹建达，云南师范大学历史行政学院院长，教授，博士生导师。

一　助创专栏

2008 年时，我尚在云南师范大学学报编辑部任职，并担任历史学栏目的编辑。《云南师范大学学报》（哲学社会科学版）原是一份有学术影响力的刊物，但因种种原因，于 21 世纪初期，在激烈的刊物竞争中渐渐落后了，2004 年被踢出了核心期刊行列，在教育部新增的 CSSCI 来源期刊中也榜上无名。经过一番艰苦努力，2007 年终于挤进了 CSSCI 来源期刊行列。CSSCI 来源期刊实行的是两年一次进行调整的动态管理政策，进入不易，保持住更难，何况身处末位，随时都有被再次踢出的危险，唯一的办法就是提高刊载论文的质量，提高刊物的学术影响力。而创办学术专栏，集中刊发有重要学术影响力的研究论文，快速提升学术影响力便成为我们必然的选择。

学术刊物的发展和影响力的提升有其自身的规律，需要长久的学术积淀，创办一个学术专栏，并在短期内取得成效，谈何容易！我从事的是边疆研究，便自然而然地想到将要创办专栏与蓬勃开展的边疆研究联系起来，与当年开展的国家社科基金重大特别委托项目"西南边疆历史与现状综合研究项目"结合起来。我也坚定地认为，此事只有得到马大正先生支持，借助马先生在边疆研究学界的巨大影响力，才能真正有办成的希望。于是，我怀着忐忑的心情求助于马先生，告知了我的想法，请教专栏如何起名为好，也说了我的担心，即每年六期的专栏文章如何保证，而一旦脱期断档，将会严重影响专栏的关注度和学术影响力，并请求马先生惠赐大作刊于首期的专栏上。令我惊喜和感动的是，马先生爽快地答应一定会给篇论文，并由他出面约请李国强、方铁、张云三位先生，一起撰写以边疆学构筑为主题的论文在专栏创办时刊发，并将专栏定名为"中国边疆学研究"，告知我这样的栏目在全国唯此一份，顺应了正在构筑的中国边疆学学科建设需要，尤因其为 CSSCI 来源期刊，平台较高，一定能吸引全国从事边疆研究的学者们的关注。叮嘱我一定要有明确的办刊思想，独树一帜，办出特色；要始终如一地坚持学术质量和学术标准，刊发一些有重要学术影响力的学术论文，一定可形成与《中国边疆史地研究》一南一北两个遥相呼应的学术阵地，为中国边疆学学科的构建做出贡献，并允诺一旦专栏文章不继，将亲自出面协调组织，保证专栏文章不脱期、不断档。

在马先生的支持鼓励下，经过一番筹划，《云南师范大学学报》（哲学社会科学版）于 2008 年第五期推出了"中国边疆学研究"专栏，刊载 4 篇论文，即马大正《边疆研究者的历史责任：构筑中国边疆学》、李国强《中国边疆学学科构筑透视》、方铁《试论中国边疆学的研究方法》、张云《藏学研究与中国边疆学建设》，我以该栏目首席编辑和栏目主持人的身份写下开栏寄语："本刊开设'中国边疆学研究'专栏，旨在进一步促进中国边疆学的学科建设和中国边疆研究的开展，并为国家社科基金重大特别委托项目'西南边疆历史与现状综合研究项目'提供一个学术交流平台。"马大正先生则以专栏学科主持人的身份综述了所刊 4 篇文章的内容和学术价值。自此，"栏目主持人"和"学科主持人"双主持人制度，以及每期专栏刊载同一主题的 3 篇左右的文章，每期皆写有主持人语介绍所刊文章的内容和价值，便成为《云南师范大学学报》（哲学社会科学版）"中国边疆学研究"专栏的制度和特色。

《云南师范大学学报》（哲学社会科学版）"中国边疆学研究"专栏一经推出，一炮而红，所刊发的 4 篇文章中，马大正、李国强、方铁三位先生的文章被《新华文摘》全文转载，并上了封面要目，立即引起边疆研究学界的广泛关注，为该专栏的发展奠定了非常好的基础。马先生在本专栏发文，起到了示范作用，之后，众多从事边疆研究的学术大咖纷纷惠赐大作，《云南师范大学学报》（哲学社会科学版）"中国边疆学研究"专栏的学术影响力与日俱增，在边疆研究学界频获好评，成为云南师范大学一张亮丽的学术名片。2014 年，"中国边疆学研究"专栏申报教育部评选的刊物"名栏"一举获得成功，更进一步提升了栏目的影响力，俨然出现之前马先生预估的与《中国边疆史地研究》一南一北双峰同存的局面。是年，正值马先生撰写《当代中国边疆研究（1949—2014）》，在该书中辟以专节介绍《云南师范大学学报》（哲学社会科学版）"中国边疆学研究"专栏从创办以来六年间的发展，并做出详细的统计梳理，足见先生对此专栏的关爱。

学术刊物的建设是学科发展的重要内容。马大正先生对《云南师范大学学报》（哲学社会科学版）"中国边疆学研究"专栏的扶持和关爱，是出于实现一直以来其倡导的构筑中国边疆学的需要，目光敏锐，站得高、看得远。而作为该专栏的编辑，我则从中受惠良多，不仅从编辑论文的过程中学到了丰富的知识，还以此获得诸多荣誉，更通过这一学术平台，与马先生及众多从事边疆研究的学者增强了学术联系，建立起了学术友谊。遗憾的是，2015 年底，我调入云南师范大学历史与行政学院工作，从此会多事繁，虽然仍挂名该栏目的首席编辑，但已再无精力参与其间，在这方面与马先生的联系交流自然就少了，但在学院中国史博士点学科建设上的联系又得以增多，还可继续从先生处受教受惠。本次"中国边疆研究与中国边疆学高层论坛"能够邀请到众多学界大咖与会，得以成功举行，皆得于马先生的声望与努力。

二　提携后学

2008 年，国家社科基金设立重大特别委托项目"西南边疆历史与现状综合研究项目"（以下简称"西南项目"），申请者众，我也想试试运气。当时，我正以"清代督抚、道制与云南边疆治理"为题撰写博士学位论文。出于论文写作的需要，收集了一些清代云南督抚的奏折档案，便以"清前期云南督抚边疆事务奏折汇编"作为研究选题申报"西南项目"。我申报的选题得到了时任"西南项目"专家委员会主任马大正先生和专家组其他专家的肯定，不仅获得立项，还被列为委托项目，欣喜之情溢于言表。不久之后，在昆明召开的一次学术会议上见到马先生，我当面向先生表达谢意。马先生则叮嘱我，收集整理清代封疆大吏的奏折，之前没有人做过，这是开展研究的基础性工作，有一定价值，所以项目组批准立项。但清代督抚的奏折内容广、体量大，朱批奏折、录副奏折、题本等加在一起，一定会远远超过项目申报书中承诺的一百万字，要做好困难准备，按时、保值、保量完成好课题，不要辜负专家组的信任，期待项目完成后，你能成为这方面的专家。

马先生之言既是鼓励，更是鞭策！自此后，我便把主要的精力花在完成该项目上，频繁往返于昆明与北京之间，到中国第一历史档案馆查阅资料，又因修纂"大清史"的需要，国家清史编纂委员会与中国第一历史档案馆合作建立清代档案数据库，我便成了国家清史编委会图书室的常客，也有了更多机会见到担任国家清史编纂委员会副主任的马先生。随着交往交流的增多，与马先生的距离也逐渐拉近，少了拘束感，增了亲近感；称呼也随之有变，叫"马先生"的次数少了，叫"马老师"的次数多了，有时甚至直呼"老爷子",马先生也待我如他的学生,提携后学不遗余力,亦师亦友的关系就这样建立了。

"西南项目"课题的立项,是我承担的第一个国家级课题。以该课题为基础,完成了博士学位论文的写作,并坚定了以清朝为断代,以边疆问题为研究内容的学术研究方向。经过 5 年的努力,于 2013 年完成了课题,成果结项被评定为优秀。2015 年,以《清前期云南督抚边疆事务奏疏汇编》为书名,由社会科学文献出版社梓行,全六册,共 379 万字,远远超出了申报时的预期。在完成上述课题的基础上,2014 年又以《乾隆、嘉庆时期云南督抚边疆事务奏折精编》为选题,再获"西南项目"后期资助课题立项,于 2017 年由社会科学文献出版社出版,共 4 册,325 万字,惜因所收录的全系未公布的档案,只能书为内部资料,未能公开发行。700 余万字的史料收集整理,耗时费力,中途几次想拖延或放弃,皆遭"老爷子"呵斥责骂,在其督促和鞭策下,终于完成。成果的出版,给我带来了荣誉和信心,《清前期云南督抚边疆事务奏疏汇编》于 2013 年,以"清代云贵总督与西南边疆治理研究"为选题,获国家社科基金项目立项,获 2015 年度全国优秀古籍图书一等奖、云南省社会科学优秀成果二等奖。研究无止境,何况自己的研究才刚刚起步,愿为马老师倡导并为之奋斗的中国边疆学构筑添砖加瓦。

我进入边疆研究领域较晚,后学不敏,质愚材钝,能在学业上获得些许进步,在学术研究上能做出一点成绩,除得益于方铁师的悉心教导外,与马老师的提携、栽培关系甚大,当然还有李治亭、李世愉老哥俩的长期帮助,还因从"西南项目"获益。回想当初马老师对我说的话,不得不感佩"老爷子"的判断力,虽然不敢说已成为这一领域的研究专家,但基本上实现了马老师之前的预判。谢谢"老爷子"!

三 边疆情怀

要研究边疆,首先必须热爱边疆,只有踏遍边疆,也才会热爱边疆。"老爷子"说自己遵循古训读万卷书、行万里路,一生致力于中国边疆研究,也一生行走于边疆,足迹遍及东西南北,踏遍山山水水。

在我的印象中,与马老师见面,除北京、昆明两地外,几乎是在边疆召开的学术会上，尤以忻城、桂林、吉首、岑巩、遵义、元阳、保山、腾冲等西南边疆之地为多。"老爷子"常去新疆，我无缘跟随，但行走西南边疆，我曾多次陪伴同行，印象最深刻的当数一起去位于中缅边境线上的西盟佤族自治县。

佤族是一个神奇古老的民族，居住在云南西南部边境地区，全国共有两个佤族自治县，一个是沧源，一个就是西盟。由于承担中国社科院边疆中心的全国"百村调研"课题，我去过沧源十余次，比较熟悉，而西盟佤族自治县，仅于1996年去过一次，民族风情浓郁，印象较好，后来听说位于猛卡镇的旧县城因地质灾害，已于2000年从猛卡镇搬迁往十余公里外的猛梭镇建新县城，因此一直有再去一次的愿望。2011年，便邀约了李世愉老师一同去考察。

西盟在云南西南部，毗邻缅甸佤邦，有近90公里的边境线，距离昆明六百多公里，新县城内仅有六千余居民，绝大多数都是佤族，还有少量拉祜族、傣族，城内所有房屋都按佤族风格做了外墙装修，恬淡静谧，民族风情浓郁。世愉老师去过后，对西盟之旅赞赏不已，回到北京，便向马老师夸耀，马老师听后心动不已，便邀我再访西盟。

2012年暑假，我和马老师、方老师一行三人驾车从昆明前往西盟，到达西盟县城时夜幕已经降临。一路颠簸，舟车劳顿，每人喝了两杯佤族的"水酒"，匆匆填饱肚子后便欲躺下休息。忽听得木鼓声阵阵，临窗望去，在离宾馆不远的广场上，佤族同胞已燃起篝火，敲响木鼓，跳起欢快的歌舞。见此情景，马老师不顾劳顿，执意要去看看，凑凑热闹。一到现场，就被佤族简单快乐的氛围感染，我们三人情不自禁便加入热闹的人群，随着佤族欢快的节律踏歌起舞，尽兴而归。心态如此年轻，哪像一个已70多岁的老人！"老爷子"平时可不像这样，总是一脸的严肃矜持，一到边疆，好像换了个人似的，一脸笑容，心情愉快，如同回到自己家一样。我想，这应当是"老爷子"喜爱行走边疆的一个原因吧。

清晨，在县城高音喇叭播放的《阿瓦人民唱新歌》的歌声中醒来，那种感觉真是奇妙，仿佛回到20世纪70年代。"老爷子"说这首歌他熟悉，听到这首歌就会联想起新中国建立后边疆发生的巨大变化。吃完早餐，围着县城边上披着一层薄雾的猛梭龙潭走上一圈，四周密林环绕，满眼青葱翠绿，仿佛置身于天境，让人心旷神怡，似幻似仙。不知不觉中我们走入了佤族祭祀的地方——龙摩爷圣地，崖壁上、树枝上挂满祭祀用的牛头，白骨铮铮，庄严肃穆，令人心生敬畏，不禁会联想到历史上佤族曾有过的"猎人头"习俗，要是将这些牛头换成人头，那会是何种景象！"老爷子"说他走遍边疆，从未见过如此场面，令人震撼，稍加联想便头皮发麻，毛骨悚然，一身冷汗。边疆太神奇，走不遍，看不完。

"老爷子"说，每次到边疆，除了看当地的民族风情外，最想看的就是口岸和界碑，喜欢踩着国境线走一走，摸一摸界碑，以口岸和界碑为背景拍照留念。

吃完中饭，我们便驱车前往距离县城60多公里外的娜妥坝口岸。娜妥坝口岸是西盟县境内唯一的一个口岸，属国家二级口岸，不时有车辆和人员往来于口岸间。来到口岸，"老爷子"显得有些兴奋，不断拍照，并站到口岸中间中缅两国的交界线上，告诉我口岸的发展最能体现国家的发展变化，对比两个国家的口岸建设也能看出两国国力的差别。离娜妥坝口岸不远处即是中缅两国的第200号界碑，一条不到一米宽的小水沟即是两国的"界河"，有多条便道连接两国的边境，"老爷子"感慨道，只有站在这里，才能真正体会到何谓"边疆"，一条国境线就能把同一民族分开，但它们之间的交往又难以阻挡，边境管理不易，还谈起中缅两国的划界和现在所面临的非传统安全问题。我这才恍然大悟，"老爷子"到边疆，是带着情怀、带着问题来的，了解、认识边疆，解读边疆密码，寻找解决边疆问题的答案。从"老爷子"的身上，我看到了边疆研究学人的边疆情怀！与"老爷子"在一起，总能受教受惠，这也是包括我在内的年轻学人愿与之亲近的原因吧。

欣逢"老爷子"八十华诞，以此文字，表达敬意和谢意！也期待能尽快实现我与"老爷子"的一个约定，一起去我的老家昭通，看看龙云的家祠，走走秦时的"五尺道"，转转李庄，体会滇东北的人文风情。

2018 年 6 月草成于昆明

学品与人品

——我与大正先生相识三十五年

李世愉[*]

2018 年 9 月 19 日就要迎来马大正先生的八十华诞。现在的马先生看上去还是那么精神镬铄，完全不像八十岁的人，他至今仍在繁忙地工作着，真可谓"不知老之将至"。无论如何，八十大寿还是个值得纪念的日子。在此，我想把我了解的马先生，我心目中的"老马"介绍给各位朋友，以此作为一个小兄弟对马先生八十华诞的祝福。

最初的相识

和马先生相识、相交已有 35 年。回忆最初的相识，那是在 1983 年的初秋。我是 1982 年从北大历史系研究生毕业后分配到中国社科院历史研究所工作的。入所后即在中国历史大辞典编纂处任职，负责整个编纂工作，如组织召开编委会，联系《中国历史大辞典》各分卷（后定为十四个分类）的工作。因此要经常参加各分卷的工作会议，主要是为各分卷提供服务（这是当时院领导梅益同志的定位）。1983 年 9 月，《民族史》卷要在大连召开东北民族分编的编委会，并请编纂处的人参加。当时的编纂处主任胡一雅先生派我去参会。会议安排在 9 月 2 日召开，而我却是在 9 月 2 日上午才乘车到达大连。去车站接我的是《民族卷》主编刘荣焌先生的助手陈佳华先生，他告诉我，参加这次会议的有刘荣焌、马大正（刘先生的另一助手），以及东北民族分编的主编王钟翰，编委干志耿、张璇如、谢肇华。当我们到达开会地点（一所海军疗养院）时已是中午，陈佳华带我过去时，

---

　　*　李世愉，中国社会科学院历史研究所研究员，博士生导师。

大家正在吃午饭。那是我第一次见到马先生，场面记忆犹新。陈佳华向大家介绍："这是编纂处的李世愉先生。"见我到来，大家都很有礼貌地站起来握手相迎。我知道，虽然在他们面前我是个小字辈，但毕竟他们接待的是一个"上面派来的人"。其中王钟翰先生我最熟，在北大读研究生时就经常去王先生家请教，而且王先生也是我毕业论文答辩的"座主"。王先生还特意向大家介绍了我几句。刘荣焌先生我也熟悉，因为他参加过编纂处组织的编委会，而且我与刘先生有过多次交谈，这次也是刘先生专门请我们来的。王、刘二位老先生自不必说，其他先生也很热情，特别是谢肇华。当时我感觉唯一一位不那么热情的就是马大正先生。当陈佳华向我介绍他时，他只是欠欠身子、点点头，我脑子里立即闪过一个念头：此人好像是一个上海读书人（其实我也出生在上海，只是在北京长大），虽不失礼貌，但并不显然那么豪爽与热情。吃饭期间，我问了马先生是哪里人，得知他出生于上海，自小在上海长大。我似乎更坚定了自己的判断，至少我觉得，与马先生聊天不会那么随意。

没想到，我的判断完全错了。下午继续开会讨论的时候，马先生似乎变了一个人，换了一副面孔。我们的交谈，包括眼神的交流，都显得那么自然，那么轻松愉快，他还不时发出他那特有的笑声。吃晚饭的时候，我们就坐在了一起。那几天的闲暇时间，我都是和马先生、陈佳华先生在一起，天南地北，什么都聊，而且非常融洽、和谐，简直成了最要好的朋友。马先生还专门向我约稿（他当时在民族所，而且是《民族研究》的兼职编辑），这对我一个刚刚毕业一年的研究生来说，简直是求之不得。我当然是非常感谢，回京后认真完成了一篇论文：《清雍正朝改土归流善后措施初探》，发表在1984年第3期，这应是很快的见刊速度了。

最让我钦佩的，还是马先生那爽朗的性格。会议最后一天，我们去旅顺参观。参观结束后，我们在离海边不远的一家小饭馆吃饭。那天吃的是海味，而且要了十几瓶啤酒。结果真正喝酒的只有王钟翰先生、马先生和我三个人，看着一堆酒，我有点发愁，尽管我能喝一些，但毕竟只有三个人喝呀！没想到，王先生那天兴致极浓，一边喝酒，一边大谈当年与日本人拼酒的事儿；马先生也是一杯接一杯，"面不改色心不跳"，当时给我的印象就是"豪爽"！时间不长，我们三人竟把酒都喝光了。在不断地举杯、碰杯中，我和马先生的关系拉得更近了。没几天，我从称呼他"马先生"，改为称"老马",毕竟我们相差 11 岁,但他似乎根本不介意,欣然接受了。从那以后,我都称他为"老马",不时还开个玩笑。我觉得这样会更亲切一些吧。

编纂《中国历史大辞典》

我与马先生接触的前一阶段,主要是一起编纂《中国历史大辞典》。由于工作需要,一般各分卷的会议,只要邀请,我大都会参加。但《民族史》卷的会议,以及调研等活动我更愿意参与。一是因为我与马先生、刘荣焌先生、陈佳华先生关系很近;另外也是出于我的私心,因为《民族史》卷开分编委会议多在边疆省区,我可借此机会大开眼界,尤其在 20 世纪 80 年代初更显机会珍贵。《民族史》卷的主编是翁独健先生和刘荣焌先生,但实际的主编工作多由刘先生一人承担。因此,作为刘先生助手的马先生、陈佳华先生则分担了刘先生的大量工作,加上《民族史》卷联系面广的特殊性,他们的工作远比其他分卷的助手繁忙得多。据我所知,马先生他们帮助刘先生(当时已 70 多岁)做了许多大大小小琐碎的工作,往返书信就不知写了多少。刘先生曾当着胡一雅先生和我的面,多次赞扬他的两位助手,当然包括马先生了。一般《民族史》卷要开会,或申请活动经费,都需要与编纂处交涉,而每次都是马先生与我联系,我当然也是"有求必应"了。我曾经和马先生开玩笑说:"我就是土地庙里的匾——有求必应。"久而久之,马先生送给我一个绰号——"小老大"。他动辄挂在口头的一句话是:"你是我们的小老大嘛!"

1986 年 6 月,马先生邀请我参加《民族史》卷在云南、贵州、广西、四川四地召开的分编委会,与当地学者商讨进度,解决编纂中的一些具体问题,我当然是乐意前往了。为此我们专门做了准备,他们负责联系四地分编委,我负责报批、携带外出经费。我们计划外出的第一站是贵阳,结果到出发那天,在候机厅(现在的一号航站楼)竟不见马先生的踪影,我很奇怪,问陈佳华先生:"老马怎么还没到?"他告诉我:"老马不去了。""为什么?""他儿子要考初中。"陈先生很平静地回答。当时我觉得简直不可思议,于是对陈先生说:"儿子考初中都不敢离开,老马可以呀!"后来,我多次当着马先生的面提及此事:"儿子考初中,老马都不能外出。"在我的话语中多少带有"大可不必"的意思，然而马先生都是很平静地一笑了之。应该说，马先生对儿子的关心的确是无微不至，事实上他也的确培养出了一个好儿子，现在的马钊在美国圣路易士华盛顿大学任教，是出类拔萃的人才。

90 年代初，陈佳华先生英年早逝，《民族史》卷的事务性工作只能由马先生一人承担，而《民族史》卷的工作却一直按计划进展，并成为十四个分卷中第八个出版的分卷，这与马先生的付出是分不开的。

在多年的工作联系中，我看到了马先生在民族史、边疆史方面的造诣，以及其思维的敏锐、看问题的高屋建瓴。因此，编纂处组织的会议，我都邀请马先生参加。在各分卷工作大体完成之后，《中国历史大辞典》的汇编本工作提上了议事日程。汇编本很重要的一项工作是撰写典章制度的通贯条目，涉及官制、兵制、礼制、舆服、赋役、教育、科举等诸多制度的上万个条目。在组织撰写队伍时，为工作方便，当时决定以历史所的研究人员为主，而唯一的例外，就是特邀马先生参加了撰写组。其后，我们组织人员到上海完成汇编本的通稿工作，当然也少不了马先生，凡涉及边疆、民族的条目要由他来审定。我们在上海，都是住在上海辞书出版社内的定稿楼，条件很简陋。记得有一次，马先生因腹部疼痛难忍，还去看了急诊，让出版社的编辑吓出一身汗，一再关照："要照顾好马先生。"毫无疑问，《中国历史大辞典》汇编本的出版，有马先生的一份功劳。

边疆史地研究中心

1987 年的某一天，胡一雅先生悄悄告诉我一个消息：原挂靠在民族所内的中国边疆史地研究中心将要改组，并改为挂靠近代史所，他还特意对我说："你的那位好朋友马大正要调过来当头。"听到这个消息，我当然为马先生感到高兴了，这无疑为他提供了一个大显身手的舞台。为此，我特意到马先生家（当时还住在劲松一区）询问此事。他表示消息准确，而且对我说："将来开展研究，也要请你参加呀。"我说："我又不搞边疆研究。"他略微提高了一点嗓门说："你搞土司研究，与边疆治理有关呀。"看来他对新机构未来的工作已有了规划和打算，所以表现得那么胸有成竹。后来，我还真在他主编的《清代的边疆政策》《中国古代边疆政策研究》《中国边疆史地论集续编》三本书中写了文章。

1987 年改组后的中国边疆史地研究中心当时只有几个人，租用的是位于东厂胡同的民盟中央招待所，条件非常艰苦，除了几张办公桌，几把椅子，几个书柜外，几乎一无所有，那真是白手起家呀。就是在这种艰苦的条件下，时任副主任的马先生和主任吕一燃共同努力，扎扎实实，从一点一滴做起，为日后的发展奠定了坚实的基础。几年后，吕先生退休，马先生一人承担了边疆中心的领导工作，为边疆中心的腾飞呕心沥血。

在边疆中心初期组织的各项活动（如召开会议、开展研究、边疆调研）中，马先生多次约上我，我知道，这不仅是鉴于我们之间的友好关系，更多表现他对我的信任。这也使我对马先生布置的工作不敢稍怠，一定全力以赴。1988 年 10 月边疆中心在北京组织召开了第一届中国边疆史地学术研讨会，这是国内第一次举办的全国性的边疆史地学术研讨会，重要性不言而喻。鉴于边疆中心人手有限，马先生特别让我参加会议筹备组，一起做会议的准备工作。当然，我也没有辜负他的一片苦心。在那以后，我又多次参加边疆中心的活动，如两次云南考察，一次延边考察，一次新疆考察，又赴浙江象山县参加第二届中国边疆史地学术研讨会。可以说，那个时候我参加边疆中心的学术活动远比参加历史所的活动要多。我几乎每个周二的下午都要去边疆中心（已搬到近代史所后边的平房小院中），到马先生的办公室聊上一两个小时。那时边疆中心的朋友见我去他们那儿，经常开玩笑说："李先生，又来上班了。"我和马先生聊天，既谈学问，商讨问题，也谈各自单位的情况。有时候马先生遇到一些棘手问题，也会征求我的意见。我自然是直言不讳，至于马先生是否采纳，我并不清楚，他一般不表态，只是静静地听着。

边疆中心是一个开放型的研究机构，在马先生的策划下，他们在黑龙江教育出版社出版了"边疆史地丛书"，还主编了"中国边疆史地资料丛刊"等大型专题丛书，动员了全国各地诸多从事边疆史地研究的专家、学者，实在是功不可没。据我所知，在主持边疆中心工作的十几年中，马先生几乎跑遍了边疆地区，对推动各地的研究起了重要作用。边疆中心作为我院的一个开放型研究中心的试点，实践证明是成功的。其中马先生的作用和贡献有目共睹。边疆中心（2014 年已改称中国边疆研究所）现已成为全国边疆研究的重镇，"边疆学"也在马先生的倡议和推动下为学界所认可。记得 2010 年，在马先生退休之后，我曾对他说过："老马，你在学术上的贡献，不在于你写了几本书，而在于你的学术组织工作，以及你的影响，团结了诸多学者，最终形成了今天边疆史地研究的大好局面。就此而言，你可谓功莫大焉，将来如写这段学术史，你应该占有一席之地。"

修《清史》

自 2002 年国家批准编修《清史》以来，因为马先生被任命为国家清史编纂委员会副主任，而我又是研究清史的，因此我们在交谈中更多涉及的是《清史》编修问题。

马先生出任编委会副主任，我实在没有想到，恐怕很多人也没想到，特别是社科院方面的人。因此，消息传出之后，还是引来了一些议论，甚至有些风言风语。社科院内就有人认为他不是搞清史研究的，不该占据此位。某所的一位领导甚至派人到院里反映，想要替代马先生的位置。我曾把这一情况转告给马先生，并直言不讳地对他说："这可是把你放在炉子上烤啊。"尽管马先生听了之后有些不快，但他还是很平静，没有做任何解释和争辩，依然努力做好他的副主任工作。我知道，编委会初期的工作不会那么一帆风顺，更何况临时抽调诸多单位的人凑在一起，难免人多嘴杂。作为协助戴逸先生工作的副主任，马先生不仅要协调各方面的关系，还要推动工作的进展，的确不是一件简单的事。但他很快就适应了这一角色。

2005 年，通过招标，我主持了《科举志》的撰写工作。对《清史》编纂工作也有了一定的了解。可能出于工作思路不同，或许了解情况还不全面，总之，我对当时的一些做法是存有自己的看法。比如，在没有一个详细的编纂体例的情况下就急于上马，至少在我看来是不妥的。我曾提出过意见，似乎没什么反应。于是我找到马先生，言辞激烈地谈了我的看法，当然还流露了很多不满情绪。毕竟我们是多年的朋友，所以我讲起来也是无所顾忌。他只是在专心地听我讲，既不反驳，也不做任何解释，最后很平静地劝我说："不要急，慢慢来。"还有几次类似的情况，当我的火气上来时，他总是面带微笑地把我的火气消除。我清楚，他是为《清史》编纂的整体利益着想，希望有一个和谐的氛围，大家团结一致把工作做好。其实，我也只是发泄一下一时不快而已。

大概是 2009 年，我在李治亭先生处听说清史编委会召开了一次全体工作人员会议。会上戴逸先生重点强调要保证进度，要求作者严格按合同规定的时间完成，不得随意拖延。同时说到，像进士表课题组新发现了两万多进士，内容增加了，这种特殊情况可以适当延长。听了这番话后，我问治亭："戴先生真是这么说的吗？"他说："应该没记错吧。"为此，我特意找了马先生，把我听治亭先生讲的内容重复了一遍，说："如果真是这样讲的话，不是下面汇报有误，就是戴先生口误。清代进士人数早有统计，而且有题名碑为证。如果有人通过考证，新发现一两个进士，真可以给他竖大拇指。如果说新发现了两万个进士，那叫胡扯。此事传出去可要闹笑话啊。"听我讲了之后，马先生一下子认真起来，说："我好像也有点印象。这事我来查一查，看看会议记录和简报怎么写的。"显然，他对涉及学术问题还是十分严肃和认真的。没过几天，他特意告我，查了会议记录，的确是那样写的，已让他们把"新发现"几个字删除。从这件事可以看出，他对我带有情绪的牢骚话，只是静静地听，不表态，让我慢慢熄火，但对严肃的学术问题，尽管提得很尖锐，他也会认真对待，一点也不含糊。

马先生在清史编委会，对我来说也得到了一些实惠。我偶尔到他办公室，看见书架上有我需要的书就拿走。前不久，当着他的面还"抢"了他书架上的《夏曾佑集》，因为该书收录了一些有关晚清科举改革的资料，正是我所需要的。我"抢"马先生的书是从来不带商量的，打个招呼，拿起就走。当然，我也是有分寸的，凡是他真正需要的，我绝不会"夺人所爱"。

我知道，马先生在清史编委会尽心尽力工作了十几年，这使他在社科院失去了一些本应得到的东西，很多人替他惋惜。其实我很清楚，在某些人的心目中，好事不能让一个人都占了。当然冠冕堂皇的理由总可以找出一些，但是否公允，只有天晓得。我也清楚，马先生心中也曾有过不快，但他还是一如既往地工作着，这种胸怀也是难能可贵。莎士比亚说过："旷达者长寿。"我想，这恰恰适用于马先生。

西南边疆项目

2007 年之后，边疆中心那边我就很少去了，我们之间的联系也较以往少了许多。2008 年，国家社科基金办公室委托院科研局组织"西南边疆历史与现状综合研究"项目，又使我和马先生的联系多了起来。

为了高质量地完成这一项目，院领导非常重视，江蓝生副院长亲自担任项目领导小组组长，同时又成立了办公室，由时任科研局副局长的刘晖春任主任，成立了专家委员会，院领导亲自点名马先生任主任，这充分体现了院领导对马先生的信任，要知道那时马先生已是 70 岁"古来稀"的年龄了。我也有幸进入了专家委员会，任委员、常委。从此，我和马先生又在"西南边疆项目"这个平台上共同奋斗，准确地说，是在马先生的领导下工作。

组织"西南边疆项目"，对于马先生来说，那是他的老本行，干起来可谓得心应手。从最初的策划，编制选题指南，到组织专家委员会审定投标书，与当地学者交换意见，他都显得那么游刃有余。项目启动不久，他亲自策划主持了"工作要报"的编制，定期反映一些边疆现实问题调研情况，产生了极好的效果。

在工作中，马先生特意叮嘱我，要对有关土司问题的申报、评审、开题、结项、审核方面多加关注。"西南边疆项目"办公室几次组织专家委员会去云南、广西开会和调研。每当我们与当地学者在一起的时候，我都会深切感到马先生在当地学者中的地位是很高的，口碑是极好的。这是其他任何一个专家无法与他相比的。每天晚上，到他住处拜访者络绎不绝，老中青学者都有，或拿写作提纲请求指导，或慕名前来探望，这是一般外来者难以想象的。我知道，马先生多年从事边疆研究，组织了许多重大课题，其间培养了不少边疆地区的学者，使他们快速成长，其中最突出的当数云南大学的方铁先生。自 1995 年边疆中心到云南考察禁毒问题，方铁先生一直是积极参与者之一。马先生组织的"中国边疆通史丛书"，特邀方铁先生撰写《西南通史》，后来这部书还得了奖。方铁先生现已成为边疆史、民族史研究的大家，他也不止一次地表示，他多年来得到了马先生的关心、帮助和提携。还有一些青年学者，他们在成长过程中同样得到马先生的教诲和帮助。正如我前面所讲的，马先生的最大贡献，在于他推动了边疆史地的研究，促成了"边疆学"的形成。

以上拉拉杂杂写了一堆，只是要表达我与马先生 30 多年交往的内心感受，表达对他人品的敬重，对他人格魅力的仰慕。至于学术上的评价，我想还是留给边疆史地的专家吧，我自认没有这个资格，但是马先生作品的文笔我还是很欣赏的。记得他的那本《天山问穹庐》出版后送给了我，开篇便是："我们新疆好地方，天山南北好风光……"，我也就随着歌声进入了他的大作之中。

35 年了，回忆初次见面的豪情与畅饮，至今记忆犹新。人间岁月闲难得，天下知交老更亲。

在马先生八十华诞来临之际，衷心祝愿他健康长寿！愿快乐与他永随！

2017 年 5 月草成

"边学"之树长青 自乐之斋常绿

——赞马大正和他的中国边疆史地研究

龚继武[*]

新近，我又收到北京马大正学长寄送的《当代中国边疆研究（1949－2014）》，连同他过去的馈赠，我的手头已拥有大正兄有关中国边疆史地研究的论著有 10 部之多了。据悉，12 卷的《马大正边疆文集》正在编纂中，2020 年前后由新疆人民出版社出版。大正兄这种在学术上锲而不舍、积极奋进的精神让人心生敬意！

于是，便想起了歌德那句"生命之树长青，而理论往往是灰色的"的不朽名言。我感到，大正学兄赖以起居的自乐斋应是一块无处不散发出生命活力的绿草地，那一页页写满憧憬和希望文字的稿纸也一定被浸润得碧绿碧绿的了。

一 跋山涉水：中国边疆经略史的探索者

马大正无疑属于中国传统知识分子类型。但他的人生轨迹告诉我们，他既不是那种一头钻进象牙塔、抱着故纸堆不放的学究式书呆子，也不是那种耽于清谈、溺于空疏的空谈家。他是一个少见的行动型知识分子，充实的行动饱满着他的生命。他的学术生涯不仅仅是著述，而是用一连串小跑步一样步履匆匆的学术交流和组织考察活动填满他的学术履历。1975 年夏秋在著名学者翁独健教授指导下，马大正始涉卫拉特蒙古史和隋唐民族关系史的研究，参与并完成了《准噶尔史略》、《中国民族关系史纲要》以及《中国历史大辞典》的组织、编辑和撰写工作。1982 年 6～7 月，他组织

---

* 龚继武，安徽省中学历史特级教师。龚继武与马大正是山东大学历史系 1956 级同窗。

并参加了新中国成立以来首次对新疆地区蒙古族社会历史进行的综合考察。考察了巴音郭楞蒙古自治州库尔勒、和静、巴仑台、巴音布鲁克、巩乃斯，伊犁哈萨克自治州伊宁、昭苏、特克斯、尼勒克、乌苏，塔城和布克赛尔蒙古自治县，博尔塔拉蒙古自治州博乐、精河、温泉，行程 5523 公里，历时 54 天。这次考察本身具有开创性、探索性、普查性。考察结束，除撰写学术性的考察报告和编辑考察资料汇编外，他以散文随笔形式撰写了《伊犁考古散论》，刊发于《伊犁河》杂志 1984 年第 3 期。

1987 年夏，出任刚刚成立四年的中国边疆史地研究中心副主任。上任伊始，便以新疆为突破口展开调研。第一个调研点选在了西北边陲的博尔塔拉蒙古自治州。在那里，马大正不但研读了很多珍贵的历史资料，还对当地的历史发展、边界争议地区的成因，以及各民族间的关系做了深入了解。在草原的劲风中，不论是作为爱情象征被誉为"草原上灯塔"的蒙古族"敖包"，还是造型粗犷的草原石人都会引起他的兴趣；那里的山山水水、民俗民风、古迹遗址以至于断垣残壁、废瓦碎砖都给他留下了很深的印象。马大正说，1981～2013 年 32 年，他共去过新疆 50 余次，33 个边境县他到过其中的 27 个，还有幸沿塔克拉玛干沙漠边缘，断断续续地车行走圆了一圈，涉及的大小城市有库尔勒、轮台、库车、阿克苏、喀什、和田、策勒、民丰、且末、若羌等。

后来，他"寻遗访古走关外，求知问今下海南"，足迹遍及中国陆疆与海疆。1992 年 2～3 月他组织并参加中国社科院中国边疆史地研究中心进行的赴海南考察调研，写下了《海角寻古今》等专著，指出："自古以来，南海诸岛就由我国人民发现，开拓和实施管理。然而如今本应属于我国的专属经济区和大陆架海域与一些国家存在大面积领土争议，我们实际上并不占优。"他大声疾呼："要提倡全民的国土意识，增强维护海疆安全的责任感和保卫海疆的紧迫感；要收复南沙，这是我们的责任，是关系到中华民族子孙万代的千秋功业。"1995 年秋，已经担任中国边疆史地研究中心主任的马大正在新疆考察时，发掘出很多反分裂斗争的具体案例，写出《新疆地区反分裂斗争历史：1950—1995》研究报告，对 29 起典型案例来龙去脉进行分析，预见分裂活动发展趋势，提出我们应采取的对策，受到新疆和中央有关部门的重视。其后，在多次赴新疆调研活动中又写下了对当代新疆治理研究近百万字的观察与思考，计综合报告 5 篇（后增加到 13 篇），专题研究 5 篇（后增加到 7 篇），编选成集，定书名为《国家利益高于一切——新疆稳定问题的观察与思考》于 2002 年 12 月正式出版。这些研究成果涉及中国边疆历史上的难点，注重现实中的热点，以史为鉴，古为今用，为"稳定边疆、兴国安邦"之大政方针政策服务，受到党和国家决策部门的高度重视。

当然，说到马大正中国边疆史地的考察和研究活动，就其规模之宏大，影响之深远当推 1992 年 10 月在乌鲁木齐举办的"20 世纪西域考察与研究"国际学术讨论会及其后进行的学术考察。参加考察的中国学者 24 人，外国学者 9 人。他们沿河田河穿越塔克拉玛干沙漠、环塔里木盆地考察，历时 20 天，行程近 5000 公里。大家目睹了我国新疆各族人民古代文化遗址的多姿多彩，领略了在荒漠绝野进行考察的艰难辛苦，激发起深入研究西域历史文化的责任感和积极性。在《塔克拉玛干考察纪实》一书中大正学兄充满激情地写道：

> 当我们的车队奔驰在宽达几公里的干涸河床上时，和田河的广阔、荒漠，沿岸胡杨林的冷峻、孤傲，深深震撼着每个考察队员的心灵。胡杨其貌不扬，树干千奇百怪，与荒漠相映，让人自然联想到以马匹和骆驼为交通工具，跋涉在同一古道上的开拓者们的艰辛。

> 当我们行进在这条今已被人遗忘的丝绸之路南北通道上时，现实的汽车马达声与古代商队的驼铃声，在人们心灵中竟如此奇妙和谐地交织在一起。此情此景，终生难忘。

> ……踏着软绵绵的沙上，沙漠景观的奇艳给人们似入仙境之感。当然要是遇到风暴，那就是进入地狱之门啰！

多么优美的文字，多么炽热的情感！作者朴实清澈而又准确传神的语言叙述，不仅把古代新疆绿洲文明立体地呈现在读者面前，勾画出一幅祖国山河的壮丽图景，而且使中外学者对这条横贯塔克拉玛干沙漠南北通道的丝绸之路增加了实感，已然激发起学者研究的兴趣。特别是中外学者合作考察新疆这一形式的出现，今后无疑会推动中外学术交流和学术合作进一步健康发展。可以这样说，这是大正兄学术生涯中的华彩乐章，《塔克拉玛干考察纪实》一书必将因其浓烈的文学色彩而在历史散文的"美文"中占有一席之地。

这样，从 20 世纪末至 21 世纪开元之初，马大正共写下了诸如《边疆与民族——历史断面研考》、《中国边疆研究论稿》、《中国边疆经略史》（主编）、《漂落异域的民族——17 至 18 世纪的土尔扈特蒙古》（合著）、《二十世纪的中国边疆研究——一门发展中的边缘学科的演进历程》（合著）等 20 余种大部头著作以及像《天鹅的故乡》《寻访准噶尔古遗址》《海岛腹心》等一篇篇优美的历史散文。2005 年，作为"中国社会科学院学术委员文库"选题之一，马大正从已发表的近 300 篇各类文章中选出学术论文 34 篇编辑成册交由上海辞书出版社出版了《马大正全集》。这些论文反映了大正学兄半个世纪研究生涯的基本方面，是他关于中国边疆历史与现状和唐代、清代边疆民族史研究成果的汇编，也是他关于中国古代边疆政策、中国边疆研究史、当代中国边疆治理研究以及中国边疆学理论框架构成研究等之集大成。可以断言，今天中国边疆学这门学科蔚然大观，马大正学长筚路蓝缕的开拓功不可没。

二 走向大众：中国边疆史地新学的传播者

在研究卫拉特蒙古历史进程中，马大正不仅结识了很多蒙古族历史学家，在进行卫拉特蒙古历史田野调查时更是接触到广大新疆蒙古族普通民众。他感到，从知识精英到普通民众、对卫拉特蒙古、察哈尔蒙古先辈历史业绩都有一种了解的渴求，学人的责任感让他生长出应该让卫拉特蒙古历史从研究走向大从的心念。加之随着对中外探险家新疆考察活动历史的更多了解，以及受瑞典探险家斯文·赫定一册《亚洲腹地旅行记》一书的启发，20 世纪 90 年代中期，大正兄萌生策划出版一套由中国学者自己撰写的边疆考察实录丛书的设想。这一想法得到了时任山东画报出版社总编辑汪家明的热情回应，终于在 1997 年诞生了一套当时颇获各界好评的"中国边疆探察丛书"。他以 1982 年田野调查为内容写成的《天山问穹庐》一书分设九题：一个梦的开始，奔向巴音布鲁克，天鹅的故乡，啊、伊犁，国境线上访古碑，青色草原博尔塔拉，乌苏寻古，寻访准噶尔遗址，未圆的梦，全书 7 万字，配考察照片 54 张。这本书自 1997 年出版以来，印刷近两万册，很快售罄。2010 年再次出版了增补修订版，计有 11 万余字，图片138 张。《天山问穹庐》一书为土尔扈特蒙古东归壮举、东归精神的宣传普及、让学术走向大众、让大众了解学术提供了一册有益的素材。

2007 年以来，大正先后撰写了：《土尔扈特蒙古万里回归启示》《东归精神永存——土尔扈特蒙古万里东归启示》《东归精神不朽——土尔扈特东归 240 年祭》《土尔扈特蒙古东归的当代启示》《土尔扈特蒙古万里回归的启示》，以及有关土尔扈特蒙古东归为主题的电视访谈、公益讲演等活动。依据他的建议，近年巴音郭楞蒙古自治州、博尔塔拉蒙古自治州党委和政府，结合本地特点，弘扬"东归""西迁"爱国主义精神，还创办"东归"节、"西迁"节。马大正研究成果中的一些见解成了宣传的基调、大众的共识和众多文艺作品的好题材。

1997 年马大正主编的"中国边疆探察丛书"在读者中所引起的热烈反响，使他深感让学术走向大众，让大众了解学术，是研究者又一项责无旁贷的责任。所以，2002～2008 年，他又先后五次登上了由国家图书馆举办的不同主题的神圣讲坛。讲题分别是：《历史研究的资料收集与研究视点选择——以 18 世纪土尔扈特人东归故土为例》（2001 年 1 月），《中国历代边疆政策研究》（2002 年 4 月），《新疆考察与研究》（2004 年 2 月），《当代中国边疆热点问题的冷思考》（2004 年 11 月），《我的新疆考察与研究》（2008 年 11 月）等。听众中既有 10 余岁中学生，也在年过八旬的老者，既有各个岗位的文史爱好者。

2004 年 5 月 24 日，大正兄参加主题为疆域·边界的小型学习讨论会。参加讨论的有国家领导人，以及社科院、政研室、文献室、外交部的相关领导和中央民族大学的学者。在讨论会安排的五个主题发言中，大正有幸成为第一个发言人，讲题是：《中国疆域的形成与发展》。这就让学术走向了另一个"普及"，也是学术走向大众的一个更值得重视的方面。马大正说："做好两个普及，是学人的责任。所谓两个普及，就是要让学术走向大众，让大众了解学术，在今天社会，这个大众包括了两类群体，其一是普通的民众，其二是国家各级各部门的管理者，对上述二个群体进行学术知识普及十分必要，缺一不可。"

其实，在大正兄半个多世纪的学术生涯里，遵循古训读万卷书、行万里路除了著书立说和实地考察外，还做的一件事就是讲课。这里所说的讲课，实际上包括对硕士、博士生的授业，不同场合的学术讲演，以及面对媒体的学术访谈。我多次在中央电视台《名人访谈》节目中目睹大正兄的丰采，倾听他对中国边疆史地研究的真诚真实、既深且精的侃侃而谈。《人民日报》、《光明日报》、《北京日报》、《中华读书报》、上海《文汇报》等全国各大报刊都有对他的专访或著述的专评，《中华英才》杂志 2000 年第 20 期以《走遍天涯海角》为题为马大正开辟专栏进行报道。上述三种讲课形式，据大正兄个人备忘录所记，截至 2010 年底，大体有近 200 场次。其中学术讲演既有在北京、乌鲁木齐、兰州、西宁、西安、昆明、重庆、成都、长春、沈阳、集安、长沙、南昌、广州、桂林、台北等地的科研单位、高校和党政军相关部门，也有在美国、加拿大、芬兰、挪威、德国、哈萨克斯坦、蒙古、越南、韩国、日本等国的高校。他说："这些学术讲演的讲稿和速记稿，是我相关研究成果的另一种表现形式，可能比研究论文更显清晰和简洁，更符合大众的需要。"（马大正：《西出阳关觅知音》）正是在马大正的努力下，中国边疆史地的研究走进了大众，变得不再神秘、不再枯燥。

三 筚路蓝缕："中国边疆学"新兴学科的创始人

行文至此，不禁又要想起苏联作家奥斯特洛夫斯基"人最宝贵的是生命。生命对于每个人只有一次而已。人的一生应当这样度过……"那整整影响了一代人的名言警句。钢铁是怎样炼成的？学者是怎样铸就的？马大正学长的成长过程告诉我们：命运的恩赐、机遇的眷顾、个人的奋斗，三者缺一不可。大正说："一个人的成功百分之七十是机遇，百分之三十是奋斗。"说这样的话自然是他的谦虚，但仔细想想，也不无道理。大正出生在上海一个破败的资本家家庭，但有幸融入一个高级知识分子的生活圈之中，自幼受到良好的文化熏陶，这是"天赐"；1960 年大学毕业，命运垂青他，被分配留校读研究生，师从山东大学著名学者徐绪典教授，不仅获得了中国近代史的丰厚知识，也学会了从事历史研究的基本方法，并从此踏上了学术研究之路。时间到了 1975 年夏秋，已经进入科学殿堂 11 年之久却尚未确定研究方向的马大正，正当左右徘徊、举棋不定时，机遇眷顾了他！他遇见了著名史学家翁独健先生，是翁先生引领他进入新疆史的研究之门。大正回忆说："独健老师从研究对象的生命力、重要性以及当前研究现状，结合我个人的研究能力、特长，还分析了研究队伍的人际关系种种，建议我从事新疆历史研究",一席话使大正豁然开朗,茅塞顿开。他接受翁先生指点,参加外交部交办的"准噶尔问题"研究项目,并以此作为切入点从事新疆历史的研究,从此走上了新疆历史研究的道路。大正兄是幸运的,赶上了改革开放后社会科学研究蓬勃发展的大好时光,又得益于翁独健先生的耳提面命,谆谆教诲,研究水平不断提高,成果丰硕。在他主持中国边疆史地研究中心工作期间,首先改变了20世纪80年代中国边疆史地研究冷寂局面,最先提出开展中国疆域史、中国近代边界沿革史、中国边疆研究史三大研究系列的构想,并采取一系列有利于深化并行之有效的举措。20世纪90年代以后,他又和他的助手们进行了当代中国边疆史地很大规模的调研考察活动,实现了研究工作的两个突破:一,突破了以往仅研究近代边界问题的狭窄范围,开始形成以中国古代疆域史、中国近代边界沿革史和中国边疆研究史三大研究系列为研究重点的研究格局,促成了中国边疆史地研究的大发展;二,突破了研究内容的局限,将中国边疆历史研究与现状分析相结合,形成了成果众多、选题深化、贴近现实的特点,并由此将具有中国特色的中国边疆学构筑也提上了议事日程。(见《马大正文集》)。

事实上,1997～2008年,关于中国边疆学构筑的思考,大正兄始终是萦绕于怀,未敢松懈。先后刊发的文章有《从中国边疆研究的发展到中国边疆学的构筑》《思考与行动——以边疆研究深化与边疆中心发展为中心》《关于边疆研究若干问题的思考》《组织跨学科力量对中国边疆重大问题研究进行联合攻关》《关于构筑中国边疆学的断想》《深化边疆理论理论研究与推进中国边疆学的构筑》《边疆研究应该有一个大发展》《边疆研究者的历史责任,构筑中国边疆学》等,上述文章记录了他对构筑中国边疆学这一大命题进行不断思考的演进思路,提出:"创立一门以探求中国边疆历史和现实发展规律为目的的新兴边缘学科——中国边疆学,这就是肩负继承和开拓重任的中国边疆研究工作者的历史使命!"在《二十世纪的中国边疆研究——一门发展中的边缘学科的演进历程》一书结尾处他写下了这一段话。

毫无疑问,大正兄今天俨然已是我国中国边疆研究的开拓者和领军人物了,他的科研成果和学术地位已得到国内外学术界的公认。2011年7月12日他在接受美国《中国历史评论》单富良教授采访时说:"边疆研究已成了我生命的一部分，只要身体条件允许，是不会中止的。在今后五年左右时间里，我力争能完成几件工作：一是完成担任主编'中国边疆治理丛书'七册（约200万字）的撰写；二是继续进行新疆历史与现状、云南历史与现状专题研究；三是力争将我多年有关的构筑中国边疆学的思考，写成一本《中国边疆学札记》；四是尝试以随笔散文的形式写一本我个人的塔克拉玛干沙漠考察记，取名为《有声的塔克拉玛干》。"现在，已是"奔八望九"的马大正仍然参与国家级清史的编纂，出任国家清史编纂委员会的副主任，依旧活跃在史学研究的前沿阵地上，这种"生命不息、奋斗不止"的"新山大精神"令人景仰！从年龄上讲，大正学兄是我们山大历史系1956级同学中的小弟弟，但他的学术研究成果显赫，可以说是我们年级引以为骄傲的一面旗帜，同时应该说这也是母校山东大学的光荣！

我与大正在校时交往不多，但对他的印象颇深。清新的风貌、白净的面孔、温文尔雅的谈吐与举止，典型的上海人形象。记得他与几位上海小青年小金（成基）、小黄（黄逊）、小施（治生）、小王（裕巽）等过往甚密，如同兄弟，是全年级一道亮丽风景。这些年，四次联谊会后，我同小马、小金、小黄的联系多起来（小施、小王已去世），对他们的人品又有进一步的了解。深感他们不仅有深厚的学养，为人也很谦虚，有很高的品格修养和教养。每念及此，包括大正学兄在内我们年级许多学友的熟悉的面孔和灿烂的笑容又在脑海中浮现，让我觉出无限的思念和怀想。我会时时想起他们，衷心祝愿如今依然健在的学友们健康高寿，幸福永远！

谨以这篇小文献给我所尊敬的大正学弟！

2017 年 4 月 15 日第一稿
2017 年 7 月 24 日第二稿

笃行边塞踏黄埃秉史千秋计未来

赵北明*

作为第三代"新疆人"，在捧读《天山问穹庐》（山东画报出版社，1997）十年之后，我终于在乌鲁木齐初次见到了慕名已久的作者真人——马大正先生。那时，卸任中国社科院中国边疆史地研究中心主任的他还没有退休，似不希望我们叫他"马老"（我至今还习惯当面称"马老师"）。我们始终关注着他的新作、学术成果，特别是每次来新疆的好消息。

及至笔者已届花甲之年，有幸两次见到仍工作在一线的马大正先生。2018年8月初，在新疆喀什市，我们参加"中巴经济走廊喀什研究院成立暨喀什—瓜达尔研讨会"，还共同被特聘为该院的研究员；9月上旬，我到北京开会时，第一次到国家清史编纂委员会副主任马老师的办公室拜访，再次面聆他的教海并得到许多书刊馈赠。无意之中，我发现马先生的八十华诞就要临近了。

在海量阅读马先生著述时，我总会想到这些年与这位可亲可敬大学者的接触，从中汲取的历史知识和言传身教、学术和学养，遂写下一些有关他与新疆的往事和感受，并聊表对马先生由衷的祝福。

不忘初心，方得始终

马先生在许多著作中都说："新疆历史研究是我研究生涯的起点"，"新疆历史和现状研究一直是我最重要的研究方向和研究内容。"[1] 他认为，从

---

* 赵北明，中巴经济走廊喀什研究院特聘研究员、中国国际经济贸易仲裁委员会新疆办副主任。

[1] 马大正：《西出阳关觅知音》，上海辞书出版社，第185页。

山东大学毕业到中国社科院的十多年后，自己真正参与研究实践始于1975年，外交部交办的"准噶尔问题"研究课题。1981年完成定稿，1985年由人民出版社出版，书名为《准噶尔史略》。

由这本可谓出手不凡的著作肇始，他对蒙古族历史和新疆一往情深、不可分割。新疆成了他考察次数最多（约60次）、投入心血和研究成果最多的领域。在他称之为"自乐斋"的家中，新疆的书刊、纪念物占据"地盘"也最多。在这里，他先后涉足了卫拉特史、突厥史、回鹘史、新疆地方史、新疆探察史、清代新疆史、新疆反分裂斗争史诸多方面的研究。我们因之读到了他参与编撰并由新疆人民出版社印行的《西域考察与研究》及其《续编》（1994、1998）、《中国新疆：历史与现状》（2003）、《新疆史鉴》（2006）等，他主编的"中国边疆探察丛书"（山东画报出版社）和"边地文化探险丛书"（新疆人民出版社）、"中国边疆治理丛书"（湖南人民出版社）等，使更多人由此认知了斯文·赫定、马达汉、日野强等西域探险家，也对新疆这块中国版图上最大的疆土及其斑斓历史得窥全貌。

让马先生由"入门"至"掌门"的卫拉特蒙古历史，是他长期聚焦的课题之一。仅与之有关的著作，他就先后出版了10余种（含合作编著）。令人羡慕的是，这样一个原本偏冷门的学术领域，他的多部著作如《准噶尔史略》《漂落异域的民族——17至18世纪的土尔扈特蒙古》《卫拉特蒙古史纲》《天山问穷庐》等竟然因热销而再版，有的跨度长达20多年。马先生有理由为此自豪："学术价值经受住了时间的检验，这是对研究者最高的奖赏。"这当然与他"站在历史的脊梁上观察历史"，潜心治学和高雅才情有关，也是他坚持不懈地从中南海到边城小镇，将学术大众化、推广于社会"内外兼修"的结果。

2012年7月19日，马先生参加第七届全国卫拉特蒙古历史文化学术研讨会之前的两天，在乌鲁木齐与兼任《新西部》杂志（新疆版）主编的我和时任编委、新疆社科联戢广南研究员进行了一个多小时的访谈。虽只有两个听众，但他很认真地讲述了新疆卫拉特蒙古和察哈尔蒙古的特点及最新研究成果。他说："卫拉特蒙古在17至18世纪反抗沙俄侵略、保卫国家领土的业绩功不可没，尤其是1771年土尔扈特蒙古举族东归祖邦故土的壮举，更是中华民族历史上一曲爱国主义凯歌。而18世纪60年代以降，察哈尔蒙古和锡伯、满族、索伦、绿营大批兵丁西进新疆屯垦戍边，构成一幅西进的宏伟图幅，同时也是一项具有特殊'以史为鉴'功能的绝好研究领域。这段历史应该成为今天民族团结、社会稳定的生动教材。"他建议，在新疆不仅要讲反分裂和割据，也要用各族人民爱国、团结的历史去对冲。

两天后，在新疆和布克赛尔蒙古自治县召开的第七届全国卫拉特蒙古历史文化学术研讨会上，他以《我们正在谱写卫拉特研究的历史》为题，对来自内蒙古、甘肃、青海、西藏等地及中国社科院、兰州大学等院校及疆内的近 200 名专家学者，发表了包含上述意见的论文，并总结了历届研讨活动。看到台下有十几岁的学生和耄耋老人同在，他感言道："我的卫拉特蒙古历史研究的实践，真是我治学人生中一件幸事！"

我们得到马先生的指点后，即开始组织、编撰有关文章，并争取有关地方和部门的支持。马先生对我的约稿也欣然接受，并很快寄来了电子邮件。可以告慰的是，2013 年 8 月，《新西部》终于出版了一期以新疆蒙古族"西迁""东归"精神为主旨的"特辑"。其中，马先生在《西迁东归的当代启示》一文指出："要将新疆历史上有利于弘扬中华民族爱国主义精神、灿烂文明的事和人充分研究、大力普及。新疆各族人民（包括上层贵族）为保卫新疆、开发新疆创立的丰功伟业，汉族和其他少数民族历史上的和好关系，均应成为研究和普及的重点。"他还希望继续下大力气发掘研究"西迁""东归"的新资料，开拓研究新视野，强化普及性历史读物的出版，采取有力举措让学术研究成果走向群众。

经世致用　谋治献策

应该说，以马先生为代表的新疆历史研究工作，是继 20 世纪初叶"西域探险热"后，更为"经世致用"的新疆考察研究。他历来主张研究新疆历史应面对现实与未来。他作为著名的清史专家，必定从明末清初的"经世致用"之学中找到了观照。即以求实精神，注重实践和实证，广泛地进行社会调查和历史考察的学风；以史为鉴，以诠释古典为手段，从中发挥自己的社会见解，并致力于改革当下现实。

论坛和课堂是马先生这位学者兼博导必不可少的"授业传道"的平台。2000 年 10 月，由他担任主任组建了中国社会科学院新疆发展研究中心。为了更好地推动新疆历史与现状研究，该中心紧紧抓住新疆稳定和发展两大主题，从基础研究和应用研究两个方向展开全方位、多层面研究；同时为了更好地发挥智库与智囊的作用，该中心在乌鲁木齐市与新华社新疆分社联合主办了九届"新疆稳定与发展专家论坛"。它以平等讨论、和谐研究的风格，成为 21 世纪头十年研究新疆历史与现状的重要学术活动之一。我们从这些会议的动态信息和学术成果中，得到了许多有益的启示和引领。

他无私提携学术上的后来者，不遗余力奖掖有所成就的同仁，使得许多业内外的朋友走进了历史学习和研究的科学殿堂。他的鼓励方式有积极肯定，为新人新书作序，对自己学生及以外的研究者指点迷津，甚至"耳提面命"。他这样做，既是承继了师德和古风，也与他的博大心胸和抱负分不开的。

立命边疆　构建新学

1997 年马先生提出的构建"中国边疆学"①，正是出于"边疆研究者的历史责任和使命"。因为有了这个目标，或曰"初心"，他念兹在兹，"深知穷个人力量或一个部门的研究，是难以完成的，既需要学术界的群策群力艰苦探索，也需要管理部门的支持，国人的关注，通过脚踏实地的努力才可望达到理想的彼岸"②。

因此，他广结"统一战线"，不吝将自己的心得分享，并从他人的研究发现中充实和鼓舞自己。我的作家好友、在广东和新疆"两栖"研究文史的崔保新先生，发现近百年前在新疆赴任县吏的广东"援疆干部"邓缵先，并历时三年刻苦研究、撰写，2010 年在中国社会科学出版社出版《沉默的胡杨》。马先生得知后，便鼓励作者继续挖掘邓公的精神，并扩大这个典型人物的历史影响力。同时，也引起他对研究民国时期边臣疆吏的进一步重视，他在许多场合都以邓缵先为例说明边疆史研究发现的丰富性和可开拓性。

2013 年 5 月，我们应邀在广东河源市共同参加"邓缵先精神研讨会"。会上，马先生的讲话高屋建瓴，不仅高度评价了邓缵先的爱国主义风范，

---

① 齐岳峰：《马大正，边疆学的开拓者》，载《瞭望东方周刊》2014 年第 42 期。
② 马大正：《中国边疆学构筑札记》，中国广播电视大学出版社，第 170 页。

还从中国边疆学的角度给与会者开出了一系列新的研究课题。在为这次研讨会结书出版的论文集《光到天山影独圆》的序言中，他说，"民国时期新疆边吏是一个整体，他们共同承担着保卫边疆、稳定边疆、建设边疆的历史责任，邓缵先不过是其中的杰出代表"。"民国时期新疆边吏研究一直是边疆学研究的薄弱环节。在很长一段时间里，史界曾把现代新疆的奠基人、为新疆安全统一做出贡献的杨增新诬为奉行'愚民'政策的'军阀'与'刽子手'，这不符合历史事实。要改变这种状况，我们就应该注重民国时期的边吏研究，这不仅是学术界的事，而且关系到新疆的现状与未来。"

他提请人们关注对民国时期新疆边吏的研究，并由此指出关于中国近现代人物的历史地位问题，新疆边吏研究的视野问题、群体关系问题，以及重视对少数民族边吏的研究，他还就研究方法奉献出自己的"秘方"。拙作《投笔昆仑咏南疆——邓缵先边塞诗文考读》，和几十篇收录此书的文章一道，也成为对马先生心心念念的期望的一次践行。

在河源的几天里，我们朝夕与共，相洽甚欢。在邓缵先的故乡紫金县及布心村，在河源市郊的万绿湖畔，留下了我们的欢声笑语，也留下了我给马先生拍摄的身影。他还对我鼓励道："北明的摄影水平不错，每次都把我照得年轻了。"我发现马先生颇喜欢摄影，且 pose 摆得很新潮且风趣。这在他出版的《天山问穹庐》等书插图中多有展现。他葆有一颗年轻的心，也不乏浪漫情怀。在新疆人看来，马先生在做学问中仍不乏上海人的精细严谨，而其豁达、坚韧的性情，连同他高大的身材，早已在"西出阳关觅知音"中融为我们边塞"故人"了。

有一次，我望着马先生步履安详的背影，突然想到邓缵先当年在南疆大地上的行吟："探奇增学识，履险见精神"。[①] 而 44 岁进疆，十几年后献身巴楚的邓缵先，既是县吏、诗人，也是史学者，他在乌苏、叶城县开拓了新疆县志的先河。历史是一条能够穿凿古今的时空隧道，而开拓者的心总是相通的。也许 40 多年来，坚持行走在考察和研究新疆之路上，并力创"中国边疆学"的马先生，从这些先贤们身上也得到了某种启迪和激励吧。

2018 年九月中秋节前，我出差再次来到四年前与他一起居住过的宾馆，俯瞰着高楼窗外祥和、璀璨的古城灯火，不免忆及历历在目的往事。遂作

---

① 邓缵先：《调查八扎达拉卡边界屯务暨沿途情形日记》。

七律一首：《在喀什忆马先生并恭祝八十寿辰》，以微信发给了马先生。现谨录于此，亦作为本文的结语——

> 曾寓古城趋祸灾，又逢学府忝同台。
>
> 檄文百帙谋长治，秉史千秋计未来。
>
> 惯看孤烟遮赤日，笃行边塞踏黄埃。
>
> 杖朝老骥蹄疾处，新作等身自乐斋。

2018 年 10 月 2 日夜改定于乌鲁木齐

马大正先生与卫拉特蒙古史研究

成崇德*

在当代中国边疆学构建中，马大正先生付出了 40 年的心血，可以说，他是主要的拓荒者之一。在中国蒙古史研究领域，他又占据重要的学术地位，是当代我国卫拉特蒙古史研究的开创者之一。我学习和研究卫拉特蒙古史得到大正先生的指导，本文专门介绍大正先生在卫拉特蒙古史研究中的学术贡献。

一　从"准噶尔问题"研究到"准噶尔史略"

据大正先生讲，他进入卫拉特历史研究是 1975 年年末，他"接受了翁独健的指点"，成为准噶尔问题研究小组的一员，自此，以准噶尔问题研究作为切入点，从事新疆历史研究。

我第一次见到大正先生是在 1979 年的春天，也是因准噶尔研究而结识的。

初春的一个下午，马汝珩老师约我去他家，一位风度翩翩的学者（大正先生刚刚 40 岁）端坐在马老师的家里，马汝珩老师介绍说，"这位是中国社会科学院民族研究所的马大正，专门研究准噶尔问题的专家"。我肃然起敬，自此尊大正先生为师，开始准噶尔史的学习和研究。

若干天之后，我和大师兄赵云田诚惶诚恐地到大正先生家拜访，一杯热茶，大正先生滔滔不绝地给我们讲了一个上午，我和赵师兄捧着小本本密密麻麻地记录。那时，没有任何教科书，没有任何准噶尔研究的专著，大正先生的讲座，为我们两个进入卫拉特研究指明了方向。

---

*　成崇德，中国人民大学清史研究所原所长、国家清史编纂委员会副主任教授，博士生导师。

又是若干天之后的一个下午，大正先生到马汝珩老师家谈学问，我被叫去旁听，他拿出一部复印件交给我，厚厚的，泛黄的清代木刻本蒙古托忒文文本复印件，说：这是一部早期的卫拉特蒙古喇嘛僧人传记，准噶尔研究小组需要，目前还没有人读懂，你是蒙古语专业毕业的，请给译成汉文。那时，我不知道托忒学的深浅，更不知道这部泛黄的清代木刻本蒙古托忒文文本竟然是卫拉特蒙古著名僧人的《咱雅班第达传——月光一样明亮》。

那年秋天，我将费尽周折才完成的译稿呈送给大正先生。一个周五的上午，中国社科院民族研究所西北组召唤我去汇报，在一间堆满书刊的房间里，马大正、蔡家艺、蔡志纯、杨绍猷、白翠琴五位学者接待了我，他们表扬了我的刻苦攻关精神，但是认为译稿有较大缺陷，缺少注释，很难读懂，让我再接再厉，完成译注。五位老师风格各异，马大正满脸笑容端上一杯茶，蔡家艺谦逊地推敲文字，蔡志纯则从这个喇嘛讲到元朝，杨绍猷皱着眉头沉默不语，白翠琴热情洋溢地叫我"小成"。

最初"准噶尔问题"的出现，是当时外交斗争的需要，中国社会科学院民族研究所组成 7 人小组进行开创性的研究。大正先生是 7 人小组成员之一。研究小组"把这本书写成有较高科学性的民族史专著"为努力目标，以"详尽地掌握原始资料和国内外研究动态"为研究原则，当时大正先生负责"一编制准噶尔历史研究参考书目；二编制厄鲁特各部世系简表；负责组织编印《蒙古族厄鲁特部历史资料译文集》"。在当时的条件下，经费有限，为组织编印这套油印本的译文资料，大正先生四处奔走，寻找资料，联络专家。成功编印了 16 辑《蒙古族厄鲁特部历史资料译文集》，4 辑《厄鲁特蒙古历史译丛》。这套 20 册《译文集》《译丛》具有很高的学术价值，为准噶尔研究提供了国内外相关研究成果和信息。

在编印厄鲁特历史资料译文集和译丛的同时，"准噶尔问题"七人项目组收集大量的汉文资料，从元代的《南村辍耕录》《长春真人西游记》到清代的《清实录》《亲征平定朔漠方略》《平定准噶尔方略》等古文献达 70 余种，数百万字；俄文文献和学术著作 30 种；西文文献和学术著作 30 种；日文论文和著作 38 部，蒙古文、托忒文、满文、藏文等民族文字文献十余种。为准噶尔研究奠定了史料基础。

"准噶尔问题"七人项目组组成的《准噶尔史略》编写组于 1982 年完

成了《准噶尔史略》一书。该书前言中写道："准噶尔原是我国清代厄鲁特蒙古族的一部，为元代斡亦剌、明代瓦剌之后裔。明末清初，准噶尔崛起西北，统辖厄鲁特诸部。其后裔至今尚生活在我国新疆、青海、甘肃、内蒙古一带。在漫长的历史征途上，准噶尔部众跃马挥戈，驰骋疆场，外御强敌，内勤牧耕，为开拓和保卫我国西北边疆做出了贡献。"之后的研究表明，《准噶尔史略》编写组准确把握了准噶尔部的历史地位，是研究卫拉特蒙古部的第一部学术著作，其学术价值和影响是显而易见的，成为后人研究蒙古史的教科书和研究指南。大正先生是当时编写《准噶尔史略》的七人之一，全书六章，他撰写了第三章和第二章的第四节。

二　土尔扈特蒙古部研究与"浩尧尔"台吉

1989 年，大正先生和马汝珩老师历经十年合作，完成了《漂落异域的民族——17 至 18 世纪的土尔扈特蒙古》一书。

17～18 世纪的土尔扈特部，从流落异乡到举族回归故乡经历了一个半世纪。历经悲欢和坎坷，研究其历程也需要勇气和刻苦攻关的科研能力。两位马先生从整理资料入手，完成了《清代土尔扈特蒙古历史资料汇编》，该资料汇编从《清实录》中完整摘录关于土尔扈特的史料，再从中国第一历史档案馆藏《朱批奏折民族事务类》《上谕档》《起居注》等各专档案卷中摘录《清实录》未曾记载的史实。尤其是部分满文档案，尤其珍贵。

托忒文是 17～18 世纪卫拉特蒙古部使用的民族文字，托忒文记载的土尔扈特事略较诸汉文史册更为直接可靠。两位马先生收集到的托忒文文献有：《咱雅班第达传》、《和鄂尔勒克历史》《四卫拉特人历史》、《卡尔梅克诸汗简史》，以及《土尔扈特谱系》、《土尔扈特家系档案》、《旧土尔扈特北部王公札萨克台吉源流册》等稀见史料，组织专业人员翻译后，和其他文字史料校勘整合，为土尔扈特研究奠定了坚实的史料基础。

土尔扈特研究中，当事人的记述占有相当重要的位置。图理琛于 1712 年（康熙五十一年）被清朝政府派往伏尔加河下游，看望居住在那里的土尔扈特人，回来后撰写了《异域录》。《异域录》既记述了途经喀尔喀蒙古和俄罗斯的经过，更详细地记录了使团与土尔扈特阿玉奇汗会见的场景。

在俄国方面，巴库宁的《卡尔梅克民族记述及其诸汗和领主的事迹》

则记述了徙居伏尔加河卫拉特蒙古人与沙皇的关系，卫拉特蒙古兀鲁思内部的行政体制、文化、习俗、法律及其他内部事务。

两位马先生在广泛收集史料的基础上，形成独特的学术见解，他们的研究以土尔扈特蒙古部为主体，着重于以下四个方面：第一，注重土尔扈特蒙古部的部落源流与王公系谱，撰写了《土尔扈特蒙古系谱考述》论文；第二，土尔扈特蒙古与清朝政府的关系，撰写了《清朝前期土尔扈特蒙古与祖国的关系》《试论〈雍正谕土尔扈特汗敕书〉及出使土尔扈特的满泰使团》《跋涉数千里，一心向祖国——渥巴锡与土尔扈特蒙古重返祖国的斗争》等文章；第三，土尔扈特蒙古与俄国关系研究，撰写了《伏尔加河畔土尔扈特汗国的建立及其与俄国的关系》《略论 18 世纪 20—50 年代的土尔扈特汗国》论文；第四，土尔扈特历史人物研究，撰写了《阿玉奇汗简论》《试论渥巴锡》《渥巴锡承德之行与清政府的民族统治政策》《再论渥巴锡》等文章。

历经十载，四易其稿，1989 年 9 月，一部 19.9 万字的书稿《漂落异域的民族——17 至 18 世纪的土尔扈特蒙古》终于付梓。全书十一章，自土尔扈特蒙古部的先世到西迁伏尔加河，土尔扈特汗国在伏尔加河的游牧到英勇悲壮的东归，最后安居故土和留居伏尔加河土尔扈特人的不同命运，土尔扈特王公系表，大事编年，图版画像，回归路线图，详尽而准确。

虽然是一部很严谨的学术著作，但该书的许多细节描述却是十分感人，在写到土尔扈特蒙古部东归的历程中，有这样一些情节：

> 伏尔加河下游 1 月初的气候，正是隆冬季节，寒风凛冽，阵阵劲吹，当旭日的阳光洒向大雪覆盖的伏尔加河草原时，皑皑的白雪射出耀眼夺目的光芒。就在这时，成千上万的土尔扈特妇孺老人乘上早已准备就绪的马车、骆驼和雪橇，在跃马横刀的骑士保护下，一队接着一队陆续出发，彻底离开了他们寄居将近一个半世纪的异乡。

> 这时，土尔扈特蒙古军民已冲破俄国的雅依克防线，渡过雅依克河，冒着隆冬的严寒，迅速地进入哈萨克大草原，向恩巴河挺进。

> 至此，历时八月有余，行程近万里的东返征程，以土尔扈特人的胜利返归祖国而结束。土尔扈特人民的东返历程英勇悲壮、可歌可泣，他们为了实现重返祖国的这一崇高愿望，付出了巨大的民族牺牲。

这种可歌可泣的英雄壮举，是举世罕见的。正如一个英国作家所说："从最早的历时记录以来，没有一桩伟大的事业能像20世纪后半期一个主要鞑靼民族（指土尔扈特人）跨越亚洲无垠的草原向东迁返那样轰动于世和那样激动人心了。"

这部著作既是两位先生的学术成果结晶，又凝聚着两位先生十年的友谊。戴逸先生常常给年轻人讲述科学研究中的合作精神。他为该书作序中不仅肯定了"本书的出版有不可忽视的学术意义"，还特别强调"二马"的合作精神，他说："作为脑力劳动的学术研究，一般来说，应以个人的钻研为基本方式。但个人的研究并不排斥集体合作，有时为了完成一项巨大项目，或为攻克难度较大的科研课题，科研工作者之间采取互助合作的形式，也是屡见不鲜的，本书的出版就是两位作者长期合作的结果。……这里，除了两位作者的学术观点、研究志趣一致性之外，还与他们合作过程中互敬互助、彼此理解的友谊精神分不开的。因此本书的出版，也可以说是两位作者在志同道合、同心协力的土壤中结出的友谊之花。"

马汝珩、马大正两位先生合作研究，活跃在20世纪80年代初至90年代末的中国蒙古史学的论坛上，80年代末，在一次蒙古史学会年会上，几位蒙古族史学大家将马汝珩老师和大正先生比作为卫拉特蒙古历史上著名的两台吉，两王公，以蒙古语戏称"浩尧尔台吉"（两台吉），学术界也把大正先生与马汝珩老师、马曼丽老师并称为国内开拓卫拉特研究领域的"三马"。

三　马大正先生与《卫拉特蒙古史纲》

自20世纪80年代后期，中国蒙古史学界逐渐将准噶尔历史研究的范围扩展到整个卫拉特蒙古部。大正先生与时俱进，与当时新疆政协主席巴岱同志频繁交流，提出研究重点的转移，组成了《卫拉特蒙古简史》编写组。

《卫拉特蒙古简史》编写组实际上是一个人员分散于各地的项目组，学术工作的实际组织者是新疆大学的冯锡时老师和大正先生。

70年代中国社会科学院民族所和新疆社科院历史所重点研究"准噶尔问题"，那时是带有政治任务启动研究工作的。至80年代中叶，马汝珩老师和大正先生专注于土尔扈特蒙古部研究时，他们的学术思想已经开始有较大的改变。至80年代末，这种转变已经影响到清史、民族史、地方史、中亚史研究诸多领域。

在《准噶尔问题》和《准噶尔史略》研究时期，对准噶尔政权和噶尔丹的评价基本上是否定的，主要观点是"噶尔丹取得准噶尔统治权后，一反其父抗击侵略、捍卫民族利益的立场，而逐渐走上与沙俄勾结的道路"。这种学术思想曾一度蔓延在民族史、清史、蒙古史学界，大家有些迷茫，争论不休。

20世纪90年代初，大正先生在其《噶尔丹的政治和军事实践》一文中提出这样的见解："噶尔丹在政治上不是庸才，军事上也颇有建树，他以10年戎马生涯，东征西伐，战绩显赫；他纵横捭阖，深谋老练，一时成为我国北方草原上叱咤风云的人物，他领导下的准噶尔汗国也成为17世纪下半叶我国政治舞台上的强大力量。噶尔丹还忠于自己的政治思想和原则，直至身临绝境，不贪瓦全，宁为玉碎，也不接受清王朝的招降，体现了一个政治家的可贵气节。从这一意义上说，噶尔丹不愧是蒙古族一个有影响的历史人物。"

大正先生的学术观点，在当时引起较大震动，犹如在长期沉闷、封闭的空气中，注入一波清新的气息，引起大家的关注，一些学者在其观点的影响下，开始摆脱旧框框束缚，挖掘史料，为卫拉特蒙古史进行突破性研究。

大正先生主编的《卫拉特蒙古史纲》，将卫拉特蒙古部作为一个主体，一个整体，展现在中国历史研究的论坛上。从远古到16世纪，对卫拉特各部的起源都有比较详细的论述，17～20世纪是重点。对此，马大正先生在《卫拉特蒙古史纲》的前言中有专门的论述，他说：

> 元代以来，卫拉特蒙古历史发展的进程，大体上可作如此划分：元明时期的斡亦剌和瓦剌是卫拉特蒙古历史发展的先世时期；明清之际到清前期，即公元17～18世纪是卫拉特蒙古历史发展由兴盛到危机的过渡时期，这一时期卫拉特蒙古分为和硕特、准噶尔、杜尔伯特、土尔扈特四大部分，在清代历史上起过重要作用，在一个多世纪中，准噶尔雄踞天山南北，和硕特进据青藏高原，土尔扈特远徙伏尔加河

流域，卫拉特蒙古是活跃于西北和北方的一支重要政治力量。

清中叶以后到民国时期，是卫拉特蒙古发展的相对稳定时期，此时，作为与清政府抗衡政治势力的卫拉特蒙古已不复存在，但在清朝盟旗制度统治下，卫拉特蒙古仍在发展，他们生息繁衍，发展经济，并与各族人民一起开发边疆、保卫边疆的实践中，继续做出贡献。

中华人民共和国建立以后，卫拉特蒙古各族人民一起进入了社会主义发展的新阶段，揭开了历史新的一页。

近年来大正先生主要致力于中国边疆学构建的学术活动中，东北、北部、西北、西南是其关注的重点，当代新疆成为其最用力之处，而位于新疆北部的卫拉特蒙古，既是他学术研究的起点，也是重点。由此可见，大正先生的学术研究，学术理论，学术思想绝不是束之高阁的空想，是有坚厚的学术基础，有一批相互协作的学术挚友，有一个浓厚的学术氛围。

值此马大正先生八十华诞，仅以短文，表示衷心祝贺！

2017 年 5 月

踏遍边疆人未老

——记马大正先生的学术实践

李治亭*

自改革开放，史学大放光彩，出现空前繁荣的局面。其中，边疆史为其重要的一支，可以说，掀起了 20 世纪末至 21 世纪初新的边疆研究热潮。大约从那时起，马大正的足迹遍及中国边疆。

迄至今日，已年届八十高龄，他还在走边疆。究竟为什么？就是了解、认识中国边疆，解读边疆密码，为维护国家长治久安，也为边疆的繁荣，寻找妙方对策。马大正先生走边疆，留下不少动人的故事，尤其把学术引进边疆，用历史与现实相互印证，为边疆史研究开辟出一条新路，最令今之学者及未来一代奉为楷模。

一 研究边疆闯新路

研究边疆同研究其他史学问题一样，先从阅读文献典籍做起，从中发现史料，然后展开研究，最终产生或文章或专著等成果。这是传统的治学之路。在交通与通信不发达的古代，前人也只能如此，从书本到书本，无其他路径可走。当然，前人也不尽如此，如郦道元就是历经千山万水，亲临其地，终写成不朽之名著《水经注》。还有个叫顾祖禹的学者，也多通过实地考察，写成《读史方舆纪要》这部名著。这只是个别例证，还不能成为普遍做法。

那么，在当代高科技、现代交通异常发达的条件下，为实地考察提供了极大便利。但这并不是当代学者都能做到的，事实是，大多数或称绝大

---

* 李治亭，吉林省社会科学院历史所原所长，国家清史编纂委员会委员，研究员。

多数仍然是从书本到书本，从官方史书到档案，都是在数以多少万字的文字资料中摸索，搜求所需的史料。这就是，时代大变了，物质条件也变了，但研究方式、治学方法还是沿袭传统，并未有多少改变。

马大正从大学毕业，进入边疆研究专业领域，就以研究清代边疆为己任，孜孜以求。在科研实践中，他逐渐不满足于以往的研究模式，欲闯出新路子，即突破史料的局限，到边疆去，从实际感受来认识边疆，了解边疆；同时，从边疆地区的学者获取更多信息。我在同大正同行边疆中见证了他的新思维、新做法。

1995年初夏，他要到东北边疆考察，这是我们相识八九年以来第一次共事。我当然欣然应允。在此之前，大正的注意力在西北，兼及西南，当他意识到东北地区同样重要时，便立即行动，到东北走一遭。他首选吉林省。他的目的很明确，就是与省内相关高校及科研机构的史学研究的单位与学者建立学术联系。于是，他把长春作为第一站，展开学术调研。

大正先后走进吉林大学历史学院、东北师大历史文化学院，与这两个高校的史学科学者及领导见面。大正先是恭听他们的学术状况的介绍，特别是有关边疆问题研究的现状，成为共论共商的中心议题。从他们所反映的情况看，真正从理论上探讨边疆问题，尚未进行，主要是就历代王朝在东北的活动展开具体问题研究，许多问题还是首次进入研究。应该说，取得了不少成就。这使大正感到极大兴趣。他说，这是他第一次当面听到东北地区学者介绍他们研究历代主要是高句丽、渤海、契丹、女真、蒙古及满洲各建政权的盛况。当他到了吉林省社科院历史所，与该所的部分学者举行座谈会，听到和看到的研究实况，他更为兴奋。由历史所参与院的一个大项目，此即由佟冬院长生前主持编定的大型丛书六卷本的《中国东北通史》正在吉林文史社出版中。这部多卷本的东北通史，共计文字400余万言，是自20世纪40年代傅斯年首部《东北史纲》问世50余年来最大的一部东北通史之作。迄至今日，以规模论，这部书仍然是名列第一！马大正对此十分关注，其意不在于对他们的研究提什么指导意见，关于这一点，他一直十分审慎，出言低调，展现出一个在边疆研究颇有建树的学者应有的谦虚好学、胸怀大度的真正学者之风。他在意的是，本地学者的边疆研究给他的十分难得的启发。这给他不久制订各项研究计划提供了重要思路。

应马大正的要求，我陪他继续访学。下一站，就是北华大学历史学院，原称吉林师范学院，改革开放后，改为今名。该校坐落于吉林市松花江之南岸。除设历史学院，还有古籍所。改革开放伊始，该校表现出一般积极向上的进取精神，不断参与省内外学术活动，同时独立组织与承办重大学术研讨会，已经表现出蓬勃发展的势头。尤其是以李澍田教授为首，创办"长白丛书"，整理东北历史文献，此时已达百余种，已远远超出前人金毓黻先生创办的"辽海丛书"的规模！了解这一基本情况后，马大正的求知欲更为强烈。

我们来到北华，受到校领导邵校长、副校长周建华的热情接待，详细介绍历史学院、古籍所的现状，这使大正不禁惊讶：想不到一个地方的，名不见经传的小院校竟干了这么多事，取得那么多学术成就！他遍览已正式出版的《长白丛书》的样书，不由感叹：不论能力大小，事在人为，小学校，干大事。北京应该干更多的事。

马大正比较东北与西北（主要是新疆），还是以东北所遗典籍更多更为丰富，开展东北边疆史研究大有可为，要研究的问题更多，典籍之丰足，适可为研究提供优越的史料条件。在座谈中，马大正一再强调，整理已有典籍并发掘新史料，对于研究工作至关重要，舍此，便无可进步！他鼓励北华古籍整理工作要继续下去，为东北史学研究做出更多贡献。

我与马大正在吉林市3天，按大正要求，他还要到延边大学去访问。我继续陪同。延边大学坐落于延边朝鲜族自治州的首府延吉市，这是专为当地朝鲜族设立的一所综合性大学，历史与古籍是该校文科的两个重点专业学科。这里，真正是边疆地区，州的东与南，也不过百里，近处不足百里，便与朝鲜、俄罗斯接壤，号称是祖国的"东大门"。马大正说，他是第一次来这里，感受朝鲜族的历史文化风情，比之西北维吾尔族，完全不同。

古籍所所长崔文植、博物馆馆长郑永铎先后接待我们，历史系的正、副院长及系内骨干教师频频与我们约会见面恳谈。在这里，朝鲜族的慷慨、真诚、直率，当然，更少不了热情，全部给了我们。其中，远自北京来的客人——著名学者马大正，无疑是激起延边学者更为热情的关键因素。大正把当前有关边疆研究的现状分析传递给他们。同时，他也表达了加强学术合作的强烈愿望。对此，延大的学者无不表现出欢欣鼓舞的心情。

在学术交流之余，延大安排车辆把我们送到"一眼看三国"的珲春，俄罗斯、朝鲜，近在咫尺，一草一木都看得格外分明。中、俄、朝三国在此交汇，一切都显得安宁、祥和，真是一条和平的边界！此情此景给马大正的印象深刻，以至才过了二三年，他第二次来到这里，组织 6 人小分队，跨过图们江，进入朝鲜考察。他实际获得的人文地理知识、学术情报等，都为他日后组织学术大工程提供了新的依据。

大正此行，历时 10 余天，完满结束，他从延吉乘火车直驱北京，我则返回长春。

大正此行吉林，访问四所高校，一家省社科院，交流了边疆研究的信息，了解彼此正在进行的项目研究，已取得多少进展，尚存在哪些问题。在这个过程中，结识了许多新朋友，建立起密切的学术关系。这在以后的学术研究实践中都发挥出积极作用，正显示此次访学产生的重大效应。我生活在本省，对已访问过的学者大多认识，但此次访学所获也是前所未有的！

这次访学的重要意义，就在于大正所在的中国社科院中国边疆史地研究中心（今改名为"中国边疆研究所"）与地方同专业的机构、学者正式建立了学术关系。固然两方面不是隶属关系，但"中心"作为国家级的研究机构与地方建立这种关系十分必要，起到国家研究机构对地方的指导作用。明确地说，地方十分需要这种指导！因此，大正所到之处，无不受到热情欢迎，给予盛情接待，就不感到奇怪了。地方的研究也一定会弥补"中心"研究之不足，给他们提供借鉴。两者的互补乃是必然之事。

此行之可贵处，作为国家级研究机构走出北京，深入边疆，细致周到地考察，在我的经历中，还从未遇到的事！此前也未曾听说过，中国社会科学院中有哪个研究机构的学者、领导像大正一样，亲自到地方来，与各方面建立一种新的学术联系与关系。如前已指出，大正在边疆，并非始于东北，他先已去西北，下西南，实已开创了一条研究的新思路、新途径。到东北来，先从吉林开始，辽宁与黑龙江继其后，是大正边疆行的继续与扩大。

如果说，到边疆搞调研、建立学术关系是否是新思路还不明显的话，那么，大正组织全国各边疆学者共同攻关，集体编纂大型丛书，完全创新一条研究新路子，这就是中国社会科学院科研体制下，独辟蹊径，独树一帜！这是在吉林之行三年后，大正总主编"中国边疆通史丛书"共七册，东北、北部、新疆、西藏、西南、海疆六种分别由各该边疆学者撰写，再加一册是《中国边疆经略史》由大正任主编。我有幸担任《东北通史》的主编兼作者，是与大正的首度合作。在大正的主持下，经时年余成稿，再经半年修改润色，各册书稿完整交给大正。他审核后，将书稿交给河南中州古籍出版社出版，二年后，此套丛书正式面世。顺便提到，此套丛书获国家社科基金资助项目。

大正的成功做法是，在本中心仅 10 余学者，人员不足、专业不齐备时，借助地方学者，把他们中的优异者吸收进来，既解决人力不足，又保证了本丛书的高水平的学术质量。同样重要的是，国家级的科研机构发挥了指导与领导的作用，又给了地方学者一次难得的机会，无疑提升了他们的学术水平，实则有力地推动了地方边疆史的研究。可以说，大正之路，确已发挥国家科研机构对地方学术的指导与组织作用，惠及地方，功德无量！

也许，大正之路，迄今仍不被人们认识，但迟早会让学术界为之赞赏！这里，再提到他组织实施的"东北边疆历史与现状系列研究工程""新疆历史与现状系列研究项目""西南边疆历史与现状系列研究项目"等大规模边疆史研究工程，以当地党政领导主持，把这三大区的文科类学者几乎都吸引到本地"工程"，因而掀起了边疆研究的新热潮，实施数年，培养出一大批人才，又产生了大量研究成果。受文字所限，不便展开细说，但一提此事，学术界皆知。这又证明，大正已把中国社会科学院国家级科研的能力与影响发挥到了极致，行之有效，收到了巨大的社会效益。事实又证明，大正的做法正符合实际需要，适应地方学者的共同要求，因而是正确的学术选择！

二　倡导边疆史建"新学"

所谓"新学"，还在晚清之时，已有"新学"之名，概指西方传入中国的科技、文化、教育等西方所谓"文明"，统称为"新学"，以与中国传统的旧学相区别。我这里提出的"新学"，系指改革开放以来，逐渐构建的新的学术领域——"中国边疆学"，是新兴的一门新学术。倡建此学、努力实践构建者非属他人，恰恰是大正先生。

1999 年边疆中心组织全国各边疆地区的学者，在浙江象山召开第二届中国边疆史地研讨会。在这次研讨会上，大正作为中心主任、本次学术会的组织者提出构建中国边疆学的问题。这对于每一个边疆学者来说，无疑是一个崭新而又陌生的问题。什么叫"中国边疆学"？它的内涵是什么？研究"中国边疆学"的理论指导是什么？研究方法呢？建构"中国边疆学"的学术意义何在？如此等等，当学者们还在思考时，大正已把有关"中国边疆学"做了较为系统的论证。显而易见，大正对边疆研究已走到了前头。

"中国边疆学"能否构成一个新的研究领域，或者说，能否成为一个新的独立的研究系统？30 余年的学术历程证明：中国边疆学确已自成一学术研究体系。

中国边疆学的研究对象，概括地说，是研究中国边疆演变史的一门独特学问。正如大正所主张，研究边疆，全面揭示中国统一多民族国家形成、发展的规律；同时，研究边疆的形成和发展的规律。通过这两个"规律"，阐明边疆历史真相，让人们正确认识边疆，维护边疆与国家统一。

纵观中国数千年历史，能影响或改变中国历史进程的问题，可概括为两大基本问题，这就是农民问题与边疆问题。农民为历朝历代社会的主体，社会主要的生产力。他们安定与否，实关一代王朝的兴盛衰亡。如，农民起义、农民战争无不是决定一代王朝命运的历史动力。同样，边疆地区的动乱与否，直接关系中原王朝的生存。自秦始，直至清代，由边疆地区挑起的战争，远比农民战争规模更大，历时更久。以边疆地区之广，以其内容之丰富，相当大半部中国通史！显然，研究边疆史地，也就认识了中国通史。与农民起义、农民战争不同的是，边疆问题，实际就是民族问题。因为举凡少数民族都聚居在各边疆地区，边疆地区发生的问题，实际就是民族问题，所以，边疆学也涵盖中华民族历史与文化，更显示这门新学科内涵之厚重，是其他史学门类所不及的。如上已指出，边疆地区稳定与否，关系国家长治久安，也关系一代王朝的盛衰。众所周知，西汉初，匈奴强大，汉被迫与之和亲，以长城为界，分治南北。晋时，匈奴、鲜卑、羯、氐、羌五族进入黄河流域，迫使晋朝南迁建业（今南京）；北魏为鲜卑人所建，占据北中国，得江山半壁！女真、契丹等族皆进入中原立国，中原王朝宋被打得无还手之力，只好与之和解，以贡献巨大财物来换和平，最终还是被逐出中原，来到杭州立国。其后，更有蒙古族、满族各建一代统一的王朝，强大的汉民族处于被统治的地位。至于边疆地区各少数民族与中原王朝战争，更是难以计数！即使不能把中原王朝灭掉，也给予国家实力重创，使其走向衰亡。边疆之重要，无可替代！这就使边疆学获得了一系列重大的学术与理论价值。研究边疆，阐明各民族如何内向凝聚；研究边疆，重在研究历代王朝治边之策与民族政策的演变，最终实现对边疆地区的"大一统"，完成一个领土辽阔的多民族国家的构建。边疆研究的方方面面，不仅显示边疆学内涵的厚重，也彰显其重大的学术价值。边疆学——直接现实意义，就是有助于维护国家的统一，捍卫国家领土与主权的统一，捍卫国家领土与主权的完整，不受任何形式的侵犯！

边疆学之重要，不能不处于独特的学术地位。

可见，中国边疆学之构建，不容置疑！

大正先生身体力行，率先倡导中国边疆学，又率先展开研究，出版了中国边疆学一系列成果，如《马大正文集》《中国边疆经略史》《中国古代边疆政策研究》《二十世纪的中国边疆研究——一门发展中的边缘学科的演进历程》《当代中国边疆研究（1949—2014）》《中国边疆学构筑札记》等，都是当代边疆研究的重要成果。特别是他个人的文集，数十万字，篇篇言边疆、论边疆，表达他对边疆研究的观念、观点，尤其阐明如何构筑中国边疆学的基本理念与学术追求，更见一个真正学者对社会对国家的使命感与勇于担当。

学术史证明，一门新学科、新学术的创立，并非一朝一夕之功，亦非发表几篇论文就能奏效，这需要一定时间的学术积淀，也需要学术界的共同努力，达成共识，这就是水到渠成，自然而成。多年来，由大正倡导并实践的中国边疆学，在中国学术界方兴未艾，确已深入学界广大边疆史地研究者之心，引起广泛共鸣，完成中国边疆学之构建，指日可待。

今年欣逢马大正先生八十华诞，仅做此文，既是对本人的祝贺，也是期许，以老骥伏枥，壮心不已之态，继续走边疆，将中国边疆踏遍，不见大正先生老，唯见学术青春闪光芒！

2017 年 5 月 6 日于北京

我和马大正先生的三次国外学术考察

阿拉腾奥其尔[*]

由于父辈的关系，我与马大正先生相识较早。1985 年，我于四川大学外文系毕业，考取中央民族学院蒙古语族语言比较研究专业硕士研究生，师从那顺巴雅尔教授，学习、研究蒙古语。在中央民族学院读研期间，由于本人兴趣所致，加之时间允许且学习压力不大，我曾随社科院民族所高文德老师的两位研究生旁听蒙古史的课程。其间，有幸聆听过马先生有关卫拉特蒙古史、突厥史的课程，这大概是我和马先生之间"师生缘分"的开始。1988 年，也因马先生提携，我被分配到中国社会科学院中国边疆史地研究中心工作，成为马先生的部下，走上科研的道路。从此，我和马先生之间的"亦师亦友"的关系保持至今，未曾中断。

到边疆中心工作后，我和马先生的关系，一方面变成了上下级的关系，另一方面又是同行的关系。由于工作上的需要，曾多次随马先生赴祖国各地，特别是在卫拉特蒙古居住生活的地区参加有关卫拉特蒙古历史文化的学术会议或考察，也有幸去过哈萨克斯坦、蒙古国和俄罗斯联邦卡尔梅克共和国，或进行学术访问，或参加有关卫拉特蒙古的国际会议，今天回想起来，感触颇多、受益匪浅。

一　中亚纪行[①]

1997 年 10 月 17～28 日，应哈萨克斯坦总统战略研究所所长 Л. Ю. 塔拉科夫的邀请，我陪同马大正（时任中国社会科学院中国边疆史地研究中

＊　阿拉腾奥其尔，中国社会科学院中国边疆研究所北方研究室主任，研究员。

①　"中亚纪行"部分是 1997 年写的，算是处女之作，文笔略显稚嫩，但因是随同马先生旅行考察的第一次尝试，此次未加修改，保留了原貌。——笔者注

371

心主任）先生赴哈萨克斯坦进行学术访问和交流，这是我第一次去中亚。然而促成此次赴哈的是我和马先生的老朋友，哈萨克斯坦第一代汉学家 K. Ш. 哈菲佐娃先生。

说到 K. Ш. 哈菲佐娃先生，这里不能不多费一点笔墨，因为自 1995 年秋在北京昌平由中国人民大学清史所主办的"18 世纪的中国与世界"国际学术会议上与 K. Ш. 哈菲佐娃第一次相见以来，我们一直保持着长达 20 多年的友谊和学术合作。K. Ш. 哈菲佐娃先前曾多次来华参加国内举办的有关清史的国际会议，我们曾同游福建武夷山、南京夫子庙、承德避暑山庄，当然还有北京、大连的名胜古迹。每次来华参加这些会议，K. Ш. 哈菲佐娃总是希望由我来翻译她参会的论文。因此，K. Ш. 哈菲佐娃许多有关清代中哈关系及有关中国边疆研究的学术论文由我翻译并发表在国内的一些期刊或相关会议论文集中。后来，我也曾多次赴哈，或参加有关学术会议，或进行学术访问。每次去阿拉木图，我都要登门拜访，或到她家中做客，品尝她亲自下厨精心准备的抓饭和哈萨克美食。2015 年，由 K. Ш. 哈菲佐娃主持，有我参与完成的文献汇编《文明交汇处的东方外交（14 世纪末—19 世纪 70 年代）》一书在哈萨克斯坦出版，这是我们 20 余年友谊和学术合作的一个总结。

20 世纪 50 年代，K. Ш. 哈菲佐娃毕业于苏联乌兹别克斯坦国立中亚大学（今乌兹别克斯坦国立塔什干大学）东方系汉语专业，1962 年 10 月到次年 5 月，作为苏联留学生来华进修，在北京大学学习汉语和中国历史、文化。从此，她与中国结下了不解之缘，尤其对甘肃省情有独钟。她在《我生命中的中国》中写道："甘肃是我最喜欢的中国省份。当我还是塔什干大学一名大学生的时候，我的第一次实习是在艾里西尔·纳瓦依国家图书馆完成的。我们在那里给来自敦煌和有关敦煌的书籍编写摘要，因此我曾有幸多次亲笔书写'甘肃'这两个汉字。你也许不信，有'命中注定'这回事。我成了苏联历史学家当中有幸参加由中国敦煌－吐鲁番学会在洛阳和北京举办的国际学术会议的第一人，这似乎是对我学生时代所付出的一种回报。"[1] K. Ш. 哈菲佐娃后来还真圆了年轻时的梦想，大概在 20 世纪 90 年

---

① K. Ш. 哈菲佐娃：《我生命中的中国》，《哈萨克斯坦人眼中的中国》，阿拉木图，2012，第 35 页。

代早期，她应邀在兰州商学院和兰州大学教俄语，并结识了许多我国治西北史地的学者、同行。马先生正是在这个时期认识 K. Ш. 哈菲佐娃的，而且一直保持着友谊和彼此往来。K. Ш. 哈菲佐娃说，马大正教授经常"毫不吝啬地向我赠送他本人的著作和边疆中心出版的各种书籍。而且根据他的建议，我的一篇关于 19 世纪中俄司牙子制度的论文就首发在由该中心主办的学术杂志上"。① K. Ш. 哈菲佐娃曾在哈萨克斯坦科学院历史研究所、哈萨克斯坦国立大学工作，教授汉语、中国历史。苏联解体，哈萨克斯坦获得独立后，她在总统战略研究所任职，曾担任该研究所外交与国防研究室主任，后来在哈萨克斯坦凯纳尔大学任教，并担任战略与国际关系研究中心主任、外交与国际关系教授，是哈萨克斯坦著名汉学家，著有《哈萨克汗国与清朝的关系》（1973）、《中国的中亚外交（14—19 世纪）》（阿拉木图，1995）等著作。

（一）巴尔喀什湖边忆东归

10 月 24 日，出阿拉木图市西行约 5 小时，便来到了巴尔喀什湖西南角。巴尔喀什湖像一条飘飞的彩带，由最南段的奇加纳克缓缓伸向北方，突然，仿佛遇到一阵强风彩带的一头向东飘飞，镶嵌在辽阔的哈萨克草原上。远远望去，碧蓝的湖水在秋日温暖的阳光照耀下，晶莹闪烁，湖边村舍一片宁静、安详，只是各家农户院内的木棚上堆起了高高的草垛，这是牲畜过冬的饲料。

巴尔喀什湖是哈萨克斯坦境内的内陆湖，位于巴尔喀什 - 阿拉湖洼地。海拔 342 米，全长 605 公里，东段宽 9 ~ 12 公里，西段宽 74 公里，面积 2.2 万平方公里，最深处达 26 米。伊犁河出中国边界后，由东向西缓缓流入其中。据说，巴尔喀什湖一半是淡水，一半是咸水。这种"一湖两水"的情况确属罕见。我们将车停在村边，徒步来到湖边。徐徐秋风中，清澈的湖水轻轻地拍打着湖岸，高高的芦苇伴着荡漾的湖水沙沙作响。此时，马先生已情不自禁地卷起袖子，蹲在湖边双手捧起清凉的湖水洗起脸来。不知是要洗去旅途的劳累，还是要亲身感受一下当年土尔扈特人东归时留在巴

---

① K. Ш. 哈菲佐娃：《我生命中的中国》，《哈萨克斯坦人眼中的中国》，阿拉木图，2012，第42 页。

尔喀什湖边的激动与辛酸。马大正先生是国内著名的土尔扈特历史学家，发表过许多相关论文和著作。1998 年还写了一篇题为《一条鲜为人知的草原通道》的文章，专门考证 1771 年土尔扈特人因不堪俄国的压迫，毅然发动起义，从伏尔加河流域举族东归中国的路线。据马先生研究，1771 年 1 月，土尔扈特人在其首领渥巴锡汗的率领下，从生活了一个半世纪的伏尔加河草原举族东返，不顾沙俄军队的围追堵截，历经千辛万苦，于当年 5 月到达巴尔喀什湖。马先生写道："为了避开再遭袭击，土尔扈特人……绕过巴尔喀什湖西南之戈壁逾楚河（吹河）、塔拉斯河，一路沿沙喇伯勒（在伊犁河西、伊塞克湖北）抵伊犁河流域。"土尔扈特人举族东归，是 18 世纪世界历史上的一个重大事件。前些年，一部以这一历史事件为题材的影片《东归英雄传》，曾轰动一时，据说，其导演也因此片的巨大成功而声名远扬。

我们告别了巴尔喀什湖，踏着土尔扈特人东归的足迹向西南方向出发，经布尔利克，抵达中亚古城楚城。在此吃过晚饭后，我们又继续上路，沿着楚河，即我国史书记载的碎叶川，向南进发，连夜来到了吉尔吉斯斯坦首都比什凯克。

（二）在塔拉斯

10 月 25 日，我们从吉尔吉斯首都比什凯克返回哈萨克斯坦，来到哈南部重镇塔拉斯。

塔拉斯是哈南部重要工业城市和交通枢纽，市内有三所高等院校。1938 年，以哈萨克著名民间诗人江布尔的名字命名。苏联解体后恢复历史名称。塔拉斯城历史悠久，我国史籍中记载为怛逻斯、怛逻私、塔剌寺等。唐代著名高僧玄奘西天取经，途经塔拉斯，看到"城周八九里，诸国商胡杂居也"。他还发现，城南有个"小孤城"，有 300 余户被突厥人掳来的中国人，在此建屋居住。他们虽"衣裳去就，遂同突厥"，但"言辞仪范，犹存本国"，仍保存着中原的语言、礼仪。公元 751 年，唐朝大将高仙芝的军队在塔拉斯与大食（阿拉伯）军队遭遇，双方相持五日。时因唐朝军队中的葛逻禄人倒戈，与大食夹攻唐军。唐军几乎全军覆没。此役成为中外历史上著名的战役。

这一天正好是哈萨克斯坦的国庆，哈萨克人称作共和国日。市中心广场上正在举行群众性集会，纪念共和国通过"主权宣言"6 周年。男女老幼身穿节日的盛装,兴高采烈一派节日的气氛。纳扎尔巴耶夫总统的巨幅画像矗立在广场一角,仿佛注视着欢乐的人群,显得格外引人注目。我和马先生也加入了欢乐的人海。广场中心搭建了一个临时舞台,年轻人一个接一个地登台,演唱哈萨克斯坦的流行歌曲。一位当地朝鲜族少女用俄语演唱了一首节奏欢快的歌曲,引来观众热烈的掌声。哈萨克斯坦的朝鲜族是20世纪30年代后期由苏联的远东地区迁移而来的,据说,哈境内现有30余万人。

由于塔拉斯到比什凯克路程太远,我们未敢久留。在市内参观了约两个小时后,便匆匆上路,赶回吉尔吉斯。一路上,那位美丽朝鲜族姑娘优美的歌声仍在耳边回响。

(三) 山国首都——比什凯克

10月26日,是个星期天。一大早我们按计划参观吉尔吉斯首都比什凯克。吉尔吉斯斯坦是个山地国家,东面和东南面与我国新疆相邻,苏联解体后,成为主权国家,号称中亚的瑞士。首都比什凯克位于吉尔吉斯山脉北麓、楚河谷地的山前冲积平原上,是吉尔吉斯斯坦政治、经济、文化中心。苏联时期曾称伏龙芝,1991年2月改现名。

比什凯克市并不很大,城市人口仅60余万,但街道整齐、干净,道路两旁树木葱郁,仿佛整座城市置身于一片茂林之中。青翠的松树、高大粗壮的白杨以及秋日里枝叶变黄、变红的白桦树,将城市装扮得色彩斑斓。革命导师列宁的巨型雕像,依然屹立于市中心的广场上,指引社会主义道路的手仍然高高举起,指向前方,这是我们非常熟悉的形象。在首都比什凯克以及吉尔吉斯境内其他许多地方,列宁塑像随处可见。

广场附近有一处雕塑公园。公园内树木葱郁,一条条人行小道曲径通幽,穿行其间。秋日早晨的阳光透过茂密的树叶,斑斑点点洒在林中草坪上金黄色的白桦落叶之上,照在林中不同大小、造型各异的雕塑上。这里汇集了吉尔吉斯艺术家们的石雕杰作。有手提挤奶桶的勤劳的吉尔吉斯老母亲,有肩举猎鹰的吉尔吉斯老猎人等许多形象生动、栩栩如生的艺术精品;也有很多形象夸张、造型怪诞的,具有现代风格的雕塑杰作。这么多不同风格、造型各异的石雕艺术精品置身于一片白桦林之中,在喧嚣的城市中心,却显得格外幽静、安谧,令人流连忘返。雕塑公园的旁边,就是吉尔吉斯斯坦国家剧院。剧院门前的大橱窗里陈列着吉尔吉斯斯坦著名演员的巨幅照片和正在上演剧目的剧照。这座城市仅有 60 余万人口，却充满了如此浓厚的文化、艺术的气息，着实令人感到意外和惊奇。

由于是日我们还要赴伊塞克湖考察，不得不中断对美丽的比什凯克市的流连，匆匆上路，实在感到非常遗憾。

（四）天山脚下寻古城

出比什凯克城后，我们就上了通往伊塞克湖的公路。路上车辆稀少，我们的拉达像一匹脱了缰绳的烈马开得飞快，时速达 120 公里。公路两旁一排排金黄色的白杨不断闪过，而远处秋收后的农田里，却牛羊成群，一派悠闲自得的景象。我们很快便来到了天山脚下的楚河上游城市托克马克。距城南 15 公里就是著名的布拉纳古城遗址。

布拉纳古城在 10～12 世纪时称巴拉沙衮，是我国古代北方民族回鹘人所建立的喀喇汗王朝的都城，我国史籍有时称"裴罗将军城"。1134 年，由于受到康居、葛逻禄诸部袭扰，喀喇汗王朝大汗伊卜拉欣请求西辽大汗耶律大石援助。耶律大石便乘机率军占领了巴拉沙衮，并在此建都，号称虎思斡耳朵。

1219 年，成吉思汗亲率 20 万蒙古军，西征中亚大国花剌子模，耶律楚材奉命扈从。途经此地，说："河之西有城曰虎司窝鲁朵，即西辽之都也。附庸城邑数十。"《长春真人西游记》的作者关于巴拉沙衮做了较为详细的记载。他写道："自金师破辽，大石林牙（耶律大石）领众数千走西北，移徙十余年，方至此地。其风土气候，与金山以北不同。平地颇多，以农桑为务，酿葡萄为酒，果实与中国同。惟经夏秋无雨，皆疏河灌溉，百谷用成。东北西南，左山右川，延袤万里。"可见当时，巴拉沙衮地区是一片可耕可牧的"善地"。

布拉纳古城遗址方圆 25.30 平方公里，因遗址内有布拉纳宣礼塔而得名（布拉纳即阿拉伯语"宣礼塔"）。70 年代，苏联考古学者曾在此进行过发掘。据考古发掘结果看，城市的中心部分是一个 500×570×570×600 米的四方形城堡。城堡内有宣礼塔、清真寺、陵墓和部分居民住宅，城堡之外是商人居住区、手工业作坊、农民住地。布拉纳宣礼塔建于 11 世纪，其旁边的清真寺已荡然无存。该宣礼塔为砖结构，原高 46.47 米，现残存部分尚有 24 米，地基深 5.6 米。塔身为圆形并饰有数道华美的彩条。塔门位于塔身 5 米高的地方。从塔门到塔顶是一个砖砌的旋转楼梯。在塔高 12 米处的东侧开有一扇窗口采光。宣礼塔旁边是一处古墓地，墓地内的几座陵墓，现仅存墓基，据说是安葬该城统治者的。遗址内还有一个露天的突厥石人收藏中心，集中了在楚河流域发现的 6～10 世纪的突厥石人，保存完好。

距布拉纳古城遗址数公里之遥，就是著名的唐代"安西四镇"之一的碎叶城。它是中西交通要道的必经之地，古代丝绸之路北道的咽喉。唐朝曾经在此驻兵，控制着周围的草原地区。有一种说法，称唐代大诗人李白就出生在这里。由于时间紧迫，我们未能亲往寻访，只好带着深深的遗憾继续东行，一睹中亚明珠伊塞克湖（热海）。

（五）热海岸边找住处

当我们风尘仆仆来到伊塞克湖畔的时候，已是黄昏时分。夕阳余晖照耀下的伊塞克湖风平浪静、景色宜人。但经过一天的颠簸，我们已无力欣赏这美丽诱人的风光，而寻找一个下榻之处便成为头等大事。于是，我们又沿着伊塞克湖北岸的环湖公路一路打听有无住宿的地方。10 月的中亚，旅游度假的季节已过，伊塞克湖畔的许多度假村、宾馆早已关门歇业，等待来年旅游季节的到来。这下可苦了我们，我们不得不继续赶路，一路打听。最后到了湖边小镇乔尔潘阿塔，才终于找到一家小旅馆，此时已深夜 11 点。虽然旅馆设备简陋，可总算有了一处能过夜的地方，可以安心睡一觉，消除一天的疲劳。

10 月 27 日清晨，我们方才重新上路，一路欣赏伊塞克湖的良辰美景。

伊塞克湖位于吉尔吉斯斯坦东部，是吉境内最大的湖泊。海拔 1608 米，长 178 公里，最宽处 60 公里，面积 6236 平方公里，平均水深 278 米，最深处达 668 米。湖内渔产丰富，湖区航运发达。湖西有巴雷克奇港，湖东有普尔热瓦尔斯基港。

伊塞克湖四面环山，像一块巨大的蓝宝石镶嵌在两座大山之间。只有东西有通道与外界相连。向西可达首都比什凯克，往东可通中国伊犁。南面是天山中部最大的山脉帖尔斯凯阿拉套山，山高险峻，山顶冰雪覆盖，终年不化，山坡上森林茂密，潺潺小溪流入湖中。吉尔吉斯斯坦著名自然保护区就坐落在这里。北面是昆格阿拉套山，山后就是哈萨克斯坦首都阿拉木图（1997 年 12 月，首都迁北部城市阿克莫拉，1998 年 6 月改名阿斯塔纳）。

伊塞克湖史称大清池、热海。至于大清池为何又称"热海"，《慈恩传》中有一段文字做了说明。书中云："清池亦云热海，见其对凌山不冻，故得此名，其水未必温也。周千四五百里，东西长，南北狭，望之森然，无待激风，而洪波数丈。"在古代，热海位于中亚的中心地区，扼丝绸之路之要冲。西面是中亚著名的军政中心碎叶重镇，东南面直通位于今新疆库车的古龟兹，即安西都护府；向东则可策马直趋富饶的伊犁河谷地。在唐代争夺中亚时，首先必据碎叶城，才能巩固在中亚的统治。而由东向西进军中亚，除了从疏勒（喀什）西出经费尔干纳直趋中亚外，只有从龟兹和伊犁经过热海的南北道直趋碎叶是最便捷、最重要的道路。热海是丝路古道的必经之地，东西往来商旅的必经之所。唐代高僧玄奘在其《大唐西域记》中留下了一段热海的精彩描述，称"大清池（或名热海，又谓咸海）周千余里，东西广，南北狭，四面负山，众流交凑，色带青黑，味兼咸苦，洪涛浩汗，惊波汩忽。龙鱼杂处，灵怪间起，所以往来行旅，祷以祈福，水族虽多，莫敢渔捕"。

伊塞克湖是吉尔吉斯斯坦著名的旅游度假胜地。在苏联时期，苏联中亚各加盟共和国政府首脑都在这里度假疗养。据说，邻国哈萨克斯坦总统纳扎尔巴耶夫在这里有自己的度假别墅。吉尔吉斯斯坦的一些重大国事活动也在这里举行。告别了美丽的伊塞克湖，我们由东路折回哈萨克斯坦阿拉木图。

二 初访蒙古西部

1999 年初夏的一天，马大正先生找我，说收到蒙古国一封来信，让我翻译成汉语。我很快将此信翻译成汉语交给马先生。原来，这是一封由时任蒙古科学院院士、东方学研究所所长楚·达赖签发的邀请信。邀请马大正先生参加将于是年 8 月在蒙古西部城市乌兰固木举办的"咱雅班智达诞辰 400 周年国际学术研讨会"。

赴蒙古国参加国际学术研讨会，而且还要去蒙古西部，这不仅对马先生有极大的"诱惑力和吸引力"，对我而言亦是如此。当时，随着苏联的解体和中俄关系的逐渐升温，中蒙关系也随之解冻，两国民间往来逐渐增加，学术交流也逐渐多起来。于是，我鼓足勇气，给会议组织者楚·达赖博士写了一封信，向其表达了想随同马大正先生一起赴蒙古参加会议的愿望，希望给我也发一封邀请函。很快，我也收到了楚·达赖（Ч. Далай）院士签名的邀请函。

1999 年 8 月 10 日，我随同马大正先生赴蒙古国，下榻乌兰巴托市中心一家由内蒙古人开办的满都海酒店。此次应邀前来参加会议的还有内蒙古师范大学金峰教授、内蒙古大学薄音湖教授和内蒙古社会科学院的留金锁教授等国内知名专家。

到达乌兰巴托的当日晚，达赖院士在我们下榻的满都海酒店宴请来自中方的专家学者。宴会结束后，又邀请几位中国学者到家里做客。

达赖院士的家就在距离苏赫巴托广场（今成吉思汗广场）附近一栋俄式楼房里，离满都海酒店很近，我们步行约 10 分钟就到了。记得，达赖院士的家位于一层，三居室，有一间单独书房。一进门，就能立刻感受这是一个蒙古人的家，到处充满蒙古元素；书房不是很大，但藏书颇丰，有蒙古文、俄文书籍，也有很多日文、中文藏书，包括由马大正先生参与主编的《卫拉特蒙古简史》（上下册）、《漂落异域的民族——17 至 18 世纪的土尔扈特民族》等。

（一）遥远的乌兰固木

8 月 11 日，我们乘坐蒙航班机，由乌兰巴托飞往乌兰固木。飞机是一架苏制雅克型飞机，大约能乘坐 40 名乘客。上飞机后的第一印象，好像当时北京街头非常流行的中巴公交车。飞机的飞行高度不是很高，透过飞机舷窗能够清楚看到散落在草原上的蒙古包和羊群、马群。飞机在飞行途中，还在库苏古尔省木伦市临时降落给飞机加油。木伦机场是一个小机场，砂石跑道。飞机起降都会扬起一片尘土。

我们终于平安飞抵目的地乌兰固木。

乌兰固木是蒙古国西部的重要城市，乌布苏省首府，是蒙古国前领导人泽登巴尔的老家。此次与我们同机飞抵乌兰固木的还有泽登巴尔的儿子、儿媳。泽登巴尔的儿子卓日格图很年轻，人也清瘦，透着知识分子的儒雅，有明显的俄罗斯人的痕迹（母亲是俄罗斯人），儿媳是位俄罗斯籍布里亚特人。

8月11日下午，"咱雅班智达诞辰400周年国际学术研讨会"在乌兰固木如期隆重举行。马大正、金峰、薄音湖、留金锁等中国学者因在卫拉特蒙古史研究方面的突出贡献，受到蒙古国方面的高度赞扬，并被授予荣誉证书。第一次赴蒙古国参加国际会议，还被授予荣誉证书，马先生很是高兴，我也感到沾光。

（二）霍屯人的来历

8月13日，会议主办方安排参观考察位于乌兰固木不远的塔里雅朗县一个霍屯村。霍屯村地处哈拉西拉（Хархираа）山口附近。"霍屯"一词是历史上新疆蒙古人或卫拉特蒙古人对维吾尔人的称呼，"塔里雅朗"很容易让人联想到"塔兰奇人"，亦作"塔里雅沁"，意为"种地人"。17世纪中叶，准噶尔部首领噶尔丹曾征伐南疆回部，掳掠维吾尔人赴伊犁种地纳粮，这就是所谓"塔兰奇"的来源。这样看来，塔里雅朗县的霍屯人与"塔兰奇人"、准噶尔首领噶尔丹不无关系。

据蒙古国学者称，蒙古国西部乌布苏省塔里雅朗县分布着一部分自称"霍屯人"的民族，人口约有900户，4600人。他们移居此地已有将近300年，由于长期与周边杜尔伯特人、巴依特人杂居并受其影响，霍屯人在文化、风俗习惯方面与这些部族几乎没有差别，主要从事畜牧业和农业生产。

俄国学者波塔宁曾于1876~1877年在蒙古国西部旅行考察，他在其旅行日记中写道："哈拉西拉高勒（Хархираа гол）河所流经的平原在阿里格和色尔腾格尔（Сэртэн - гэр）两山之间向南伸出去很远，杜尔伯特人所崇拜的阿勒坦朱尔克托罗海就孤零零地横亘在平原上。传说，那里从前是博硕克图汗的大本营和农田，周边地区至今仍被称作'察亥 - 博硕克图'（Цахэ - бошюхту）。杜尔伯特人认为博硕克图汗是他们的汗王，并把他与准噶尔的汗王们相提并论。哈拉西拉高勒河发源于终年积雪——蒙古语称作'蒙哥察苏'，意为'终年不化的雪'——的高山之中，她在左侧接纳了图尔根河之后冲出狭窄的峡谷流向平原，最后从左侧汇入北特林高勒河（Тээлийн гол）；北特林高勒河的上游在我们道路的左侧，流过离察亥 - 博硕克图不远的一片平坦的地方。哈拉西拉高勒河只在夏天才能流到特林高勒河，到了秋天，河的末尾一段就干涸了。北特林高勒河过了乌兰固木之后同乌尔图特林高勒河汇合，但在流入（乌布苏）湖之前，两条河的河水就被分别引入农田，用于灌溉了"。①

17世纪后期，为实现统一蒙古的"大业"，噶尔丹在统一漠西蒙古后开始实施"东进政策"，曾以乌兰固木、科布多为作为其后方，东进喀尔喀蒙古，南下漠南蒙古，曾一度打到离京城只有七百里的乌兰布通。为此，康熙皇帝不得不三次御驾亲征，出兵征讨。据史料记载，乌兰布通战役结束后，噶尔丹率残兵千余，以科布多为基地度冬，当时他处境困难，"糗粮庐帐皆无"，陷入"掘草根为食"困境。为了重整旗鼓，休养生息，噶尔丹命令各鄂托克的宰桑率领部分民众，到乌兰固木、空奎、扎布干、察罕色浑、扎布罕哈萨克图等地从事农牧业生产。显然，至少在这个时期，霍屯人就已经在这一带种地了。据当地霍屯人介绍，附近有一条人工水渠叫"噶尔丹渠"，至今仍在使用，灌溉农田。听到这个消息，马大正等中国学者非常感兴趣，要求前去观看。于是，我们立刻请他带路，徒步前去观看，还在"噶尔丹渠"畔合影留念。这是此次会议一个意外的收获。

马先生曾对噶尔丹做过专门研究，发表过文章，对噶尔丹的一生做了比较客观的评价。他说："噶尔丹在政治上不是庸才，军事上也颇有建树，他以数十年戎马生涯，东征西伐，战绩显赫；他纵横捭阖，深谋老练，一时成为我国北方草原上叱咤风云的人物，他领导下的准噶尔汗国也成了17世纪下半叶我国政治舞台上的强大力量。噶尔丹还忠于自己的政治思想和原则，直至身临绝境，不贪瓦全，宁可玉碎，也不接受清王朝的招降，体现了一个政治家的可贵气节，从这一意义上说，噶尔丹不愧是蒙古族一个有影响的历史人物"。"噶尔丹终以悲剧英雄划出了自己政治生命的最后一个句号。"② 马先生关于噶尔丹是一位"悲剧英雄"的评价，得到了国内一些学者，包括许多蒙古族学者和民众的认同。因此，对于能够亲临噶尔丹当年活动过的地方，亲眼看见凡跟噶尔丹有关的遗迹，马先生虽没有喜形于色，但心里还是满足的。

波塔宁对霍屯村做了描述，他说："村子四周都是农田，种大麦和小

---

① Потанин Г. Н.：Очерки Северо - ЗападнойМонголии. Путешествие1876 - 1877. вып. I，СПБ.，1881，с. 305.

② 马大正：《天山问穹庐》，山东画报出版社，2010，第222页。

麦，没有黍米。农田由杜尔伯特人和穆斯林移民——霍屯人——耕种，引哈拉西拉高勒河和两条特林高勒河的水灌溉。霍屯人有义务将一部分粮食送交王爷。乌兰固木的粮食一部分运往科布多，一部分运往乌里雅苏台。"①19 世纪末 20 世纪初，俄国学者 Г. Н. 波塔宁（1876～1877）、著名蒙古学家 Б. Я. 符拉季米尔佐夫（1911）和 А. 萨莫伊洛维奇（1916）等曾在霍屯人的村落做过考察。20 世纪 50 年代和 70 年代蒙古国本国学者也对霍屯人开展过民族学的调查，发表了一些成果。我和马先生曾约定，回去后一定写一篇关于乌兰固木霍屯人的文章。可是，这篇论文至今未能写出来，不能不说是一个遗憾。

是日，结束在霍屯村的访问后，我们踏上前往科布多的路。中途在吉尔吉斯斯坦湖畔野餐后，继续上路，于当天深夜抵达蒙古西部重镇——科布多。

此次赴蒙古西部参加国际会议，我本人还有两个意外的收获：一是，与来自俄罗斯布里亚特共和国的齐木德道尔吉耶夫先生相识，因为我此前曾翻译过 Ш. Б. 齐木德道尔吉耶夫先生有关土尔扈特东归的一篇论文——《论 18 世纪卫拉特人的大迁徙》，发表在《西北民族研究》1993 年第 1 期上；二是，认识了达赖院士的在读研究生——纳·苏赫巴特尔，并成为朋友。纳·苏赫巴特尔当年还是个青年学子，如今已是卫拉特蒙古历史研究领域里的领军人物，在中国和俄罗斯的卫拉特蒙古历史、文化学界颇具影响力和人气。由他主持出版的卫拉特研究丛书（Bibliotheca Oiratica）目前已出版 100 多部学术著作，在世界范围内产生了广泛的影响。几年前，他曾应邀在中央民族大学讲学。其间，我曾邀请他去承德，并同游避暑山庄，拜谒安远庙。

三 圆梦之旅

2012 年秋，我结束在中国驻俄罗斯使馆的任职回到国内，返回原单位中国边疆研究中心（今中国边疆研究所）工作。后来有几次碰到马先生，

---

① Потанин Г. Н.：Очерки Северо - ЗападнойМонголии. Путешествие1876 - 1877. вып. I，СПБ.，1881，с. 297.

他都向我表露，想在 80 岁之前，腿脚还听使唤的时候去一次俄罗斯联邦的卡尔梅克共和国，亲眼看一看卡尔梅克草原。

去卡尔梅克草原追寻土尔扈特汗国的历史踪迹，是马先生多年的夙愿，是他将近 40 年的梦想。马先生曾在《天山问穹庐》中发出如下感叹："卫拉特蒙古是一个世界性民族，目前在蒙古、美国、法国等地都有他们的踪迹，最集中的还是在我们的邻邦俄罗斯。当年渥巴锡率领近 17 万部众踏上了东归故土之途，但在伏尔加河流域仍然留下了很多卫拉特蒙古人。20 世纪的苏联时期，这部分卫拉特人曾建立了卡尔梅克苏维埃社会主义自治共和国，创造过辉煌，在 1944 年的一天又突遭厄运，一夜之间自治共和国被撤销，居民被迫迁徙到西伯利亚，成为'被惩罚的民族'，直到 1957 年才得以平反，自治共和国重建，整个民族的名誉得以恢复。伏尔加河流域毕竟是卫拉特人曾经生活过一个半世纪的地方，与彼得大帝同时代的卫拉特著名首领阿玉奇汗曾在这里创立了土尔扈特汗国，他的牙帐所在地马奴托海如今还能找到么？"[①]

我和新疆师范大学巴图巴雅尔兄弟经过两年的筹划，并与卡尔梅克方面多方联系，安排好各种事项，决定于 2015 年 8 月赴俄，我们甚至办好了俄罗斯的入境签证。但是，事有不巧。是年夏，马先生老伴儿身体有恙，后身体尚未完全恢复。马先生心疼老伴儿，不忍抛下病中老伴儿，去完成自己的圆梦之旅。虽然心有不甘，我们还是放弃了这年赴俄去看卡尔梅克草原的计划，俄罗斯签证作废。虽然好事多磨，马先生的卡尔梅克圆梦之旅终于在 2017 年 4 月成行。遗憾的是，巴图巴雅尔因教务在身，未能与我们同行。

此次赴卡尔梅克比原计划晚了两年。虽然有点遗憾，但我们却有了意外的收获，确定了土尔扈特汗国阿玉奇汗牙帐——马奴托海——的位置。

（一）寻访马奴托海

2015 年，我完成并出版了拙著《清朝图理琛使团与〈异域寻〉研究》[②]一书。在本书稿的写作过程，无意间发读到了互联网上维基百科俄文版对

---

① 马大正：《天山问穹庐》，山东画报出版社，2010，第 243 页。
② 广西师范大学出版社，2015。

"伏尔加市"（Волжский）词条的如下解释："伏尔加市位置：北纬48°47′00″，东经44°46′00″。……位于伏尔加格勒东北，阿克图巴河左岸，距离伏尔加格勒20公里。14世纪，在伏尔加市所在地方，曾有金帐汗国的一个或数个居民点。诺盖人、卡尔梅克和卡拉卡帕克人曾在这里游牧。1634年以后，卡尔梅克人经常把汗的牙帐设在马奴托海（即今 Киляковки）附近地区，当河水泛滥时，经唯一的多沙浅滩移到高处。察里津历任城防司令曾多次试图将卡尔梅克汗的牙帐移往阿克图巴河下游，但此事直到彼得一世去世后才做到。1729年以后，开始有俄罗斯人移住。"看到这段记述，我激动不已。因此，在写好书中对地名"马奴托海"的考证注文后立即拿给马先生看。马先生对我的这篇考证短文赞赏有加。得到马先生的肯定，使我对完成这部书稿坚定了信心。

马奴托海是和鄂尔勒克以降土尔扈特汗国历任汗王设置牙帐的所在地，也是当年图理琛使团出使土尔扈特汗国时曾经造访过的地方。阿玉奇汗正是在这里举行隆重仪式，迎接来自遥远的大清帝国的使团。据图理琛记载："于（康熙五十三年）六月初一日，至土尔虎特国阿玉气汗驻扎之马奴托海切近地方。阿玉气汗遣伊部下台吉并番僧等来迎，导至宿处安置，至沿途阿玉气汗部下台吉并番僧及归入阿玉气汗之莽武特头目，各率所属人等，陈设筵宴，排列生畜，远来迎接，以及马前跪献食物者甚众，皆不胜钦敬。至下午，阿玉气汗差伊侍近番僧格瓦等前来禀曰：明朝吉日，我汗恭请至圣大皇帝谕旨，并会天使。"[①]

过去，曾有许多学者寻找过马奴托海，并做过相关研究。比如帕拉斯、米勒、戈尔斯通斯基、伯希和、加恩都做过专门的研究，他们基本认同这样一个观点，那就是马奴托海"位于伏尔加河以东，介于察里津和谢尔纳－雅尔之间"。日本学者今西春秋认为，马奴托海当在"萨拉托夫向南或向东南方向的腹地"，具体言在"叶鲁斯兰河上游"，应在察里津（伏尔加格勒）以北，在萨拉托夫市对岸，今恩格斯市东南不太远的地方。[②] 马先生本人也曾做过相关研究，比如他在和马汝珩先生合著的《漂落异域的民族——17至18世纪的土尔扈特蒙古》一书中结合前人研究成果指出："地点大致在阿斯

① 图理琛：《异域录》卷2。
② 参见阿拉腾奥其尔《清朝图理琛使团与〈异域寻〉研究》，第358～359页。

特拉罕以北的伏尔加格勒到里亚尔之间的伏尔加河右岸一带。"此说只是指了一个大体方向，只有面而无点！①

因此，此次出访卡尔梅克，如能亲临现场，找到马奴托海所在地点，那正是我们梦寐以求的事情，在这点上，恐怕马先生比我更充满期待。于是，我们此次出访卡尔梅克，将第一个考察地点就定在伏尔加格勒对岸的伏尔加市（Волжский）。

这里，我不得不说点题外的话。就在我写作本文的时候，因一个偶然的机会得到俄罗斯卡尔梅克族学者 В. З. 策仁诺夫（В. З. Церенов）的一篇文章——《卡尔梅克诸汗牙帐"马奴托海"——地名的语义学研究与方位考证》。刚看到这篇文章的题目，我曾一度因为没能在出发之前看到这篇文章而感到懊悔。然而通读全文后发现，作者虽然在文章中对地名"马奴托海"（mantoqai/manutoqai/mana toqai）做了多种语义学的解读，并较全面地梳理了已往学者的相关研究和考证，但也未能具体指明"马奴托海"的具体方位。这使我稍感释怀。根据封面提供的信息看，2015 年 2 月，俄罗斯科学院东方文献研究所和蒙古国科学院历史、考古研究所在圣彼得堡联合举办了一个题为"突厥、蒙古世界：历史与现状——纪念克里亚什托尔内（1928—2014）学术研讨会"的国际学术会议，会议论文资料集于 2016 年公开出版，В. З. 策仁诺夫的这篇文章就收录其中。②

2017 年 4 月 20 日，我和马先生搭乘俄航 SU205 航班经过 8 个小时的飞行，在莫斯科谢列梅捷沃国际机场短暂停留并转机后，于日深夜飞抵伏尔加格勒 Гумрак 机场。我的朋友乌兰巴义尔专程从卡尔梅克首府埃利斯塔驱车 300 余公里赶来，早已等候在那里。老朋友相见，格外亲热。等我进入市区，入住酒店，一切安顿就绪，已是当地时间深夜 12 点，这时北京已经早晨四五点，天都快亮了。马先生已年届八十，经过长途飞行，一路鞍马劳顿，略显疲惫，肯定累得够呛。为了让马先生早点休息，我们先将他送进房间。我们俩就到了酒店一楼的咖啡厅。此时，咖啡厅早已空无一人。我

① 马大正、马汝珩：《漂落异域的民族——17 至 18 世纪的土尔扈特蒙古》，中国社会科学出版社，1991，第 105 页。

② Церенов В. З. Манутохай – ставка калмыцких ханов：семантика и локализация топонима. // Тюрко – монгольский мир в прошлом и настоящем. Материалы научной конференции памяти Сергея Григорьевича Кляшторый（1928 – 2014）. Санкт – Петербург и Улан – Батор，2016. сс. 257 – 265.

们就在靠近吧台的地方选了一张餐桌，点了两杯"白桦树"牌伏特加。

第二天，我们在乌兰巴义尔的带领下参观完令人震撼的斯大林格勒保卫战全景博物馆和神往已久的祖国母亲纪念碑群后，驱车过伏尔加河来到30公里外的阿赫图巴河左岸，来到了前文所述伏尔加市基里亚科夫基（Киляковки）区。这里就是我们一直在寻找的当年图理琛曾造访过的阿玉奇汗牙帐所在地——马奴托海。

马奴托海实际上指的就是伏尔加河与阿赫图巴河之间的河滩地。当然，阿赫图巴河左岸高坡上的大片区域也都在马奴托海的范围之内。可以想象，到了夏日，河滩里一定是草木茂盛，河水丰沛，柳树成荫，郁郁葱葱。而我们到来的这个时节，正好是俄罗斯的春末，树木刚刚吐露春芽，尚未长出绿叶。河滩里，榆树和柳树相互掺杂，枯枝残叶，黑压压一片。而这一天，天公也不作美，天气阴冷，乌云密布，而且云层很低。远处的伏尔加格勒市，隐隐约约，隐藏在春日伏尔加河河面弥漫的烟雾之后。我们眼前看到的这一景象，正好印证了新疆一首土尔扈特民歌里所唱的情景：

> 马奴托海的柳树哟，
> 雾气弥漫，烟雾缭绕。
> 你我能喜结连理哟，
> 是那上辈注定的缘分。

亲临向往已久的马奴托海，看到眼前的景象，马先生显得兴奋不已，喜悦或是惊喜，已经不能准确表达马先生此时的心情。老先生早已忘记了昨日的劳顿和疲惫，掏出昨夜我们离开后充好电的相机，开始不停地拍照，仿佛要把马奴托海全部装进相机里，带进永远的记忆里。

（二）卡尔梅克大草原

4月22日上午，告别马奴托海，告别伏尔加河畔这座美丽的英雄城市——伏尔加格勒后，我们就踏上了前往卡尔梅克的路途。这段路我曾走过不止一次。为了让马先生更好地感受卡尔梅克草原，我们让他坐在前排副驾驶的座位上。这个位置视野宽阔，能够看到前方和左、右两侧的风光。记得以前同马先生在国内一起旅行时，只要车一启动，他就开始打盹儿，一路睡觉，全然不顾沿途的美景。但这次却不同，一直精神抖擞，毫无睡意，一路欣赏公路两侧的风光，不时拿出相机或手机，拍摄沿途的窗外的风景、羊群和偶尔一闪而过的房屋、村庄。一路上，我们只在伏尔加格勒州和卡尔梅克共和国交界处做了短暂的停留，并在立在两地交界处作为界标的纪念碑前照了几张相，然后一直向南，向着卡尔梅克草原的深处一路飞奔。按照老先生的说法，这一路，他"除了激动，还有期待"！

虽然已经是 4 月末，伏尔加格勒还依然是一副残冬的景象，阴沉、灰暗，缺乏颜色，但我们一进入卡尔梅克界，一切骤然发生了变化，草原早已披上了绿色的盛装，春意盎然，天空也一下豁然开朗，晴空万里，白云朵朵。此时，坐在副驾驶座位上的马先生正望着窗外，默不作声，似乎已陷入了沉思之中。也许，他早已浮想联翩，正在回想当年渥巴锡起事东归的壮举。

到达卡尔梅克首府埃利斯塔已是下午。我们入住市区内一家小型私人旅店。旅店虽小，但设备齐全，干净整洁。听说，在我们之前不久，来自新疆博尔塔拉蒙古自治州的一个代表团也下榻此店。

当天晚上，我们在当地学者巴兹尔陪同下观看了卡尔梅克共和国"江格尔"歌舞团的一场文艺演出。这场演出是该歌舞团赴莫斯科巡演前的最后场汇报预演。我和马先被安排在第一排就座，演出给我们留下了深刻印象。就在到达当日，在遥远的欧洲大陆我们深深感受到了蒙古文化的美丽和力量。

演出结束后，我们又赶卡尔梅克共和国国家图书馆，参加该图书馆举办的"世界读书日"活动，前来参加活动的嘉宾有近百人。看得出他们都很重视这项活动，来宾们无不着装庄重、整洁，有的身穿西装、打领带，有的身穿传统民族服装。我和马先生作为远方来客，进入会场时受到了掌声欢迎。本次"读书日"活动的主题是"卡尔梅克茶"。嘉宾们围绕"卡尔梅克茶"及"卡尔梅克茶文化"进行了演讲和讨论。活动还安排了小型文艺演出，包括卡尔梅克民歌演唱、民族乐器演奏，还有少年儿童诗歌朗诵。活动内容丰富，形式活泼、多样。没有冗长的领导讲话，没有多余的形式主义和教条。唯一美中不足的是，演出正在进行之际，突然停电（据说是全市停电）。但是活动没有受到丝毫影响，在蜡烛和无数手机灯光照射下演出照常进行，别有一番格调。这样的场景在当今中国已是十分陌生了，可在埃利斯塔仍是生活的现实,真让人感慨!

我的朋友巴兹尔,全名巴兹尔·阿列克散得罗维奇·比切耶夫(Баазр Александрович Бичеев),自我和马先生到达卡尔梅克那天起,巴兹尔博士一直全程陪同,直到4月28日把我们从阿斯特拉罕送上飞往莫斯科飞机。我和马先生在卡尔梅克的旅行之所以能一帆风顺,而且收获颇丰,不能不感谢巴兹尔老师的精心安排和一路辛苦。在和巴兹尔老师一路同行的这段日子里,我们从他那里听到很多故事、传说,受益匪浅。在此不能不对他略做介绍,并表示衷心的感谢。

巴兹尔·比切耶夫是俄罗斯科学院卡尔梅克科研中心的研究员,哲学博士。其主要领域为中世纪蒙古文、藏文文献,蒙古文、藏文和托忒文版本目录学研究,以及佛教文献的翻译问题等。著有《托忒文版〈白度母史〉》(埃利斯塔,2013)、《文化学:欧亚语境下的文化学》(阿斯特拉罕,2007)等学术专著及其许多有关佛教和蒙古文、托忒文文献的论文。近年来,巴兹尔老师的学术成果得到国内有关高校和同行的认同和高度评价,他本人也经常被邀请到中国,参加一些高校举办的有关蒙古学、蒙古文献学的国际会议。

4月22~25日,我们都在卡尔梅克首府埃利斯塔及其周边的活动。这四天,日程安排紧张、丰富,收获颇多。在此无法一一赘述。只能择其要者,略说一二。

(三)埃利斯塔印象

4月23日,我们主要在埃利斯塔市区内活动,以便从首府埃利斯塔开始逐步深入了解卡尔梅克。

埃利斯塔,卡尔梅克语称 Элст,意为"多沙的""有沙漠的",是卡尔梅克共和国的首府和最大城市,位于俄罗斯欧洲部分的南部,距离莫斯科1836公里,现有人口为103899人(2017)。主要人口为卡尔梅克人、俄罗斯人,还有部分哈萨克人、车臣人等。

埃利斯塔明显具有东方色彩,与周边伏尔加格勒、阿斯特拉罕等周边俄罗斯城市形成鲜明反差。市中心有一座明显具有东方色彩的楼牌,市内亭台、楼阁也是东方式样,明显具有藏式风格。埃利斯塔城市虽然不大,却充满文化气息,市内街道两旁或广场周边都树有许多卡尔梅克、卫拉特蒙古著名历史人物雕塑，也有一些普通卡尔梅克人物和动物形象的雕塑，造型可爱，令人流连忘返。

埃利斯塔是卡尔梅克共和国最大的科研、教育中心，有俄罗斯科学院卡尔梅克人文科学研究所、俄罗斯农业科学院卡尔梅克农业研究所、卡尔梅克干旱地区综合研究所、卡尔梅克土地资源科学研究和设计勘探研究所等科研机构；有卡尔梅克国立大学、俄罗斯南部联邦大学分校、皮亚季戈尔斯克技术大学卡尔梅克技术学院（分校）、俄罗斯国立人文大学分校、莫斯科经济与法律学院卡尔梅克分院、莫斯科财经与法律学院伏尔加分院、莫斯科开放社会学院分院等高等院校或分校；还有埃利斯塔 П. О. Чонкушов 艺术学校、埃利斯塔道路交通学院、埃利斯塔 Х. Б. 卡奴科夫（Х. Б. Кануков）师范学院、卡尔梅克 Т. 哈赫雷诺娃（Т. Хахлыновой）医学院、卡尔梅克国立技术经济学院、卡尔梅克国立财经学院、莫斯科国立经济、统计和信息技术大学卡尔梅克技术学校、罗斯托夫 М. Б. 格列科夫（М. Б. Греков）艺术学校卡尔梅克分校等中等职业教育机构。对于一个只有 10 多万人口的城市来说，有如此之多的科研单位、高等学府和中等职业教育机构，埃利斯塔无疑是一座名副其实的科学城，到处充满了浓厚的学术和文化气息。

这一天我们重点考察的项目：一是位于市中心的释迦牟尼金顶寺，二是市郊的国际象棋城（City - Chess）。

释迦牟尼金顶寺，卡尔梅克语称：Бурхн Багшин алтн сюме，建于 2005 年，被认为是欧洲最大的佛教寺庙。从停在附近的旅游大巴的情况看，从卡尔梅克以的外周边地区前来参观游览的俄罗斯人似乎不少。

国际象棋城由卡尔梅克第一任总统、世界国际象棋联合会主席基尔桑·伊柳姆吉诺夫（Кирсан Илюмжинов）1998 年为举办第 33 届国际象棋奥林匹克而建。象棋城是一个大型建筑群：包括一座五层象棋宫、新闻中心、酒店，有几间酒吧、餐厅和许多欧式别墅。这里经常举办各种比赛，在没有重大国际赛事的时候，则对外开放，举办各种论坛、国际会议、展览以及各种学术、文化活动。目前，国际象棋城已成为埃利斯塔的一道风景线，是游客必来参观游览的主要景点之一。外来游客不仅可以在这里参观游览，还可以入住酒店。这里设备齐全，费用也不是很昂贵。象棋宫是象棋城里最主要的建筑，其核心部分是一个完全用玻璃幕墙构成的蒙古包。

天气好的时候，蓝天白云会映在玻璃幕墙上，很是好看。蒙古包上、下三层，二层为各种纪念品、礼品店，三层是一个小型国际象棋博物馆，介绍国际象棋的发展史，有一面上挂满了国际象棋大师和世界冠军的照片，我国著名国际象棋冠军谢军的照片也在墙上。谢军参加过 1998 年在这里举行的国际象棋奥林匹克团赛，并获得冠军。

（四）造访卡尔梅克历史研究的"圣地"

2017 年 4 月 24 ~ 25 日，我们分别造访了卡尔梅克共和国帕里莫夫国家博物馆和俄罗斯科学院卡尔梅克科研中心。

卡尔梅克共和国国家博物馆坐落在埃利斯塔市江格尔大街，成立于 1921 年 3 月 25 日，最早称卡尔梅克自治州历史 – 民族志博物馆，归当时的卡尔梅克州人民教育局档案、博物馆处管辖。著名卡尔梅克历史学家、卡尔梅克学奠基人 H. H. 帕里莫夫担任第一任馆长。博物馆自 1931 年起正式对外开放，供参观游览。

该博物馆可谓命运多舛。第二次世界大战爆发后不久，卡尔梅克被德军占领，博物馆遭到破坏，馆内藏品或遭到抢劫，或被德军运往德国。1943 年12 月，整个卡尔梅克民族以二战期间通敌为由被斯大林流放西伯利亚和苏联东部地区。到 1959 年底，博物馆才得以恢复重建，于 1960 年 1 月 1 日起，第二次开始对公众开放。2007 年 3 月，原卡尔梅克国家美术馆与卡尔梅克共和国 H. H. 帕里莫夫民族志博物馆合并，成立了卡尔梅克共和国国家博物馆（Национальный Музей Республики Калмыкия им. Н. Н. Пальмова）。目前，该博物馆设有卡尔梅克民族历史、民族志、文化等展厅，还有佛教器物、卡尔梅克古老艺术以及当代卡尔梅克造型艺术的展厅。此外，在埃利斯塔市以及卡尔梅克部分城镇开设有多个分馆。

第一任馆长 H. H. 帕里莫夫，正是《卡尔梅克族在俄国境内时期的历史概况》（阿斯特拉罕，1922 年）作者，是一位跨沙皇俄国和苏联两个时代的学者。本书广泛利用了俄国档案，是一部具有较高学术价值的著作。其汉译本的出版对于推动我国卡尔梅克历史研究发挥了很大的作用。[①]

---

① H. H. 帕里莫夫：《卡尔梅克族在俄国境内时期的历史概况》，许淑明译，新疆人民出版社，1988。

4月24日是星期一，参观者不多，但还是有好几队中小学生的参观队伍在老师带领下安静有序地参观。博物馆展示内容除了卡尔梅克人社会、文化、民俗外，历史部分占了参观大厅一层一个大展厅，其中阿玉奇汗的业绩占了显要地位。值得一提的是，我们博物馆的当代卡尔梅克造型艺术的展厅不仅看到了反映阿玉奇汗与彼得大帝会面场景的精美的油画，还看到了土尔扈特末代公主满琳的巨幅肖像画。

4月25日，我们拜访俄罗斯科学院卡尔梅克科研中心。

俄罗斯科学院卡尔梅克科研中心成立于1941年，成立之初称卡尔梅克语言、文学和历史研究所，归卡尔梅克自治共和国政府管辖（即"卡尔梅克苏维埃社会主义自治共和国执行人民委员会"）。1988年，该研究所划归苏联科学院，并更名为"苏联科学院卡尔梅克社会科学研究所"，1999年后，一度更名为"俄罗斯科学院卡尔梅克人文科学研究所"，现名俄罗斯科学院卡尔梅克科研中心。坐落在埃利斯塔市中心 И. К. 伊利什金大街8号。

自研究所成立以来，把研究卡尔梅克民族语言、历史和文化，向大众普及卡尔梅克民族语言、历史和文化知识的作为自己的首要任务。在研究所的历史上，曾经涌现出一批诸如 Ц‐Д. 诺明汉诺夫（Ц‐Д. Номинханов）、Б. Б. 巴德玛耶夫（Б. Б. Бадмаев）、И. К. 伊利什金（И. К. Илишкин）、С. К. 卡利亚耶夫（С. К. Каляев）、Д. А. 帕夫洛夫（Д. А. Павлов）、У. Э. 额尔德尼耶夫（У. Э. Эрдниев）、У. У. 奥其罗夫（У. У. Очиров）等享誉世界的大师级学者。俄罗斯科学院卡尔梅克科研中心现有工作人员76人，其中54人为科研工作者，有8名博士，31名副博士。所长是年轻的博士 В. В. 库坎诺娃（В. В. Куканова）女士。研究所下设历史、考古和民族学研究部、蒙古语文研究部、卡尔梅克咱雅班智达传统文化博物馆、图书馆和档案馆部、编辑出版部等五个部门。该研究所是世界蒙古学、卫拉特‐卡尔梅克学研究的中心之一，新一代的卡尔梅克学者们正努力把研究所打造成世界卫拉特‐卡尔梅克学的学术组织中心。

马先生一直将这个研究所视作"卡尔梅克历史研究的圣地"。这与其早年从事准噶尔、土尔扈特历史研究有关。20世纪70年代，正是国内学术界资料匮乏的年代，1976年，以卡尔梅克苏维埃社会主义自治共和国语言文学历史科学研究所学者为主，有苏联科学院部分学者参加集体编著的《卡尔梅克苏维埃社会主义自治共和国史纲》一书的出版，使马先生等一批学者如获至宝。他在北京图书馆复印一部后，请闻铭、蔡曼华、武国璋同志译出该书第三、四、五章，刊登在中国社会科学院民族研究所历史研究室西北组编印的《厄鲁特蒙古历史译丛》第 2 集（内部打印本）。

我们受到所长 B. B. 库坎诺娃（В. В. Куканова）女士的热情欢迎，并在其亲自带领下参观了研究所的卡尔梅克传统文化博物馆、图书馆及图书馆的善本室。图书馆虽然不大，但专业性很强，蒙古学、卫拉特 - 卡尔梅克学方面的图书资料丰富，特别是善本室所藏 17～19 世纪有关卡尔梅克历史、人文的俄文图书丰富，对研究者言无疑是一座资料宝库。最令人印象至深的是，图书馆里明亮，干净整洁，摆在书架上的一排排的书，一尘不染，没有呛鼻的尘埃和灰尘。

4 月 26 日，我们结束了在埃利斯塔的行程，取道查干阿姆，并在查干阿姆下游嘉米央渡口渡过伏尔加河，沿途考察和硕特寺，于当日傍晚抵达阿斯特拉罕。在阿斯特拉罕停留一日，28 日返回莫斯科。这次卡尔梅克之行圆满结束。

（五）一点感想

如果从 1988 年到边疆中心工作算起，我与马先生共事已有 30 年之久。在这 30 年时间里，马先生于我，一方面是领导，一方面是师长，在我成长过程当中，在学业上多有提携；在生活中，我们又是"亦师亦友"的关系，马先生身上有许多优点，一直是我学习的榜样。

马先生一生非常勤奋，今年虽已年届 80 之岁，仍思路敏捷，笔耕不辍。近年来著述不断。据我所知，马先生最早以研究卫拉特蒙古史起家，后来其研究领域逐渐拓展到古代西域和当代新疆，再后来，其研究的视野和触角已延伸到东北和西南边疆，可谓涉猎广泛。近年来，马先生一直致力于中国边疆学的构建，在这个领域，连续出版和发表了诸多著作和论文，其《中国边疆治理通论》（2015）、《中国边疆学构筑札记》（2016）、《当代中国边疆研究（1949—2014）》（2016）、《热点问题的冷思考——中国边疆研究十讲》（2013）等重要著作的出版，已在国内学术界产生了广泛影响。

马先生一生为人随和，爱交朋友。由于工作的关系，我曾多次随马先生赴新疆、内蒙古、云南等出差，或参加各种学术会议，我发现，不论走到哪里，马先生总是有许多朋友围在身边，其中有与马先生年龄相仿的老先生，也有很多年龄比他小很多的朋友。这里，固然有他们仰慕马先生的学识，愿意倾听马先生谈论学术的原因，但在我看来，马先生身上一定有一种特别的人格魅力，吸引不同年龄、不同民族的朋友，愿意围在他的周边，愿意成为他的朋友。而这一点恰恰是马先生所独有的品质。

最近几年，我一直在与我的哈萨克朋友共同策划在哈萨克斯坦境内考察准噶尔故地，希望能与马先生再次出发，领略哈萨克草原的美景，寻访准噶尔的古迹遗址。

2018 年 6 月草成

我和马老师

王鸣野[*]

岁月如梭，斯言至真！认识马老师不觉已二十载，如饴之甘总在心头流淌；然每次见面，总见先生身体康健、语调清朗，时与年轻人打趣几句。每见及此，总会情不自禁地想，嗨，这老头儿不老啊！

一　初闻马老师

窃以为读书人相识有一条普遍规律，即未见其人，先闻其声，我和马老师走近也未逃脱此律。20世纪80年代末我走出校门前往新疆社会科学院中亚研究所从事科研工作。由于地理位置和现实需要的原因，中亚研究所是中国第一家，也是最早从事以苏联中亚地区为研究对象的科研机构。那时的中亚主要指哈萨克斯坦之外的中亚四国，但中亚研究所的研究对象也包含了哈萨克斯坦。彼时的中亚研究先是集中于苏联对中国西北的安全威胁，后来很快转向戈尔巴乔夫的改革在中亚地区产生的变化对中国新疆的影响。概而言之，研究中亚的目的主要为新疆的安全稳定服务。因此，中亚研究虽属国际问题研究的范畴，但针对边疆发展的内部指向性却相当明显。新疆中亚研究的这一特点要求研究人员不但要懂得苏联中亚地区的方方面面，对新疆的历史与现实，乃至新疆与中亚地区的历史关系都要有比较周详的了解。为了补上这一课，我在工作之余便开始搜罗相关著作，于是便有了惊奇的发现：欲了解新疆地区的历史和该地与中亚的历史关系，马大正先生是该领域必须研读的重要学者。此所谓未见其人先闻其声是也。

---

　　*　王鸣野，中国石油大学副教授。

由于研究方向的原因，《漂落异域的民族——17 至 18 世纪的土尔扈特蒙古》就成了我所拜读的马老师的第一部专著。土尔扈特东归的事迹在大学学习历史时只知点滴碎片，留下的印象就是在遥远的古代从毫无具体概念的地域涌来了一群眷恋故土的人。到了新疆后才发现，发生在几百年前的英雄壮举是那样鲜活地和现实的社会政治生活联系在一起，于是内心就生出了欲闻其详的冲动。几番求索，装帧朴实的《土尔扈特东归记》摆在了书案上。至今仍记得，看完全书用了两周左右的时间。20 年后的今天再度回望，读罢《漂落异域的民族——17 至 18 世纪的土尔扈特蒙古》，与其说对这个群体的历史遭遇有了全面的认知（此乃理所当然），倒不如说依文识人地循声找到了马老师。读书莫过于掩卷后的长思反刍。通过《漂落异域的民族——17 至 18 世纪的土尔扈特蒙古》，我的心目中出现了一幅马老师的素描画：深邃的思考与平实的表达合为一体，内心的严肃和执着与不经意的随和熔为一炉，学者的探索与家国的情怀相映生辉。当然，作为一个刚入道的年轻人，马老师在写作《漂落异域的民族——17 至 18 世纪的土尔扈特蒙古》的过程中，将大量实地考察和利用史料相结合，钩沉补漏、掘遗缀缺地展现土尔扈特历史全貌的治学精神也令我受益匪浅。

《漂落异域的民族——17 至 18 世纪的土尔扈特蒙古》虽使我初闻马老师，但他却在那遥远的北京，何时谋面聆听教诲不得而知。然而，人生就这么奇妙，缘分在不经意间就出现了！

二　初识马老师

20 多年过去了，岁月给回忆披上了一层日渐增厚的面纱。面纱揭开时，隐约记得好像是 1997 年的某个下午，新疆大学历史系的冯锡时老师打电话到社科院中亚所找我，问我是否有意参加一项马老师和他主持的课题，课题名称是"中亚五国历史研究"。我稍作思考便答应下来，然后冯老师就说马老师可能不久前来乌鲁木齐就该课题要开个小会，嘱我届时赴会。没过多久，马老师来到新疆大学，我如约参会。这样就第一次见到了马老师。马老师给我的最深印象就是两个字，"随和"。记得他好像坐在会议室的沙发上，很放松地斜靠着，完全没有正襟危坐，这样便一下子消除了我初次见面的紧张感。另外一个让我惊奇的地方，就是感觉马老师对我很了解，像个熟人似的和我聊天，给人一种很亲和的感觉，后来我思忖，他大概花了点耐心看过我写的一些不忍卒读的东西吧，而更重要的是得益于冯锡时老师的介绍。在这次会议上，我看到了马老师和冯老师制定的研究大纲，将中亚五国的历史从远古到苏联解体后的变化都要梳理一遍，给我分派的任务是苏联的解体及其以后的中亚五国状况研究。作为社科院中亚研究所的一员，那些年我一直跟踪观察走向末路的苏联及其中亚加盟共和国的情况，也写过一些文章。参加马老师和冯老师主持的这项课题使我有机会以历史的视角和历史的方法把苏联后期的中亚和苏联解体后的中亚进行一次比较系统的研究，将原来凌乱无序的研究变成一个前后相继、逻辑清晰的整体。根据二位老师的指点，我草拟了一份研究和写作大纲，采纳大家的意见后又做了进一步的补充和丰满。我的这部分工作大概持续了半年有余，形成了一个较完整的初稿，经马老师和冯老师审阅后就通过了。2000年，"中亚五国历史研究"就由新疆人民出版社以《中亚五国史纲》的名称出版发行了。后来的事实证明，《中亚五国史纲》是苏联解体之后中国相关学术界出版的第一部系统完整地研究中亚五国历史的专著。限于当时的条件，现在看来这本书还需要进一步提高丰满度，但无疑对推动中国的中亚研究起了重要作用。

20世纪90年代的新疆虽然发展速度比较快，但由于各方面的先天不足还是显得落后，加上远在西北，信息闭塞阻滞，与内地的联系远不如现在这么方便顺畅。"中亚五国历史研究"课题完成后，我和马老师之间的联系就不多了，但马老师的消息在新疆的学术圈中还是时有所闻。熟悉九十年代新疆情况的人可能还记得，由于内外因素的刺激，这个十年中后期的新疆是一个充满了痛苦记忆的时期，分裂恐怖主义分子掀起的恶浪让人愤怒、困惑，尤其是我这个刚从内地来疆不久的外地人在一段时间里更是被迷茫所包围。那时很想找马老师倾诉心中的困顿，听听他对事态的看法。现在看来，此种愿望很容易实现，殊不知在那时的新疆（乃至全国）现代通信工具进入大众时代才刚刚起步，记得大概是在1999年我才有了第一部家庭电话，家庭成员视之若宝，只能偶尔用之于本地通信，长途电话是绝不可能允许的，所以和马老师还是关山相隔，音信难通。然而命中注定的缘分终究是不可挡的。

三　我师马老师

对过去的记忆必须具备两个元素，一个是时间，一个是事情本身。时间是经，事情是纬，经纬相交才能还原事情的原貌。可惜的是，我只能大概记得某事某地，对其发生的确切时间只能再三挠头。因此，这里只能再说大概是在 1999 年的某一天，社科院中亚所来了一位青年学者，欲在中亚所资料室查阅资料，同时还就一些学术问题与所里的研究人员进行了一番探讨。青年走后，一位前辈告诉我该同志供职于乌鲁木齐一家出版社，现在是马大正先生的博士研究生。这么一说大家就应该就能猜出这位青年正是我的师兄许建英教授了。中亚所的前辈建议我也应该如许兄那样，投入马老师门下攻读博士学位。我当然求之不得了！但当时确实是愿望有余，信心不足，以致第一步迟迟没有迈出，在整整一年的时间里心中碎碎念念、忐忑难安。这种优柔寡断的局面当然不能持续下去了，终于有一天我在街上找了一家电话亭拨通了马老师的电话，将在内心发酵已久的想法对马老师和盘托出，没想到马老师听完我的一番嗫嚅后爽朗一笑道："今年的报名时间早过了，明年可能还有机会，希望你能报考。"电话中传来的消息确实不好，但我却顿感释然，一则知悉了马老师愿意收我为徒的明确态度，如同吃了定心丸；二则是我当时确实准备不足，仓促上阵说不定会是什么结果呢！决心既定，开始行动。自那以后，我就通过各种途径将马老师的一些主要作品搜集到手，仔细研读。在这一过程中有两本书给我留下了深刻的印象，一本是《二十世纪的中国边疆研究》，一本是《中国边疆经略史》。窃以为，改革开放以来的中国边疆研究所以渐成一个独立的学科，《二十世纪的中国边疆研究》居功至伟。另外，从历史演进的角度看，《二十世纪的中国边疆研究》是被西方列强强行拖入现代化大潮的中国人所找到的一个自我认知的别样视角。换言之，这本专著是马老师和另外一位作者刘逖先生站在对边疆认知的角度对近代以来中国人一直苦苦思索的"我是谁"这一追问的独特解答。如果说《二十世纪的中国边疆研究》是对边疆学术和理论的梳理的话，那么《中国边疆经略史》则是以宏大的体系展现了几千年来在各种内外因素的澎湃冲击中中国边疆治理战略、政策实践和理论的演变过程。可以说，上述两本专著基本上完成了中国学者从传统的皇朝边疆意识向现代的民族国家边疆意识的转变，对中国现代边疆学的发展做出了不容忽视的贡献。

回过头来再说说博士研究生入学考试吧。中国社会科学院研究生院的考试时间定在 2002 年的 3 月底，各地学子如赴京赶考般地蜂拥而来。那年报考马老师的考生虽然数量不多，但实力很强，可录取名额只有一个，竞争可谓激烈。然而，考试开始后才发现，最夺命的科目不是专业课，而是英语。本人对学习英语素来用功，大小考试经历无数，一般都是一挥而就，谁承想看到社科院的英语试卷后，第一次体会到了"难"的含义：基本没有生词，但看几遍还是一头雾水。好在"难"的最大好处就是平等，对我"难"对别人更难。连滚带爬地考下来以后，大家都苦笑一声，相对无言！

不久考试结果出来了，我幸运地超过了社科院规定的英语成绩线两分之多，专业课的成绩承蒙马老师的仁慈如轻舟过水，然后就是复试、面试，一路下来很是顺利。

研究生院的开学日期与一般大学的开学日期无异，都是在九月初，只是由于没有本科生，所以上课方式很有特色，基本上是一对一模式。入学报到手续办妥后，在东厂胡同边疆史地中心马老师向我交代了上课的注意事项，专业课上一门，每周一次，共计两小时，上课地点就在马老师的办公室。马老师说，咱们的地盘就一张书桌，我坐这边，你坐对面。上课分上下半场，上半场我讲，下半场你讲。说实话，这种上课方式新颖、开放、民主，但对学生的要求高，如果没有相关知识的积累和问题意识，下半场就撑不下来。记得第一次课讲的是中国边疆研究和边疆学发展的基本状况。上课前我也做了一些准备，自认为应付下来没问题，然而实际情况却是，马老师讲完上半场后，我主持的下半场感觉如同没有战术体系的足球赛，全无章法：阐述观点时论据凌乱贫乏，建构体系时逻辑别扭矛盾。当时只觉得度时如年，芒刺在背，只等马老师冲冠一怒了！然而，马老师还是一脸春风，不疾不徐。后来慢慢体悟到，第一次课实际上是老师用这种独特的方式进行的一次考察，目的只是看看面前这位新学生的成色而已。后来的课大致如第一次的安排，只不过大部分时间由马老师讲授，我则以提问题的方式发起讨论。

社科院研究生院在望京花家地，与地处王府井的边疆史地中心相隔甚远，每次上课都要挤公交，下车后还需步行近乎两站路，遇上堵车就更麻烦了。那时马老师上下班总是骑一辆山地自行车（后来才知道是马钊去美国前买的车），大家都不太放心，师母每天都提心吊胆，总是说要找个理由将车子没收了。正好我出现了，一天马老师很体谅地说，以后你就骑着车子来上课吧。我估计马老师也是喜欢骑车的，只是师母"教导有方"才勉强放弃。这辆山地车给我带来了极大的方便，上课骑着一路顺风，上街骑着随意自在，来往第一历史档案馆两个月骑着风雨无阻。2003年周子琳（这是自取名，真名周卫平）同学成为我的师妹，有几次我就是用马老师的自行车把她从边疆中心带回研究生院的，一次不慎，她还从车上掉了下来。临近毕业的时候由于忙着找工作，这辆自行车就被我放在研究生院的露天车棚，日晒雨淋容颜衰朽，实在不好意思再还给马老师了，所以我就有意不在马老师面前透露它的状况了，不承想有一天马老师突然问："鸣野，我的自行车呢？"我心里一惊，慌慌张张地胡乱应付几句了事。然此事让我知道，马老师是喜欢骑自行车的，当初割爱与我，大概和师母有关吧。

三年的求学生活倏忽而过，幸运的是，毕业后我留在北京远郊的一所大学任教，感觉如同待在马老师身边一样。最让人开心的是，"大管家"周子琳不时从微信里面蹦出来，朗声说道："传达马老师的指示，某日某地聚会。"每次相见，看到老师和师母精神矍铄的样子，心里就格外踏实。

学术导师　人生楷模

——记我的老师马大正先生

陈　跃*

今年是尊敬的导师马老师 80 寿辰，学生谨撰小文向老师祝寿，恭祝老师和师母身体安康！吉祥如意！

我在西北大学西北历史研究所读硕士研究生其间，对中国边疆史地研究产生了浓厚的兴趣，遂有意识地阅读相关研究成果。在学习中，我对马老师的相关论著，特别是《中国边疆经略史》一书进行精读。2008 年暑假，我与同学跟随老师去新疆考察，在吐鲁番胜金口的书店里看到了马老师所著《新疆史鉴》一书，欣然购入。马老师对边疆学有着精深的研究，从西北卫拉特蒙古史、隋唐民族关系史、新疆历史到东北历史及中国边疆史学史均有精彩论述。马老师对边疆的研究，贯穿古今，高屋建瓴，立意深远，既有磅礴大气的宏论，也有精细雕琢的考证，纵横捭阖，张弛有度，令我深深折服。跟随马老师做学问，成为我的求学目标。

研究生三年级开始，我查询招生信息得知，马老师在山东大学招生，遂悄悄完成网上报名。报名后给山东大学历史文化学院的老师打电话，咨询考试事宜。此时方才得知，博士考试必须事先征得导师的同意。我瞬间慌张起来，急忙向中国社科院中国边疆史地研究中心（现改为中国边疆研究所）打电话寻找马老师的联系方式。接通后，电话那头传来慈祥的声音，问我何事。我磕磕巴巴地介绍自己，表示想报考他的博士生。马老师让我把我的学习课程与成绩等信息发给他。一周后，马老师打来电话说，可以报考。七天来，一直紧张的心情终于缓解下来。因为马老师在学界的极高声望，很害怕考不上被别人笑话，我就一直没敢向任何人透漏，直至在放

---

* 陈跃，西北大学历史学院副教授。

寒假的前一天。那天，我去陕西师范大学周伟洲老师处借阅《二十世纪的中国边疆研究：一门发展中的边缘学科的演进历程》一书，周老师的一位博士生问我报考谁的博士生。我怯怯地回答是马大正先生。她惊讶地说："你敢报考马老师的博士生，胆子真大！"这一句话，把我吓得不轻。

春节前夕，我在老家接到了马老师的长途电话。在一个多小时的通话里，马老师详细讲解了他在山东大学招生的情况，嘱咐我要好好复习，不要有顾虑。（后来才知道，我是唯一的在读学生，其他考生均为在职人员。）一席长谈，如阵阵暖风，吹走了我此前的胆怯。

2009 年 4 月下旬，我在第一时间向马老师汇报了考试过关的消息。在得到肯定后，马老师说我们还没有见过面呢，让我在近期去京面试。马老师给我详细说明了他家的地址和会面时间。不久，我接到山东大学的复试通知，遂按照相关要求做好各项准备。当我敲开老师家门时，面带微笑的马老师友好地迎接我。坐定后，师母给我端来了咖啡，告诉我不用紧张。面试中，马老师详细询问我的研究计划、毕业后的工作畅想以及硕士学位论文的情况。不知不觉间，2 个小时过去了，马老师说可以了，你回去继续参加山大的复试。到山大后，我按规定参加复试。复试开始前，慈祥和蔼的晁中辰老师找到我，让我不要紧张，好好面试。入校后，我才知道，晁老师是我的校内导师，与马老师联合培养我。入校后，我的日常管理，包括教室上课和家中谈话均是由晁老师负责。晁老师对我非常关爱，视同己出，丝毫没有偏见，这令我深受感动！我是幸运的，博士其间能跟随学问精深且关爱学生的马老师和晁老师学习，是我一生的幸福。

虽然马老师远在北京，但时常电话询问我的学习情况。通常情况下，通话时间是 1 个小时左右，让我详细汇报学习情况。几乎每个学期老师都会安排我到他工作的国家清史编委会大楼住上一段时间，耳提面命。此外，马老师还给我布置了数篇文章的写作任务。我想这是老师对我的考验，就非常认真地撰写。经过老师的多次细致讲解和深入指导，这些作业也都顺利发表在核心期刊上。

在学习中，马老师还安排我向东北史专家李治亭老师探求学问。李老师在东北边疆史研究上造诣深厚，且非常乐于提携后学。经过李老师的亲切指导，并征得马老师同意后，我的博士学位论文选题最终确定为《清代东北地区生态环境变迁研究》。

在博士学位论文撰写期间，马老师让我可随时联系他。不管多么繁忙，马老师总是及时、耐心、细致地回答我的问题，帮我顺利渡过一个又一个难关。毕业答辩时，我的博士学位论文被评为优秀，并在 2014 年获得国家社科基金后期资助，于 2016 年顺利结项。在老师们的精心指导和大力帮助下，我在博士其间发表了数篇文章，获得了山东大学最高等级的校长奖学金，并被评为"研究生标兵"和"山东省优秀学生"的荣誉称号。我的这些成绩均是在马老师、晁老师和李老师的指导和教诲下取得的。在此向老师们表示最诚挚的感谢！感谢老师们的谆谆教诲！

博士毕业后，我就职于西北大学。因为地处西北内陆，与博士的研究方向有较大差别，我经常给老师打电话，就自己的学术规划和研究方向，征求老师的意见。老师多次给我讲解学术研究之道和高校老师的职责，帮我走出困境。

关于学术研究之道，马老师教导我说，学术研究要有大视野和全局观。"研究中国边疆，包括边疆理论，不能就边疆论边疆，一定要有中国视野，研究时要有中国全局。""对自己的研究工作应有一个符合自身实际（指能力与时间）的宏观掌控、把握，要在一专多能前提下，努力形成自己的研究重点、研究特色。""研究中要微观研究和宏观研究兼顾，微观研究是研究的入门，而宏观研究则是研究升华的开始。宁可小题大做，而不可大题小做。研究时要心有全局，尽量使自己的研究成果能做到分则成文、合则成书。课题承担要讲质量、讲诚信；共同研究中要讲尊重、讲理解、讲宽容。要树立把自己能成为置身于一个具有共同志向研究群体之一员和自己的研究成果能经住时间的检验，视为自己研究工作最高追求和最大乐事！"这些亲切的话语，成为我在学术研究的指导原则。也正是在老师的指导和启发下，我结合自己身处陕西高校的现实环境，很快找到研究的切入点，开始从事陕甘总督的相关研究，并顺利获得该年度国家社科基金的立项。

关于教师职责，马老师有着特别的感受。先生在很多文章和论著中均多次提到受惠于研究生导师徐绪典教授和著名学者翁独健教授的指导与启迪，特别是翁教授是他"研究卫拉特蒙古史和隋唐民族关系史的引路人和最直接的老师"。翁教授提出的"（研究成果）不要成为应时之作"的严谨治学要求，"成了指导我走学术探索之路的准则而永存心际"。为学治学之道，在于薪火相传。我想，马老师在感谢自己授业老师的指导时，实则是教育我也应成为一名品学兼优的教师。马老师还对我说过："学生跟你学习，你要好好讲授，不要浪费学生们的青春。"这句话给我极为深刻的印象。这句话既是马老师对"老师"的理解和要求，也是给我的教诲。我想，正是这种强烈的责任感，使得老师尤为重视对学生的培养，包括学术的指导和人生的启迪。我现在也成为一名教师，开始带学生了，更应该向马老师学习，认真做好学术研究，竭力培养学生，努力做到"学高为师，身正为范"。

马老师对我的影响，不仅体现在学术研究和职业操守，而且体现在乐于助人和乐观生活。据熟悉马老师的朋友们所讲，马老师非常乐于助人，特别是对刚入社会工作的年轻人，在学习、生活和职业上均能提供力所能及的帮助。随着人际关系的扩展，我也逐渐结识很多学界朋友。提起马老师，大家谈得最多的是自己当年得到马老师的指导和帮助。在他们看来，马老师并没有因为自己的身份和地位，而漠视他们的困难，而是竭尽全力地伸出援手，予以指导、关爱和提携。"赠人玫瑰，手有余香。"马老师乐于助人的精神值得我好好学习。

在生活上，马老师对我影响比较大的是发现美、欣赏美的人生态度。第一次去老师办公室，发现在书橱和窗台上摆设很多奇石。这些奇石多是小件，被安置在形式各异的木座上，展现出别致的美感。原来老师喜欢奇石！我来自山区的农村，小时候在山上放羊，对石头接触很多，也非常喜欢奇石，但我对奇石的鉴赏远远达不到老师的水平。"喜欢奇石"就成为老师和我在学术之外的另一项交流内容。马老师告诉我，石头是大自然的天然之作，是凝固的音乐，看似平淡中却有着独特的美感，这种美感需要从独特的角度观察。我想，这或许也就是学术研究中需要采取独特角度观察和研究问题的方法吧？欣赏奇石之道，也就是学习如何治学、看待人生和体会"独特的美"。能够发现和欣赏治学与生活的"美"，产生喜悦之情，就能更好地从事研究、看待人生和享受生活。

在我遇到一些人生和职业的困惑时，老师总给我积极引导，教我要乐观、豁达，要注意勤奋与休息的辩证关系。我刚参加工作时，面临诸多不适。在苦闷无助时，我多是向老师求助。老师劝我要客观看待生活和工作中的困难，但不要气馁，乐观些，对一些疑惑的事情需要用豁达的心胸去对待。同时，还要坚定学术研究的信心，保持研究的定力，不要气馁，相信一定会有较大收获。我正是在老师的教诲下，坚定研究信心，不骄不躁地进行研究，步步走稳，最终在论文写作、专著撰写及科研项目申报等方面均取得了成绩。

最近因为家事繁多，加之平时的教学科研压力较大，身体有些不适。得知消息后，老师和师母多次在电话中叮嘱我不要太劳累，注意休息，要劳逸结合。这些关切的话语，如缕缕春风抚慰我的面庞，温馨而亲切。

在跟随老师求学的过程中，对老师的感受就是老师特别慈祥可亲、充满智慧。老师还特别勤奋刻苦，有着超强的学术敏感度和高深的学术造诣，有进行宏大课题研究的超强组织能力，还有乐于助人的宝贵精神。马老师是我的学术导师，更是我的人生楷模。

此生能追随马老师求学，是我一生的幸运和幸福。学生谨记老师教诲，勤奋求学，快乐生活，努力工作，不辜负老师对我的殷切期望！

再次恭祝老师和师母安康吉祥！

2018 年 7 月 23 日　古都西安

遇见先生，是我一世的春暖花开

周卫平[*]

多年来，我写过很多故事，却从来没有写过男主角。不肯动笔，是怕写得不够好，有点近乡情怯的意思。可是真搁置下来，又有点不大甘心。每个人生命中都有一刹相遇，一旦相遇，人生从此不再一样。马大正先生就是那个让我人生从此不一样的人。

初见马先生是2003年深秋在新疆大学的一场学术报告会上。我习惯于把自己内心敬佩的人尊称为先生，而非老师。老师，长者可为师，强者亦可为师。"先生"二字，既是一个称谓，亦能代表一种修为，它既表达出一份崇敬，也体现出一种信念。马先生是能够担得起"先生"二字的人。凡是听过马先生讲课的人，我想都会为先生的博学广达所折服。那时的我坐在第一排的位置，不停地仔细打量着，先生正襟危坐在讲台上，侃侃而谈，儒雅而睿智。先生当时讲授的内容我已然记不清楚，但先生的形象却从此深入我心。原来这就是传说中那个智商超群、博闻多见的先生啊。

这样的感觉持续到我第二次见到先生的时候。那是在我考上他的博士研究生之后，在先生的办公室里。先生也和我一样，非常高兴。同样是先生，同样是授课，我的感觉却有所不同。这次听着先生的课，我第一次感受到了先生的学识与家国情怀的完美合一。先生对学术的忠诚我亦深有体会。对学术的诚意，并不是每一个学者都有的，但要做一个成功的学者，对学术的虔诚态度却是必需的。在他主导的学术研究中，处处可见先生对学术研究的真诚和深刻的理解。先生以多年严谨之治学，积累了丰富的知识和经验，终在边疆史地研究领域建一家之言，成一派宗师，对边疆学界而言真乃一大幸事也！先生嘱咐我将授课内容用电脑记录下来，戏称将来或可成为

---

*　周卫平，中国社会科学院中国边疆研究所副研究员。

一本专著。我当时是不太相信的，但仍然按要求做好了记录。结果呢，诚如先生所言，这些记录最后真的变成了一本书：《热点问题冷思考——中国边疆研究十讲》，由上海辞书出版社于 2013 年出版。我想我大概是先生的学生中最幸运的一个吧，在我三年博士期间，几乎每周都有机会聆听先生的教诲，有些是关于学术的，有些是关于做人的。我的学问在他的熏陶下蒸蒸日上，一如我的生活。

先生一生都在做边疆研究和为构建中国边疆学而奔走呼吁。事实上，他真的没有懈怠过一天。他的学问人生始终映现出某种政治敏感与忧患意识。他的青年时代在山东大学历史系完成大学本科和研究生学业，其间他以自己的聪明才智，勤勉向学，再加上严谨规范的学科训练和广博丰富的知识积累，步入史学研究之途。之后虽然先生步入了中国科学院民族研究所科研人员之列，但在近十年，先生自愿不自愿、自觉不自觉滚翻在政治运动旋涡之中，经历风雨洗礼，他不仅磨砺了沉稳坚毅的人格意志力，而且锻炼了敏锐深邃的政治洞察力。据先生自述，他真正开展学术研究工作始自 1976 年。他的各种形式的成果绝大部分是在 1976 年以后的 40 余年间完成的。40 多年来，先生除担任繁重的行政职务外，先后完成的成果主要有：独著、合著学术专著 27 部、学术论文 120 多篇，调研报告 240 多篇。除此之外，他还发表了普通文章 120 多篇，为学界前辈、同仁、后辈撰写了百余篇序跋、前言、书评、书介等，策划、主编丛书 12 种等。总之，成果之丰富，我辈常人是望尘莫及。

先生平生最大的爱好是读书，他是"读万卷书，行万里路"的践行者。先生嗜书如命，读书对于先生来说是一种生活态度，一种存在方式，一种审美情趣，一种精神追求，一种生命寄托。待在京城时，他隔三岔五便要去书店看看。去外地调研讲学时，书店更是他的必去之地。他宁可"居无室"，也要把书奉为"座上宾"。他家的客厅、书房都是"顶天立地"的大书柜，办公室也是如此。每次与先生见面时，他一定会送我几本书，鼓励我多读书。先生读书的面非常宽泛，中外古今，哲学文史，无所不包。然而，先生不是学究式的专门家，而是知行合一的实践者。广博的知识，开阔的视野，多维的思考，深厚的积淀，使得先生犹如武林中打通奇经八脉的世外高人，贯通学术、觉悟人生，达到了"究天人之际，通古今之变"的境界。枯燥的学术问题，他总能点石成金，转化成深入浅出的人生哲理。

这其中让我印象最为深刻的是先生的"四老"之说。有一次聚会之后，在送先生回家的路上，我们谈到养老这个与边疆史地研究风马牛不相及的话题时，先生颇有感触，提出人到老年一定要有老伴儿、老友、老本、老屋。这个独到的见解使该领域的专业人士也大为惊叹，遂将"四老"之说奉为他们行业的经典话语。与先生交流，知识和趣味兼得，治学与做人兼备，总有一种莫名的酣畅淋漓之感。我酷爱这种交流，每隔一段时间，我必要抽时间，或打电话，或面见，与先生畅谈学术和人生。

在交流过程中，最吸引人的，除了先生渊博的学识、睿智的观察以及包容天下的情怀之外，当数他这些年田野调查的丰富经历。边疆所有省份都留下了他的足迹；中朝、中俄、中蒙、中哈、中巴、中缅、中老（老挝）、中越边界的界碑旁都曾有过他的身影。当然，他最爱的是新疆。他先后60多次前往新疆，跑遍了所有的地级市，考察过100多个县和兵团团场。先生的行万里路，不单纯是走马观花，更多的是用心去看，用心去思考。走马观花，匆匆而过，就像秋叶浸水、细沙入土，很难在心底留下深刻的印记。走路再多，再远，如果不思考，也不会有太大的收获。

先生的所看所思所想，一部分变成了解决现实问题的政策建言，一部分则变成了能触动人心灵的名篇佳章。这其中我最喜欢的作品是先生的散文集《天山问穹庐》。看这本书的时候，我总是会想：怎样的一个人，才能写出这么一部生动而又奇妙的书来呢？先生用他鲜活的笔触描绘了一幅幅美景、一个个人物、一幕幕历史场面。朴实、自然、富有个性的文辞语言，叙写出的五彩斑斓的风土人情，总让你在无限神往与慨叹中，感受到历史的沧桑与浑厚。后记中描写书名由来的那段话，尤其让我感动。每每读到这段文字，当时的场景，当时的心情，当时的默契，就会浮现在我的眼前。那时那刻，世间万物都各自展现出美丽的光环，缓缓流过的时光中刻录的都是生活的美好和那些简单而又容易被忽略的快乐。

先生是个性情中人。他对生活的热爱让我自叹弗如。美食、电影、奇石、小玩意儿都是他生活中不可或缺的东西。他特别讲究生活情趣，在我看来，过这种有审美力的生活是一种能力，这种精致生活的背后，其实是一股子热爱，需要有一颗从容不乱的心，需要能把普通的日子折腾得会发光的能力。他对一切未知的事物保持着孩子般的初心。他和师母以及我们一家只要有时间和机会就会外出自驾游。这些自驾游不为跋涉千里的向往，只为漫无目的的闲逛，不为人山人海的名胜，只为怡然自乐的街景。或走，或停，只凭当时的心情；在乎的是沿途的风景，在乎的是看风景的心境。一路上谈谈工作，聊聊人生，可以一起吐槽工作中的不快，也可以共同畅想未来，期盼明天。那一刻，你会明白，在孤独的城市里有人与你如此心灵相通，志同道合，是多么幸运与美好！

先生容人容事的大度让我尤其钦佩。当年评选学部委员，没有人认为他会落选，然而却由于某些莫名其妙的原因，他未能获得这一荣誉。这件事让我难过了许久，我深深地为这种人生中随处可见的不公感到悲哀。事实上，很多时候，我们都无法掌控自己的命运，很多时候，并不是努力就能心想事成。先生在这件事上也深受打击，但他很快便从中走了出来。走出来后的他变得更为淡然，更为从容。是的，人当如玉，无骨不去其身。生于尘，立于世，便该有一颗宽厚仁德之心，更有一份海纳百川的气度。人生有三境界，先是看远，才能览物于胸；再是看破，看远了才能看破，才能洞若观火；最后是看淡，只有看破了才能看淡，才能超然物外。我想先生已经达到了看淡的境界，看淡是人生的最高境界，是看透了而不脱俗，看穿了而不消极，看破了而不遁世。

先生与我是亦师亦父亦友，至少在我看来，他就是那个用最肯定的眼神看着你，用最温暖的笑容问候你，用最坚定的行动支持你，从未改变过的那个人。我一直认为遇见他是上帝对我的恩赐，我不知道在将来我能否得到更多这样的恩赐，可我就是知道，无论有多少不确定性，这初心不变，这岁月可期。遇见先生，是我一世的春暖花开。

2018 年 4 月草成于乌鲁木齐

马先生在山东大学

王中新[*]

马先生是我在山东大学学习时的导师，不过，此前曾读到他著写的一本名为《国家利益高于一切——新疆稳定问题的观察与思考》（2002 年 12 月版，新疆大学出版社）的书，我心中就已经留下了深刻的印象。

2005 年，正是我从新疆大学研究生毕业的前夕，一次偶然的机会，我听到一位学姐透露说：马先生要在山东大学招收历史地理学专业的博士。所以，赶紧报了名，并执意去北京他所在的社科院边疆研究中心做了一次正式的拜访。

那一年五月，我从乌鲁木齐坐火车到了北京，几经周折找到了马先生所在的研究所——中国边疆史地研究中心（旧址：东厂胡同）。我至今还记得，当时马先生和蔼的样貌，他身材高大且略显发福，眼神显得冷静、睿智，言语清晰透着果断，这一切都能让我不断地感到亲切和由衷的敬意。更重要的是，见面后，我心中的顾虑和不安减少了，继续准备即将在山东大学（济南校区）举行的入学考试。我记得很清楚，张榜的那天，榜上有名固然使自己如释重负，但更多的却是感到荣耀。因为，终于有一个机会做马先生的学生，这是不一般的如愿以偿。

炎热的九月，我离开了生活了近 30 年的新疆，一个人到山东大学报了到。见到马先生的念头很强烈，只是正逢学期伊始，马先生又忙于会议，所以并未如愿。当兴奋、喜悦退却后，当决定能否毕业的学位论文毫无头绪的时候，心中是充满了惶恐的。这时候，大多同班的学生都遵从导师的意见，早早就确定了论文的题目。我想，马先生大概也忘记了，急切之下，一见面就向他提起了这件事。

---

* 王中新，齐鲁理工学院副教授。

"您看，我是不是先确定论文题目呢？"

"太早了，你先多看看书吧！"

"哦，我看其他人都已经确定题目了，所以有些着急……"

"不能着急，只有多积累，这样才开阔自己的眼界，否则，自己会太受局限！"

我只有接受他的告诫，到学校图书馆借相关的书来读。读了很多书后，自己对撰述论文没有了信心，却也没有更好的办法。所以，也只能按先生的"意愿"继续做了下去。现在想起来，那个时候的我的确是不用功，还有些任性，而要从头再来的话，决计是不会这样了。

大约开学两个月了，马先生来山大开会，并说要利用这段时间，给我讲授几个专题，仅讲稿就足以当得上一本厚厚的书。我边听边记，但也只是记得大概，来不及写的地方，只能做些记号。这时，他几乎都会有意无意停一会儿。

"我讲的，你要尽量写出来，要详细些！"

"好的，我尽可能……"

"拿来，我看看！"

课后，马先生把讲义送给我，让我对照着补充自己的笔记。我拿回来打开看了，心中很是吃惊。原来，这讲义也是他的笔记，字迹整洁、语句流畅。两相比较之下，我的笔记却多了不少文法错误，这让我惭愧不已，好在以后态度认真了些。

马先生要回研究所了。离开的前一天，恰好是星期天，他说想去新华书店看看，我心中虽然有一些疑惑，但还是陪他一起去了。

"你自己也看看，需要什么书，买些回去！"他告诉我。

听了他的这番话，我当然记得自己已是囊中羞涩，所以很是犹豫。实际上，开学已经有好些日子了，也常常听舍友和其他同学谈论要买什么书，又或拿着邮递来的书，心里既羡慕又无奈。

"书好是好，可饭总得吃……"想到这里，我手心里出了汗。

"多挑几本，我买了留给你看！"马先生轻声补充了一句，说完，他自顾自地挨着书架找书了。我站在那里，心里既感激，又黯然。

在专门的书架，我找到了十几本书，但书的价格却不菲。

"怎么样，挑好书了吗？"可能是过了好久，竟然不知道马先生在身后，他手里正拿着要买的书。

"好了!"我赶忙将两本书拿给先生看。

"怎么就两本?"他有些惊讶,接着挑了十几本书放在我手里,其中大多是我刚刚找到的那些。

马先生将所有的书留给我,并告诉我第二天要回北京的事,叮嘱的话也说了好些。不知怎的,我几个月来的压抑仿佛淡了很多,同时又有些伤感。

以后的几个月,我急切地阅读着手头所有的书。

第二个学期伊始,马先生终于让我准备论文了。起初,他的建议是把"闯关东"作为一个创新点来写,但斟酌后才确定了正式的题目《清代山东移民"闯关东"活动研究——以辽宁的山东移民为中心》。接下来,就是论文大纲了,马先生除了自己审阅,还将它送给研究东北边疆的另一位专家——李治亭再审。我至今记得,修改的地方很多,但读来已能窥见论文的全貌。

两年很快过去了。其间,每逢马先生到山大开会、讲座,他都会仔细批阅我的论文稿件,有时也会提供一些珍贵的资料供我参考。对此,我常常忍不住想:如果是园丁,即便在最贫瘠的地里耕作,也不过如此了。

2008年5月,我的论文可以参加答辩了。因为会议的缘故,马先生原本是无法参加了。可不承想,临近答辩的前一天,他说会赶过来。我欣喜万分,因为这个过程导师是不一定要在场的,但他能来也正是我盼望的。

我去机场接马先生。三年了,印象里他好像总是行色匆匆的,不同的是,这次只为了参加我的论文答辩。

吃过晚饭,马先生与我谈了一些答辩可能遇到的问题。我一一记着,但想着第二天的答辩,心里总还是有些紧张的。我想,一起努力了这么久,对自己而言,对付出了心血的马老师而言,都希望有个好结果罢。

第二天,论文答辩在文史楼如期举行。根据规定,导师除了列席,是不能参与答辩其他事宜的,所以选择缺席的导师不少,但马先生却出现在我答辩的过程中。论文答辩结束后,我虽然没有获得优秀,但总算也通过了,马先生很高兴。

山大的事已过去很多年了,对于自己专业的研究,我并没有像样的文章问世。因为这个缘故,有不少人惋惜地问:"你是马大正的学生,怎么不继续边疆方面的研究呢?"的确如此,马先生的著述是很丰富的,它们中很多都是公认的经典著作,现在,他的这个学生却默默无闻,说出来恐怕多少有些让人不解吧!但换个角度想,一种有生命的学术思想,不一定非得从写出的文章中体现出来吧。

我当老师后,主要讲授的是思想政治理论课。很多时候,一些学生会将看来的、听来的问题与我讨论,他们的看法多不同于课本,显得非常有主见,却又倾向于嘲弄社会矛盾,当然了,也包括一些对历史问题的误解、偏见。这样的情况,我亲身经历过,不过,当我试图说服他们的时候,自己的专业知识、热情很快迸发出来。这些年来,我也越来越坚信,马先生是一位研究国家、社会的人,他的作品是有益于国家、社会的。我有责任,将这些作品中的价值、观念传承下去,包括给那些聆听我课程的,却有很多记不得姓名的学生。

我的记忆里,马先生不止一次有这样的发言:中国学者要掌握边疆研究的话语权,就要尽快使中国边疆学成为一门独立的学科。我觉得自己也有这样的责任,所以,在课堂上讲授中国近现代史时,也尽可能地宣讲一些马先生有关的理论、观点。有了这些理论、观点,我的课,我的讲话才更有说服力,渐渐地也有了自己的风格。

近两年来,我指导一些本科生撰写毕业论文。刚开始,对于不得其法却又急于求成的学生,我是不耐烦的。但日子久了,联想到马先生的悉心指导,也就慢慢心平气和了,我已觉得:对待学生,老师应给予他们成长的机会,而不是求全责备的态度。这是马先生在山大留给我的又一笔财富,我至今视之为铭,并小心翼翼地珍藏着它。

2018 年 2 月 27 日草于济南

附　录

在历史与现实的结合中推动中国边疆学发展

——"中国边疆治理和中国边疆学
构筑高层论坛"综述

保跃平[*]

中国边疆学既是一门探索中国边疆历史发展规律的学科，也是一门直面中国边疆治理重大理论和现实问题的学科。随着我国边疆形势的深刻变化，中国的边疆治理研究和中国边疆学构筑迎来了大发展大繁荣的时期。2017 年 10 月，"中国边疆治理和中国边疆学构筑高层论坛"在昆明召开。此次论坛由云南师范大学主办，云南师范大学历史与行政学院、云南师范大学中国边疆学研究所承办。来自海内外 30 余所高校和科研院所的近 70 名学者与会，围绕"中国边疆学构筑的理论及实践""中国边疆研究和边疆学构筑的历史回顾""历史的'边疆'与边疆治理""现实的边疆问题与边疆治理"等主题展开讨论。

一　中国边疆学构筑的理论与实践

中国边疆学构筑是一项涉及宏大而具体的理论和实践问题的系统性工程。马大正在"关于中国边疆学四题"的发言中，首先要对边界、边境、边疆、中国边疆、中国边疆学等概念进行界定，进而梳理了近 20 年来自己有关中国边疆学构筑的探索与实践，系统阐述了中国边疆学的学科定位、学科特点、学科设置、基本功能、学科依托与学科交叉、研究方法等重大理论问题，提出"中国边疆治理理论与实践研究是中国边疆学研究的重中

* 保跃平，云南师范大学历史与行政学院副教授，硕士研究生导师，社会学博士；云南民族大学民族学博士后流动站研究人员。

之重""中国边疆学是一门具有强大生命力的新兴交叉学科""中国边疆学研究必须依托历史、面对现实和着眼未来"等观点。李国强在发言中分享了他对中国边疆学构筑的思考，认为：中国边疆学既是一门具有优良学术传统的学科，也是一门渐趋兴盛的新兴学科，中国边疆学构筑要界定"一个概念"，即什么是中国边疆学；辨析"两个属性"，即学科的整体性和独立性；把握"三个要素"，即学术缘起、学术性质、学术范畴。而对于中国边疆学的研究对象，李国强认为，边疆治理无疑是中国边疆学研究的核心要素，以边疆治理为研究对象的学术指向，不仅贯通了中国边疆学理论解析的时空主线，而且使中国边疆学的学科建设方向更加清晰可见。周平在"如何认识我国的边疆"的发言中，分析了中国边疆研究的繁荣与隐忧，并提出中国边疆研究需要基本共识，进而阐述应从历史的维度、国家疆域的视角、发展的眼光、整体的思维认识边疆，研究边疆和边疆治理必须和国家治理结合起来，要为国家的边疆治理提供解释理论和解决方案。吴楚克在"现时代人类认识与学科建构的特殊性"的发言中指出，把中国边疆作为研究对象，就必须把中国边疆在中国社会劳动分工中的地位和作用摆在研究的基本面上，才能形成中国边疆"学"。郑汕从疆域与边界的研究视阈、边政与边防的研究视阈、边民社会与边疆治理的政治导向等多个维度提出建构具有中国特色的边疆学体系的基本思路。

二 中国边疆研究和边疆学构筑的历史回顾

回顾和总结中国边疆研究和中国边疆学构筑的历史进程，尤其是改革开放以来的中国边疆研究和中国边疆学构筑进程，也是此次论坛的重要议题。马大正结合《当代中国边疆研究（1949—2014）》一书的撰写和《中国边疆学构筑札记》的编选，阐述了他对中国学构建进程的思考，指出在中国边疆学构筑的进程中，需把握好四个节点：一是对中国边疆研究千年积累、百年探索的继承，以及 30 年创新的实践，是中国边疆学构筑的准备；二是对中国疆域理论的不断探究，是中国边疆学构筑的学科基础；三是对中国古今边疆治理理论与实践的全方位、多层面研究，是中国边疆学构筑的有效切入口；四是当代鲜活的现实生活的迫切要求，是推动中国边疆学构筑的重要推动力。李国强认为，中国边疆学之所以说有优良传统，是因为在我国两千多年的历史进程中，诸多学人持续观察和研究不同历史时期边疆社会的发展和演进，所积淀的经验、方法和手段厚植了后人继往开来的基础，夯实了后人开拓创新的根基。李尚英依据马大正新著《中国当代边疆研究（1949－2014）》提供的丰富资料，并参以其他史料，对中国边疆百年研究成果与中国边疆学的构建进行了梳理，分析了清代以来中国边疆研究的三次高潮及其成就，阐述了吴文藻先生提出的边政学在中国边疆学发展史上的地位和意义，同时还总结了马大正在中国边疆学构筑上做出了努力。郑汕也剖析了边疆形态的演变与边疆治理研究演进的关系，认为不同时代有不同的边疆形态，也有不同边疆政策和治边方略，边疆研究也应有不同的目标要求。边疆形态的演变，需要历史学、地理学、政治学、社会学、军事学、民族学等多学科的融合才能建构内容丰富、有规律可循的边疆学体系。李世愉、方铁、成崇德、苗普生等学者也从不同角度对中国边疆研究和中国边疆学构筑的历史进程进行了梳理，同时也提出了希望和建议。

三　历史的"边疆"与边疆治理

历史学的视角和研究方法是中国边疆研究赖以生存的基础。李治廷先生在"'大一统'与边疆解读"的发言中指出，如何认识和正确解读中国古代边疆，不仅是"边疆学"也是中国历史的一个最基本的问题。在中国历史的这一漫长过程中，"大一统"理论为解读边疆提供了全新的视角，该理论能揭示边疆的真相与本质，阐明其走向的内在动因。陈跃以乾隆年间新疆府州县设置为基点，考察"大一统"治国思想在清朝西北边疆治理中的实践，并从大历史视野考察乾隆年间新疆府州县设置的深远历史背景和重大现实意义。许建英对中国边疆观加以初步定义，并且以中国边疆观为切入点，着重探讨了中国先秦时期的边疆观及其特点和影响。孙宏年论述了国际法与中国疆域、边界的关系，重点分析了国际法传入中国以来（特别是1840～1949年）对我国疆土变迁、边界变动的影响。刘文鹏从"国家构建"的角度探讨军机处职能的转变，阐明清朝是如何新疆纳入版图为契机，把藩部地区重新组织到"国家"之中的。成臻铭、李良品分别讨论了"土司学"的提出与推进、清代土司分袭制度的生成逻辑与构建路径。邹建达在"笼络与控制：川西北土司'年班制度'的建立及首次朝觐"的发言中指出，川西北土司年班制度的建立和首次成功朝觐，既是清廷对在征剿两金川战争中帮助支持过清军的各土司的奖励，并借此加以笼络的重要措施，也是对各土司实施控制的重要制度安排。罗群从国家福利视角分析民国时期云南边地垦殖与边疆开发，认为民国时期云南边疆垦殖发展的历史进程不仅体现出国家、地方与个人三者间的互动关系，更反映出近代边疆危机下三者在统一多民族国家建构的历史过程中保卫边疆、开发边疆的认识与实践。吕昭义探讨了忒涅关于六世班禅朝觐的记述和中方文档所反映的乾隆治藏方略的调整和决策。冯明珠将一张深埋档案堆中一百多年、与时局息息相关的历史舆图《藏南察勘疆域界址图》公诸学界，希望该图能客观呈现驻藏大臣升泰为中印边界所做的努力并还原他已有的历史评价。周智生通过对清末民初滇藏川毗连地区的联治与分治的分析，认为应重新认识并高度重视滇藏川毗连地区这个边疆跨区域的整体性治理和联动开发的体制创新建设，深入认识"以滇稳藏"及至"以滇富藏"战略的重要性和可行性。吴剑平通过契约理论与委托代理机制模型分析了清朝驻藏大臣制度架构。段金生以清代云南地方省级行政体制的演化为主要对象，分析其制度变迁之原因、王朝国家及边疆地方的社会政治场景，呈现出清代王朝国家中央、云南边疆社会政治形态的多维面相及其中之复杂内涵。李理从清初宫廷服饰分析满洲文化与中原传统文化交融与互动。黄嘉通过以《盛京景物辑要》为中心的考察，探讨清廷对东北政策的调整和变化以及由此产生的影响。许新民通过以伯麟《滇省舆地图说》为中心的考察，剖析了清代嘉庆年间西南边疆治理体系。祝捷在"古代西南夷的部族政治与诸葛亮的南中政治治理"的发言中认为，蜀汉时诸葛亮结合两汉朝廷对于西南地区的政治实践，通过培植南中地区大姓势力与地方部族领袖的政治权威，实现了对南中地区的良好政治治理，也为两晋时期的西南夷地区政治治理奠定了政治根基。

四　现实的边疆问题与边疆治理

中国边疆学研究的范围虽然包括边疆的历史与现实，但它主要面对的是中国边疆地区的今天和未来，这是中国边疆学研究的最终目的。马曼丽在发言中，通过历史上中华民族多元一体形成的历史实践和马克思人类交往流动而发展的经典理论分析，提出人类交往流动机制是治理边疆的必要策略的观点；徐黎丽从西北边疆的地理与生态、历史与传统、国外与国内相结合的视角出发，探讨中国西北边疆问题的症结所在及其消解之道。刘永刚在"中国边疆治理中的文化建设：议题、体系及路径"的发言中指出，边疆治理中的文化建设是一项系统性的认同政治工程，须在国家治理的宏观战略下有计划、有步骤，目标明确、持续系统地予以推进。尤伟琼关注边疆治理中的教育问题，分析了中缅边境民族地区义务教育阶段"因贫辍学"到"非贫辍学"现象。王爱芝从边疆治理的概念及理论出发，分析云南与新疆边境治理经验和政策的异同。梁晋云通过对中缅边境地区安全形势的调查分析，提出云南省境外安全治理的重要性及基本思路。此外，肖雄和董晓京还分别对张印堂的中国边疆地理学研究和尹明德的滇西边区交通发展调查进行了综述，丰富和拓展了论坛主题。

中国边疆学构筑是一项负责而系统的工作，需要广大边疆学人的共同努力。与会学者提出的诸多建设性建议和意见，必将积极推动边疆治理研究的开展和中国边疆学学科的构筑。

中国边疆治理与中国边疆学的构筑

于爱华[*]

2017 年 10 月 20 ~ 21 日，云南师范大学主办的"中国边疆治理与中国边疆学构筑高层论坛"在昆明市召开，来自全国高校和科研机构的 70 多名学者，围绕中国边疆治理及中国边疆学的构筑等主题进行了交流。

一　中国边疆研究源远流长

中国边疆研究历史悠久，成果丰硕。国家清史编纂委员会副主任、原中国社科院边疆研究中心主任马大正指出，中国的边疆研究经历了千年积累、百年探索。中国先民对边疆的关注较早，在上古时期的中国典籍中，便有了关于边疆的历史记载。进入阶级社会后，边疆问题进一步凸显，成为中央王朝不可回避的重要问题，史籍中关于边疆问题的记载屡见不鲜。19世纪以来，中国边疆研究出现了三次高潮。第一次边疆研究的高潮始于嘉道时期，此时的边疆研究主要专注于西北边疆史地。第二次高潮出现于 20世纪前半叶，主要是三四十年代。边疆研究逐步演变为一门发展中的现代"边缘学科"，此时的研究在范围、领域、视角和方法上皆有所拓展，对边疆史地、边界沿革及边患、边疆社会等皆有涉及。第三个高潮始于中国社科院中国边疆史地研究中心的成立，此后的边疆研究便确立了以中国古代疆域史、中国近代边界沿革史和中国边疆研究史为主要内容的三大研究系列。

在长期的边疆研究中，其研究成果不断有新的突破和创新。中国社科院研究生院教授李尚英指出，近 30 年来出版的专著与发表的论文，从选题

---

*　于爱华，云南师范大学历史行政学院博士。

上看多有创新，这些论著可分为综论类、专论类、专题性论集类、资料和译著类，它们多提前人所未提，发前人所未发，具有填补学术研究空白的作用；从研究方法上看，已逐渐开始将边疆史地研究与法学、民族学、宗教学、外交学、社会学、考古学、社会调查等学科相联系；从学术影响上看，既有深厚的学术价值，又具有现实意义，对于总结已有成果和建设、揭露外来势力的干涉、发展边疆地区有着重要的借鉴作用。与会者一致认为，边疆研究的丰硕成果说明中国边疆学的构筑已是水到渠成。

二 古代边疆治理的经验非常丰富

自秦汉以来，历朝历代都十分重视边疆的经营与治理，中国历代政府在边疆治理方面积累了丰富经验，边疆治理的内容十分丰富。广义的边疆治理，包括管理和开发两个方面。云南大学教授方铁指出，制定适用于边疆的统治策略与治理方法，是中原王朝治边的一个重要特色。羁縻之治是秦汉、唐宋至元明清边疆治理中的一项重要政策，封建王朝通过较为宽松灵活的统治形式，与边陲夷狄建立政治同一体的关系，通过相互的接触与磨合，彼此之间的联系不断增强，有利于统一多民族国家的巩固和发展。在边疆开发方面，元朝以前，中原王朝在边疆地区重在防守而轻视开发。元明清诸朝加强对边疆的经营，并从边疆地区获得多方面的收益，不仅巩固和稳定了边疆，促进了边疆地区经济的发展，还使边疆和内地逐渐融为一体。

清朝是古代边疆治理的集大成者。清廷根据边疆各民族原有制度及民族情况，分别实行适于各民族的边疆政策，即所谓的"修其教不易其俗，齐其政不易其宜"。如在东北地区对八旗兵民实行八旗制及对吉林边民的姓长制；对北部蒙古地区实行盟旗制度；在新疆维吾尔地区实行伯克制；在西南地区则推行土司制度。以上政策体现了"修教齐政"和"因俗而治"的特点，这些政策的实施加强了边疆和内地的联系，加速了边疆和内地一体化的进程。辽宁社科院历史所副研究员孟繁勇指出，盛京将军在东北最终将权力集于一身，行使总督权力，为盛京地区建立行省扫清了障碍，推动了盛京地区与内地一体化的进程。西北大学历史学院讲师陈跃认为，乾隆统一新疆后鼓励内地民众移居新疆，并在汉人集聚区设立府州县等内地化的行政建制，从而在地域治理体制上实现了新疆东部地区从边疆到内地的转变。

清代的治边思想中有两点至今仍有借鉴意义。一是对传统华夷观进行了创新和发展。清统治者特别强调，满人、汉人是一家人，满人、蒙古人更是一家人。所谓华夷之分，只是所处地域不同而已。在这种政治思想指导下的治边实践，客观上对维护多民族国家的统一，推进大一统的政治局面起了积极作用。二是强调"中外一体"，即内地与边疆应为一个整体，不应该设类似长城这样的人为屏障。乾隆中期以后，西北边疆的安定及喀尔喀蒙古的倾心归附，实现了清长期以来"不设边防，以蒙古部落为主屏障"的愿望，也正是康熙皇帝期待的"众志成城"的结果。由此出发，清廷采取了积极态度对边疆进行治理和开发，加快了边疆与内地一体化进程，实现了国家的大一统。

"大一统"思想是理解中国古代边疆治理的一把钥匙，贯穿整个古代边疆的治理，对中国古代边疆的形成产生重要影响。国家清史编纂委员会委员、吉林社科院历史研究所原所长李治亭研究员指出，如何认识、正确解读中国古代边疆，不仅是"边疆学"，也是中国历史的一个基本问题。中国历史的特殊性，就是边疆及其民族的历史演变，最终与内地凝聚成大一统的中国疆域，形成空前大一统的多民族国家。中国历史的这一漫长过程，唯有"大一统"的理论才能给予全新的解读，揭示其真相和本质，阐述边疆走向的内在动因。

三　构筑中国边疆学的重要性及基本条件

在当前形势下，中国边疆问题凸显，面临新问题和新挑战。与会者表示当前的边疆形势，给中国边疆研究提出新的内容，构筑中国边疆学已是迫在眉睫。中央民族大学中国边疆研究中心主任吴楚克认为，当前，中国政治、经济影响力扩展迅速，边疆地区已经是"走出去"战略的前沿阵地，要促进边疆社会全面发展，要求理论指导和智力支持。因此，中国边疆学理论构筑恰逢其时。中国社科院研究生院教授李尚英认为，从当前中国所处的形势来看，需要一个和平、稳定的国内外环境。但是，中国边疆面临的种种问题，如恐怖主义、分裂势力、毒品泛滥等，都给中国边疆学术领域提出了新的研究课题，构筑中国边疆学由此也成为学界急需解决的一件大事。

对边疆的正确认识和理解，是构筑中国边疆学的基础。云南大学公共管理学院教授周平指出，对边疆的认识应注意以下三点：一是从国家疆域的角度看边疆。边疆实际上就是国家疆域的边缘部分，因此，认识边疆一定不能离开疆域，只有站在疆域的基础之上，才能对边疆做出本质上的解释。二是以发展的眼光来看待边疆。边疆是在国家疆域的概念上的界定，基本上说是疆域的边远部分的存在，这是一种变动的存在。纵观历史，古代边疆、近现代边疆、当代边疆无论性质还是形态都有很大的不同。三是立足国家治理看边疆。边疆、边疆的治理一定要和国家治理结合起来，要为国家的边疆治理提供理论解释和解决方案，只有这样的边疆研究才有价值和意义，构筑中国边疆学的目标才能实现。

国人对边疆的长期研究，构筑中国边疆学的基本条件已经具备。国家清史编纂委员会副主任、原中国社科院边疆研究中心主任马大正指出，对中国边疆研究的千年积累、百年探索的继承，以及30年创新的实践，是中国边疆学构筑的准备；对中国疆域理论的不断探究，是中国边疆学构筑的学科基础；当代鲜活的现实生活的迫切要求，是推动中国边疆学构筑的重要推动力。

后　记

　　近些年来，中国边疆研究呈现出繁荣发展的喜人局面。其表现一是中国边疆研究学术研究机构增多，特别是在高校里，以历史学为基础的边疆研究机构大幅增加；二是从事中国边疆研究的学者大幅增加，目前几乎所有沿边省区都有边疆研究的学者，而内地北京、武汉、南京、上海、成都、西安等城市也是如此；三是中国边疆研究受到高度重视，关于边疆研究的重要性学界达成广泛共识，中国边疆研究的理论成果不断涌现。特别是随着"一带一路"倡议的提出和推进，中国边疆地区更是受到政府、学界和社会前所未有的关注，中国边疆学的建构日益为学界所重视，越来越多的学科加入中国边疆学研究。在中国边疆研究这种良好形势下，云南师范大学历史文化学院举办高水平的全国边疆研究学术会议，中国边疆研究老、中、青三代学者会聚云南师范大学，回顾中国边疆研究的历程，总结中国边疆研究的得失，共商中国边疆学的构建，会议的成功举办进一步促进了中国边疆研究的发展。

　　尤其需要强调的是，此次学术会议将马大正先生的边疆研究纳入会议议程，学者们以马先生 80 岁华诞为契机，探讨马先生中国边疆研究的思想，阐述其中国边疆学的建构，研究其中国边疆学的成就。马大正先生 40 多年来的中国边疆研究，既延续了中国边疆研究的传统，更创新并发展了中国边疆研究，特别是将中国边疆学研究与中国当代边疆问题相结合，将基础研究与应用研究相结合，大大拓展了中国边疆学的研究领域，扩大中国边疆学的研究内涵，促进了中国边疆学学科理论的建构。

　　需要说明的是，通过本书的编辑，我们不但进一步了解了中国边疆研究的发展历程，深化了对广大中国边疆研究学者研究的认识，体会到中国边疆学建构的迫切性，感受到中国边疆研究大发展的历史脉搏，更深深体会到以马大正先生为代表的老一辈学者在中国边疆研究上锲而不舍的努力和创新。一定程度上说，马大正先生对中国边疆研究体现着当代中国边疆研究的探索历程，马大正先生对中国边疆研究及其思想探讨就是当代中国边疆研究的探讨。学者们在马先生 80 岁华诞之际，表达对马先生的由衷祝福和敬意，实际上就是对中国边疆研究艰难历程的回顾与致敬，也是对未来中国边疆研究的鞭策。

作为编者，我们非常感谢广大的中国边疆研究学者，长期以来持续耕耘，收获丰硕成果，促进边疆学建构。同时，感谢云南师范大学在中国边疆研究上高起点、高水平、高层次的努力，敬佩其义薄云霄的志向，相信云南师范大学的中国边疆研究会凭借万里和风、乘势前行、后来居上。也感谢与会的专家学者，他们既有年逾八旬的长者，也有风华正茂的中年，更有朝气蓬勃的青年，可谓老、中、青学者咸聚一堂，不但为中国边疆研究提供多视角的优秀论文，而且共谋中国边疆学的未来发展。

最后，衷心祝福马大正先生身体健康，永葆学术青春。也祝愿中国边疆研究更上层楼，中国边疆学学科建设早结硕果。

邹建达、许建英谨识

2018 年 9 月 10 日

跋

马　钊[*]

　　本书中收录的论文大多来自马大正先生的同事、学生与好友，他们与马大正先生相识于会议、相知于课堂、相伴于考察途中，共同的研究兴趣使他们结下学术纽带与私人情谊，共同开拓出一片繁花似锦的中国边疆研究新天地。对我而言，马大正先生不仅是那位跨越边疆民族，历史与现状等诸多领域的著名学者"马老"，他也不仅仅是那位"上得讲堂、下得饭堂"、谈笑风生、真诚待人的朋友"老马"，他之于我还有一个特殊的身份——父亲。因为这一层特殊的关系，使我有很多机会从感性的层面去了解老马的学术追求与精神世界。

　　说到"感性"经验，老马的边疆研究曾经给我留下了很多"嗅觉"的记忆。老马昔日工作的社科院民族所，那栋办公楼里飘出的油墨味和煤油味令我无法忘记。那是 80 年代初，每逢暑假，我总会有几天跟着老马上班。走进坐落于北京西郊中央民族大学（我更习惯它的老校名"民院"）校园内的民族所，一楼弥散着图书馆里藏书的油墨味。走到四楼，煤油味取而代之，这味道来自蜗居在此的学者宿舍。很难想象，他们生活在如此局促简陋的空间，心中却纵横于大漠或海洋。我也无法忘记新疆生产建设兵团大漠戈壁团场的露天厕所，在正午烈日的炙烤下，这里散发出挑战常人嗅觉极限的气味。此间的感官冲击见证了"兵团人"的艰苦创业，也是边疆研究学者出差考察中司空见惯的物质生活。我更无法忘记老马书房和办公室中的香烟的气味。每当老马与同事好友相聚，学术研讨愈是热烈，烟就吸得愈多，眼见一班人腾云驾雾，纵论古今。还好随着办公条件改善，老马也搬进了中关村国家清史编纂委员会写字楼，烟火报警系统和办公场所的

*　马钊，美国圣路易斯华盛顿大学东亚系副教授。

禁烟规定，极大地约束了老马和他的"烟友"们。不知道他们如何在"无烟"时代激发研究的灵感，但是对于身体而言，这是好事。

还有很多"声音"的记忆。我无法忘记东厂胡同内的民盟招待所昏暗的走廊里房门关闭时的回声。这是"边疆中心"最初的办公地点，老马虽然不需要迎风冒雨骑车从北京城东南的劲松一路狂奔去海淀上班，但是也从"高高在上"的民族所三楼骤降到极接地气的"半地下"的办公室。但是就在这里，老马和"边疆中心"的开拓者们，勾画出边疆研究的远大宏图。我也无法忘记老马喜欢的那些老歌，《山楂树》《喀秋莎》《草原之夜》《美丽的草原我的家》……，这些歌曲伴随着老马从50年代的大学生成长为边疆民族研究学者。如今，老马喜欢在每天上班路上通过汽车音响反复聆听，或许他的心已经随着歌声来到了白桦林与大草原，在那里找寻一方净土，暂时告别城市的喧嚣与案牍劳形。最难忘的是来自老马同事们的"声音"：马汝珩可以"蒙语""日语""俄语"混着说，冯锡时的声音是超越年龄的清脆高亢，高淑芬像小学语文老师般"娓娓道来"……比起这些"远去的声音"，其他声音依旧动听亲切，黄国政的"海南腔"承载了我对民族所图书馆的记忆，李治亭的"东北磕儿"幽默风趣，李世愉的"京片子"永远诙谐传神，成崇德的声音中渗透着亲和力……这些声音混杂在一起，既成就了老马的"圈子"，也伴随我一起成长。

除了这些感官记忆，我对老马学术世界的了解还来自一段段特殊的、跨越千山万水的"阅读"体验。李治亭先生曾经给老马估算了他考察的里程，从西北的大漠戈壁、东北白山黑水间的高山林莽、云蒸霞蔚的西南雨林与山谷到遥望大陆的海岛和沙礁，还有绕地球飞翔……，以至于我相信老马肯定乘坐过这个世界上所有的交通工具。每当老马开启边疆考察，开始零距离感受中国的幅员辽阔与文化多元，对于家人而言，这又是一次分别时刻的到来。距离可以制造空间的疏离，也可以激发人们想办法拉近情感的距离。在手机、网络、微信时代到来之前，书信是最常见和最有效的通信手段。我依然记得，那一封封加盖着边疆地名邮戳的家书，从"马钊小朋友收"到"马钊同学收"，见证了我童年与青少年精神生活的独特一面。

老马的家书，一如他的日记，遵循"流水账"体。开篇先交代时间和地点，全然不顾小学生地理知识的贫乏，把出差所到位置，逐一报上。接着登场的是人物和事情，老马会兴致勃勃地讲述他旅途上见到的农民、牧民、教授、领导……他没有写吃肉喝酒的场面，但是偶尔也会提及蒙古族喝酒所用的金碗、银碗和玉碗，维吾尔族席间的烤全羊，朝鲜族的祝酒歌和舞蹈，还有他不太习惯的米线和竹筒饭。通过这些片段，我可以想象他的考察旅途。坦率地讲，老马在家书中描写边疆风土，并非给一个城市少年做边疆启蒙，那只是他的随性之笔，是老马用笔和家书记录他一次次边疆考察的情感瞬间和新奇发现。

在很长一段时间内，这些支离的、个人的、未经学术加工的考察见闻，无法出现在调研报告和论文专著之中。后来，时任山东画报出版社总编辑的汪家明慧眼识珍，帮着老马筹划了"中国边疆探察丛书"系列，给历史学家和边疆学者一个机会，和普通读者大众分享考察途中的所见所闻。老马亲自下笔成就《天山问穹庐》，记录他新疆寻古问俗历程，封套上的一张"骑牛照"生动地记录下他拥抱边疆的快乐瞬间。

老马家书的后半部总是要回到"父与子"的家庭情境，嘱咐我上课好好学习，下课认真完成作业，闲暇时帮老妈多干家务。如今想起这一段段"阅读体验"，唯一的遗憾就是当年国内的学术出版讲究"公私分明"，各种发表的学术成果中很少提及家属的名字，使我失去了众多"搭便车"的机会，无法分享老马学术成就的高光时刻。

随着时间的流逝，我逐渐学会写回信了。先是标准的学生日记体或保证书格式，后来我考入大学，又出国留学，分离多于团圆，一家人，两地书，白纸黑字记录了分离与牵挂。再后来，长途电话、视频、微信时代来临，新技术实现了即时通信，信息传递变得如此迅捷。但是失去了纸张的依托，也就少了许多机会表达细腻的情感，不能反复品味。这不禁令人怀念起那个已经消逝的书信时代，以及书信中所承载的分别、思念、憧憬、期待……

按照我原来的计划，以上的文字只是"跋"的开篇，我还希望在学术层面梳理一下老马的边疆研究。不过我觉得参与本书编写的诸多学者，更了解老马的学术理路，更有资格评介老马的学术贡献，所以决定将学术的事情交给专家们去完成。我曾经戏言，我虽然寻着老马的足迹，走入史学一门，但是他是中国科班毕业，我是"半路出家"（英语专业本科）加以"洋墨水"（留学美国）；他研究边疆，我关注城市；他注重顶层设计，我着迷于下层实践；他希望在无序甚至是失序的社会中建立统一与安全，我力图发掘底层和边缘人群的生存手段与生活逻辑。令人欣慰的是，老马对于我一如对他的学生与晚辈，他愿意倾听不同的观点与方法，愿意交流，愿意永远保留一颗好奇心。

就在我在酷热的北京埋头撰写这篇"跋"之时，老马又出发了，这次是凉爽的内蒙古锡林郭勒盟多伦县，这是他近一个月以来第三次远行。我曾经担心，如此频繁的出差会影响他的健康。但是看着老马发来旅途中的照片，神采奕奕，于是觉得应该让他在他所挚爱的边疆，任性一把。老马有"任性"的资本，他虽然从来不爱体育运动，但是他骑了小20年的自行车，穿越北京城上下班。回想20年前的北京，天是蓝的，树是绿的，路是宽的，机动车少，更没有雾霾，老马骑着凤凰二八自行车（带加快轴的那种），车轮辐条被我擦得锃亮，穿行于大街小巷，很拉风的景象。这种融入日常生活的体育锻炼，成就了老马"行万里路"的体魄，有了革命的资本，就继续革命吧。

老马在边疆放飞自我，使他收获了众多朋友。他喜欢和朋友在一起，也喜欢结交新朋友。老马的朋友大概有两个共同特点，一是"一专多能"：比如华立不仅学贯东洋与西洋，还能当大漠考察队的"赤脚医生"；再比如李世愉不仅是"李土司"，还当了十几年的学术活动召集人和大总管；还有阿拉腾奥其尔，他到底会几种语言，我也数不清，反正有他在，从北京一路西行，穿新疆，过中亚，到莫斯科，基本不用带翻译。还有一个特点是"兼听则明"：老马的朋友中有学科的带头人、学生的导师、研究专家。大家能走到一起，不仅因为共同的学术研究兴趣，还需要在学术与行政、个人与集体、本单位与大团队等之间找到最大公约数，割舍一点自身的利益，换位思考，合力前进。有了这样的朋友，老马可以和他们谈天说地，可以谈古论今，可以小吐槽，……我希望老马在朋友的"保驾护航"下，继续前行。

最后，除了希望老马有好身体、好朋友，还希望他能保持好心态。老马在《天山问穹庐》扉页上写道："工作、生活讲求一个'韧'字，追求一个'乐'字。"的确，老马年轻时把自己的书房命名为"韧斋"，他也的确坚韧，从太平天国史研究转行蒙古史再到边疆史，从文本研究到田野考察，从研究历史到研究现状，从跨部门合作到跨国合作，从撰写个人研究专著到主持国家重大课题。这里有太多的新知识要学习，新挑战要克服，新方法要尝试，都需要一些韧劲，才能收获成功。随着年龄的增长，老马做的工作中有他愿意干的和不愿意干的，打交道的人中有他喜欢的和不喜欢的，他也必须面对可控的和不可控的结果。这时心态很重要，老马适时地将自己的书房改名"自乐斋"，调整心态。

祝老马——我亲爱的老爸，永远能如你所常说的那样：过一天高兴两个半天。

希望这种"乐观主义"能使老马"永葆青春"，乐享朋友群中，乐游祖国边疆！

2018 年 6 月 30 日草成于酷暑中的北京

图书在版编目（CIP）数据

中国边疆学构筑文集：贺马大正先生八十华诞／邹
建达，许建英主编. -- 北京：社会科学文献出版社，
2019.8

ISBN 978 - 7 - 5201 - 5225 - 9

Ⅰ.①中…　Ⅱ.①邹…②许…　Ⅲ.①疆界 - 中国 -
文集　Ⅳ.①K928.1 - 53

中国版本图书馆 CIP 数据核字（2019）第 150403 号

中国边疆学构筑文集
——贺马大正先生八十华诞

主　　编／邹建达　许建英

出 版 人／谢寿光
组稿编辑／宋月华　周志静
责任编辑／周志静　孙美子

出　　版／社会科学文献出版社·人文分社（010）59367215
　　　　　地址：北京市北三环中路甲 29 号院华龙大厦　邮编：100029
　　　　　网址：www. ssap. com. cn
发　　行／市场营销中心（010）59367081　59367083
印　　装／三河市东方印刷有限公司

规　　格／开　本：787mm×1092mm　1/16
　　　　　印　张：27.75　字　数：454 千字
版　　次／2019 年 8 月第 1 版　2019 年 8 月第 1 次印刷
书　　号／ISBN 978 - 7 - 5201 - 5225 - 9
定　　价／268.00 元